Social Welfare Economy Analysis

사회복지경제분석론

지 은 구

청목출판사

머리말

사회복지경제는 사회복지를 증진시키고 개선시키기 위한 재화나 서비스의 제공 및 할당을 포함하여 교환이나 조정을 다루는 영역이라고 할 수 있으며, 사회복지경제분석은 사회복지재화와 서비스의 제공이 국민들의 사회, 경제적 번영의 상태를 어느 정도 개선시키는지의 영향력 정도를 분석하는 것이다. 본 연구는 사회복지경제를 다룬다. 특히, 사회복지경제가 국민들의 사회 그리고 경제적 번영을 증진시키고 보장하고 있는지를 입증하고 확인하는 경험적 연구라기보다는 국민들의 사회, 경제적 번영을 보장하는 영역으로서 사회복지경제의 이론적 토대, 사회복지경제 분석을 위한 기본적 원칙과 가치 그리고 사회, 경제적 번영의 실현여부를 분석할 수 있는 분석기준 등을 비판적으로 검토하고 이를 근거로 사회복지경제의 이론적 틀과 영역 그리고 국민들에 대한 사회복지경제의 영향 정도를 분석을 제시하는 것을 일차적 목적으로 한다.

이러한 연구목적을 성취하기 위하여 본 연구에서는 먼저 복지와 경제를 설명하는 복지경제이론들인 공공선택이론, 일반균형이론, 주인대리인이론, 그리고 사회선택이론에 대한 비판적 분석을 시도하였으며 시장실패이론과 정부실패이론을 차례로 검토한 후 복지국가 발전을 이론적 틀로 복지강화이론을 제시하였다. 또한 사회복지경제를 통해 국가가 해결하여야 하는 또는 개선이나 향상시켜야 하는 기본 영역으로 욕구와 빈곤, 불평등 그리고 분배를 제시하고 이들 영역이 포함하고 있는 구체적 내용과 이론적 배경 등을 검토하였다.

또한 사회복지 재화와 서비스의 제공을 통해 사회복지경제가 직접적으로 해결하려고 하는 국민들의 욕구해결정도나 빈곤과 불평등의 해소 정도 그리고 분배적 정의의 실현정도를 분석하기 위한 사회복지경제의 기본적 분석틀을 제시하였다. 사회복지경제 분석을 위한 분석 틀은 복지국가가 제공하는 사회복지재화와 서비스(또는 사회복지혜택)가 국민들의 삶의 질을 보호하고 보장하는가의 여부를 분석하기 위해 필요한 기본적인 틀이라고 할 수 있다. 특히 사회복지경제의 작동여부를 분석하기 위한 분석기준으로 경제학에서 강조하는 효율성이나 형평성 이외에 적절성과 효과성 그리고 평등성을 구체적으로 검토하였으며 이들 상호간의 거래를 강조하여 제시하였다.

본 연구는 사회복지경제를 분석하기 위해 필요한 이론적 토대와 분석 모델 그리고 분석기준을 찾기 위한 노력의 산물이지만 분석기준을 적용한 측정도구의 활용 등 측정의 영역을 구체적으로 다루지 못하였다는 한계를 가지고 있다. 즉, 실제 사회복지재화와 서비스의 제공이 국민생활에 가져다 주는 영향력을 분석하기 위해 필요한 측정의 영역을 빈곤, 불평등, 욕구 그리고 분배적 측면에서 어떻게 측정할 수 있는가에 대한 실천적 측면을 다루지는 못하였다. 사회복지경제 분석을 위한 측정의 영역은 향후 연구과제로 남기며 본 연구가 사회복지경제에 대한 이론적 토대 및 분석 틀 그리고 분석기준에 대한 연구의 토양을 넓히는 데 조금이나마 도움이 되었으면 한다. 마지막으로 본 연구서를 출간하는 과정에 김민주 박사로부터 많은 영감과 도움을 받았다. 진심으로 감사의 뜻을 전하며 본 연구서의 출간을 흔쾌히 허락해 주신 청목출판사에도 감사함을 전한다.

2013년 6월

지은구

차 례

제2부 사회복지경제 분석의 토대

제1장 서 론[1]

제1절 연구의 목적

1. 연구의 목적

복지국가를 국민들의 경제적 그리고 사회적 번영을 증진시키고 보호하는 것을 주요한 역할로 수행하는 국가[2]로 규정한다면 사회복지경제는 국민들의 사회, 경제적 번영을 증진시키고 보호하는 영역이라고 할 수 있으며 사회복지를 증진시키고 개선시키기 위한 재화나 서비스의 제공 및 할당을 포함하여 교환이나 조정을 다루며 사회복지경제분석은 국민들의 사회, 경제적 번영의 상태를 분석하는 것이라고 할 수 있다. 국민들의 사회적 경제적 번영의 상태를 분석하는 사회복지경제분석은 결국, 복지국가가 제공하는 다양한 사회복지재와 서비스가 국

1) 본 연구는 2012년도 계명대학교 비사연구기금으로 이루어졌음.
2) Britannica Online Encyclopedia(www.britannica.com/EBcheeked/topie/639266/welfare-state?section)

민들의 사회적 그리고 경제적 번영을 증진시키고 또한 사회적 경제적 상태를 보호하고 있는지를 분석하는 것에 초점을 맞추어야 한다는 것을 의미한다.

복지국가는 국민들이 안정적인 삶을 유지 발전시키도록 하기 위해 공공책임성을 강조하고 형평과 평등의 원칙을 중요시 한다. 물론 사회복지혜택의 경제적 효율성이나 혜택의 적절성 등도 중요한 원칙에 포함될 수 있다. 복지국가의 경제적 측면 즉, 국민들의 경제적 번영상태를 분석하기 위해 신고전파경제학에서는 주로 효율성을 기본 가치로 하는 분석을 강조하며 케인즈학파나 복지경제학에서는 주로 효율과 형평 사이의 균형을 강조하는 분석을 강조한다. 하지만 복지국가는 형평과 평등의 가치 실현여부를 중요한 원칙으로 제시하고 있음으로 복지국가의 발전을 지향하는 사회복지경제에서는 국민들의 사회, 경제적 번영이라는 목적 실현을 위해 형평과 평등의 기본가치 실현여부가 더욱 강조되어야 하는 것은 당연하다.

사회복지경제분석은 특히, 복지국가에서 제공되는 사회복지재화와 서비스의 영향력을 사회, 경제적 측면에서 분석하는 영역이다. 즉, 복지국가체제하에서 국민들이 경제적 번영을 누리고 있는지 사회, 경제적으로 보호를 받고 있는지를 분석한다. 사회, 경제적 측면에서 복지국가는 국가의 책임 하에 사회복지재화와 서비스를 제공하여 국민들이 사회, 경제적으로 안정적인 생활을 할 수 있도록 하여 기본적인 삶의 질을 보장하는 국가로 이해될 수 있기 때문에 사회복지경제분석의 주된 목적은 복지국가가 제공하는 사회복지재화와 서비스(또는 사회복지혜택)가 국민들의 삶의 질을 보호하고 보장하는가의 여부를 분석하는 것에 있다고 할 수 있다. 즉, 사회복지경제는 현금과 직접적 서비스와 같은 현물로 구성되어 있는 사회복지재화와 서비스의 할당이나 분배를 다루며 사회복지경제분석은 사회복지재화와 서비스의 분배 및 할당이 국민들의 사회, 경제적 번영을 증진 및 유지 보장하고 있는지를 분석하는 영역이라고 할 수 있다.

본 연구는 사회복지경제가 국민들의 사회, 경제적 번영을 증진시키고 보장하고 있는지를 입증하고 확인하는 경험적 연구라기보다는 국민들의 사회, 경제적 번영을 보장하는 영역으로서의 사회복지경제의 이론적 토대, 사회복지경제분석을 위한 기본적 원칙과 가치 그리고 사회, 경제적 번영의 실현여부를 분석할 수 있는 분석기준 등을 비판적으로 검토하고 이를 근거로 사회복지경제를 분석하기 위한 기본 틀을 제시하는 것을 일차적 목적으로 한다. 이러한 연구목적을 성취하기 위하여 본 연구에서는 복지국가와 사회복지 그리고 사회복지경제에 대한 기본적 개념을 제시하고, 기본적 개념을 바탕으로 신고전파 복지경제학을 설명하는 제 이론들을 비판적으로 살펴보며, 나아가 시장실패와 정부실패이론의 특성을 기초로 복지강화이론을 사회복지경제이론으로 제시하였다. 또한 사회복지경제분석을 위한 기초가 되는 이론적 틀로서 욕구이론, 빈곤 및 불평등이론 그리고 분배이론을 검토하였으며 이를 기초로 복지국가의 사회복지경제를 분석하기 위한 분석기준으로 효율성, 적절성, 효과성, 형평성 그리고 평등성을 제시하여 각각의 분석기준이 갖는 특성들을 비교 검토하였으며 위의 분석 기준을 적용하여 사회복지경제를 분석할 수 있는 분석모델을 제시하였다.

2. 연구의 질문

복지국가가 우리들이 원하는 가장 이상적인 체제라는 점을 입증하기 위한 또는 복지국가의 정당성을 입증하기 위한 가장 기초적인 작업은 바로 복지국가의 사회복지경제분석을 위한 이론적 틀의 정립과 사회복지경제의 기본 구성영역을 명확히 하는 것이라고 할 수 있다. 특히, 복지국가가 추구하는 국민들의 경제적 번영의 정도를 손쉽게 측정하기 위한 이론적 틀과 분석모델이나 기준 그리고 분석기준을 발전시키고 개발하는 것은 국민들의 사회 경제적 안정과 보장을 책임지는 복지국가의 질적인 발전을 위해 반드시 필요하다. 본 연구가 갖는 기본적인 연구 질문들은 다음과 같다.

첫째, 복지국가가 국가 책임 하에 사회복지재화와 서비스의 제공으로 성취하려는 경제적 목표는 무엇인가? 분배의 효율성인가 또는 형평한 분배인가?(사회복지경제의 목표)

둘째, 복지국가의 경제적 영역을 자본주의 경제의 시장영역과 구분하여 사회복지경제영역으로 정의한다면 사회복지경제 목표달성 정도의 여부 그리고 사회복지경제분석을 위한 기본 원칙을 설명할 수 있는 이론적 토대는 무엇인가?(사회복지경제의 이론적 틀)

셋째, 사회복지경제가 영향을 주는 영역은 어떠하며 사회복지경제의 바람직한 작동여부는 무엇으로 파악할 수 있는가?(사회복지경제의 영역 및 분석의 기초)

넷째, 복지국가는 성취하려는 목표를 잘 성취하고 있는가? 우리는 어떤 기준으로 그리고 무엇을 가지고 복지국가가 성취하려는 사회, 경제적 목표의 실현여부를 판단할 수 있을까?(사회복지경제의 분석모델과 기준)

3. 선행연구

우리나라에서 사회복지와 경제를 사회복지측면에서 분석하는 연구는 매우 제한적이다. 고전파경제학과 신고전파경제학의 일부 학자들은 복지경제학을 관심영역으로 하였지만 복지경제학은 방법론적 개인주의와 시장을 주된 분배 및 할당기구로 인정하여 개인적 만족을 강조하며 개인의 만족 합이 곧 사회적 만족, 즉, 사회복지의 총량을 결정한다고 강조함으로써 시장이 가지는 배제와 차별을 분석하기 위한 구체적인 분석의 틀을 제시하는데 한계를 내포하였다. 시장의 대안적 도구로서 재화와 서비스의 분배를 강조하는 사회복지경제학에 대한 이론적 틀의 제시는 지은구(2003)에 의해서 처음 시도되었다. 그는 "사회복지경제학연구"에서 시장이라는 할당체제를 대체하는 할당구조로서 사회복지를 강조하여 사회복지를 사회적 배재와 차별의 조정기구라고 정의하였다. 그는 특히, 복지경제학을 비판하면서 사회복지경제학을 구성하는 기초토대로서 욕구이론, 사회정의이론, 가치이론, 시장이론 등을 제시하였다. 가치이론은 주로 경제학에서 강조하는 효율성가치에 대한 비판, 시장이론은 시장실패에 대한 분석이 중심이며 욕구이론은 심리사회적 욕구보다는 물질적 그리고 정치경제적 욕구이론을 강조하였고 사회정의론은 Hayek를 비롯한 고전파경제학자와 신고전파 경제학자 그리고 Rawls의 정의이론을 비판적으로 검토하고 사회복지경제의 틀에 맞는 분배적 정의론의 중요성을 주장하였다. 하지만 그의 연구는 주로 복지경제학에 대한 비판에 초점을 두어 사회복지경제학이론에 대한 본격적인 검토나 제시 그리고 사회복지경제분석을 위한 구체적인 분석틀의 제시 등은 이루어지지 않았다는 한계를 갖는다.

외국의 경우 사회복지경제이론에 대한 연구는 주로 영국의 복지경제학자들에 의해서 주도되어 왔다. 가장 대표적인 연구자로는 Le Grand(1976, 1991), Barr(1987, 1991) 등이 있는데 이들은 모두 복지국가의 경제이론으로 시장실패이론과 정부실패이론을 강조한다는 특징 있다, 특히, Barr는 시장실패의 결정적 이유로 정보 불균형을 강조하였다. 이들은 모두 복지경제분석을 위한 기준으로 효율성보다는 형평성을 강조한다는 특징 있다. 한편 Culyer(1980)는 사회복지(사회복지정책)를 긍정적 외부효과로 이해하였으며 복지국가의 경제를 분석하는 기준으로 평등성과 효율성을 제시하고 빈곤과 불평등 측정도구를 소개하였다. 거시경제의 측면에서 복지국가경제를 분석하는 대표적인 거시경제학자로는 Walker와 Rosner 등이 있다. Walker(2005)는 복지경제를 효율성과 효과성의 기준으로 분석함을 강조하였으며 효율성을 경제적 효율성, 행정효율성, 표적효율성으로 구분하였다. Rosner(2003)는 특히, 불확실성을 복지경제분석을 위한 중요 기준으로 제시하였다. 이들의 연구들은 대부분 복지경제이론으로 시장실패와 정부실패이론을 강조하며 분석기준으로는 형평, 평등 그리고 효율성이 중심이고 복지경제를 측정하는 측정영역은 주로 빈곤과 불평등(주로 소득불평등)이 주된 영역이다.

위의 연구동향에서 살펴본 바와 같이 기존의 연구들은 신고전파경제학의 분석틀을 넘는 사회복지측면에서의 사회복지경제이론이나, 구체적인 분석기준과 복지국가 경제 목적 및 목표실현여부 그리고 사회경제적 번영의 상태를 분석하기 위한 분석기준을 검토하고 활용하는데 필요한 정보를 제공하는데 있어 한계가 있음을 알 수 있다. 사회복지경제는 복지국가의 목적과 목표를 실현하기 위해 제공되는 사회복지재화와 서비스의 분배 및 할당을 연구하는 분야로 사회복지재화와 서비스의 제공이 국민들의 사회, 경제적 번영의 고취 및 안정에 어떠한 영향을 주는지를 주된 분석영역으로 한다. 따라서 본 연구에서는 사회복지경제를 구성하는 기본 이론 및 토대를 제공해주는 이론들을 비판적으로 분석하여 제시하고 사회복지경제를 분석하는 기준들을 비교 검토하며, 이 기준들의 특성과 함께 한계와 활용의 이해를 돕는 방안을 모색하기 위하여 노력하였다.

연구의 목적에 근거하여 본 연구가 설정한 연구의 질문에 대한 답을 구하기 위한 구체적인 연구의 내용은 다음과 같다.

첫째, 복지국가와 사회복지 그리고 사회복지경제에 대한 기본적 개념 제시

둘째, 사회복지경제 기본 개념을 바탕으로 신고전파 복지경제학을 설명하는 제 이론들의 비판적 고찰

셋째, 시장실패와 정부실패이론의 특성을 기초로 복지강화이론을 사회복지경제이론으로 제시

넷째, 사회복지경제 분석을 위한 기초가 되는 이론적 틀로서 욕구이론, 빈곤 및 불평등이론 그리고 분배이론 검토

다섯째, 복지국가의 사회복지경제를 분석하기 위한 분석틀 및 기준의 제시와 기준의 특성 비교 검토: 효율성, 적절성, 효과성, 형평성 그리고 평등성

제 2 절 연구의 방법 및 흐름

1. 연구의 방법

본 연구는 사회복지를 복지국가의 목적을 실현시키기 위한 사회복지재화와 서비스의 할당 및 전이체계로 바라보며 전이 및 할당체계의 사회, 경제적 측면을 분석하기 위한 사회복지경제분석의 기본적 틀을 제시하기 위한 시론적 연구로서 사회복지경제의 이론적 토대를 비판적으로 살펴보고 사회복지경제의 궁극적 목적인 국민들의 사회, 경제적 번영의 개선 정도를 분석할 수 있는 측정기준을 검토하기 위하여 문헌조사와 사회지표 및 이차적 자료조사 그리고 내용분석 등을 수행할 것이다. 연구의 방법을 구체적으로 살펴보면 다음과 같다.

첫째, 신고전파복지경제이론 검토를 위한 선행연구조사

둘째, 사회복지경제분석을 위한 기초이론을 탐색하고 비교 분석하기 위한 문헌조사 및 내용분석(content analysis)

셋째, 사회복지경제 분석 모델 및 기준 비교 검토를 위한 문헌조사 및 내용분석

2. 연구의 흐름

연구의 질문에 대한 답을 찾기 위한 본 연구의 흐름은 [그림 1-1]과 같다.

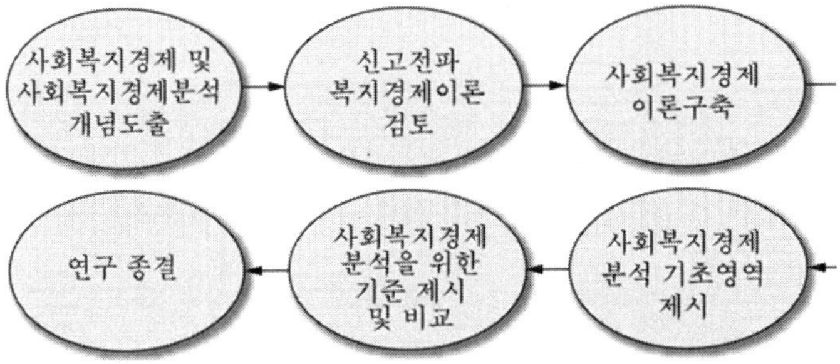

[그림 1-1] 연구의 흐름

제1부

복지국가와 사회복지경제이론

제2장 복지국가와 사회복지경제

제1절 개 관

사회복지경제는 사회복지에서 경제적 측면을 강조하는 개념이다. 경제학이 재화와 서비스의 생산과 분배 그리고 소비를 분석하고 연구하는 학문이라면 사회복지경제학은 사회복지를 증진시키고 개선시키기 위한 재화나 서비스의 생산과 분배 그리고 소비를 분석하고 연구하며, 나아가 사회복지서비스의 교환이나 조정체계를 다루는 학문이다. 따라서 사회복지경제는 사회복지를 증진시키고 개선시키기 위한 재화나 서비스의 제공 및 할당을 포함하여 교환이나 조정을 다루는 영역이라고 볼 수 있다. 복지국가는 사회복지를 증진시키기 위해 설립된 체제이며 사회복지증진을 위해 재화와 서비스의 할당에 있어서 국가개입을 통한 할당을 강조한다. 따라서 국가적 개입을 통한 재화와 서비스의 할당을 다루는 공간적 영역이 복지국가이며 복지국가는 사회복지경제를 바탕으로 재화와 서비스를 할당하기 위해 노력하게 된다. 복지국가는 기본적으로 자본주의라는 경제체제에서 발전된 사회적 할당체제를 분배도구로 활용한다. 복지국가의 등장은 시장개입을 통해 국가가 자원을 할당하도록 강제한다는 점에서 시장이라는 자원할당체제에 대한 대안이라고 할 수 있다. 사회복지는 시장을 대체하는 혜택-할당메커니즘이자 전이체계(transfer system)이며 시장이 양산한 배제와 차별을 조정하는 조정양식이라고 할 수 있다.

본 장의 1절과 2절에서는 복지국가와 사회복지 그리고 사회복지경제의 관계에 대해서 다루며 본격적으로 복지국가의 사회복지경제를 분석하기 위한 기준과 기본 가치에 대해 다룬다. 사회복지경제의 분석은 사회복지재화와 서비스가 교환되는 전이체계 또는 할당체계를 분석하는 것이라고 할 수 있으며 분석은 어떠한 원칙으로 전이체계가 작동하여야 하는지를 그리고 그 원칙이 제대로 적용되고 있는지를 확인하는 것이라고 할 수 있음으로 분석기준과 분석을 위한 기본 가치는 매우 중요하다고 볼 수 있다. 본 장의 3절에서는 시장에서 강조되는 수요와 공급에 대한 대칭용어로 사회복지의 세공과 욕구에 대해서 다루며 사회복지수준을 객관적으로 평가하기 위한 측정의 중요성에 대해 다룬다.

제 2 절 복지국가, 사회복지 그리고 사회복지경제

1. 사회복지와 사회복지경제

복지국가의 발전은 사회복지의 발전과 확대를 토대로 함으로 사회복지경제를 분석하기 위해서는 사회복지와 사회복지경제에 대한 명확한 이해를 바탕으로 이루어져야 함은 당연하다고 할 수 있다. 따라서 사회복지경제분석에 있어 사회복지와 사회복지경제는 중요한 두 개념이다. 특히, 사회복지경제는 사회복지의 경제적 측면을 보다 강조하는 개념이라고 할 수 있다. 사회복지의 일반적 개념정의에서 사회복지의 경제적 측면을 고려하는 사회복지경제의 분석 필요성을 이해하기 위해서는 결국, 사회복지의 정의에서 사회복지경제의 정의를 추론해 내는 것이 필수적인 단계라고 할 수 있다.

일반적으로 사회복지는 나이, 장애, 빈곤, 육체적 또는 정신적 질병 등 어떤 상황 때문에 지원을 필요로 하는 사람들에게 현금이나 현물을 제공하는 것으로 이해될 수 있다. Popple과 Leighninger(2002)는 사회복지를 최소수준에서 사람들의 번영(well-being)을 가져다주기 위해 계획된 일련의 서비스로 규정하였으며 Reid(1996)는 사회복지를 위험에 처해 있는 사람들의 번영을 증진시키고 인식된 사회문제에 대응하기 위한 정책이나 프로그램들 또는 개입이나 조직화된 행동들로서 정의하였다. Walter Friedlander(1955)는 사회복지를 삶과 건강에 있어 만족할만한 표준을 성취하기 위해 개인과 집단을 돕기 위해 설계된 사회제도와 서비스(services)의 조직화된 체계로 규정하였으며 Martin과 Zald(1981)는 사회복지를 사회적, 개인적인 기능을 최소한으로 하기 위한 수준을 성취할 수 있도록 욕구에 있는 사람들을 돕기 위한 시도라고 정의하였다. 또한 Wickenden(1965)은 사회복지가 사회질서의 더 활발한 작동과 인간들의 번영을 위해 기본적인 것으로 인식되어야 하는 사회적 욕구를 충족시키기 위한 조항들을 강화시키고 보장하기 위한 서비스나 혜택, 프로그램, 그리고 법 등을 포괄한다고 강조하였다. 결국, 사회복지는 인간이 가진 욕구의 해결이나 인간의 번영을 보장하기 위한 조직화된 체계나 제도 등을 의미한다고 할 수 있다.

특히, 일부 학자들은 사회복지를 설명하면서 경제적 복지와 비경제적 복지를 구분하기도 한다(Moon, 1977; Rowley and Peacock,

1975; Rothenburg, 1961). 경제적 복지는 소득, 소유물, 세금과 같은 지표의 개선을 통한 개인적 번영을 의미하며 비경제적 복지는 생물학적, 감정적, 정신적 상태나 조건 등의 개선과 연관이 있는 개인적 번영을 의미한다. 따라서 경제적 복지는 개인의 감정이나 정신적 상태의 개선을 의미하는 비경제적 복지보다 거시적인 측면을 다룬다고 볼 수 있다. 이러한 경제적 복지의 개념을 확대하여 사회복지의 개념정의에 있어 거시적 즉, 경제적 측면을 보다 강조하여 설명하는 대표적인 학자로는 Chatterjee(1996)를 들 수 있다. 그는 사회복지가 비시장적 교환의 한 방식이라고 규정하여 **사회복지가 시장을 통한 교환을 대체하는 교환체계**임을 강조하였다. 특히 그는 사회복지를 **전이의 한 유형**(Form of transfer)이라고 정의하였다. 그에 따르면 사회복지는 **소득 창출자로부터 소득의 일부가 다른 사람에게 전이되는 과정이고 시장교환이 가능하지 않은 사람이나 또는 가난한 사람들이 사회복지의 수혜자가 된다.** 사회복지학자들은 물론이고 사회복지의 중요성을 인정하는 복지경제학자나 경제학자들 중에는 사회복지를 전이체계로 보는 경우가 대부분이다.[3] 특히, **Gilbert와 Terrell(2005) 그리고 Burch(1999) 등과 같은 사회복지학자들은 사회복지를 시장을 대체하는 혜택-할당메커니즘(또는 혜택-할당체계)**으로 바라본다.

따라서 사회복지는 재화와 서비스를 전이하는 한 유형으로 시장을 대체하여 자원을 할당하는 혜택할당체제라고 할 수 있다. 이러한 사회복지의 거시적 정의는 사회복지가 결국 현금이나 현물 등과 같은 혜택을 할당 또는 전이하는 체계임을 강조하는 것이라고 할 수 있다. 지은구(2003, 2006) 역시 사회복지가 비시장적 교환체계라는 관점에 동의한다. 그는 보다 구체적으로 사회복지가 시장메커니즘에 의해 나타

3) 사회복지를 전이체계로 강조하는 복지경제학자로는 Le Grand, Proper, Robinson, Barr와 Fitzpatrick 등이 대표적이며 경제학자로는 Walker, Whynes 등이 있고 사회복지학자로는 Gilbert, Terrell, Abramobitz, Burch 등이 있다.

나는 배제와 차별을 조정하는 하나의 조정양식임을 강조하여 시장을 통하지 않는 자원을 할당 또는 배분하기 위한 조정양식 또는 교환양식이 사회복지임을 강조하였다. 이들의 관점에 따르면 사회복지는 교환체계이며 나아가서는 전이 또는 할당체계(transfer or allocation system)라고 할 수 있다. 전이 또는 할당체계로서 사회복지는 재화와 서비스의 할당이 상호 호혜적 규정이나 특정 규칙 하에 국가나 조직 또는 가족을 포함하는 사회조직을 통해서 개인이나 집단에게 이루어지도록 하는 체계라고 할 수 있다.

사회복지의 경제적 측면이 강조되는 사회복지경제는 결국, 할당(allocation) 또는 전이체계(transfer system)가 제대로 작동하도록 하는, 보다 구체적으로는 다양한 유형의 할당 및 전이체계의 작동으로 재화와 서비스가 욕구가 있는 사람들에게 적당하게 제공될 수 있도록 하는 것을 강조한다. 지은구(2003)는 사회복지경제학을 사회복지를 증진시키고 개선시키기 위한 재화나 서비스를 다루는 학문으로 규정하였는데 이러한 정의를 발전시키면 사회복지경제학은 사회복지를 증진시키고 개선시키기 위한 재화나 서비스의 교환이나 조정체계를 다루는 학문이라고 규정할 수 있고, 사회복지경제는 사회복지를 증진시키고 개선시키기 위한 재화나 서비스의 교환이나 조정을 의미한다고 볼 수 있다. 따라서 사회복지경제의 분석은 사회복지재화와 서비스가 교환되는 전이체계 또는 할당체계를 분석하는 것이라고 할 수 있으며 분석은 어떠한 원칙으로 전이체계가 작동하여야 하는지를 그리고 그 원칙이 제대로 적용되고 있는지를 확인하는 것이라고 할 수 있다. 결국, 사회복지경제분석의 목적은 전이 및 할당체계의 작동여부를 분석하는 것이라고 할 수 있으며 궁극적으로는 시장메커니즘이라는 전이체계의 문제점을 극복하기 위한 구체적인 방안으로 국가에 의해서 작동하는 사회복지라는 재화와 서비스를 할당하고 전이하는 즉, 소득의 전이 및 사회서비스의 할당을 목적으로 하는 전이 및 할당체계를 유지, 활성화시키기 위한 여러 방안들이 모두 사회복지경제분석에 포함될 수 있다.

특히, 사회복지를 통한 할당 및 전이는 국가에 의해 주도됨으로 시장주도의 할당이나 분배와는 다른 사회적 할당이나 분배의 원칙과 기준이 강조된다. 사회적 할당을 통한 국민들의 번영을 주도하는 할당 및 전이체계를 강조하는 국가체제는 1960년대 이후 시장교환체계의 문제점을 극복하기 위하여 등장하여 발전하였던 복지국가체제를 들 수 있다. 즉, 복지국가는 사회복지를 중요한 전이 및 할당체제로 활용하는 국가체제라고 할 수 있다.

2. 복지국가와 사회복지경제

복지국가는 사회복지를 증진시키기 위해 설립된 체제라고 할 수 있으며, 보다 쉽게 표현하면 국민들의 고통이나 고민을 경감시키기 위해 노력하는 체제라고 정의할 수 있다. 특히 복지국가는 간접적인 방식보다는 직접적인 방식으로 국민들의 복지욕구를 충족시키기 위해 노력한다. 즉, 음식이 필요하면 음식을 제공하며 주택이 필요하면 주택을 제공하고 일자리가 필요하면 일자리를 제공하기 위해 노력한다. 또한 국민들이 필요한 복지의 욕구를 사회적으로 해결하여 사회복지를 증진시키기 위한 직접적인 방안으로 공공개입을 강조한다.

복지국가의 경제적 측면을 강조하면 복지국가의 공공개입은 국가의 시장경제에 대한 개입으로 특징지어지는데 이는 자본주의시장경제가 불확실성과 위험을 동반하여 일부 국민들에게 고통이나 불안을 가져다 주는 주된 요인이라는 점에 기인한다. 복지국가의 경제적 측면을 보다 강조하여 복지국가를 설명하면 아래와 같다.

첫째, 복지국가는 시장경제에 대한 공공개입이 강조되는 체제이다.
둘째, 복지국가는 시장경제에 의해서 나타난 의도하지 않은 부정적 인 결과나 환영받지 못하는 결과를 치료하는 체제이다.
셋째, 복지국가는 빈곤이나 불평등을 해소하거나 또는 빈곤이나 불평등을 줄이는 것을 목적으로 하는 체제이다.
넷째, 복지국가는 국민들이 원하는 것보다는 국민들의 욕구를 해결하는 것을 강조하는 체제이다.

위에서 언급한 바와 같이 복지국가의 경제적 측면을 강조하면 복지국가는 시장경제에 대한 공공개입이 강조되는 체제라고 할 수 있다. 물론 국가의 시장개입 정도에 따라 학자들은 복지국가의 유형을 달리 표현하기도 하지만 복지국가와 시장경제는 매우 밀접한 연관성을 가지고 있는데 이는 복지국가의 경제체제인 자본주의경제체제 자체가 시장에 의해서 자원이 할당되는 경제체제를 의미하기 때문이다. 결국, 복지국가의 경제 원리는 시장경제임으로 복지국가는 시장경제의 상황 안에 위치해 있어 시장경제와 복지국가의 상호연관성을 이해하는 것은 복지국가의 사회복지경제를 이해하는 매우 중요한 토대가 된다.

국민의 욕구를 공공개입을 통해서 해결하기 위해 복지국가는 시장경제에 개입함으로 복지국가가 제공하는 국민들의 기본적 욕구해결을 위해 제공되는 각종 혜택이나 서비스 등 복지국가가 제공하는 모든 제공(또는 공급, provision)은 민간, 자발적, 자선적 도움의 제공과는 구별된다. 이는 이미 설명한 바와 같이 복지국가가 공공개입을 통해서 국민들의 욕구를 해결하는 것을 목적으로 하기 때문이다. 복지국가를 시장경제와 연관하여 다시 정리하면 아래와 같다.

첫째, 복지국가는 직접적인 수단을 통해서 국민들의 기본적 욕구를 해결하기 위해 시장경제에 개입하는 것을 목적으로 한다.

둘째, 복지국가는 강제적이고, 집합적이며 비차별적인 복지조항(재화와 서비스)을 제공하는 하나의 체계이다.

셋째, 복지국가는 시장경제에 의해서 나타나는 차별과 착취를 조정하는 사회체계이다.

넷째, 복지국가는 인간의 욕구를 해결하기 위해 노력하지만 시장경제는 인간의 욕망이나 갈망하는 것 또는 원하는 것을 해결하기 위한 기구이다. 따라서 시장은 인간의 주관적인 갈망을 해결하지만 복지국가는 인간의 객관적인 욕구를 해결하기 위해 노력한다. 이는 개인의 갈망이나 욕망은 시장을 통해서 해결될 수 있지만 인간의 복지에 대한 기본적 욕구는 국가적 개입을 통하여 실현시키는 것이 복지국가의 원칙이자 기본 틀이기 때문이다.

다섯째, 복지국가는 시장경제에 대체해서 국민들이 욕구하는 것을 체계적으로 분배할 수 있는 정당성을 가지고 있다.

여섯째, 복지국가는 시장에 대한 국가적 개입의 정당성을 가지고 있으며 각종 사회복지제도나 정책들은 시장을 대체하는 분배도구로서의 역할을 한다. 즉, 시장의 실패를 수정하기 위한 국가적 정당성이 복지국가를 통해서 실현된다. 따라서 복지국가는 자원의 왜곡된 할당을 수정하는 분배도구를 끊임없이 창출한다.

일곱째, 복지국가와 시장의 목적은 공공의 복지를 증진시키는 것이라고 할 수 있다. 이를 경제학적으로 해석하면 시장으로의 개입을 통하여 개개인들은 시장에서 원하는 재화를 획득함으로 그들의 복지가 증진되며, 복지국가는 시장을 통해서 필요한 재화를 획득하지 못하는 사람들에게 국가적 개입을 통해 필요한 재화를 제공함으로 그들의 복지가 증진된다. 따라서 시장과 복지국가의 기본적인 차이점은 시장이 제공하는 재화와 서비스는 모두 개인적 욕망을 해결하는 사적재이지만, 복지국가가 제공하는 재화와 서비스는 기본적으로 공공재로서 그리고 사회적 목적을 지니고 있는 가치재로서 역할을 한다는 점이다.

결국, 복지국가를 이해하기 위해서는 시장경제를 이해하는 것이 중요한데 이는 이미 언급한 바와 같이 시장경제에 대한 공공개입이 바로 사회복지경제의 중요한 토대이기 때문이다. 아무리 복잡하고 다양한 사회문제가 발생한다고 해도 개인이 개인적 능력으로 그러한 문제를 해결하고 치료하며 예방하는 것이 가능하다고 한다면 국가의 개입을 통한 사회문제의 해결을 강조하는 복지국가의 출현과 발전은 불가능하였을 것이다. 즉, 모든 개인이 주택이 필요한 경우 주택시장을 통해서 주택을 구매할 수 있다면 주택문제는 발생하지 않음으로 굳이 국가가 주택시장에 개입을 할 필요가 없을 것이고, 모든 개인이 그들의 노후생활보장을 위해 개인보험을 민간보험시장에서 구입할 수 있다면 역시 국가가 주도하는 국민연금보험의 필요성은 줄어들 것이다. 하지만 자본주의시장은 모든 사람들에게 열려 있는 것이 아니며 소비와 구매능력이 있는 사람에게만 문이 열려 있으므로 시장경제의 한계를 극복하기 위한 시장에 대한 공공개입을 통한 자원의 할당은 반드시 필요하다고 할 수 있다.

3. 사회복지경제 분석의 기본 영역

시장과 복지국가의 자원할당체계인 사회복지는 작동원리가 다름으로 복지국가의 사회복지경제를 분석하기 위해서는 시장의 원칙이나 기준과는 다른 원칙과 분석을 위한 기준이 있어야 한다. 자본주의 복지국가의 경제를 사회복지적 측면에서 분석하는 사회복지경제분석은 사회복지경제를 구성하는 복지국가의 목적 또는 복지국가의 목표 성취여부를 판단할 수 있는 결정요소를 활용하여 분석하는 것이 필요하다. 이는 복지국가가 사회복지를 중요한 전이 및 할당체제로 인정하는 국가를 의미함으로 복지국가가 성취하려는 목적과 목표를 사회복지경제분석의 주요 원칙과 기준으로 삼을 수 있음을 의미하는 것이다.

본 연구에서는 복지국가가 추구하는 사회복지경제의 분석을 위해 주로 복지경제학자나 경제학자들이 제시하는 복지국가의 목적을 구성하는 요소들을 주된 분석의 틀로 삼는다. Briggs(1961, Gilbert & Terrell, p. 48에서 재인용)는 복지국가의 목적을 크게 세 가지로 분류하였는데, 그녀가 강조한 복지국가의 목적은 아래와 같다.

첫째, 복지국가의 목적은 노령이나 실업, 이혼 등과 같은 이유로 정상적인 자기보장을 할 수 없는 사람들에게 경제적 보장을 유지하도록 하는 것에 있다.
둘째, 복지국가의 목적은 시장의 가치와 상관없이 개인이나 가족에게 최소한의 소득을 보장하는 것에 있다.
셋째, 복지국가의 목적은 모든 시민들에게 지위나 계급에 상관없이 그들이 필요로 하는 유용한 최상의 사회서비스를 제공하는 것에 있다.

위와 같은 복지국가의 목적에 근거하면 사회복지경제는 첫째, 국민들이 그들의 소득상실의 경우 경제적 보장을 제공받는가의 여부 둘째, 시장에 의해 배제된 국민들에게 최소한의 소득보장이 제공되는가의 여부 그리고 마지막으로 욕구에 다른 적절한 사회복지서비스가 제공되고 있는가의 여부를 중요 분석기준으로 삼을 수 있을 것이다.

경제학자인 Walker(2005)는 복지국가의 목적 또는 복지국가가 사회복지프로그램을 제공하는 목적으로 첫째, 빈곤경감, 둘째, 소득유지와 대체, 셋째, 사회통합의 증진, 넷째, 위험으로부터의 보호, 다섯째, 재분배, 여섯째, 보상, 일곱째, 경제적 효율성의 증진, 여덟째, 행동수정으로 구분하였다. 여기서 보상은 질병이나 장애, 실업 등으로 인해 발생하는 추가적 소득상실에 대한 보상을 의미하며, 소득유지와 대체는 실업이나 장애상태에 빠지게 되는 경우 사회보장혜택이 최소소득보장을 의미하는 것이 아니라 이전 생활이 유지 보장될 수 있도록 이전소득을 대체한다는 의미이다. 빈곤경감이나 재분배, 사회통합과 위험으로부터의 보호 그리고 소득유지나 대체 등은 대부분의 학자들이 강조하는 복지국가의 목적과 동일하다고 볼 수 있다. 그리고 Walker가 강조하는 행동수정이란 예를 들어 출산율을 향상시키기 위해 아동수당이나 가족수당과 같은 사회복지혜택을 제공하는 것이 인간의 행동을 수정시킬 수 있도록 설계되어 있어야 한다는 것을 의미한다. 특히 Walker는 사회복지시스템의 제공목적이 경제적 효율성을 증진시키는 것임을 강조하였다. 그에 따르면 복지혜택을 통하여 경제 불황기에 실업자나 저소득층의 소득을 보장하면 수요가 창출되어 경제적으로 효율성이 증진될 수 있다는 것이다. 만약 Walker의 견해에 따른다면 복지국가의 사회복지경제는 첫째, 경제적 효율성, 둘째, 빈곤경감여부, 셋째, 소득유지여부 넷째 사회적 통합 여부 다섯째, 재분배여부, 여섯째, 적절한 보상여부 등을 분석기준으로 활용하여 분석할 수 있을 것이다. 특히 그는 효율성을 경제적 효율성, 행정효율성, 표적효율성으로 구분하였다. 경제적 효율성이란 최소비용으로 최대효과를 얻는 것을 나타내며 일반적으로 비용효율성을 의미하는 용어이고 표적효율성은 내적표적효율성과 외적표적효율성으로 구분되며 내적표적효율성은 서비스를 받아야 하는 표적(대상자)이 서비스를 받았는지를 확인하는 것이고 외적표적효율성은 욕구가 있는 사람에게 혜택이 적절하게 전달되었는가를 확인하는 것이다. 행정효율성은 기술효율성과 가격효율성으로 구성되는데 **기술효율성**(technical efficiency)은 투입의 최적의 조합으로 성취하려는 목적을 달성하는 것을 의미하며 **가격효율성**(price efficiency)은 가장 최소의 비용으로 목적을 성취하는 것으로 정의하였다.[4)]

4) 가장 최소비용으로 혜택을 만들어내는 가격효율성은 비용효율성을 의미한다

사회복지학자인 Gilbert와 Terrell(2005)은 복지국가의 목적으로 Briggs의 견해를 받아들였지만 사회복지를 혜택-할당체계라고 주장하면서 사회복지정책분석을 위한 기본 틀로서 할당, 제공, 전달 그리고 재정을 강조하였다. 그들은 사회복지정책분석기준으로 미시적 관점 즉, 개인적 관점이 강조되는 경우는 비용효과성, 선택의 자유, 불일치의 자유 그리고 지방의 자율성을 분석기준으로 제시하였고 거시적 측면, 즉, 집합적 관점이 강조되는 경우는 사회적 효과성, 사회통제, 효율성 그리고 중앙화를 중요 분석기준으로 제시하였다. 여기서 **사회적 효과성**은 모든 국민들이 동등한 사회구성원으로 대접받는 정도를 나타낸다는 측면에서 형평성이나 평등성 개념에 더 가깝다고 볼 수 있으며, 사회통제는 개인의 선택을 제한하여 사회복지혜택의 제공이 국가에 의해서 제공되는 정도를 나타내준다. 그리고 전달의 측면에서 분석기준이 되는 불일치의 자유와 효율성은 사회복지전달이 민주적인가 관료적인가를 나타내는 정도를 의미한다.

〈표 2-1〉 Gilbert와 Terrell(2005)의 분석기준

분석영역	분석기준	
	개인적 관점	집합적 관점
할당	비용효과성	사회효과성
제공	선택의 자유	사회통제
전달	불일치의 자유	효율성
재정	지방자율성	중앙화

Barr와 Whynes(1993)는 복지국가의 목적으로 첫째, 효율성, 둘째, 기본적인 삶의 지원, 셋째, 불평등의 축소, 넷째, 사회통합 그리고 다섯째, 행정적 실행가능성(feasibility) 등을 강조하였다. 위의 요소 중

고 볼 수 있으며, 투입의 최적의 조합으로 목적을 성취한다는 기술효율성은 경제적으로 적은 투입으로 같은 산출을 만들어내는 것이나 같은 투입으로 더 많은 산출을 만들어내는 것을 의미한다고 볼 수 있다.

에서 기본적 삶의 유지나 불평등 축소 그리고 사회연대 등은 모두 평등과 관련이 있는 덕목들이라고 할 수 있다. 이들이 지적한 요소 중 **행정적 실행가능성**은 복지국가에서 제공하는 제도들이 이해되기가 쉬워야 하며 행정비용이 가능한 적게 들어야 하고 혜택은 남용되어서는 안 된다는 점을 지적하는 요소로서 **행정효율성**요소에 포함된다고 할 수 있다. 특히, 복지국가의 목적에 효율성요소가 포함되는 이유는 경제적 측면에서의 비용대비 혜택의 효율성을 담보하기 위해서라기보다 행정비용의 절감이나 서비스중복이나 사기 방지 등을 통한 국가 재정적 측면의 효율성을 의미한다고 볼 수 있다. Barr와 Whynes가 복지

〈표 2-2〉 Barr와 Whynes가 제시한 복지국가 사회복지경제 분석의 목표 및 내용

목적	목표	내용
효율성	1. 거시적 효율성	GDP에서 차지하는 사회복지지출이 효율적인 수준이어야 한다.
	2. 미시적 효율성	복지지출이 다양한 복지영역 안에서 효율적으로 할당되어져 있어야 한다.
	3. 근로동기	복지혜택이 노동공급과 고용 그리고 저축에 부정적인 영향을 미치지 않아야 한다.
기본적 삶의 지원	1. 빈곤구제	어떤 국민도 기본적 생계수준 이하로 떨어지면 안 된다.
	2. 기본적 생활의 보호	어떤 국민도 실업이나 질병과 같은 기대하지 않은 큰 곤경에 직면하여서는 안 된다.
	3. 소득안정	미래의 소득상실에 대해 국가는 연금과 같이 세대 간 전이를 보장하여야 한다.
불평등 경감	1. 수직적 평등	소득이 낮은 사람들에게 소득은 재분배되어야 한다.
	2. 수평적 평등	혜택은 나이, 가족구조 등을 고려하여 제공되어야 한다.
사회적 통합	1. 존엄성 유지	현금이나 현물 등 모든 혜택은 불필요한 낙인을 없애고 개인의 존엄성을 유지 보장하도록 제공되어야 한다.
	2. 사회적 연대	현금이나 현물 등 모든 혜택은 사회적 연대를 고취시켜야 한다.
행정적 실현가능성	1. 명료함	모든 제도나 서비스는 간단하고 이해하기 쉬워야 하며 가능한 행정비용을 절감하여야 한다.
	2. 남용의 억제	혜택은 남용되어서는 안 된다.

국가의 목적을 성취하기 위해 제시한 구체적인 성취목표들은 복지국가의 사회복지경제를 분석하는 분석의 목표 및 내용으로 활용될 수 있다. 그들이 제시한 복지국가 사회복지경제분석의 목표 및 내용은 〈표 2-2〉와 같다.

위의 분류 중 행정적 실현가능성은 효율성(특히 행정효율성)으로 분류될 수 있으므로 Barr와 Whynes가 제시한 복지국가 목적의 성취여부를 판단하는 분석영역은 크게 효율성, 빈곤과 불평등을 강조하는 형평성과 평등 그리고 사회적 연대 등의 영역으로 규정할 수 있다. 특히, 사회복지경제를 분석하기 위해서는 빈곤경감여부와 소득재분배적 측면이 강조되는 수직적 평등과 형평성이 강조되는 수평적 평등 그리고 행정효율성과 사회복지혜택과 근로동기와의 관계 등이 주된 분석영역이라고 할 수 있다. 지금까지 제시한 학자들의 사회복지경제분석의

〈표 2-3〉 학자들이 제시한 사회복지경제분석의 목표 및 분석내용

목적	목 표	내 용
효율성	표적 효율성	-혜택을 받아야 하는 사람들이 혜택을 받았는가의 여부 -욕구가 있는 사람에게 혜택이 적절하게 전달되었는가의 여부
	행정효율성	기술효율성과 가격효율성으로 구성 -기술효율성은 투입의 최적의 조합으로 성취하려는 목적을 달성하는 것 -가격효율성은 가장 최소의 비용으로 목적을 성취하는 것
	비용효율성	투입비용대비 혜택의 정도
형평성	수평적 형평	지역, 인종, 나이, 성, 가구의 유형 및 장애의 유무 등의 사회적 배제와 차별성여부, 동등한 기회의 여부,
	수직적 형평	가장 심각한 욕구에 있는 사람들에게 그들에게 필요한 혜택이나 서비스가 제공되는가의 여부
평등성	보편성	이용자들에 대한 사회적 낙인여부
		소득, 직위 등에 상관없이 모든 국민들에게 동일한 혜택이 제공되는지의 여부
적절성	혜택의 적절성	혜택은 욕구하는 것을 해결할 수 있을 정도로 제공되고 있는지의 여부
	포함여부	혜택을 필요로 하는 사람들이 모두 포함되어 있는지의 여부
효과성	목표성취	성취하려는 목표의 성취여부
	비용효과성	투입대비 성과달성 정도

기준 및 핵심적 분석영역을 정리해 보면 〈표 2-3〉과 같다.

4. 사회복지경제 분석의 중요성

복지국가가 시장경제를 대체하는 그리고 국민들의 욕구해결을 위해 분배적 정당성을 가지고 있는 체제라는 점은 복지국가의 경제적 분석이 분배적 정의의 실현여부를 입증하여야 한다는 점을 나타낸다. 시장경제에 대한 국가적 개입은 역시 경제적으로 수많은 자원의 투입을 의미하며 자원의 사용은 사용된 자원이 목적하는 바를 성취하였는가에 대한 입증을 필요로 한다. 분배적 정당성을 가지고 있는 복지국가라고 해서 분배를 위해 활용될 수 있는 자원이 무한한 것은 아니며 대부분의 복지국가는 제한된 자원을 활용하여 최대의 분배효과를 창출하기 위해 노력한다. 이는 자원의 희소성법칙이 복지국가 경제적 틀인 자본주의 경제의 기본적 토대임을 의미하는 것이다.

복지국가 시장경제에 대한 분석은 시장이 일반적으로 효율성을 강조함으로 투입비용대비 얼마나 많은 혜택을 가지고 왔는가를 중심으로 이루어지지만 사회복지경제에 대한 분석은 투입비용이 어느 정도의 분배효과를 가지고 왔는가를 중심으로 이루어질 수 있다. 따라서 복지국가의 경제를 분석하는 것은 복지국가의 공급이 시장을 통한 공급보다 분배적 정당성을 가지고 있음을 분석하고 확인하는 것에 초점이 맞추어져 있어야 한다. 따라서 복지국가의 경제 분석은 시장경제가 강조하는 효율성이 중심이라기보다는 공평한 할당을 강조하는 형평성이 중심이며, 이에 덧붙여 국민들의 고통이나 고민이 얼마나 해결되었는가를 확인하기 위한 **사회복지제공의 효과성**, 그리고 착취나 차별로부터 분배적 정당성을 확보하기 위한 사회복지제공을 통한 사회정의의 실현여부 등이 분석의 핵심이 되어야 한다.

분배적 정당성 내지는 분배효과를 입증하기 위하여 사회복지경제분석에서는 사용된 자원의 효율성이나 효과성 보다는 주로 평등성이나 형평성을 입증하는 것이 중요하지만 전적으로 평등성이나 형평성만이 사회복지경제를 분석하는 분석 기준은 될 수 없는데 이는 투입자원이 더 많은 혜택을 가지고 온다면, 그리고 투입자원으로 더 많은 목적을 성취한다면 그 정책적 효과는 더욱 크게 나타날 것이기 때문이다. 결국, 사회복지의 증진을 위해 사용되는 모든 사회복지재화와 서비스가 제공되는 사회복지프로그램이나 제도들은 사회복지경제의 측면에서 분석되어져야 하며 분석의 기준은 시장경제를 분석하는 분석기준과는 달리 분배적 정당성을 확보하기 위하여 평등성과 형평성을 중심으로 효과성과 효율성이 분석되는 것이 바람직하다고 할 수 있다. 하지만 사회복지경제분석에 있어 효율성이 분석기준으로 활용될 수 있다는 것은 시장경제가 강조하는 효율성기준과 사회복지경제의 분석기준이 되는 효율성기준의 명확한 구별을 필요로 한다. 즉, 경제적 분석기준인 비용대비 혜택(편익)의 효율성보다는 사회복지경제분석의 효율성은 표적효율성이나 행정효율성을 강화하는 기준으로 적용되어야 함을 의미하는 것이다. 사회복지경제분석을 위한 기준은 사회복지경제의 기본 가치를 통해서도 확인될 수 있다.

5. 사회복지경제 분석의 기본 가치

사회복지경제 분석의 기본가치는 사회복지의 **진보적 관점**으로부터 추론될 수 있다. Rojek(1986)와 Mullaly(1997)에 따르면 사회복지는 변화의 긍정적 대리인으로서 사회평등과 연대성구축, 인간 개개인에 대한 존중과 서로의 차이점에 대한 인정을 기본으로 하여 사회정의를 구현하는 복지국가 형성을 추구한다. 특히 Mullaly(1997)는 사회복지의 진보적 관점이 다음의 내용들을 포함하여야 한다고 강조하였다.

첫째, 인본주의, 지역사회와 평등에 대한 소명감
둘째, 사회적 목적을 실현하기 위한 그리고 사회의 자원을 형평하게 분배하기 위한 정부개입의 필요성에 대한 신념
셋째, 참여민주주의를 위한 정치적 신념
넷째, 복지국가형성을 위한 실천모델의 추구
다섯째, 사람들을 존경하고 통합과 존엄을 향상시키며 지역주민이나 client들이 자기결정을 할 수 있도록 능력을 고양시키고 서로의 차이를 인정하며 사회정의를 증진시키는 사회복지의 추구

이러한 사회복지의 진보적 관점에 입각하면 사회복지경제는 다음과 같이 거시적 측면과 미시적 측면으로 구분될 수 있다. 먼저 거시적 측면에서 보면 사회복지제도나 정책 그리고 프로그램이 제공하는 모든 사회복지재화와 서비스는 지역사회와 지역주민들을 변화시키는 역할을 수행하여야 하며, 사회정의와 평등에 대한 소명감을 기본으로 자원의 형평한 분배를 통하여 사회통합과 사회연대를 향상시켜야 한다는 점이다. 그리고 미시적 측면에서 본다면 사회복지제도나 프로그램은 국민 개개인들의 능력을 고양시키고 상호존중을 통하여 신뢰를 기본으로 하는 사회적 자본을 증진시키는 것에 있다. 따라서 사회복지경제분석의 기본 가치는 사회복지제도나 프로그램이 제공하는 사회복지 혜택이 자원의 형평한 분배를 실현하고 사회적 연대성을 강화하며 국민들의 상호존중과 신뢰를 증진시키는 것임으로 사회복지경제분석의 기본가치에 형평성은 중요한 가치기준이 되며 이외에 연대성, 상호존중과 신뢰 등이 사회복지경제분석의 기본 가치에 포함될 수 있다.

제 3 절 사회복지제공 및 측정

1. 사회복지제공에 있어 공급중시정책과 수요중시정책

분배문제 해결은 사회복지제공의 확대 강화를 통해서 이루어진다. 사회복지제공의 확대는 경제학적 용어로 표현하면 공급확대를 의미한다. 경제학에서 공급과 수요는 시장을 움직이는 핵심용어이며 사회복지측면에서 욕구와 제공은 역시 사회복지전달을 움직이는 핵심적 용어이다. 즉, 공급은 제공과 같으며 수요는 욕구와 같은 의미로 해석될 수 있다.

경제적으로 보면, 복지국가는 시장의 실패에 따른 빈곤과 불평등의 심화를 자원의 재분배를 통하여 극복하기 위해 **수요를 강조하는 정책**을 강조한다. 수요를 유발하는 수요중시경제정책은 케인즈 경제학의 중심이며 복지국가의 경제정책은 케인즈 이후 수요경제학이라고 불리기도 하였다. 수요중시정책과 비교하여 보수주의 경제학은 일반적으로 공급을 중시하는 공급중시정책을 선호한다. 따라서 보수주의 경제학에서는 경제 불황을 탈피하는 전제조건으로 수요를 창출하기보다 공급을 확대하는 것을 선호한다. 이는 공급이 수요를 창출한다는 *Say*의 법칙을 그대로 따르는 것이라고 할 수 있다.

공급중시정책의 핵심은 정해져 있는 자원을 수요에 따라 재분배하기보다는 정해져 있는 자원을 확대하여(즉, 공급을 확대하여) 자원의 총량을 늘려 더 많은 자원을 재분배하는 것이 효율적이라는 것이다. 따라서 공급을 강화하는 시장의 성장을 통하여 더 많은 자원이 공급되어 다른 사람의 복지가 침해되지 않고 복지가 더욱 향상될 수 있다는 점이 강조된다(Gilder, 1981, Murray, 1982, 1985). 즉, 공급확대를 통하여 왜곡된 분배문제가 해결될 수 있다고 강조함으로 공급중시정책을 따르면 분배문제 나아가 자원할당의 체제인 사회복지는 사라지고 오직 공급측면의 이슈들만이 중요한 과제로 남게 된다(Goodin, 1988).

공급중시정책의 문제점을 강조한 복지경제학자 Sen(1981)은 그의 책 『*Poverty and Famine*』에서 방글라데시와 이디오피아 등 굶주림이 극심한 나라들을 조사한 이후 굶주림(또는 기근)은 음식의 부족에 의해서 나타나는 것이 아니라 음식이 필요한 특정 집단에 음식을 제공하도록 하는 권리가 부족하기 때문에 나타남을 강조하였다. 즉, 기근에 음식공급이 필요한 것이 아니라 음식이 필요한 사람들이 음식을 제공받을 수 있도록 하는 프로그램이나 제도 등에 그들이 음식을 제공받을 수 있도록 하는 권리를 제공하는 것이 부족하다는 점을 강조한 것이다. 결국, 기근문제는 음식에 대한 분배의 권리문제이지 전반적인 음식공급의 부족문제가 아니라는 점을 Sen은 강조하였다고 볼 수 있다.

공급중시정책에 따르면 주택문제를 해결하는 방법은 더 많은 주택을 건설하여 공급을 확대하는 것이 가장 확실한 정책적 대안이 된다. 물론 주택이 부족하면 주택을 공급하는 것이 정답일 수 있지만 일정정도 주택공급이 이루어지면 주택문제는 공급문제라고 보기 어려운 것이 현실이다. 즉, 주택이 부족하여 가난한 사람이 주택을 가지고 있지 않은 것이 아니라 주택을 구입할 경제적 능력이 부족하여 주택을 가지고 있지 못하든지 아니면 주택을 소유할 수 있는 제도적 지원이 부재하기 때문에 국민들이 주택을 소유하지 못하는 것이다. 즉, 주택에 대한 공급을 확대하는 것보다 주택에 대한 할당체제 즉, 분배체제를 개선하는 더 현실적인 대답일 수 있다. 월세나 전세금이 부족한 사람들 또는 집 구매자금이 부족한 사람들에게 수요중시정책을 강화하여 그들에게 국가의 보조를 통하여 월세금이나 전세금 또는 주택구입자금을 지원하는 것이 보다 현실적인 주택문제 해결방안이 될 수 있다. 특히 경제적 불평등이 심화되어 부자들은 더욱 값비싼 주택과 더 많은 주택의 소유를 그리고 가난한 사람들은 더욱 열악한 주택환경에서 거주하는 경우 주택문제는 더 이상 공급문제가 아니라 분배문제라고 할 수 있음으로 수요를 창출할 수 있는 수요중심의 사회정책이 중요하다. 공급확대에 따른 빈익빈 부익부의 문제점을 해결하는 가능한 하나의 대안은 공급을 국가가 책임지는 국가공급을 확대하는 것이다. 즉, 민간주택시장공급을 확대하여 주택문제를 해결하는 것이 아니라 공공주택을 공급하여 주택문제를 해결하는 것으로, 이 경우 국가가 공급하는 주택은 시장에서 교환되는 사적재가 아니라 공공재의 기능을 할 수 있다.

공급중시정책을 강조하는 경제학자들은 **트리클다운효과(낙수효과, trickle down effect)**를 강조한다. 트리클다운효과에 따르면 부자들에 대한 재화의 양이 증가하면 가난한 사람들에 대한 재화의 양 또한 증가한다. 주택을 예로 들면 주택공급이 증가하면 부자들은 더 좋은 집을 구매하고 부자들이 살던 집은 중간소득가정으로 그리고 중간소득가정이 살던 주택은 그보다 소득이 더 낮은 가정이 소유하게 되어 가난한 사람들이 거주할 수 있는 주택이 더 많아진다. 하지만 주택이 지금 당장 절실하게 필요한 빈민들에게 트리클다운효과를 기대하는 것은 비현실적이다. 빈민들의 경제적 능력으로 트리클다운효과를 거쳐 구매 가능한 주택이 나타날 때까지 무조건 기다리는 것이 현실적일까? 주택이 트리클다운효과의 영향으로 빈민들이 구매 가능한 수준으로 가격이 조정되기까지 얼마의 기간이 필요할까? 주택문제를 해결하기 위하여 공급을 확대하고 빈민들이 주택을 구입할 수 있는 조건이 될 때까지 기다리는 것이 해결방안인가? 한 가정이 구매할 수 있는 가능한 주택들이 증가하기까지 기다릴 수 없는 상황에 놓여 있는 경우 그 가정은 어떻게 하여야 하는가? 빈민들은 트리클다운효과로 이미 중산층이 사용한 낡은 집만을 소유하여야 하는가? 결국, 공급중시정책은 분배적 해결방안을 위한 적절한 대안이라고 할 수 없다. 공급중시정책이 분배문제해결하기 위한 대안이 될 수 없음은 다음과 같은 이유들 때문이다(Goodin, 1988).

첫째, 공급중시정책은 분배문제의 포괄적 해결보다는 부분적 해결을 강조한다. 논리적으로 보면 공급량을 확대하면 분배할 것이 더 많게 됨으로 분배문제가 완전히 사라질 것 같아 보이지만 현실적으로 확대된 공급량은 그것을 확보할 수 있는 능력을 필요로 함으로 분배문제는 오히려 더욱 왜곡될 가능성이 있다. 즉, 공급의 양을 늘린다고 해서 공급량이 당장 그것이 필요한 사람들에게 돌아가지 않음으로 공급량을 활용할 경제적 능력이 있는 부자들을 더 부자가 되게 만든다.

둘째, 트리클다운효과를 기다리는 것은 급박한 위험에 놓여 있는 불이익을 받은 사람들에게 더 큰 해를 가져다준다. 트리클다운효과를 기대하기 위해서는 일정 정도의 시간을 필요로 한다. 즉, 공급이 확대되고 확대된 공급량이 소진되면 소진된 공급량만큼 새로운 수요층이 만들어져야 소진된 양이 다시 소진될 수 있다. 따라서 긴박한 상황에 놓여 있는 경우에 트리클다운효과를 통한 공급의 확대는 정책적 효과가 없게 된다.

Goodin(1988)은 공급중시정책으로는 분배문제를 해결할 수 없으며 분배분제는 분배적 해결책을 통해서 해결될 수 있음을 강조하였다. 즉, 자원의 할당은 공급을 통해서가 아니라 욕구에 대한 적극적 해결책으로서 자원할당에 대한 전이체제인 사회복지제공의 확대를 통해서 해결될 수 있다.

2. 욕구와 제공

수요와 공급은 자본주의 시장경제의 역동성을 나타내는 용어라고 할 수 있다. 고전파 경제학자들은 시장이 수요와 공급법칙에 영향을 받아 상품의 양과 가격을 결정하는데 있어 가장 이상적인 장점은 바로 수요와 공급이 만나는 균형점 즉, 균형가격을 시장이 스스로 찾는다고 생각하였다. 즉. 시장이 자기-규제적(self-regulating)이라고 생각하였다는 점이다. 시장을 유일한 할당체제이자 분배구조로 인정하지 않는 사회복지경제의 영역에서 공급이라는 용어는 **제공**(provision)이라는 용어로 그리고 수요라는 용어는 **욕구**(needs)라는 용어로 대체된다. 국가는 직접적인 방식으로 사회복지재화와 서비스를 제공하여 국민들이 필요로 하는 것을 해결하기 위해 노력한다. 즉, 욕구를 해결하기 위해 노력한다. 많은 국민들은 복잡하고 다양해지는 사회문제 즉, 사회적 위협이나 위기를 맞아 그 위기와 위협을 해결하기 위한 개별적 욕구를 가지고 있다. 국가는 사회적 위험이나 위협에 노출되어 나타나는 국민들의 욕구를 공공재를 제공하여 해결하는 것을 목적으로 다양한 사회복지재화와 서비스를 제공하게 된다. 사회복지서비스의 제공과 욕구의 관계는 [그림 2-1]과 같다.

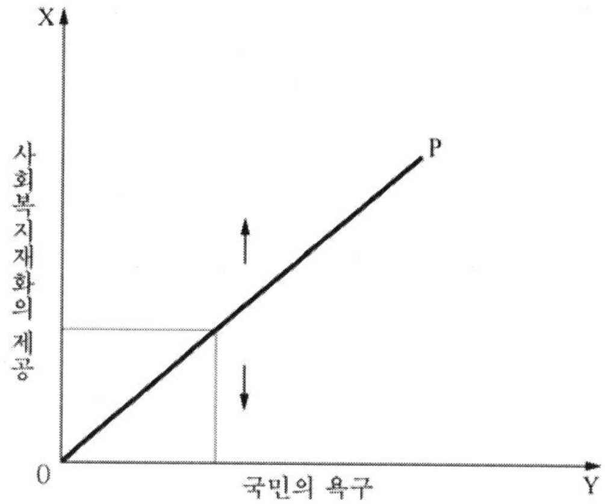

[그림 2-1] 서회복지재화와 서비스의 제공과 욕구의 관계

위의 그림에서 선 OP는 사회복지재화와 욕구가 일치하는 균형 선으로 모든 욕구가 적절하게 국가중심의 사회복지재화의 제공에 의해서 해결되는 이상적인 상태를 나타낸다. 한편 제공과 욕구의 선이 OXP 선상에 머무른다면 사회복지재화와 과잉제공된 것을 나타내며 제공과 욕구의 선이 OYP 선상에 머무른다면 국민의 욕구가 증대하나 이를 해결할 수 있는 사회복지재화의 제공이 부족하여 사회복지재화의 과소공급에 따른 욕구 불충족 상태를 나타낸다. 수요와 공급은 시장을 통해서 결정되고 시장은 자기규제적임으로 균형가격이 시장을 통해서 형성될 것이라는 것은 이미 경제학자들의 기대에 지나지 않음을 역사는 증명하고 있다. 시장을 통해서 판매자와 구매자는 서로 다른 이익을 취하기 위해 노력하게 되며 시장은 구매자보다 판매자에게 더 많은 정보를 허락하는 대표적인 정보 불일치가 나타나는 격전장이다. 시장은 교환능력(구매능력)이 있는 사람만이 진입할 수 있으며 교환능력을 가지고 있지 못한 사람은 진입자체가 불가능한 자원할당체제이다. 하지만 사회복지라는 자원할당체제는 진입에 대한 규제가 없으며 정보 불일치가 발생하지도 않는다. 국가는 욕구가 있는 사람에게 욕구를 해결할 수 있을 정도의 자원을 할당하도록 노력하며 정보를 공개하여

누구나 필요한 정보에 대한 접근을 허락하려고 노력한다. 따라서 사회복지는 시장이 형성한 **사회적 배제**(socal exclusion)를 극복하는 **사회적 포섭**(**또는 포용**, social inclusion)을 위한 자원할당체제이다.

3. 사회복지의 수준과 측정: 빈곤, 불평등 그리고 사회복지

한 사회의 복지수준을 측정하기 위해서는 복지에 대한 측정기준을 설정하고 측정수단을 사용하여야 가능하다. 고전파경제학에 뿌리를 둔 복지경제학은 개인의 복지를 포함하여 사회복지를 측정하는 것을 가장 중요한 목적으로 삼는 학문영역이라고 할 수 있으며 사회복지경제학 역시 한 사회의 복지수준을 측정하기 위한 측정수단을 찾기 위해 노력한다. 우리사회의 국민들이 가지는 복지의 수준은 어떠한가? 우리사회의 복지수준은 다른 사회의 복지수준과 비교하여 더 좋은 것인가? 잘사는 사람의 복지수준과 못사는 사람의 복지수준의 차이는 어떠한가? 등 한 사회의 복지 상태나 수준을 하나의 측정도구를 사용하여 측정하고 비교하는 것은 국민의 복지를 향상시키는 것을 목적으로 하는 모든 복지국가에 있어 매우 중요한 영역임에 틀림없다. 국민들의 복지 상태 또는 사회복지의 현 수준을 측정하여야만 사회복지프로그램의 정책적 방향을 수정 내지는 보완하는 것이 가능하며 나아가 새로운 복지프로그램의 개발을 추동할 수 있을 것이기 때문이다.

하지만 사회복지측정의 중요성에도 불구하고 한 사회의 또는 개인의 복지 상태나 수준을 측정하는 객관성을 담보한 완벽한 하나의 복지측정도구는 존재하지 않는다. 이는 복지라는 개념이 매우 다양하고 다중한 영역으로 이루어져 있음으로 복지의 모든 영역을 포함하는 복지측정도구를 찾아내는 것이 어렵다는 것이 가장 결정적인 이유라고 할 수 있다. 국민들의 또는 사회의 복지 상태나 수준을 측정하는데 가장 많이 활용되는 간접적인 복지측정도구로는 **빈곤과 불평등측정도구**

등이 있다.

빈곤과 불평등은 위험, 사회적 박탈, 소외, 배제 그리고 사회정의 등과 매우 밀접한 연관을 가지고 있다. 불평등정도가 심한 국가가 사회복지의 수준이 높은 경우는 존재하지 않을 것이며 역시 빈곤의 정도가 심한 국가의 사회복지가 높은 수준일 것이라고는 예상할 수 없을 것이다. 또한 부자와 가난한 사람의 경제적 부의 수준정도와 양극화가 심할수록 사회적 배제와 차별은 그에 상응하여 사회에 만연되어 있을 가능성이 매우 높다고 할 수 있다. 소득이 낮은 사람들은 여러 사회, 문화, 정치, 경제적 혜택에서 소외되고 배제되어 있을 가능성이 높으며 불평등의 정도는 높을 것이다.

빈곤은 일반적으로 개인에 초점을 두며 불평등은 개인보다는 전체 사회에 초점을 둔다. 따라서 개인의 복지는 빈곤을 통해서 그리고 사회복지는 불평등을 통해서 간접적으로 측정되어질 수 있음으로 사회복지는 빈곤과 불평등 측정을 통해서 간접적으로 평가될 수 있다. Sen(1976)은 불평등을 측정하는 문제와 빈곤을 측정하는 문제는 상호 연관되어 있으며 모든 빈곤측정도구는 불평등측정도구로 변형되어질 수 있음을 강조하였다.

빈곤측정과 불평등측정이 외에 한 사회의 복지수준을 직접 측정할 수 있는 측정도구를 찾는 것이 어려운 이유는 이미 언급한 바와 같이 복지의 다양성, 역동성 그리고 복잡성에 기인한다. 즉, 복지라는 다양한 측면의 영역(dimension)을 내포하고 있는 개념을 개념구성화(construct)하여 측정할 수 있는 하나의 개념으로 설정하여 이를 측정할 수 있는 측정도구(지표나 지수)를 찾는 것이 현실적으로 불가능할 수 있다. 한 사회의 복지수준을 간접적으로 측정하는 측정도구로 현재 활용되는 **사회지표로는 삶의 질 지수**(Quality of Life Index), **사회건**

강지수(Index of Social Health), **인간개발지수**(Human Development Index) 그리고 **삶의 만족 지수**(Satisfaction of Life Index), **그리고 사회적 자본지수**(Social Capital Index) **등이 있다.** 이 중 사회건강지수를 소개하면 아래와 같다.

■ 사회건강지수

사회건강지수는 16개의 지표를 종합점수로 환산하여 사회의 건강한 정도를 나타내는 지수로서 미국의 사회정책혁신센터가 개발한 지수이다. 사회정책혁신센터는 1987년부터 미국의 사회건강지수를 매년 발표하고 있다. 여러 지표의 합산한 점수를 나타내는 사회건강지수는 한 사회의 건강정도를 하나의 지표로 나타내는 것은 불가능함으로 사회의 건강을 간접적으로 나타낸다고 간주되는 16개의 사회적 지표를 선별하여 점수를 합산하는 방식으로 이루어져 있다. 16개 지표를 세대별로 구분하여 제시하면 〈표 2-4〉와 같다.

〈표 2-4〉 사회건강지수 항목

<table>
<tr><th>아동</th><th>성인</th><th>전체 국민</th></tr>
<tr><td>아동빈곤
유아사망률
아동학대</td><td>건강보험보장범위
실업률
주간 임금</td><td rowspan="4">소득불평등
저렴한 주택
식품안전
알코올 연관된 교통사고 사망자수
살인</td></tr>
<tr><th>청소년</th><th>노인</th></tr>
<tr><td>10대 자살률
10대 약물중독률
고등학교 중도탈락률</td><td>65세 이상 노인빈곤율
65세 이상 건강비용 본인부담액</td></tr>
</table>

16개 지표를 합한 사회건강지수 총 만점은 100점으로 2009년 미국의 사회건강지수는 51.7점이었다. 주로 사회건강지수는 미국에서 활용되고 있으며 1970년 64.9점에서 2009년 51.7점으로 약 20%정도 감소하여 미국의 사회건강 정도는 30년 전에 비해 전반적으로 크게 악화되고 있는 것으로 나타나고 있다.

제4절 소 결

본 절에서는 복지국가와 사회복지경제의 관계, 사회복지경제분석을 위한 기준과 기본가치 그리고 사회복지수준의 향상정도를 평가할 수 있는 측정수단에 대한 내용을 다루었다. 복지국가가 시회복지를 증진시키기 위한 사회적 체제라고 한다면 구체적으로 사회복지의 증진은 사회복지재화와 서비스의 제공을 통해 이루어진다. 사회복지경제학은 바로 사회복지증진을 위한 사회복지재화와 서비스의 생산과 분배 그리고 소비를 다루는 학문이고 **사회복지경제는 사회복지를 증진시키고 개선시키기 위한 재화나 서비스의 제공 및 할당을 포함하여 사회복지서비스 교환이나 조정을 다루는 영역**이다. 사회복지경제를 활성화하기 위한 다양한 정책이나 제도 그리고 도구들을 통하여 복지국가의 사회복지서비스는 전달되고 전달받은 서비스는 국민들의 생활안정과 번영을 위한 물적 그리고 정신적 토대로 작동하여 복지국가는 발전한다. 따라서 사회복지경제에 대한 분석은 사회복지개선을 위한 다양한 정책이나 제도 또는 사회복지서비스 전달(또는 할당, 제공, 전달, 재정) 등에 대한 분석을 통하여 이루어진다.

사회복지경제발전의 정도를 파악하기 위해서는 사회복지경제를 분석하는 분석기준이 있어야 하는데 본 연구에서는 사회복지경제를 분석하는 기준으로 효율성보다는 형평성과 평등성을 강화하여야 한다는 점을 강조하였으며 구체적인 기준으로 효율성, 형평성, 평등성, 적절성, 효과성을 제시하였다. 국민들의 사회복지경제의 발달로 인한 사회복지수준의 향상이나 개선의 정도는 객관적인 척도를 통하여 측정될 수 있지만 보편적으로 활용되는 사회복지향상의 정도를 측정하는 직접적인 척도는 개발되어 있지 않아 간접적인 방식의 측정도구들을 활용하여 복지국가는 국민들의 삶의 번영이나 사회복지수준의 향상정도를 파악한다.

제3장 신고전파 복지경제이론

제1절 개 관

신고전파경제이론 중 복지와 경제와의 관계를 설명하는 이론들은 신고전파복지경제이론이라고도 불릴 수 있다. 신고전파경제학은 자원의 할당은 시장을 통해서 이루어짐을 강조한다는 점에서 고전파경제학을 계승하였다. 복지경제적 측면에서 신고전파경제이론은 고전파경제학이 강조한 자기이익의 최대화 또는 자기이익실현을 곧 개인의 번영이나 복지의 최대 조건으로 내세운다는 점에서 고전파경제학과 같은 사상적 토대 위에 놓여 있다고 할 수 있다.

신고전파복지경제이론에는 시장의 균형을 강조하는 **일반균형이론**으로부터 개인의 선택을 기초로 하여 사회적 선호, 만족 그리고 복지와 복지수준의 측정 및 결정을 강조하는 **사회선택이론**, 정부의 실패를 강조는 **공공선택이론** 그리고 사회복지서비스의 민간조직으로부터의 제공에 영향을 미친 **주인-대리인이론** 등이 포함된다. 특히 **일반균형이론**은 시장을 자기이익실현을 위한 또는 자기만족을 최대화하기 위한 자원할당메커니즘으로 이해함으로 시장의 실패, 인간소외 및 사회적 배제 등에 기인하는 사회문제의 발달 그리고 이에 따른 국가의 개입 그리고 시장의 실패를 극복하기 위한 형평한 자원할당메커니즘을 강조하는 사회복지(복지국가)의 발전에 중요한 기여를 하였다. 즉, 자원할당의 메커니즘으로 시장의 균형적 역할 및 확대를 강조하여 시장에 기인하여 발생하는 사회문제에 대한 대응의 필요성을 불러일으킨 것은 일반균형이론에 기인한다고 볼 수 있다. 따라서 사회문제에 대응하는 복지국가 발전에 지대한 영향을 준 일반균형이론에 대한 이해는 사회복지경제학을 이해하는데 매우 중요할 뿐 아니라 시장의 기능 및 역할 그리고 시장과 사회복지와의 관계를 이해하는데 매우 중요한 틀을 제공한다.

자기이익 최대화를 강조한다는 측면에서 공공선택이론은 일반균형이론과 비슷한 측면이 있다. 하지만 사회복지민영화와 연관하여 공공선택이론은 주인-대리인이론에 영향을 준 이론으로 정부의 실패를 관료나 정치인들의 자기이익 최대화에서 찾음으로 시장에서 자기이익 최대화를 구현하려는 일반균형이론과는 상이한 관점을 유지하고 있어, 역시 방법론적 개인주의에 기초한 신고전파복지경제학의 큰 틀에서는 벗어나지 않는다. 특히, 공공선택이론은 대중의 이익에 반하더라도 사람들은 자신들이 결정한 일을 수행하는데, 이는 자신들이 무엇을 하는지에 대해서 이성적 동기부여를 가지고 있기 때문이며 이성적 동기부여는 바로 자기만족을 최대화 또는 자신의 복지를 최대화하기 위해 나타난다는 점을 강조한다. 따라서 공공선택이론의 분석단위가 자기만족을 위한 이기적 개인에 국한됨으로 지역사회나 지역주민에 대한 배려와 이타적 소명감을 중심 가치로 삼는 전체 사회복지의 발달을 이해하는 데는 부족한 측면을 지니고 있는 이론임을 알 수 있다.

사회선택이론은 개인의 복지는 측정될 수 있으며 나아가 개인 간의 복지 역시 측정가능하다는 상대적 만족비교개념을 강조한다. 따라서 사회선택이론은 개인적 복지에 기초하여 사회적 만족이나 복지 역시 측정가능하다는 것을 강조하지만 개인들 간의 복지(또는 만족)가 측정될 수 있다는 전제를 개인의 합리성과 방법론적 개인주의에서 찾음으로 역시 신고전파복지경제학의 영역에서 사회복지를 설명해 주는 이론이라고 할 수 있다. 사회복지를 증진시킬 수 있는 사회적 선택이 가능하며 사회복지의 수준은 측정될 수 있음을 강조하는 사회선택이론에 대한 이해는 거시경제학과 규범주의 경제학의 사회복지에 대한 편협함을 이해하는데 중요한 틀을 제공한다는 측면에서 중요하다고 할 수 있다.

주인-대리인이론은 주인조직이 제공하여야 하는 서비스를 대리인이 주인과의 계약을 통하여 대신 제공하는 것을 설명하는 이론이다. 특히, 주인-대리인이론은 민간조직이 갖는 강점을 활용하여 사회복지서비스를 민간조직과의 계약을 통하여 제공함으로써 정부는 서비스제공의 전문성 및 효율성과 효과성을 증진시키면서 주민들이 원하는 서비스를 제공할 수 있음을 강조한다는 특징이 있다. 하지만 주인-대리인이론은 정부의 시장에 대한 개입을 반대하는 신고전파경제학의 정부실패이론에 근거하고 있음으로 주인인 정부조직의 실패(정부의 실패) 그리고 정부실패의 한 요소로서 공공선택이론이 강조하는 정부관료들의 자기이익 최대화라는 이론적 틀을 그대로 유지하고 있다. 특히 주인-대리인이론은 국가의 공공 및 사회복지서비스의 직접적 제공을 민간에게 전가함으로써 사회복지서비스 전달체계에 시장에서 강조하는 경쟁과 효율성을 중요한 가치로 인정하여 협력과 형평성을 보다 강조하는 복지국가 사회복지의 기본 가치에 부합하지 않는다는 한계를 내포하고 있다. 또한 민영화를 통한 서비스제공과 그에 따른 책임성의 민간조직으로의 전가라는 한계 역시 내포하고 있다. 신고전파복지경제학의 중심 이론들을 특성과 한계를 중심으로 살펴보면 다음과 같다.

제 2 절 일반균형이론

1. 일반균형이론이란?

일반균형이론(the general equilibrium theory)은 프랑스경제학자인 Walras에 의해서 1870년대 제시된 이론으로서 다양한 시장을 포함하는 전체 경제에서 수요, 공급 그리고 가격의 행동을 설명한다. 특히, 일반균형이론은 거시경제학에서 다루는 국가나 정부 등과 같은 경제주체가 아니라 개인적 시장이나 회사 등을 다루는 미시경제학에 포함되는 이론이다. 일반균형이론에 따르면 시장에서 화폐가격이나 이자를 포함하는 모든 재화의 가격과 생산은 상호 연관되어 있다. 따라서 한 재화의 가격변화는 다른 재화의 가격에 영향을 미치게 된다. 예를 들어 밀가루의 가격이 변화하면 빵의 가격 역시 영향을 받게 되고 빵의 가격변화는 또한 다른 재화의 가격에도 영향을 미치게 된다. 결국, 일반균형이론에 따르면 한 재화의 균형가격을 계산하는 것은 다른 모든 재화의 가격을 고려하는 분석을 필요로 한다.

따라서 경제학에서 일반균형이론은 시장의 원리를 설명하는 가장 기본적인 이론으로서 신고전학파 복지경제학의 이론적 틀이라고 할 수 있다. 시장이 균형을 추구한다는 가장 일반적인 논리를 경제학의 기본토대로 삼는 일반균형이론의 핵심적 가치는 특히, 선호와 선택이다. 일반적으로 사람들은 선호하는 것을 선택한다는 측면에서 개인적 선호와 선택은 일반균형이론의 핵심적 가치이자 복지경제학의 기본토대라고 할 수 있다.

일반균형이론의 기본적인 아이디어는 경제의 결과물로서 개인에게 할당되는 재화와 서비스는 오로지 시장을 통해서 이루어지며 모든 시장은 균형적이고 상호연관이 되어 있다는 것이다. 만약 사람들이 갑작스럽게 특정 상품에 대한 수요를 바꾸게 되면, 다른 많은 사람들의 소득은 증가하거나 감소하는 것을 경험하게 된다. 즉, 특정상품에 대한 수요가 증가하면 상품가격은 상승하게 됨으로 그 상품에 대한 소득의 화폐가치는 떨어지게 된다. 따라서 상품가격의 변화는 또 다른 변화를 수반하게 된다. 일반균형이론에 따르면 이러한 변화는 시장을 통해서 균형있게 이루어진다.

일반균형이론은 특히 시장에서의 수요와 공급의 균형을 강조한다. 소비를 위해 소득을 얻기 위해서는 노동시장에서 노동력을 제공하든지 또는 자본시장에서 자본을 제공하여야 한다. 자본이나 노동력을 제공하여 획득한 소득을 가지고 개인(또는 가정)들은 회사가 만들어낸 상품을 구매한다. 특히 구매는 선호하는 것을 구매하는 것이 기본이며 선호하는 것을 구매하게 되면 그들의 만족함수는 증가하게 된다. 회사는 노동력이나 자본을 투입하여 산출을 만들어내고 산출된 상품을 개인들에게 판매하여 이윤을 획득한다. 이윤을 획득함으로 회사의 만족함수는 증가한다. 또한 이윤은 다시 이윤을 획득한 자본가 또는 소유자들을 통해서 소비된다. 따라서 개인들의 만족최대화는 상품에 대한 수요와 노동력이나 자본의 공급의 결과로 나타나게 된다. 결국, 일반균형이론에 따르면 만족최대화는 시장메커니즘을 통해서 이루어짐을 강조한다고 볼 수 있다.

이러한 수요와 공급의 균형을 강조하는 일반균형이론은 시장의 완전경쟁이라는 기본적 틀에 전적으로 의존한다. 즉, 완전경쟁이 가능하여야 수요와 공급이 균형을 이루는 시장이 존재할 수 있다는 것을 의미한다. 완전경쟁은 비록 가격이 수요와 공급에 의해서 결정되지만,

모든 개인이나 회사가 시장의 가격을 받아들인다는 것을 의미한다. 일반균형이론에 따르면 수요와 공급의 자연법칙에 의해서 가격이 결정되지 않는 것은 완전경쟁의 규칙이 이루어지지 않았음을 나타낸다.

2. 일반균형이론과 파레토효율

일반균형이론은 기본적으로 파레토효율에 근거한다. 파레토효율은 다른 사람이 나빠지는 것 없이는 어떤 사람도 좋아질 수 없는 상태 또는 한사람이 좋아지기 위해서는 다른 사람이 더 나빠지는 결과를 초래할 수밖에 없는 상태를 의미한다(지은구, 2003). 파레토효율의 정의에 따르면 자원의 할당으로 한 사람이 좋아졌는데 다른 사람이 더 나빠지지 않았다면 파레토효율적인 자원의 할당이라고 할 수 있다. 여기서 누구의 자원이 증대하였는지 즉, 누구의 부가 증대되었는지는 중요하지 않으며 부의 증대가 다른 사람들에게 분배되지 않고 한 사람에게만 집중된다고 해도 부의 총합은 증대하므로 전체 사회의 부의 증대는 특정인의 부의 증대에 영향을 받는 것임이 강조된다. 결국, 파레토효율은 자원의 형평한 분배보다는 부의 증대를 통한 자원의 특정한 할당을 강조함을 알 수 있다. 이런 측면에서 파레토효율은 분배의 관점보다는 생산의 관점 그리고 형평보다는 효율성을 강조하는 복지경제학의 이론적 토대라고 할 수 있다. 생산과 효율성을 강조한다는 측면에서 Baran(1968)은 파레토효율이 생산과 분배 그리고 효율성과 형평성을 분리함으로 평등의 문제를 등한시하고 모든 수단을 동원하여 자본주의(자본주의경제체제)를 보호한다고 비판하였다.

결국, 일반균형이론은 경쟁시장의 균형을 강조하고 개개인들은 시장을 통해서 선호하는 것을 취득할 수 있음으로 시장이 자기만족을 최대화시키는 자원할당의 조정양식임을 강조하는데 자기만족을 최대화시키는 자원의 할당이란 효율적인 자원의 할당을 의미함으로 일반균형이론에 있어 파레토효율은 주요한 이론적 토대가 된다. 특히, 일반균형이론이 파레토효율에 기초한다는 것은 일반균형이론이 복지경제학의 기본원칙에 의존하고 있음을 나타내는 것이다. 신고전파경제학의 기본이론인 일반균형이론에 기반한 복지경제학의 기본원칙은 다음과 같다.

■ **일반균형이론에 근거한 복지경제학의 기본원칙**

일반균형이론에 근거한 복지경제학의 기본원칙은 크게 다음과 같이 구분될 수 있다.

➢첫 번째 원칙: 어느 경쟁적인 균형도 파레토효율적인 자원의 할당을 이끈다는 원칙.

위의 첫 번째 원칙은 시장의 균형이 파레토 효율이라는 것을 의미한다. 특히 이 원칙은 경쟁적인 시장이 자원의 효율적인 할당을 수행한다는 것을 강조함으로 경쟁시장이 자원할당의 가장 효율적인 메커니즘이라는 일반균형이론의 이론적 틀을 제공하였다. 따라서 복지경제학의 첫 번째 원칙은 국가의 시장개입을 반대하며 시장은 그대로 두면 시장의 성과는 파레토효율을 달성할 것이라는 점이 강조된다. 특히 이 원칙은 시장이 완전경쟁시장이며 완전한 정보가 공개되어야 한다는 것을 기본전제로 한다.

두 번째 원칙: 모든 효율적인 할당은 경쟁적인 균형에 의해 유지될 수 있다는 원칙

즉, 두 번째 원칙에 따르면 파레토효율적인 자원의 할당은 경쟁시장에서의 일반균형에 대한 해결책에 의해서 성취될 수 있음을 나타낸다.

복지경제학의 두 번째 원칙은 첫 번째 원칙의 순서를 뒤바꾸어 놓은 전환명제로서 첫 번째 원칙과 두 번째 원칙은 상호대칭관계에 있

지만 첫 번째 원칙이 두 번째 원칙에 우선한다. 복지경제학의 두 원칙 중 만약 한 원칙이라도 만족되지 않는다면 시장을 통한 자원의 할당은 비효율적임을 나타내며 이는 곧 파레토효율이 달성되지 않는 것이고 시장의 실패를 의미한다고 할 수 있다(Broadway and Bruce, 1984).

Barr(1998)는 일반균형이론의 세 전제조건을 파레토효율과 연관하여 다음과 같이 제시하였다. 즉, 아래의 세 조건이 이루어져야 시장의 균형은 이루어진다고 보았다.

첫째, 생산효율성: 생산효율성은 모든 행동이 주어진 투입으로 최대의 산출을 획득하기 위해 조직된다는 것을 의미한다.
둘째, 혼합 생산물 효율성: 혼합 생산물 효율성은 재화를 위한 최적의 조합은 실존하는 생산기술과 소비자의 기호에 의해서 생산된다는 것을 의미한다.
셋째, 소비 효율성: 소비 효율성은 소비자가 그들의 만족을 최대화시키는 방식으로 그들의 소득을 할당한다는 것을 의미한다.

결국 파레토효율성은 투입대비 혜택의 효율성을 의미하는 생산효율성, 소비자의 기호나 선호 그리고 개인의 만족최대화를 통해서 구현된다고 볼 수 있다. 이러한 파레토효율성의 강조는 선호와 개인적 이익최대화가 시장을 통해서 이루어진다고 가정하며, 시장에서의 만족을 가져다주는 균형가격을 통해서 실현된다고 일반균형이론은 전제한다.

파레토효율성은 다른 사람이 나빠지는 것 없이는 어떤 사람도 좋아질 수 없는 상태 또는 한사람이 좋아지기 위해서는 다른 사람이 더 나빠지는 결과를 초래할 수밖에 없는 상태를 의미하고 다른 사람이 나빠지는 것 없이는 어떤 사람이 좋아지는 상태를 파레토개선이라고 할 수 있다. 문제는 파레토개선의 상태가 이론적으로는 가능하지만 현실적으로는 불가능할 수 있다는 점이다. 이는 앞에서도 지적한 바와 같이 자기이익을 최대화하기 위해 경제주체인 개개인들은 다른 사람의 만족을 줄이더라도 자신의 만족을 확대하려는 기본적인 경제행동이론에 근거해서 행동하기 때문이다. 자원의 희소성에 따른 분배나 할당의 형평성을 강화하기 위해서는 결국 수직적 형평과 수평적 형평을 위한 다양한 정책들이 필요하며 이는 결국 국가의 시장에 대한 개입을 의미하는 것이라고 볼 수 있다.

3. 일반균형이론의 한계

일반균형이론의 한계는 곧 시장이론의 한계를 나타낸다고 할 수 있다. 복지경제학을 포함하는 경제학일반에서 시장은 자본주의경제를 유지하는 최선의 자원 할당을 위한 조정양식으로 가장 신뢰할 수 있는 메커니즘이다. 따라서 시장을 강조하는 신고전파경제학에 대한 모든 비판은 곧 시장과 일반균형이론에 대한 비판이라고도 할 수 있다. 예를 들어 시장의 실패를 강조하는 마르크스주의 경제학을 포함하여 케인즈학파나 신케인즈학파는 일반균형이론의 가장 강력한 반대자라고도 할 수 있다. 반면에 오스트리안학파의 경우, Hayek이나 Weiser 등은 일반균형이론을 지지하나 다른 학자들은 시장을 강조하는 일반균형이론을 거부함으로 통일된 입장을 가지고 있지는 않다(Butos, 1985).

케인즈학파에 따르면 시장은 전적으로 균형적이지 않다. 그들에 따르면 시장에서의 균형은 매우 느리게 작동할 수 있으며 나아가 시장의 균형을 성취한다는 것은 매우 고통스럽던지 또는 불가능하다. 특히 케인즈학파는 균형이론이 현대 사회의 경제위기를 적절하게 해석하고 해결하지 못한다는 결정적인 한계를 내포한다고 주장한다. 즉, 시장이 균형적이라면 시장의 붕괴나 경제불황 등의 경제위기는 시장에 의해서 자연적으로 치료되어야 하지만 현실적으로 시장의 위기는 예측불가능하며 시장은 위기를 양산할 뿐 이미 스스로 위기를 해결할 수 있는 자기규제적 능력을 가지고 있지 않다는 것이 케인즈학파의 강조점이다.

사회복지적 측면에서 본다면 자유경쟁시장을 강조하는 일반균형이론은 복지국가의 사회복지정책이 해결하려는 시장으로부터의 소외와 배제 그리고 불평등의 문제를 이해하고 해석하는데 부적합한 이론으로 이해될 수 있다. 특히, 불안전성, 불확실성, 불완전정보 등 시장의 고유한 속성에 따른 시장 실패요인들의 극복을 국가개입을 통하여 해결하려는 복지국가의 제반 정책이나 제도들은 모두 일반균형이론의 한계를 극복하는 실천적 그리고 정책적 대안으로 공평을 위한 자원할당의 조정양식으로 작동한다고 볼 수 있다.

특히 일반균형이론을 강조하는 신고전파경세학사들은 파레토효율적인 분재 즉, 파레토개선을 가져다주는 자원의 분배나 할당이 가능함을 주장하지만 자기이익최대화라는 경제주체의 동기유발요인은 현실적으로 자원의 희소성이라는 전제 하에서 다른 사람이 가진 자원의 할당에 대한 재조정 없이는 어떤 사람도 자신의 이익을 증대시키는 것이 어렵다는 측면에서 비판을 받으며 이는 결국 부의 집적과 집중을 정당화하는 논리로 받아들여질 수 있다. 결국, 형평한 자원의 할당 또는 소득의 재분배는 시장을 통해서는 이루어질 수 없고, 수직적 형평성을 위한 도구인 누진세 또는 수평적 개선을 위한 제도적 개선(**즉, 최소기준의 설정이나 자원에 대한 접근성 개선 그리고 기회의 형평성 제공**) 등과 같은 방법을 통하지 않고는 이루어질 수 없다는 측면에서 사회복지학자나 사회정의와 형평성을 보다 강조하는 사회복지경제학자들의 경우 일반균형이론은 시장실패를 가져다준 핵심적인 이론으로 이해되며 일반균형이론은 곧 시장실패이론으로도 이해되어질 수 있다.

제 3 절 사회선택이론

1. 사회선택이론이란?

복지경제를 설명하는 사회선택이론 역시 신고전파경제이론에 포함되는 이론으로 일반균형이론이 복지경제학의 기본적 토대를 제공하였다고 한다면 사회선택이론은 복지경제학의 핵심적 이론이라고 할 수 있다. 즉, 사회선택이론은 복지경제학을 구성하는 중요한 이론으로서 집합적 결정을 향한 하나의 틀이라고 할 수 있으며, 개인적 만족이나 가치를 넘어 사회의 총체적 복지를 이해하고 측정하기 위한 이론적 틀이라고 할 수 있다. 특히, 사회선택이론은 복지경제학자들에게 사회구성원들의 복지를 증진시킬 수 있는 사회적 선택의 가능성을 제공하는데 많은 기여를 하였으며 개인적 선호의 합이 곧 사회적 선호와 일치한다는 점이 강조된다. 사회선택이론은 복지경제학에서 강조하는 모든 인간들이 개인적인 선호를 가지고 있음을 기본 전제로 한다. 특히, A와 B라는 선택대안 중 사회를 위한 더 좋은 선택이 무엇인가를 결정하는데 있어 개인적 선호에 바탕을 둔 사회적 선호에 의해서 선택이 결정된다는 것을 강조한다(Feldman, 1994). 따라서 사회선택이론에 따르면 A가 B보다 사회를 위해 더 좋다는 것은 개인적 선호를 바탕으로 하는 사회적 선호를 통해서 알 수 있다는 이론적 틀을 제시한다고 할 수 있다(지은구, 2003).

사회선택이론은 18세기 프랑스의 수학자이자 철학자였던 Marquis de Condorcet의 투표이론으로 알려진 Condorcet의 역설[1]에 기반하

1) Condorcet의 역설은 투표의 역설이라고도 불리며 두 사람이 선택대안들을

며 1951년 Kenneth Arrow가 저술한 『사회선택과 개인적 가치(*social choice and individual value*)』를 통해서 알려진 Arrow의 불가능성이론[2] 그리고 불가능성이론에 대한 Sen의 입장 등을 토대로 발전하였다. 따라서 사회선택이론은 정치학분야에서 투표행위를 설명하는 투표이론(voting theory)과 복지경제학의 요소가 혼합되어 있으며 방법론적으로는 개인주의적(방법론적 개인주의) 속성[3]을 내포하고 있다.

투표는 사회적 선택이나 선호를 알 수 있는 중요한 방법이다. 특히, 투표이론에서 다수결투표는 사회선택을 위한 하나의 중요 원천으로 작동한다. 즉, 무엇이 좋고 나쁜 것인가는 다수결투표에 의해서 결정될 수 있음을 나타낸다고 할 수 있다. 따라서 복지경제학에서 무엇이 좋고 나쁜 것인가를 결정하고 선택하는 것은 시장메커니즘을 통해 이루어지지만 사회선택이론에서는 투표메커니즘을 통해서 이루어진다고 볼 수 있다(Feldman, 1994). 복지경제학의 근본 이론인 일반균형이론에 따르면 개인적 만족이나 복지의 증진은 시장(자유경쟁시장)을 통해서 이루어진다. 따라서 자유경쟁시장이 개인의 만족 나아가 사회의 만족을 최대화시키는 메커니즘으로 작동한다. 하지만 사회선택이론에서는 개인적 만족의 증진은 개인적 만족의 총합에 의해서 이루어지며 개인적 만족의 총합은 다수결원칙인 투표메커니즘에 기초한다.

방법론적 개인주의는 개인적 선호가 곧 사회의 선호가 된다는 것을

놓고 투표하는 경우는 다수결의 원칙이 적용되지만 세 사람이 선택대안들을 놓고 투표하는 경우는 다수결의 원칙이 적용되지 않을 수 있음을 나타낸다. 즉, A가 B보다 크고 B가 C보다 크면 당연히 A가 C보다 커야 하지만 C가 A보다 클 수 있는 상황이 발생할 수 있음을 Condorcet는 지적하였다. 결국, Condorcet의 역설은 다수결투표방식이 사회가 원하는 결과를 가져다 줄 수 없음을 입증한 것이라고 해석할 수 있다.

2) Arrow의 불가능성이론과 Sen의 이론에 대해서는 지은구(2003). *사회복지경제학연구*. 제5장을 참고하길 바람.

3) 개인적 선택이 집합적 선택을 결정한다는 사회선택이론은 개인적 이익을 최대화하기 위한 개인적 선호와 선택을 분석의 기초로 함으로 방법론적으로 고전파경제학의 개인주의 사상에 뿌리를 두고 있다.

의미하며 개인의 경제적 번영을 통한 복지증진이 곧 전체 사회구성원들의 복지를 증진시킨다는 점을 강조함으로 개인의 복지 총합이 곧 전체 사회의 복지를 의미한다. 방법론적으로 개인적 선호나 선택이 경제 메커니즘을 이해하는 도구로 활용된다는 의미에서 사회선택이론은 개인주의적 관점에 기초한 이론이라고 할 수 있다(지은구, 2003). 특히, 사회선택이론은 복지경제학에서 강조하는 개개인들은 스스로 선호하는 것을 선택하고 결정할 수 있으며 선택한 것에 대한 책임 역시 개인에게 있다는 개인의 **합리성**을 강조한다.

사회선택이론은 복지경제학의 영향을 받아 개인들은 자신들이 선호하는 것을 선택함으로 개인의 선택은 측정될 수 있고 나아가 개인적 만족이나 복지 역시 측정가능하며 나아가 개인적 복지의 총체적 의미에서 사회복지 또한 측정될 수 있음을 강조한다. 즉, 사회선택이론에 따르면 개인적 복지가 모이면 총체적 의미에서 사회복지가 됨으로 전체 사회의 복지의 증진정도가 측정될 수 있다는 것이다. 사회선택이론이 총체적 복지가 측정가능하다고 강조하는 데는 **개인 간 상대적 만족 비교**(interpersonal utility comparison)가 가능하다는 전제원칙이 크게 작동하였다.

개인 간 상대적 만족비교[4]는 사회선택이론의 핵심적 작동원칙으로서 개인들이 가지고 있는 만족이 상호간의 비교를 통해서 측정될 수 있음을 나타내는 원칙이다. 즉, 복지경제학자들은 개인 간의 만족 나아가 개인 간의 복지는 비교가능하며 나아가 측정가능하다는 것을 강조하였다. 이러한 상대적 비교개념을 기본으로 하여 사회선택이론은 나아가 사회적 만족 그리고 사회적 복지 역시 측정가능하다는 것을 강조한다.

---

4) 개인 간 만족의 비교에 대한 보다 구체적인 설명은 지은구(2003) *사회복지경제학연구*, p. 80을 참고할 것.

결국, 사회선택이론은 개인들 간의 만족이 측정될 수 있다는 전제를 바탕으로 개인의 합리성과 방법론적 개인주의를 기본으로 하여 사회복지를 증진시킬 수 있는 사회적 선택이 가능하며 사회복지의 수준은 측정될 수 있음을 강조하는 이론이라고 할 수 있다.

2. 사회선택이론의 한계

일반균형이론은 시장메커니즘이 개인들의 복지의 증진을 보장할 수 있지만 전체 사회복지의 증진을 설명하고 측정하는 데는 문제점을 가지고 있음으로 투표이론을 적용하여 사회복지의 측정 가능성 여부를 강조한 것이 사회선택이론이라고 할 수 있다. 즉, 일반균형이론에 따르면 개인의 만족최대화 또는 복지최대화는 시장이라는 조정양식(또는 메커니즘)을 통해서 이루어지지만 사회선택이론에 따르면 시장메커니즘이 사회에 더 이익이 되는 것 또는 더 혜택이 되는 것을 선택하고 결정하지는 못함으로 A가 B보다 사회에 더 이익이 된다는 것을 선택 또는 결정하기 위한 이론적 틀을 제시하였다고 할 수 있다.

하지만 사회선택이론은 복지경제학의 기본 전제인 인간의 합리성에 기초하는 방법론적 개인주의에 전적으로 의존함으로 분배적 형평성을 고려하지 않는 이론적 한계를 지니고 있다. 즉, 개인의 복지증진이 전체 사회복지를 향상시킨다는 것은 이론적으로는 가능할지 모르지만 현실적으로는 누구의 복지증진이 이루어지는지 그리고 어떠한 복지의 증진이 이루어지는지를 설명하지 않는다. 사회선택이론은 다른 사람들의 복지증진이 이루어지지 않아도 단순히 한 사람의 개인적 복지증진이 이루어진다면 결론적으로는 전체 사회복지는 증진된다는 점이 강조됨으로 모든 사람들의 공평한 분배의 향상을 통한 사회복지증진보다는 특정 개인(가난한 사람이든 부자이든 상관없이)의 복지증진에 기초한 전체 사회복지증진 가능성을 제시한다는 한계를 내포하고 있다.

결국, 사회선택이론은 다수의 결정에 의해 사회적 선택이 결정될 수 있음을 강조하지만 누구의 선호나 선택이 결정에 반영되어야 하는지 그리고 선택의 목적은 무엇인지 등에 대한 근본적인 대답은 회피함으로 사회적 공평에 대한 분배적 원칙을 강조하는 복지국가 사회복지제도나 프로그램의 기본가치에는 부합하지 못한다는 한계를 가진다.

제 4 절 공공선택이론

1. 공공선택이론이란?

공공선택이론은 정치학의 경제학으로의 적용에 의해서 나타난 이론으로 비시장적 결정수립에 대한 경제학적 연구라고 정의할 수 있다(Bovaird, 1996). Tullock(1987)은 공공선택이론의 창시자로 Duncan Black을 지명하였으며 Tullock 역시 Buchanan과 함께 공공선택이론의 지지자로 알려져 있다. Arrow의 사회선택이론도 공공선택이론에 영향을 주었으며 Down(1957)와 Olson(1965)도 공공선택이론에 영향을 준 인물들이다.

공공선택이론은 정부의 실패를 강조하는 신고전파경제학이론에 속한다고 할 수 있다. 즉, 경제적 시장실패의 대안으로 등장한 정부의 시장개입의 확대를 비판함으로 시장의 실패보다는 정부의 실패를 강조한다. 정부실패에 대한 비판은 곧 공공서비스의 민영화를 촉진시키는데 공공선택이론이 역할을 담당하였음을 의미하는 것이기도 하다.

공공선택이론에 따르면 정부관료들이나 선출된 정치인들이 대체적으로 자기이익을 최대화하려고 노력하는 자기중심적 사고에 빠져 있음이 강조된다. 즉, 자신들의 경제적 혜택을 최대화하려는 노력의 일환으로 예산을 최대화하려고 노력한다는 점이 이론의 기본적 전제라고 할 수 있다. 또한 대중의 이익에 반하더라도 사람들은 자신들이 결정한 일을 수행하는데 이는 자신들이 무엇을 하는지에 대해서 이성적 동기부여를 가지고 있기 때문이라고 강조한다(Arrow, 1963; Becker, 1985). 공공선택이론에 따르면 개인의 동기부여 또는 행동은 자기만족을 최대화 또는 자신의 복지를 최대화하기 위해 나타난다는 점이 강조된다. 이는 공공선택이론의 분석단위가 개인이지 지역사회나 지역주민이 아님을 의미한다고 할 수 있으며 공공선택이론 역시 고전파경제학 이후 유지되었던 방법론적 개인주의와 인간의 합리성을 강조하는 큰 맥락에 놓여 있음을 의미하는 것이다.

결국, 공공선택이론은 일반 경제학이론(특히 신고전파 복지경제학 일반)이 주장하는 것과 같이 인간들이 자기이익을 실현하려는 목적을 가진 자기중심적인 이기적 인간이며 자기 자신을 위해 이성적 결정을 할 수 있음이 강조되지만 정부 관료나 정치가의 자기중심적 이기주의를 특히 강조하여 정부는 정부 관료들이나 정치가들의 자기중심적 이익최대화의 희생양으로 실패할 수밖에 없음이 강조된다. 공공선택이론이 강조하는 정부실패의 요인은 크게 5가지로 요약될 수 있으며 아래와 같다(지은구, 2012).

첫째, 정치적 순환에 따른 불안정
둘째, 비효율성
셋째, 조정된 일정
넷째, 공공조직단위에서의 예산최대화
다섯째, 지대추구(rent seeking)[5]와 이익집단들의 부를 전환하려는

5) 지대추구는 경제주체들이 자신의 이익을 위해 로비와 같은 비생산적인 활동에 경쟁적으로 자원을 낭비하는 것을 의미한다. 특히 공공선택이론가들은 지대추구행위가 자원의 낭비를 가져다주는 결정적 역할을 수행하는 것으로 보고 있다.

노력

정치적 순환에 따른 불안정은 선거 또는 정지환경변화에 따른 정치적 불안정을 의미하며 비효율성은 공공조직의 비경쟁적 지위(즉, 독점적 서비스제공)에 의해서 나타나는 비효율성으로 관료주의적 특성에서 나타나는 예산낭비와 정책이나 제도에 대한 재정적 비효율성을 나타내고 조정된 일정은 정부정책이나 제도 등에 대한 지속적인 수정과 조정에 따른 일정이나 기획조정을 나타내며 예산최대화는 관료들 자신들이나 자신들이 속한 부서의 이익을 최대화하려는 노력을 기울임으로 전체 사회의 복지증진을 위한 복지서비스제공에는 관심이 없음을 나타낸다. 즉, 관료들이 그들이 유지하는 예산의 크기에 비례해서 혜택을 받기 때문에 혜택을 증액하는데만 관심이 있다는 것을 의미한다. 그리고 지대추구는 일반국민들의 선호나 이익에 반하는 관료들이나 정치가들의 개인적 이익을 확대하려는 노력(예를 들어 로비활동)을 의미한다(지은구, 2010; Niskanen, 1971; Leibenstein, 1966).

특히, 공공선택이론은 주인-대리인이론에 영향을 주었다고 볼 수 있다. 즉, 오스트리아학파의 공공선택이론 지지자들인 Hayek나 Mises 등은 정부관료나 정치가들은 자기이익을 강조하여 혜택을 얻을 수 있지만 제한된 정보에 대한 접근만 가능하다는 것을 강조하였다. 제한된 정보에 대한 이들의 견해는 주인-대리인이론에 영향을 미쳐 주인과 대리인 사이의 정보불일치가 주인-대리인이론의 핵심적 전제조건이 되었다.

공공서비스나 사회복지서비스의 민영화와 연관하여, 공공선택이론의 정부실패에 대한 강조점은 정부실패를 극복하기 위한 대안으로서 공공조직의 민영화를 경제 및 사회정책이 일순위로 올려놓았다. 따라서 개인주의적 선택권 강화와 민영화를 강조하는 대부분의 보수주의 경제학자들이 강조하는 강조점은 바로 공공선택이론에 근거한다고 할 수 있다. 즉, 민간조직이 공공조직보다 서비스공급과 관리적 측면에서 효율적이고 우수하다는 점을 강조하며 공공부분의 민영화를 강조하게 된다. 특히 준시장을 도입하는데 있어 공공선택이론은 결정적인 역할을 한다. 공공선택이론가들은 정부의 실패를 극복하기 위해서는 이용자 또는 수익자부담세나 수수료 등을 확대하여 수익자부담원칙을 강화하여야 함을 강조하였다. 즉, 공공서비스를 제공받는 국민들에게 수익자부담원칙을 제공하게 되면 국민들은 공공서비스의 공급요구에 대해 신중해질 수 있다고 보았기 때문이다 바우처와 같은 시장지불수단의 도입역시 시장경쟁을 강화할 수 있다는 측면에서 공공선택이론가들이 제시하는 정부실패극복을 위한 대안이 된다.

관료들이나 정치가들의 지대추구현상은 비생산적인 행동으로 비추어질 수 있다. 정치가나 관료들이 지속적으로 자기(또는 자기가 속한 부서)의 이익을 관철하기 위한 로비 등에 많은 시간과 예산을 투자하는 것은 국민들에게 돌아가야 하는 예산이 비생산적으로 활용되는 것을 의미하고 나아가 직접적 사회복지서비스 창출에 들어가야 하는 정부예산이 개인들의 이익을 위한 비생산적 활동으로 지출됨을 위미하는 것임으로 국가재정의 개인적 유용을 의미하는 것이기도 하다. 공공선택이론가들은 이러한 재정의 유용을 막기 위하여 서비스가 민간조직으로부터 직접 제공되는 공공서비스의 민영화를 이론적으로 적극 찬성하게 된다.

2. 공공선택이론의 한계

공공선택이론의 가장 중요한 한계는 이 이론이 비이성적 또는 비경제적인 고려에 의해서 동기부여가 되는 인간의 행동을 설명하는데 실패하였다는 점이다. 공공선택이론의 기본적 전제조건에 기초한 다음과 같은 질문들 즉, 모든 인간이 이성적인가? 그리고 모든 인간이 자기이익의 최대화를 위해서만 움직이는가? 또는 자기이익을 최대화하지 않는 인간의 행동은 비이성적인가? 등과 같은 질문에 대한 공공선택이론의 대답은 주류경제학으로 대표되는 신고전파복지경제학의 이론적 틀인 인간의 합리성과 개인주의에 대한 이론적 특성에 기초한다. 기본적으로 신고전파복지경제학이론의 문제점으로 지적되는 다음의 두 전제가 공공선택이론에도 유지되어 있다.

첫째, 모든 인간들이 합리적임으로 자기 자신의 혜택을 위한 선택과 자기결정을 할 수 있다.
둘째, 모든 인간의 동기부여나 행동은 자기 이익의 최대화와 연관이 있다.

하지만 모든 인간이 자기이익을 최대화하기 위해 행동하는 것만은 아니며 모든 인간이 자신들에게 가장 적합한 선택이나 자신에게 이익이 되는 결정만을 할 수 있는 것은 아니라는 점은 공공선택이론의 가장 결정적인 한계라고 할 수 있다. 또한 공공선택이론은 정부의 실패가 정치적 실패나 관료적 실패에 의해서 나타나는 것으로 보고 있음으로 정치적 그리고 관료적 정부실패요소를 제거하고 효율성을 강화하려는 노력의 일환으로 민영화를 강조한다. 특히 공공선택이론에 따르면 민영화의 일차적 목적이 공공조직의 재정적 비효율성을 개선하는 것에 있다고 할 수 있음으로 공공서비스 전 영역에 민영화를 통한 재정적 효율성 강화라는 명목으로 이루어지는 민영화에 이론적 기초를 제공하였지만 지나친 시장경쟁의 폐해와 시장화에 따른 공공서비스의 책임성 약화라는 측면을 지나치게 간과한다는 이론적 약점을 지니고 있다.

하지만 정부관료와 정치가들의 자기이익최대화라는 경제행동을 강조하는 공공선택이론의 이론적 토대는 국민을 포함하여 민간조직의 직원들 역시 자기 조직이나 개인의 이익을 최대화하도록 동기를 부여받을 수 있다는 점에서 한계에 직면해 있다고 볼 수 있다. 즉, 모든 인간이 합리적이며 자신들의 이익을 최대화하는 방식으로 행동하는 것은 공공부분이나 민간부분에 동일하게 적용될 수 있기 때문에 정부든 민간조직이든 모두 실패에 직면할 수 있게 된다. 이러한 이론적 특성은 대리인이론의 이익최대화를 위한 행동을 강조한 주인-대리인이론에 반영되어 나타난다.

결국, 공공선택이론은 경제행동주체로서 이기적 인간에 대한 편협한 시각과 효율성을 여전히 중요한 할당의 중요 기준으로 인정하고 있다는 점 그리고 이타주의적 인간행동에 대한 설명의 한계 등으로 협력과 조정 그리고 상호부조 등과 같은 사회연대의 가치를 크게 훼손한다는 점에서 복지와 경제와의 상관성을 이해하고 설명하는 사회복지경제이론으로는 부적합한 측면을 내포하고 있다. 따라서 공공선택이론은 국가부분의 한계를 지적함으로 국가적 책임 하에 사회복지정책이나 프로그램의 효과성을 개선하고 형평성을 증대하여 보다 나은 서비스가 차별없이 모든 국민들에게 제공되도록 하는 복지국가의 전제조건이나 목적과는 거리가 있음을 알 수 있다.

제 5 절 주인-대리인이론

1. 주인-대리인이론이란?

주인-대리인이론은 신고전파 복지경제이론의 가장 최신 이론이라고 할 수 있으며 민영화를 설명하는 가장 핵심적인 이론이다. 주인-대리인이론(principal-agent theory)은 주인이 제공하여야 하는 서비스를 대리인이 주인과의 계약을 통하여 대신 제공하는 것을 설명하는 이론으로 공공서비스(사회복지서비스를 포함하여)의 민영화를 지지하고 확대하는 데 중요한 영향을 준 이론이다. 주인-대리인이론은 주인이 서비스를 공급하는 것보다 대리인이 주인에 대신하여 서비스를 공급하는 것이 보다 효율적이고 효과적이라는 가정에 기초한다. 즉, 주인-대리인이론에 따르면 일반적으로 주인은 공공조직(정부)을 그리고 대리인은 민간조직을 의미하며 주인인 정부가 효과적이고 효율적인 서비스를 제공하는데 있어 대리인인 민간조직에 비해 뒤처져 있음으로 기대된 결과 또는 성과를 성취하기 위해서는 지식과 기술 그리고 조직관리적 측면 등에서 앞서 있는 민간조직과의 계약을 통해 서비스가 더욱 효율적이고 효과적으로 제공되어 보다 개선된 성과가 성취될 수 있을 것이라는 가정에 기초한다. 따라서 공공부분에서 민간조직으로의 민영화를 앞당기고 지지하는 이론으로 주인-대리인이론을 이해할 수 있다. 하지만 대리인을 통한 효율성 강화와 성과개선이라는 가정은 대리인이 정보를 공유하지 않고 주인의 비용으로 대리인의 이익을 만족시키는 행동을 하며 특정 정보를 자신의 이익을 최대화시키는데 활용할 수 있음으로 양자 간에 갈등관계를 나타내기도 한다.

주인-대리인이론은 신고전파 경제이론을 조직(또는 정부)으로 적용하는 것에 의해서 나타났으며 주인과 대리인 사이의 정보비대칭을 강조한다(지은구, 2012)는 측면에서 **주인-대리인문제**를 등장시켰다. 만약 정부가 주인이고 정부를 대신하여 서비스를 제공하는 민간조직이 대리인이라고 한다면 정부의 입장에서는 주어진 예산으로 대리인을 통한 서비스가 국민들에게 최대한의 혜택을 제공하는 것을 원할 것이지만 제공되는 서비스나 사용된 예산에 대한 일차적 정보는 모두 대리인이 가지고 있음으로 주인과 대리인 사이에는 정보비대칭이 일어날 수 있다는 점이 주인-대리인문제의 핵심이다. 즉, 대리인이 필요한 정보를 주인에게 제공하지 않는다는 점이 주인-대리인이론의 기본 가정이라고 할 수 있다. 대리인이 정보를 완전하게 공유하지 않는다는 가정은 조직이 자신의 이익을 위해 또는 자기이익을 최대화하는 것에 더 큰 관심이 있다는 신고전파경제행동이론에 근거한다.

주인-대리인이론의 기본전제로 지적되는 모든 경제행동의 주체들은 자신들의 이익에 반하는 행동을 하지 않는다는 신고전파경제행동이론을 포함하여 주인-대리인이론의 기본 내용을 도표로 나타내면 [그림 3-1]과 같다.

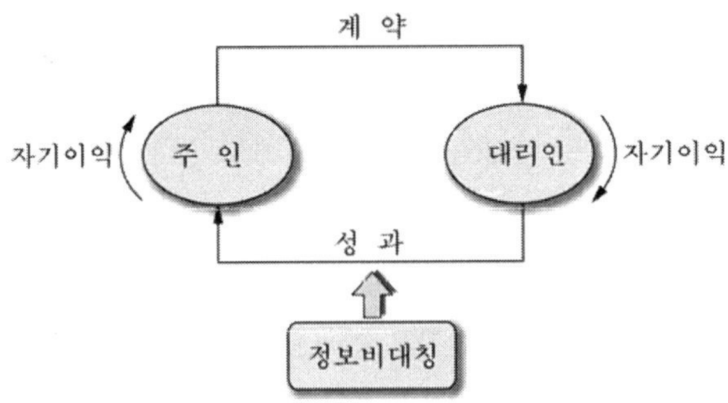

[그림 3-1] 주인-대리인이론의 기본 구성

주인-대리인이론에 따르면 주인과 계약관계에 놓인 대리인과의 정보비대칭문제를 해결하기 위한 방법은 대리인들이 주인이 원하는 것을 수행하도록 하는 적절한 보상을 제공하는 것에 있다. Milgrom과 Roberts(1992)는 정보비대칭을 해결하는 적절한 방법으로 4개의 원칙을 제시하였는데 그 원칙들은 다음과 같다.

첫째, **정보의 원칙**: 정보의 원칙은 완벽한 정보의 공개는 불가능함으로 정보비대칭문제를 해결하기 위하여 주인에 의하여 선택된 대리인들의 노력에 대한 정보를 나타내주는 계약에 포함되어 있는 측정수단을 사용하여야 함을 강조한다. 예를 들어 주인은 대리인에 대하여 상대적 성과평가를 수행함으로 정보비대칭을 해결할 수 있다고 한다. 상대적 성과평가는 대리인과 비슷한 수준의 기관들의 성과를 비교 평가하는 것을 의미한다.

둘째, **보상강도의 원칙**: 보상의 원칙이란 대리인에게 제공되는 보상이 대리인이 제공하는 노력에 상응한다면 대리인은 자신의 이익을 유지하기 위하여 노력하게 된다는 것을 나타낸다. 즉, 위험에 상응하는 보상이 주어진다면 또는 위험이 크고 그에 상응하여 보상도 커진다면 대리인은 보상강도원칙에 따라 움직이게 됨을 의미한다. 보상강도의 원칙에 따르면 보상의 적절한 강도는 첫째, 추가적 노력에 의해서 만들어지는 추가적 이익, 둘째, 원하는 행동이 정확히 사정되어지는가를 의미하는 사정의 정확도, 셋째, 대리인의 위험에 대한 내성 넷째, 대리인의 보상에 대한 응답능력에 의존한다.

셋째, **검토보상의 원칙**: 보상강도의 원칙에 대한 보완적 의미를 갖는 원칙으로서 적절한 보상의 강도는 검토(monitoring)가 강도 높게 이루어지는 것과 비례하여 이루어진다는 원칙이다. 검토보상의 원칙에 따르면 검토는 결국 대리인들의 업무성과를 증진시킬 수 있고 성과의 증진은 곧 보상을 의미한다.

넷째, **동등보상의 원칙**: 동등보상의 원칙은 고용주가 재정적 측면 이외에 업무환경이나 조건 등과 같은 가치 있는 보상을 고용인들에 제공한다면 한다면 고용인들이 그에 상응하여 행동을 한다는 원칙이다. 동등보상의 원칙에 따르면 주인은 대리인들의 업무성과를 증진시키고 적절한 정보를 확보하기 위해 대리인들에게 재정적 보상이외의 비재정적 보상을 적절히 제공하는 것이 매우 중요하다.

결국, 주인-대리인이론에 따르면 주인은 대리인에 비해 부족한 정보를 가지고 있다는 점이 전제조건임으로 주인의 경우 대리인이 주인이 원하는 정보를 제공하는지 또는 주인이 원하는 성과를 만들어내는지를 검토할 수 있는 관리체계를 가지고 있지 못한 경우 정보비대칭은 주인대리인관계에 대한 불완전한 동기와 결과에 있어서의 비효율성을 나타낼 수 있다(Vickers and Yarrow, 1988). 따라서 주인-대리인이론은 한편으로 정부중심의 공급보다 민간조직을 통하여 공공 또는 사회복지서비스를 공급하는 공급개선을 통하여 정부실패의 한 요인을 극복하고 서비스제공의 효율성과 효과적인 측면이 개선될 수 있다는 강점이 있지만 또 다른 한편으로 정부조직의 민간조직에 대한 엄격한 수준의 관리체계가 구축되어 있지 않은 경우 재정지출의 비효율적인 문제를 극복하는 것은 사실상 어려울 수 있다는 문제점이 있다. 또한 주인-대리인이론의 가장 큰 결점은 사회복지서비스 전달체계에 이익을 추구하는 민간조직으로까지의 참여를 확대함으로써 시장의 강화를 통한 경쟁의 강조와 사회복지서비스의 효율성 강화 그리고 이에 필연적으로 수반하는 국가의 사회복지서비스에 내한 책임싱 및 공공싱악화라고 할 수 있다. 주인-대리인이론의 한계에 대하여 구체적으로 살펴보면 아래와 같다.

2. 주인-대리인이론의 한계

주인-대리인이론의 한계로 지적되는 것들은 모든 경제주체는 자기이익을 위한 행동만을 수행한다는 신고전파경제행동주의에 대한 비판, 나아가 경제주체를 주인과 대리인으로만 구분하여 국민이나 소비자에 대한 입장은 고려하지 않는다는 비판, 그리고 주인-대리인문제를 유발하는 정보비대칭을 극복하는 보상체계와 성과관리체계에 대한 비판 그리고 마지막으로 시장화를 촉진하여 서비스의 질보다는 양과 비용대비 이익만을 강조하는 효율성이 가장 중심적인 가치가 된다는 비판 등이다.

자기이익의 실현 또는 자기이익의 최대화라는 입장에서 본다면, 일반적으로 국민들은 주인이나 대리인들과는 달리 누가 서비스를 제공하든 질 좋은 서비스가 제공되는 것을 원할 것이지만 주인이나 대리인들은 질 좋은 서비스를 제공하는 것이 공동의 목적일 수 없다. 예를 들어 소비자의 이익과 대리인의 이익이 불일치하는 경우 대리인들은 소비자의 이익보다는 자신들의 이익을 최선으로 그리고 차선으로 계약관계에 있는 주인의 이익을 고려할 것임으로 주인과 대리인이론에서 따르면 국민(소비자)들의 입장은 고려되지 않을 수 있다. 따라서 대리인은 국민이 원하는 서비스를 제공하는 것보다 주인이 원하는 서비스를 제공하는 것에 더 많은 관심이 있을 수 있으며 나아가 국민의 이익이나 주인의 이익보다는 대리인 자신들의 이익을 최우선 가치로 삼는 경우 공공서비스나 사회복지서비스의 제공을 통한 국민복지 향상이라는 정책적 목표는 제한적으로 나타날 수 있다.

특히, 주인-대리인이론에 따르면 경제주체들의 이타적 행동들은 배제된 채 모든 경제주체는 자기이익에 충실한 이기적 행동을 추구한다. 따라서 대리인 역시 자기이익에 반하는 정보는 공개하지 않을 것임으로 정보비대칭을 극복할 수 있는 다양한 보상 및 관리체계구축을 필요로 한다. 또한 주인-대리인이론에 따르면 성과관리는 정부조직의 민간조직에 대한 통제권 강화를 의미하고 이를 위해 정보 불균형을 시정하는 것이 성과의 개선을 위해 필요하다는 점이 강조된다. 따라서 주인-대리인이론에 따른 정부의 성과는 대리인인 민간조직을 얼마나 효과적으로 감시하고 관리하는가(즉, 조직통제)에 많은 영향을 받을 수 있다. 결국 주인과 대리인 사이에 완벽하게 정보가 공유될 수 있는 관리체계가 운영되는 것이 바로 주인대리인관계의 관리적 핵심이 될 수 있다. 하지만 주인의 입장에서 정보공유를 감시하고 관리하는 투명한 정보 및 성과관리체계를 구축한다는 것은 또 다른 비용을 초래한다는 점에서 비용절감을 의미하는 효율성에 문제가 발생할 수 있다는 딜레마에 빠질 수 있다.

정보비대칭문제는 국민의 입장에서도 동일하게 나타난다. 즉, 국민들이 자신들의 이익을 대변할 최선의 결정을 내릴 수 있는 정보를 가지고 있지 못한 경우 대리인과 국민(소비자)과의 정보비대칭문제는 여전히 국민들의 결정을 가로막는 한계로 나타난다. 따라서 주인인 정부가 모든 국민들의 대리인에 대한 정보비대칭문제를 해결할 수 있는 적절한 정보관리체계를 구축하는 것이 매우 중요한 정책의 1순위가 될 수 있지만 재정적 측면에서 그리고 조직관리적 측면에서 정보비대칭과 관리의 효율성을 위한 추가적인 조직의 탄생이나 재정의 투입은 매몰비용문제를 야기할 수 있으며 보수주의학파에서 강조하는 작은 정부 실현이라는 정책적 이상과도 부합하지 않는 결과를 초래한다.

주인-대리인이론은 정부와 민간조직 간에 계약을 통한 서비스전달의 이관을 실명하는 대표직인 민영화이론이다. 특히, 사회복지영역에서 민간조직으로의 공공 및 사회복지서비스의 이관을 강조함으로 서비스전달에 있어 영리조직의 개입을 허용하여 사회복지서비스전달체계에 시장화를 도입하고 확대하는데 중요한 역할을 하였다. 주인-대리인이론은 서비스효율성의 강화가 경쟁을 통하여 실현된 것임을 강조함으로 이익실현을 위한 경쟁이 조직운영의 실천목표이자 최우선 가치로 작동하는데 기여하였다. 따라서 전통적으로 시장을 통한 자원배분의 한계를 정부의 개입을 통하여 해결하려는 사회복지의 가치 그리고 조직간의 협력과 조정을 통한 효율적인 자원의 활용을 강조하는 사회복지의 실천전략과 주인-대리인이론의 중심 가치는 부합하지 않는다고 볼 수 있다.

제6절 소 결

신고전파경제이론 중에서 복지와 경제를 설명하는데 도움을 주는 대표적인 이론들로는 앞에서 살펴본 바와 같이 일반균형이론, 사회선택이론, 공공선택이론 그리고 주인-대리인이론 등이다. 각각의 이론들의 속성 및 한계를 통하여 알 수 있는 것은 신고전파경제이론들이 복지국가의 사회복지경제를 분석하는 기본 이론이 되기에는 미흡하다는 점이다. 복지국가를 움직이는 사회복지경제의 목적은 형평한 자원의 배분을 통한 국민복지 향상에 있다고 할 수 있다. 하지만 복지경제이론들은 대부분 형평성보다는 효율성을 그리고 모든 국민의 복지향상보다는 개별적 복지향상을 강조한다는 특징이 있다. 개인의 만족증진이 복지증진이고 개인의 복지증진이 곧 사회복지의 증진이라는 방법론적 개인주의 그리고 개인들은 모두 자기이익을 최대화하기 위해 행동한다는 신고전파경제행동이론 역시 신고전파 경제이론들이 사회복지경제를 설명하는 기본적 약점이라고 할 수 있다.

신고전파경제이론 중에서 일반균형이론, 공공선택이론 그리고 주인-대리인이론은 개인의 만족이 곧 개인의 행복 증진을 나타내고 개인의 행복증진은 복지의 증진을 의미한다고 전제한다. 따라서 개인의 만족, 행복 그리고 복지를 같은 개념의 연장선상에서 바라본다는 특징이 있다. 사회선택이론은 개인이 선호하는 것을 선택하면 개인의 만족은 증진된다고 강조하여 선호와 선택의 개념을 추가하였지만 역시 개인의 선택은 개인의 만족을 증진시키고 개인의 만족이 증진되면 전체 사회의 만족은 증진된다는 파레토효율에 기초하여 복지를 바라봄으로써 개인의 선택과 사회의 선택을 통한 복지 증진을 강조한다. 특히 신고전파경제이론들은 대부분 개인의 만족증진 곧 복지증진은 시장을 통해서 구현됨을 주장한다. 신고전파경제이론들은 만족, 행복 그리고 복지를 동일하게 물질적 그리고 수량적 의미로 해석한다는 특징이 있고 이러한 물질적 만족이나 복지의 증진은 시장을 통해서 실현됨을 강조한다고 볼 수 있다. 특히 신고전파 복지경제이론들은 대부분 인간의 행동의 동기가 자기이익최대화라고 강조함으로 사회복지가 추구하는 지역주의, 공동체주의, 그리고 이타주의적 행동에 대한 편협한 시각을 가진다고 볼 수 있다. 결국 신고전파경제이론들에 기초하는 복지경제이론들은 대부분 복지를 개인적 만족이라는 단편적인 부분으로만 좁게 해석하여 복지의 다면성과 복잡성을 무시하는 경향이 있음을 알 수 있다.

특히, 일반균형이론은 시장을 강조하는 시장 강화이론으로 이해될 수 있다. 일반균형이론에서 자기만족 최대화는 시장을 통해서 이룩됨이 강조된다. **사회선택이론**은 개인적 이익의 최대화를 통한 사회복지의 증진을 강조함으로 사회적 소외계급이나 배제세력을 사회복지증진 대상에서 제외하는 경향이 있다. **공공선택이론**은 신고전파경제행동이론을 적용하여 모든 관료나 정치인들이 오로지 자기이익을 실현하기 위해 노력한다는 점을 강조하여 공공 및 사회복지서비스의 민영화에 이론적 기초를 제공하였으며 정부의 사회서비스에 대한 책임성 및 공공성을 약화시키는 데 일정 정도 역할을 하였고 복지국가실패의 한 측면을 설명해주는 이론으로 활용되고 있다. **주인-대리인이론**은 공공선택이론에서 한발 더 나아가 대리인조직의 우수성을 활용하여 효율성 향상을 위해 공공서비스의 민간조직으로의 전환을 강화하고 시장경쟁을 사회복지서비스영역으로 도입함으로 사회복지의 중요한 기능인 공동체주의 그리고 협력과 조정이 강조되는 사회적 자본의 형성에 부정적인 영향을 가져다주었다. 결론적으로 신고전파복지경제이론들은 대부분 시장 친화적이며 작은 정부를 추구하고 있고 개인의 이익최대화가 곧 사회복지의 증진이라는 방법론적 개인주의에 몰입되어 있어 모두 복지국가의 전제조건 및 기본가치의 실현에는 어울리지 않는 어색한 이론들이라고 할 수 있다. 자기이익최대화와 효율성 그리고 시장경쟁의 강화와 같은 개념을 강조하는 신고전파경제학의 제 이론들로는 서비스의 형평성과 적절성 그리고 효과성이 보다 강조되는 사회복지경제를 이해하고 설명하며 분석하는 데는 한계를 내포하고 있다.

신고전파복지경제이론의 속성을 종합하여 나타내면 아래의 〈표 3-1〉과 같다.

〈표 3-1〉 신고전파복지경제이론의 속성

복지경제이론	복지실현방법	중심 가치	강조점
일반균형이론	자기이익 최대화	파레토효율	시장메커니즘
사회선택이론	자기이익 최대화	파레토효율	투표메커니즘, 만족의 상대적 비교
공공선택이론	자기이익 최대화	경쟁과 효율	정부실패
주인-대리인이론	자기이익 최대화	경쟁과 효율	정보비대칭

제 4 장 사회복지경제이론

제1절 개 관

복지국가는 시장과 밀접한 연관을 가지고 있다고 할 수 있다. 이는 시장이 국민이 필요로 하는 자원에 대한 완벽한 자원할당 또는 분배 메커니즘으로 작동되었다고 한다면 사회복지를 중심축으로 하는 자원할당구조를 강조하는 복지국가는 출현하지 않았을 수도 있었을 것이기 때문이다. 자본주의 출현 이후로 시장은 여러 요인들에 의해서 실패할 수밖에 없었으며 필연적으로 국가는 자본주의경제체제를 유지보전하기 위해 시장의 실패를 조정하기 위한 자원할당기구 또는 도구를 발전시켜야 했다. 따라서 복지국가의 발전은 시장의 실패와 대칭관계에서 설명되어질 수 있다.

시장실패에 따른 국가개입의 정도에 따라 복지국가의 유형은 상이하게 나타날 수 있다. 즉, 시장의 실패를 인정하지만 시장에 대한 국가개입의 정도를 최소로 유지하기 위해 국가의 사회복지정책을 최소수준으로 유지하도록 한다면 잔여적 복지국가라고 분류할 수 있으며 국가개입의 정도를 최대화하며 사회복지정책을 지속적으로 확대해 나간다고 한다면 보편적 복지국가라고 분류할 수 있다. 결국, 보편적 복지국가와 잔여적 복지국가의 발전 토대는 모두 시장실패라고 할 수 있지만 시장의 실패를 조정하기 위한 사회복지의 대응정도에 있어 어느 정도의 국가개입을 허용하는가에 따라 사회복지체제의 발전정도가 달라졌다고 할 수 있다.

시장실패에 대한 국가적 차원의 대응이 적극적으로 이루어지는 복지국가의 경우 시장실패이론을 뛰어넘어 복지강화이론을 통해서 자본주의경제체제를 지속적으로 수정하여 국민들이 원하는 재화와 서비스를 제공할 수 있음을 강조하게 된다. 반면 시장실패이론은 국가의 시장으로의 개입을 최소화하여 낮은 수준의 복지정책과 제도가 자원의 할당구조로 등장하도록 하는 이론적 지지대로서 역할을 담당하였다.

본 장에서는 복지국가발전을 설명해주는 이론적 틀에 대한 설명을 주된 영역이다. 특히, 시장실패이론을 중심으로 정부실패이론과 복지국가발전이론을 사회복지의 발전적 측면에서 집중적으로 조명한다. 시장실패이론은 복지국가발전을 위한 이론적 토대로 복지국가의 등장을 이해하는데 명확한 토대를 제공한다. 정부실패이론은 복지국가 후퇴 또는 복지국가 위기의 결정적 원인을 이론적으로 집중 공격하였던 이론적 틀임과 동시에 복지다원주의 출현에 결정인 역할을 한 이론적 토대임으로 역시 복지국가발전을 위해서는 반드시 이해하여야 하는 영역이다. 복지국가발전이론은 복지국가가 발전하기 위한 이론적 틀로서 시장실패이론의 복지국가와의 연결성 부재를 극복하고 정부실패를 뛰어넘어 논리적으로 복지국가와 왜 경제적으로 성공할 수밖에 없는지를 설명해주는 이론적 토대이다. 본 연구에서는 복지국가의 사회복지경제이론을 복지의 공공성을 강화하는데 결정적 역할을 한 시장실패이론,

복지민영화를 강조하는데 중요한 역할을 한 정부실패이론 그리고 복지와 경제의 연계성을 토대로 복지국가의 발전을 강조하는 복지국가발전이론을 중심으로 설명하도록 한다.

제 2 절 시장실패이론[1)]

시장실패이론은 시장을 통한 자원할당이 비효율적임을 강조하는 이론적 틀로서 새로운 자원할당구조의 필요성을 강조한다. 특히, 국가의 시장에 대한 적극적 개입을 강조하여 사회복지체계를 시장에 대한 대안적 자원할당구조로 인정함으로 사회복지경제학을 구성하는데 중요한 역할을 하는 이론적 틀이라고 할 수 있다. 신고전파경제학에 뿌리는 두는 복지경제학도 시장실패이론을 중심축으로 하고 있다(Le Grand, 1979). 시장실패이론을 시장실패요인과 시장의 기능을 중심으로 살펴보도록 한다.

1. 시장

시장을 통해서 사람들은 물건을 사고판다. 시장은 특정한 재화와 서비스를 교환함을 목적으로 판매자와 구매자가 모이기 위해 설립된 장치이다(Gregory and Ruffin, 1994). 또한 시장은 노동의 분업과 전문화를 조정하는 기구로서 역할하기도 한다. 즉, 노동의 분업이 시장을 통해서 이루어지고 나아가 시장은 노동의 분업을 더욱 세분화하기도 하는 조정양식으로 기능함을 의미한다. 세분화된 노동의 분업은 시장을 통해서 보상받는다. 또한 시장은 판매자와 구매자 사이의 상이한 수준의 경쟁을 나타내기 때문에 시장과 경쟁은 밀접하게 연관되어 있

1) 이 절은 지은구(2010) 『사회복지재정연구』의 제1장 2절을 수정 보완하였음

다. 경제학자들이 원하는 또는 꿈꾸는 시장은 완전 자유경쟁시장이며 다음과 같은 조건들을 포함한다.

첫째, 상품가격이 시장을 통해서 일정해야 한다.

둘째, 가격과 상품의 질에 대한 완벽한 정보가 공유되어야 한다. 예를 들어 특정 자동차를 다른 가게에서도 판다는 정보 없이 한 군데의 가게에서만 가격을 보고 구입하는 경우 경쟁은 불완전하게 된다.

셋째, 기본적으로 일정 수 이상의 판매자와 구매자가 있어야 한다. 전화회사가 한 군데만 있다든지 또는 컴퓨터회사가 한 군데만 있으면 경쟁은 일어날 수 없다.

넷째, 한사람의 구매자나 판매자가 가격을 바꿀 만큼 충분하게 사거나 팔지 않아야 한다. 즉, 독점이 허용되지 말아야 한다(Gregory and Ruffin, 1994).

다섯째, 비슷한 상품이 있어야 한다. 예를 들어 유사한 신발을 위한 판매자와 구매자는 많이 있는데 특정 T회사 신발이 최고라고 소비자들이 확신한다면 경쟁은 불완전하다는 것이다.

완전경쟁시장의 주요 특징은 판매자와 구매자가 경쟁에 직면한다는 것에 있다. 경쟁은 어떤 사람도 가격에 영향을 줄 정도의 힘을 갖지 않음을 나타낸다. 따라서 완전경쟁시장은 어떤 사람이나 집단도 가격을 통제할 수 없음을 특징으로 하며 이것이 시장경쟁이라 불린다(Albelda, Drago and Shulman, 1997). 소비자는 물건을 싸게 구입하려고 하며 판매자는 물건을 비싸게 판매하기를 원하는데 경쟁은 이러한 행위들에 대한 하나의 대응으로서 시장에서 존재한다. 경쟁은 두 가지 측면에서 경제학자들에 의해 강조되는데 첫째는 위에서 언급했듯이 어떤 개인이나 회사 또는 집단도 경쟁시장을 통제할 수 없다는 것이고 두 번째는 경쟁시장에서의 가격은 사회에서 어떤 재화나 서비스가 더 가치 있는지를 반영한다는 점이다.

2. 시장 선호이유

경제학자들이 시장을 선호하는 가장 결정적인 이유는 시장이 가장 효율적이라는 점 때문이다. 이성적 인간이란 개인적 만족을 증진시키기 위해 행동하고 결정하는 인간을 경제학에서는 의미한다. 따라서 자기에게 이익이 되지 않는 한 누군가를 위해 물건을 산다든지 또는 누군가를 위해 시간을 소비하는 행동들은 이성적인 행동으로 생각되지 않으며 개인적인 시간 낭비이기 때문에 효율적이지도 않다. 따라서 이성적인 인간들의 효율적인 행동에 기초한다면 기업가나 또는 어떤 사람도 자기에게 만족이나 이익이 되는 행동을 하게 되는데 자유경쟁시장이 이러한 만족이나 이익을 지켜주는 역할을 담당한다. 자기이익의 실현 또는 자기만족의 실현이 시장을 통해서 이루어지기 때문이다. 판매자와 구매자는 시장에서 거래를 통하여 서로의 만족을 충족시킨다. 거래에서 필요한 것은 자원은 희소하기 때문에 많이 가지는 것이 더 좋다는 것이고 인간은 이성적이기 때문에 인간 개개인들의 만족을 위해 거래한다는 사실이다(Albelda, Drago and Shulman, 1997).

예를 들어 철수와 영희의 거래에서 둘 다 만족하지 않으면 거래는 발생하지 않는다. 철수가 가지고 있는 사과와 영희가 가지고 있는 배를 교환하는 경우 교환이 이루어진다면 둘 다에게 만족이 있는 것이며 이는 결국 효율적인 거래로 인식되는 것이다. 여기서 중요한 것은 영희와 철수를 제외한 다른 사람들의 선호나 고통은 중요한 요인이 아니며 또한 철수와 영희가 각각 사과와 배를 얼마나 가지고 있는지를 포함하는 그들의 개인적 조건들도 중요하지 않다. 다만 둘 다 만족하기 때문에 거래가 성사되며 결국 거래는 효율적이라는 점이 강조된다. 따라서 누가 시장에 참여했는지에 상관없이 시장거래는 효율적이

된다.

3. 시장의 성공

시장의 실패는 시장의 성공과 반대되는 개념으로서 시장의 성공을 정의하면 그 반대의 결과로서 시장의 실패에 대한 정의는 자연스럽게 도출된다고 볼 수 있다. 경제학적 의미에서 시장의 성공은 시장을 통해서 자원의 균형적인 할당이 이루어지는 것을 의미한다. 따라서 시장의 실패는 시장을 통해서 자원의 균형적인 할당을 이루지 못하는 상태를 의미한다고 할 수 있다. 시장이 성공하기 위해서는 시장성공을 위한 전제조건이 충족되어야 한다. 그리고 시장성공을 위한 전제조건이 실현되지 않았을 때 시장의 실패는 필연적이라고 할 수 있다. 경제학자들은 시장의 성공조건으로 첫째, 시장이 성공하기 위해서는 다양한 수의 많은 시장이 존재하여야 한다는 점과 둘째, 시장에서 생산자와 소비자가 경쟁적으로 활동하여야 한다는 점 그리고 세 번째로 시장이 성공하기 위해서는 균형(예를 들어 균형가격)이 존재하여야 한다는 점을 들고 있다(Ledyard, 1991). 보다 구체적으로 시장의 성공을 위한 전제조건을 살펴보면 다음과 같다.

① 순수한 선택: 즉, 선택하는 데 있어 특권의식, 애국심, 충성심, 사회적 개입 등에 의해서 영향을 받으면 안 된다.

② 자기 자신의 이익: 결정을 위한 자기 자신만의 독자적 기준은 바로 자기이익이다.

③ 작업, 기업, 무역의 자유: 즉, 생산할 권리, 그리고 제재, 선호, 차별 없이 어떤 물건도 팔 수 있는 권리가 있어야 한다.

④ 열려 있는 경쟁: 즉, 생산자나 판매자가 정부의 규제나 무역통제 같은 사적인 조합 없이 경쟁할 수 있어야 하며 이러한 의미에서 독점이나 과점은 경쟁을 무력화하는 시장실패의 결정적인 요인이 된다

고 할 수 있다.

⑤ 자유롭고 정보가 공유된 소비자 선택: 즉, 강제나, 제한, 그리고 사기 없이 사려고 하는 물건에 대해 완전한 정보를 가지고 판매자로부터 원하는 것을 살 수 있는 상태가 필요하다.

⑥ 계약의 자유: 즉, 서로의 약속들을 묶을 수 있는 권리가 있어야 한다.

⑦ 구매자 사이의 그리고 판매자 사이의 동등한 힘: 즉, 구매자는 판매자를 선택할 수 있고, 판매자는 한 사람의 구매자에게만 의존하지 않는 동등한 힘이 있어야 판매와 구매는 균형 있게 경쟁적으로 일어나게 된다.

4. 시장의 실패

정치경제학의 제 학파들은 대체적으로 시장의 실패를 인정하고 있으나 오스트리안학파는 시장의 실패를 인정하지 않는다. 오스트리안학파에 따르면 시장의 실패는 존재하지 않으며 단지 시장이 비효율적일 수는 있다고 주장한다. Kirzner(1963)에 따르면 사회적 체계(시장을 의미)를 위한 효율성은 개개인들이 개개인들의 목적을 성취하는 것을 허용하는 효율성을 의미한다고 한다. 즉, 시장이 효율적이라는 것은 시장에서 개개인들이 목적하는 것을 얻는다는 것을 의미한다. 따라서 이러한 정의에 따르면 비효율성은 다만 개개인들에 의해서 선택된 수단이 그들이 성취하기를 갈망하는 목적과 양립하지 않을 때 발생한다(Cordato, 1980). 즉, 시장의 비효율성은 개개인들이 시장에서 그들이 원하는 것을 얻지 못하게 되는 경우 발생하게 된다. 오스트리안학파에 따르면 시장은 이윤으로 동기가 부여되는 기업가정신을 통해서 시장의 비효율성을 제거하며 정부는 시장의 비효율성을 조정하기가 매우 어렵다고 주장한다(Cordato, 1980).

공공선택이론의 경우 시장의 실패는 인정하지만 시장의 실패를 극복하기 위한 정부의 개입은 반대하는데 그 이유로 시장의 실패를 수정하기 위한 비용이 정부의 실패를 수정하기 위한 비용보다 더 높기 때문이라고 한다. 특히, 공공선택학파에 따르면 시장에 대한 강제적 정부개입은 자유시장의 파괴를 의미한다. 마르크스경제학은 개인적 소유권의 용인이 바로 시장의 기본적 문제점임을 지적하며 자원은 시장을 통하지 않고 완전히 다른 방식으로 할당되어야 함을 강조한다. 마르크스주의자들은 시장이 비효율적이며 시장의 실패는 자본주의 사회의 내재적 특징이라는 점을 강조한다. 특히 시장이 추구하는 가격체계를 통하여 자원을 할당하는 것보다는 지역주민으로부터 표현되어 사회에 의해서 결정된 욕구에 기초해서 자원이 할당되는 것을 강조한다(Krugman and Wells, 2006).

시장이 실패하는 이유는 간단히 추론하면 위에서 지적하였던 시장성공의 전제조건들의 반대 현상이 나타나는 경우라고 할 수 있다. 예를 들어 첫째, 시장이 성공하기 위해서는 다양한 수의 많은 시장이 존재하여야 하는데 시장의 수가 적다든지 둘째, 시장에서 생산자와 소비자가 경쟁적으로 활동하여야 하는데 비경쟁적인 독점이나 과점이 일어난다든지 그리고 세 번째로 시장이 성공하기 위해서는 균형(예를 들어 균형가격)이 존재하여야 하는데 정보의 불균형 등으로 인해 균형이 존재하지 않게 되면 결국은 시장은 실패하게 된다고 할 수 있다. 이에 덧붙여 자유경쟁시장에서는 교환이 이루어지지 않는 상품의 존재 또한 시장의 실패를 설명해 주는 한 요인이 된다. 일반적으로 공공재는 시장에서 교환이 이루어지지 않는 재화와 서비스로서 정부가 주도적으로 자원의 할당을 결정하게 된다. 시장이 역동적이고 안정적으로 움직이기 위한 시장성공의 조건들을 다 갖추는 것은 현실적으로 불가능하다고 할 수 있다. 시장의 문제점으로 지적되는 시장실패의 요인들에 대해서 보다 구체적으로 살펴보면 다음과 같다.[2)]

1) 시장의 부족

시장이 중심이 되는 경제체계에서 다양한 시장의 부족은 결국 시장의 실패를 가져다 준다. 다양한 시장이 많이 존재하여야 한다는 것은 시장이 성공하기 위해서는 필수적이라고 할 수 있다. 이는 예를 들어 조선 사업이나 군수산업이 존재하기 위해서는 반드시 철강사업이 존재하여야 하는 것과 마찬가지이다. 따라서 시장과 시장이 상호보완적 행동을 하게 된다. 또한 다양한 시장이 많이 존재하여야 한다는 것은 철을 살 수 있는 시장이 오직 한군데만 있어서는 철을 필요로 하는 조선공장이나 철도공장의 이익을 대변할 수 없기 때문에 철을 구입할 수 있는 시장은 여러 군데 존재하여야 한다는 것을 의미한다. 결국, 시장이 성공하기 위해서는 다양한 시장들이 많이 존재하여야 하며 반대로 다양한 시장의 부족은 시장의 실패를 초래하게 된다고 볼 수 있다.

2) 비경쟁(독점 및 과점)

시장성공의 전제조건 중 하나는 위에서도 지적한 것과 같이 시장에서 모든 행위자들이 경쟁적으로 활동하여만 한다는 것이지만 현실적으로 시장은 모든 행위자들이 경쟁적으로 활동하는 것을 제한하는 즉, 행위자들이 비경쟁적으로 활동하게끔 하는 제한요소를 내포한다. 시장에 의해서 나타나는 비경쟁은 가장 대표적으로 판매자와 구매자간의 동등한 힘을 왜곡하는 독점 및 과점 형태에 의해서 나타난다.

일반적으로 시장에서 생산자는 이윤을 최대화하기 위해 노력하며

2) 시장실패의 요인을 설명해주는 기존의 이론 외에 최근에 등장한 시장실패이론으로는 Stiglitz의 효율성임금가정이론, Akerlof의 레몬모델, Williamson의 기회행동개념 그리고 Paul David의 네트워크와 잠금효과이론 등이 있지만 본 연구서의 범위를 벗어나 구체적으로 소개하지는 않았다. 자세한 내용은 Cowen과 Crampton(2002)의 *"Market failure or success"*를 참조할 것.

소비자는 제한된 예산을 가지고 가장 선호하는 것을 구입하기 위해 노력하게 된다. 하지만 이러한 양자 간의 노력은 생산자나 소비자가 균형가격에 영향을 미치는 행위를 함으로써 깨지게 되며 균형가격을 유지하려는 시장은 실패를 맛보게 되며 이러한 행위의 가장 대표적인 것이 바로 독점 및 과점이라고 할 수 있다.

■ 수확체증의 법칙

수확체증의 법칙(the increasing returns to scale)은 투입된 생산요소가 늘어나면 늘어날수록 산출량이 기하급수적으로 증가하는 현상을 말한다. 쉽게 설명하면 기업의 규모, 사업범위 그리고 소비자(또는 고객)의 수가 증가함에 따라 수익이 커짐을 나타내는 경제학용어이다. 이익이 늘어나는 것이 시장에 의해서가 아니라 기업의 규모와 같은 비시장적 요인에 의해서 나타남으로 시장실패의 요인을 설명해 준다. 즉, 수확체증의 법칙은 시장실패를 설명하는데 있어 독점 및 과점이 발생하는 한 요인을 설명해 준다. 즉, 수확체증의 법칙은 시장이 일부 기업이 수익을 확대하려는 노력에 의해서 실패할 수밖에 없음을 강조하는 법칙이라고 할 수 있다. 수확체증의 법칙에 따르면 시장에서 자본력이 풍부한 기업은 자본력이 풍부하지 않은 기업과의 경쟁에서 풍부한 자본력을 무기로 시장 점유율을 증대시켜 나갈 수 있게 되고 자본력이 허약한 기업은 결국 시장에서 자본력이 풍부한 기업과의 경쟁에서 뒤처지게 되고 이는 결국 시장에서 특정 기업으로의 집중현상이 발생하게 됨을 의미하게 된다.

예를 들어 재벌빵집과 동네빵집이 경쟁을 한다고 가정하였을 때 재벌빵집은 막강한 자본력을 바탕으로 동일한 빵의 가격을 50% 낮추어 판매할 수 있고 자본력이 약한 동네빵집은 지속적으로 동일한 빵의 가격을 낮추어 판매하는 것이 불가능함으로 재벌빵집과의 경쟁에서 뒤처지게 되어 문을 닫게 되고 그 지역에서 재벌빵집은 시장경쟁이 없는 독점판매권을 행사하게 된다.

3) 불균형

시장이 성공하기 위해서는 균형(예를 들어 일반균형이론에 의하면 균형가격)이 존재하여야 하는 것이 전제조건이다. 시장에서 균형이 존재한다면 자원의 할당은 Pareto 효율의 상태에서 즉, 모든 사람이 최적의 상태에서 자원을 균등하게 배분받게 된다. 하지만 시장은 여러가지 요소들로 인해 균형을 유지하지 못하며 이러한 시장의 불균형은 곧 시장의 실패를 가져다주는 문제점으로 지적된다. 시장의 불균형을 가져다주는 가장 큰 요인은 첫째, 정보의 불완전한 공유 때문에 일어나며 둘째, 외부효과에 의해서도 일어나고 셋째, 시장자체가 불균형하기 때문에 나타나기도 한다. 그리고 마지막으로 행위자간의 힘의 불균형 역시 시장 불균형의 요인이 된다. 다시 말해 시장자체가 가지고 있는 시장 행위자간의 비경쟁적 지위에 의한 불균형 즉, 시장 자체가 가지고 있는 구조적 결함 때문에 판매자와 구매자는 상호 경쟁관계에 있다기보다는 판매자의 힘이 더욱 우세하기 때문에 나타나는 힘의 불균형이 시장불균형의 원인이 된다. 이러한 시장불균형의 요인들을 자세히 살펴보면 다음과 같다.

(1) 불완전한 정보

시장 하에서 완전한 정보의 공유는 있을 수 없다. 시장의 불균형은 필요한 적당한 정보가 제공되지 못하기 때문에 나타나기도 한다. 예를 들어 한 기업이 상품을 과잉생산해서 위기에 직면해 있는 경우 이 기업은 다른 기업이 생산을 줄이기만을 기다릴 것이며 만약 다른 기업이 생산량을 줄이지 않는다면 이 기업은 위기에 처하게 되는 것이다. 즉 적절한 정보의 공유가 없었기 때문에 기업은 스스로 위기에 빠지게 된다. 또한 모든 정보가 완벽하게 공유되어 진다면 소비자는 어떠한 사기도 판매자로부터 당할 수 없다. 결국 현 시장 경제의 정보공유에 대한 원칙은 판매자 또는 생산자 중심의 정보공유 원칙일 뿐 구매자의 입장에서의 정보의 공유는 판매자에 의해서 얼마든지 왜곡될 수 있는 모순점을 내포하게 된다. 따라서 시장은 판매자나 생산자 사이에서 정보를 조작할 수 있는 왜곡된 기능을 내포하게 되는 것이다.

우리는 시장이 정보를 공유하지 않음으로서 나타나는 폐해들을 너무나도 많이 보아왔다. 예를 들어 주식시장은 조작된 정보에 의해서 특정자본의 이익만을 향해 널뛰기하기도 하며 일반 투자자들은 이 조작된 정보의 꼭두각시로서의 특정자본의 자본증식에 그들의 땀과 힘을 그대로 빼앗기는 경우가 발생하기도 한다. 따라서 진정한 의미에서 자유시장 또한 완전한 정보의 공유는 있을 수 없으며 이는 이론적으로만 가능한 자유시장을 위한 시장의 조건이라고 얘기할 수 있다.

(2) 외부효과

외부효과(externalities)는 이웃효과(neighborhood effect) 또는 일출효과(spillover effect)라고도 불리며 긍정적 외부효과(또는 외부혜택)와 부정적 외부효과(또는 외부비용)로 분류된다. 외부효과란 시장가격에 의해서 전이되는 것이 아닌, 비용이나 혜택을 유발하는 행동에 동의하지 않는 사람에게 초래되는 비용이나 혜택을 의미한다. 즉, 비용이나 혜택은 시장을 통한 거래에서 유발되어야 하지만 시장의 가격체계를 통해서 비용이나 혜택이 유발되지 않는 거래가 곧 외부효과임을 의미한다. 시장을 통하지 않고 비용과 혜택이 발생함으로 외부효과는 시장의 실패를 나타낸다. 즉, 외부효과에 의해서 시장이 스스로 자원의 균형적인 할당을 할 수 없는 경우가 나타나게 된다는 것을 의미한다.

시장은 모든 참여자들이 그들의 행동에 대한 완전한 비용과 완전한 혜택을 누릴 때 시장으로서의 기능을 다한다고 볼 수 있다. 예를 들어, 판매자가 생산에 들어가는 모든 비용을 책임지며 소비자는 물건구매에 따른 완전한 혜택을 누려야 한다는 것을 의미한다. 만약 한 기업이 생산비용에 들어가는 부담을 제3자에게 떠넘긴다면 시장은 적절한 기능을 상실하게 된다. 외부효과는 기업들이 사회적으로 적당하지 않은 자원할당을 하는 경우에 나타나기도 한다. 이 경우 **외부효과**란 기업들이 그들 행동의 전 비용을 부담하지 않고 비용의 일부를 제3자가 떠안는 것을 일컫는다. 한 공장이 비용의 전부를 내지 않고 제3자가 비용의 일부를 떠안는 경우를 예를 든다면 다음과 같다. 어떤 한 화학공장에서 태워서 물건을 생산하고 남은 폐기물을 처리하는데 하루에 100만원이 들어가지만 폐기물 처리 시설에서 나오는 연기에 의해서 지역주민의 건강과 환경을 오염시키고 공장을 빨리 낙후시켜서 회복하는데 들어가는 돈이 하루에 1,000만원이 들어간다고 한다. 그러면 이 공장의 물건은 하루 천만 원이라는 기대하지 않은 경비를 부담하기 위해 상품가격을 올리게 되고 상품가격이 오르면 소비자는 그 상품을 외면하고 결국 공장은 문을 닫아야 한다. 이 경우 공장은 시장의 기능에 의해서가 아니라 외부효과에 의해서 공장을 폐쇄해야 하는 경우에 직면하게 되기 때문에 이 문제의 해결을 위해 국가의 적절한 개입이 필요하게 된다. 결국, 시장가격을 통한 효과와 달리 외부효과가 시장의 경제적 효율성에 영향을 끼치게 되고 시장은 적절한 시장의 기능을 상실하게 된다. 이 경우 외부효과는 제3자에게 비용일부를 부담하게 함으로 부정적 외부효과라고 할 수 있다.

(3) 소득외부효과

만약 노동시장 안에서의 경쟁이 실업을 확대하고 실업문제가 가족의 부양을 책임질 수 없는 많은 노숙자들을 생성해 낸다고 한다면, 경쟁이 치열한 시장은 결국 경쟁에서 배제되는 노동자 개인들에게 부정적인 영향을 주어 노숙자가 되도록 만들 수 있다. 노숙자가 증가하게 되면 일반 시민들은 그들에게 직접 현금을 제공하기도 하고 노숙인 문제해결을 위한 기부운동에 참여하여 자신의 소득일부를 기부금으로 제공하기도 한다. 이 경우 노숙인 한 개인의 복지 또는 번영은 그만의 소득에 의존하는 것이 아니라 다른 사람의 소득에도 의존한다고 볼 수 있는데 이를 **소득외부효과**(income externalities)라고 부른다(Barr, 1992). 물론 소득외부효과가 반드시 시장의 실패를 의미하는 것은 아니며 모두 국가개입을 초래하지는 않는다. 예를 들어 부자가 자발적으로 가난한 사람에게 10만원을 제공하여 부자와 빈자가 모두 만족한다면 개인 간 소득전이는 한 사람이 좋아졌지만 아무도 나빠지지 않았음으로 파레토효율적인 소득전이라고 할 수 있다(Barr, 1992). 이 경우 부자는 자신의 소득 일부를 기부하여 빈자의 소득을 증가시키도록 하였음으로 국가의 개입과는 관련없는 자선행동으로 시장의 실패를 가져다주지는 않았다고 할 수 있다. 하지만 자본주의 경제체제 하에서 자발적 자선으로 소득격차의 확대에 따른 빈곤문제를 해결할 수 없어 국가가 국민들의 소득재분배에 개입하는 경우 소득외부효과는 시장의 실패를 가져오게 된다.

국가가 소득재분배에 직접 나서는 것도 결국 소득외부효과에 의해 나타나는 시장실패를 극복하기 위한 정책이라고 할 수 있다. 노동자들은 노동시장에서 형성되어 있는 소득으로 자신들의 복지를 충족시켜야 하지만 경쟁시장으로부터 배제되는 노동자들의 소득을 보전하기 위하여 국가는 세금을 활용하여 소득을 재분배하게 된다.

(4) 시장자체의 불균형

시장에서 판매자(또는 생산자)와 소비자는 기본적으로 균형을 유지할 수 없다. 예를 들면 판매자는 상품가격이 비싸든 싸든 상관없이 자신에게 더 많은 이익을 가져다주는 상품을 계속적으로 판매할 것을 원할 것이며 자신에게 이익을 가져다주지 않는 상품은 당연히 판매할 것을 거부하게 된다. 또한 생산자의 측면에서도 상품가격이 추가비용을 초과하는 상품을 생산하려고 하지 추가비용을 밑도는 상품은 당연히 생산하는 것을 거부할 것이다. 소비자도 마찬가지로 상품가격이 싸다고 생각한다든지 또는 합리적이라고 생각하는 상품은 구매하지만 만약 상품가격이 비싸다고 생각한다면 어떤 소비자도 그 상품을 사려고 하지 않을 것이다. 따라서 기본적으로 시장은 더 많은 이익을 가져다주는 상품을 생산하려는 또는 더 많은 이익을 가져다주는 상품을 판매하려는 측면과 더 싼 것을 소비하려는 측면의 이익이 상충되는 격전장이라고 할 수 있기 때문에 기본적으로 균형가격이 존재하기가 어렵게 된다. 즉, 공급과 수요가 일치하는 균형가격은 존재하지 않게 된다. 이러한 경우 결국 시장은 균형을 유지할 수 없게 된다.

(5) 행위자간의 힘의 불균형

일반적으로 시장은 구매자나 소비자보다는 생산자, 판매자 또는 공급자 중심이라고 할 수 있다. 이는 상품을 판매하는 판매자보호원은 존재하지 않지만 소비자보호원은 존재한다는 사실에서도 쉽게 이해될 수 있다. 상품공급을 계획하는 당사자는 일상적으로 시장 그 자체와 시장을 둘러싼 환경을 지배하고 규정하기 위하여 정치적 행동에 관여한다. 따라서 시장에서는 비대칭이 일반적 현상이기 때문에 힘의 균형을 측정하기란 매우 어렵다. 힘의 균형을 측정하기는 매우 어렵지만 자본주의 경제체제에서 시장의 힘을 측정하는데 있어 돈과 그것을 소유하는 형태 즉 돈의 소유권은 시장에서 힘의 균형을 측정할 수 있는 중요한 결정요인이 될 수 있다. 어떤 경우에 있어서 시장에 들어가는 것은 생존을 위협받는다는 측면에서 위험하다(Sayer, 1995). 이는 돈과 시장이 불안정과 무산계급으로 인도할 수 있기 때문이다. 즉, 시장에서 가지고 있는 돈을 다 날릴 가능성이 있다는 것을 의미한다. 예를 들어 자신이 선택해서 구매한 장난감이 사자마자 고장이 난다든지 과일이나 음식이 썩어서 먹지 못한다든지 하는 일들이 종종 일어날 수 있다. 이것은 선택의 자유(free to choose)라는 시장경제의 가치가 잃을 수 있는 자유(free to lose)라는 측면으로 해석됨을 의미한다(Friedman, 1962; Roemer, 1988).

신자유주의자들은 자유시장이라는 의미를 어떤 방식으로도 방해받지 않는 자유영역, 즉 자발적 생산으로 해석한다. 그러나 만약 시장이 제도화되고 국가에 의존하고, 상황(context)에 의해서 조직화되고, 규제받고, 정보와 힘이 시장 안에서 불평등하게 분배되어 있고, 그리고 시장이 사람들을 힘이 없게도 만들고 힘이 강력하게도 만든다면, 어떻게 시장이 과연 자유로울 수 있는가? 시장은 결코 자유로울 수 없다. 공급자와 소비자, 시장의 당사자들 모두가 자유로워야 진정한 의미에서의 시장은 자유로울 수 있지만 자본주의 시장은 한쪽의 자유는 무시한다. 결국 자본주의 경제체제에서 대부분의 시장은 공급자측면에서 오로지 규정받는다. 즉, 공급자의 이익을 우선으로 해서 그들의 이익이 침해받지 않게끔 규정들이 이루어지는 것이다. 소비자에게 있어서의 자유는 오로지 선택의 자유만이 있을 뿐이다. 누가 무엇을 가지고, 어떠한 상황에서 선택해야 하는지는 중요하지 않으며 모든 소비자는 동등한 선택의 자유권이 있다고 규정한다. 이러한 의미에서 결국 시장화에 따르는 자유는 자유방임적 자유로서 해석되는 것이다. 결국, 시장의 힘은 공급자 또는 판매자 중심으로 치우쳐져 있기 때문에 자본주의 시장에서 구매자 또는 소비자는 힘의 불균형 관계를 극복하기 위한 다양한 시도(특히, 소비자주권운동 등)들을 하게 되는 것이다. 이는 복지서비스나 재화가 시장에서 교환이 이루어지게 되는 경우 소비자인 client들은 힘의 불균형으로 인해 적절한 복지재화를 구매하고 소비하지 못할 가능성이 높다는 것을 의미한다.

4) 소비자주권의 왜곡: 시장참여의 주체로서 소비자 선택권의 왜곡

소지자주권의 왜곡에 따른 시장의 실패는 자기 자신을 위한 선택이 무엇인가를 결정할 수 없는 개개인들에 대한 선택권의 왜곡 또는 순수한 선택을 할 수 없는 경우에 따르는 소비자 주권의 왜곡을 의미한다. 시장은 시장에 참여하는 행위자들 간의 자원의 균형적인 할당을 성취하기 위해 노력하지만 시장에 참여하는 행위자들 간의 사회적 관계는 등한시함으로써 시장에 대한 실패가 초래하게 된다. 다시 말해 시장에 참여하는 두 주체인 판매자와 구매자 또는 생산자와 소비자 중에 한 축인 소비자 또는 구매자가 시장을 통해서는 균형 있는 자원의 할당이 이루어지지 않는다고 생각하여 시장에서의 거래를 거부하는 경우 필연적으로 시장은 제 기능을 상실하게 되는 것이다.

시장은 시장에 참여하는 행동의 주체인 판매자와 구매자 또는 생산자와 소비자를 이성적 결정을 할 수 있는 보편적인 인간으로 규정한다. 이는 소비자의 입장에서 보면 상당한 소비자 주권의 왜곡이 일어날 가능성을 내포하게 된다. 시장을 통해서 모든 행위자들은 자신들의 이익을 결정할 수 있는 순수한 선택을 할 수 있는가? 현실적으로 우리는 자기의지와 상관없이 이익이 된다면 어떤 선택을 따르는 경우가 있다. 예를 들어 자기 자신을 위한 선택이 무엇인가를 결정할 수 없는 개개인들에 대한 선택권의 왜곡현상은 사회적 소수계층들에게서 일상적으로 나타난다. 예를 들어 알코올 중독자나 마약중독자들이 자신들의 만족을 충족시키는 이성적인 선택이 무엇인지를 결정할 수 있는가? 또는 무의탁노인이나 소년소녀 가장아동들이 그들을 위한 최선의 선택이 무엇인지를 알 수 있는가? 그리고 그들이 그들을 위한 최선의 만족을 보장하는 선택이 무엇인지를 설령 이성적으로 안다고 해도 과연 그들이 그 선택을 시장을 통해서 실현할 수 있을 정도의 사회적 힘을 가지고 있는가? 설사 선택을 한다 해도 그들의 선택이 위에서 언급한 특징들을 가지고 있는 시장에서 이루어질 수 있는가? 즉, 시장의 체제 안에서 그들이 선택한 것들을 그들이 가질 수 있는 생산과 분배의 사회적 관계가 형성되어 있는가? 최저임금이하의 서비스업에 종사하는 한 3인 가족의 노동자 세대는 그들이 원하는 진정 이성적으로 그들의 가족 구성원들이 원하는 삶의 질을 향상시킬 수 있는 상품들의 선택을 자유자재로 할 수 있는가? 장애인들이나 여성 또는 노인들은 현재의 노동시장이 적절한 직장을 자신들에게 균형 있게 할당하는 힘을 가지고 있다고 생각하는가? 무엇이 선택의 자유이며 이성적 선택의 기준은 과연 무엇인가? 단지 좁은 의미의 교환의 장으로서 자유시장의 기능은 이에 대한 대답들을 할 수 없는 구조적 한계를 가지고 있다.

5) 공공재

시장만이 재화와 서비스가 생산되고 소비되는 영역을 제공하는 유일한 메커니즘은 아니다. 자본주의 사회에서 대부분의 사람들이 시장을 통해서 상품을 매매하고 구입하며 그들의 만족을 충족시키는 수단으로 사용하고 있지만 정부나 또는 다른 정치적 체제에 의해서 제공되는 재화나 서비스들은 시장을 통해서가 아니라 다른 조정양식을 통해서 생산과 분배가 조정되기도 한다. Sayer(1995)는 시장이외의 조정양식으로서 기획(planning), 연계망(networking) 그리고 민주적 통제(democratic control) 등을 강조하기도 하였다. Adam Smith(1776)가 시장교환에 한계를 가져다주는 한 요인으로 지적하였던 것과 같이 시장을 통해서 제공되고 소비되지 않는 대표적인 재화나 서비스로서 공공재(public goods)를 들 수 있다. 공공재의 출현과 발전은 결국 시장에서 교환 또는 할당이 이루어지지 않는 자원의 출현과 발전을 의미함으로 시장실패의 직접적 원인이 된다.

시장이 존재하기 위해서는 상품이나 서비스는 그 상품이나 서비스를 구매하는 사람에게만 혜택을 가져다주며 시장에서는 모든 사람에게 무료로 상품이나 서비스가 제공되지는 않는다. 경제학자들은 이러한 논리를 비배제성(non-excludability)이라고 불렀다. Caporaso와 Levine(1992)은 공공재(public goods)와 사유재(private goods)의 다른 점을 구별하는 것이 시장의 한계를 지적하는데 있어 매우 중요하다고 강조한다. 사유재 즉, 재화나 서비스의 교환을 통해서 사적인 재산소유가 가능하게 하는 사유재는 시장이라는 조정양식을 통해서 생산과 분배가 이루어진다. 경제학자들은 대부분 사유재와 공공재의 구별을 재화의 배제성(excludability)과 비경쟁성(non-rivalry)에서 찾으려고 한다.

위의 구분에 따르면 공공재는 사유재와 달리 소비에서 경쟁이 없고 배제되는 사람이 없다는 특징을 가지고 있다. 하지만 공공재의 성격에 따라 일부 공공재는 경쟁적이기도 하며 또 일부 공공재는 배제적이기도 하다(McNutt, 1996). 공공재의 성격에 따라 Samuelson(1954)는 공공재와 순수공공재를 구별하며 Buchanan(1965)과 Olson(1965) 등은 공공재를 지역공공재, 순수공공재 그리고 공공재 등으로 나누기도 한다. 특히 Buchanan(1965)은 순수공공재와 지역공공재(local public goods 또는 club goods)의 구분을 강조하며 공공재의 배제성에 대한 경계를 인정하였는데 그에 따르면 지역라디오 방송 등은 그 지역에 사는 사람들만 방송을 청취할 수 있게끔 제공되는 배제성이 인정되는 공공재로 규정한다. 이는 특히 Pigou(1920)와 Knight(1924)가 이미 강조하였던 문제로서 그들은 교통체증에 대한 예를 통해 이 문제에 접근하였었다. 만약 교통체증을 해소하기 위해 정부가 새로운 도로를 건설하고 통행료를 징수한다고 한다면 통행료를 내고라도 교통체증을 피하기 위해 이 길을 사용하는 사람이 있을 것이며 그렇지 않고 그냥 이 전의 도로를 사용하는 사람도 있을 것이지만 이러한 통행료의 징수가 새로운 도로의 공공재의 성격을 완전히 사유재로 바꾸지는 않는다.

따라서 공공재와 사유재를 구별하는 기준으로는 다음의 두 기준이 적용될 수 있다. 첫째, 사유재는 소비에 있어 경쟁적이고 배제적인 두 측면을 모두 충족시켜야 하며 두 번째는 사유재는 소유권이 인정되고 공공재는 소유권이 인정되지 않는다는 것이다. 자본주의 시장경쟁체제에서 공공재는 특히 소유권 또는 재산권(property rights)을 인정하지 않는 것을 특징으로 한다. 따라서 소유권이 인정된다함은 공공재와 사유재를 구분할 수 있는 가장 큰 구별점이 될 수 있다(McNutt, 1996). 따라서 사유권이 인정되지 않는 재화와 서비스는 모두 공공재의 성격을 띠는 재화나 서비스로 분류할 수 있는데 특히 소유권이 인정되지 않는 정부로부터 제공되는 공공재는 비경쟁적인 그리고 비배제적인 두 성격 중에 한 쪽만을 충족시킨다면 공공재로서 구분할 수 있다.

공공재의 사유재에 대한 우월성은 공공재가 개개인들의 욕구와 사회적인 욕구에 기초한 권리(entitlement)에 의해서 행해지지 원함(wants)과 효율성(efficiency)에 기반해서 행해지지 않는다는 점에 있다. Seldon(1977)은 다른 상품이나 서비스와 공공재를 구별하는데 있어 공공재는 다음과 같은 속성을 가지고 있다고 강조하였다.

첫째, 공공재는 개개인들에게 또는 집단에게 개별적으로가 아니고 집단적으로 공급되어진다.

둘째, 공공재는 함께 지불한다는 일반적 동의에 의해서 제공된다. 즉, 공공재는 서비스를 원하지 않는 사람들이나 또는 서비스로부터 혜택을 받지 않는 개인들에게 또는 그들 서로 서로에게 강제하기 위해 자발적이고 집합적인 동의를 필요로 한다.

셋째, 비경쟁적이라는 의미에서 공공재를 사용하는 사람들이 공공재를 통해서 완전한 능력이 도달될 때까지 그 사람들에게 추가비용 없이 많이 사용될 수 있다.

넷째, 공공재는 사용을 위해 지불하지 않는다고 해서 거절되지 않으며 지불할 필요가 없다면 무임승차가 가능하다. 그리고 공공재는 시장에서와 같이 개개인들의 특수한 요구에 맞게 생산되어지지 않으며 세금에 의해서 집합적으로 자금이 조달된다. 즉, 공공재의 자원조달은 전적으로 국민이 지불한 세금에 기초한다는 점이다.

■ 공공재의 과소공급과 과소소비[3)]

공공재가 시장에서 제공되지 못하는 이유에 대해 경제학자들은 공공재가 비효율적이기 때문이라고 주장하기도 한다. Trugen(2005)은 첫째, 공공재의 비경쟁성이 국민들의 진짜 선호를 숨기도록 하기 때문에 비효율적이며 둘째, 공공재는 무임승객을 만들어내기 때문에 비효율적이라고 설명한다. 공공재가 무임승객을 만들어 낸다는 무임승차론은 공공재의 비배제성 때문에 나타나며 이미 많은 보수주의 경제학자들이 공공재무용론을 강조하면서 주장되었던 논리이다. 한편 공공재가 국민들의 진짜 선호를 숨기도록 하기 때문에 비효율적이라는 것은 공공재로부터 혜택을 받은 국민들이 공공재의 혜택에 대해 보상이나 보답을 하여야 한다는 부담감 때문에 공공재에 대한 선호를 숨기므로 공공재 제공이 제한될 수 있다는 점에서 비효율적이라는 것을 의미한다. 한편 Eger(2005)는 공공재가 시장에서 제공되지 못하는 이유로 첫째, 과소소비(underconsumption) 둘째, 과소공급(undersupply)을 지직하였다.

일반적으로 공공재의 사용은 추가비용을 수반하지 않으며 비경쟁적이다. 따라서 가격이 정해져 있지 않은 비경쟁적인 재화에 가격을 책정하게 되면(즉, 시장에서 교환을 위해 가격을 책정하게 되면) 그 재화는 소비가 적게 일어나게 된다. 즉, 비경쟁적인 재화에 가격을 책정하게 되면 과소소비가 일어나게 되고 과소소비는 재화의 과소생산이라는 경제적 비효율성을 야기한다. 국민의 입장에서 공공재는 비경쟁적이므로 누구나 원한다면 경쟁없이 서비스를 제공받아야 하지만 서비스 이용에 이용료를 지불하여야 한다면 국민들의 입장에서는 당연히 소비를 줄이게 될 것이고 소비를 줄이게 되어 **과소소비**가 일어나게 되면 과소소비는 과소생산을 유발하게 된다.

또한 비경쟁적인 재화에 가격을 책정하지 않는 것도 재화를 제공하

3) 공가소소비와 과소공급에 대한 논의는 지은구 외(2010). 사회복지서비스의 특성과 이용자재정지원(나눔의집). pp. 35-36을 참고하였음

는 동기를 만들어내지 못한다. 즉, 비경쟁적인 재화를 만드는 데 일정 정도의 자금이 쓰여졌다고 했을 때 자금이 회수되지 않는다면 재화를 만드는 입장에서는 생산을 줄이게 되어 과소생산이 일어나게 된다. 다시 말해 공공재이지만 재화를 생산하는데 일정 비용이 지불된다고 했을 때 생산자의 입장에서 생산비용이 보장이 되지 않는다고 한다면 생산을 확대하기보다는 최소한의 생산만을 유지하든지 또는 생산을 줄이게 되어 **과소공급**이 발생하게 된다.

따라서 공공재의 과소공급과 과소소비는 시장실패를 설명하는 주요 요인으로 지적된다. 서비스를 생산하고 공급하는 입장에서 과소소비와 과소공급이 발생하는 경우 생산을 축소할 수밖에 없고 이런 재화인 경우 시장에서 교환된다는 것은 불가능할 수 있다. 따라서 공공재와 연관된 시장실패의 가장 확실한 두 요인은 과소소비와 과소공급이라고 이라고 할 수 있다. 결국, 경쟁이 없는 공공재는 시장에서 제공되는 경우 과소공급과 과소소비가 발생할 수 있으므로 장에서 제공되는 것은 시장실패의 요인을 제공한다.

결국 정부가 제공하는 공공재로서 사회복지서비스의 경우 특정 집단에게만 서비스가 제공되는 경우가 많아 과소소비가 일어날 가능성이 매우 크고 또한 서비스생산에 들어가는 비용이 보전되지 않는 경우가 많아 과소공급문제가 발생할 가능성이 매우 큼으로 시장을 통한 공공재로서의 사회복지서비스 제공은 매우 제한적으로 이루어질 수밖에 없게 된다. 시장에서는 과소공급과 과소소비가 일어나는 재화에 대해서 생산을 거부할 것임으로 국가는 다양한 집단들에게서 나타나는 사회복지욕구를 충족시키고 국민들을 보다 건강하고 안정적인 삶을 유지 발전시키도록 하기 위해서 과소공급과 과소소비의 문제로부터 자유로운 사회복지재화와 서비스를 제공하도록 하여야 한다.

제3절 정부실패이론[4)]

자본주의 경제체제하에서 시장을 통한 분배는 개인적 선택과 경쟁을 강조하며 부의 축적과 생산의 확장을 가능하게 하였지만 또 다른 한편으로 빈익빈 부익부와 사회적 양극화라는 사회문제를 확대재생산하는 기폭제의 역할을 수행하였고 결국 정부의 개입을 강화하는 제도적 변화를 가져다주었다. 정부개입의 강화는 안정적인 국가의 세입구조 하에서 경제성장과 자원의 재분배에 정부가 적극적으로 개입하는 국가주도의 성장-분배시스템인 복지국가라는 새로운 패러다임을 창출하였지만 복지국가는 지체된 경제적 성장에 대한 반격이 시작된 1980년대 이후 정치적으로 보수주의와 경제적으로 신자유주의의 주 공격대상이 되었다. 신보수주의 경제학자들은 케인즈이론으로 무장한 복지국가의 경제 사회정책에 대한 실패를 정부의 실패라고 규정하였다. 정부의 실패는 국민의 증대된 세금으로 형성된 큰 정부의 실패를 의미하였고 신보수주의 경제학자들은 세금의 증대는 결국 국민의 부담을 증가시키고 경제지체와 비효율적인 국가 관리를 축으로 하는 정부실패를 가져다주었다고 강조함으로써 이를 극복하기 위하여 국가의 개입축소와 세금축소를 주장하였다. 국가의 축소는 결국, 민영화와 준시장(quasi-market)이나 민사공협력체제(private social public partnership)라고 하는 새로운 체계의 도입과 발달을 가져다주는 기폭제의 역할을 하였다.

정부의 실패를 강조하는 가장 대표적인 학파는 공공선택학파로서 정부실패의 이유를 다음과 같은 세 가지 이유에 근거한다고 강조한다

4) 본 절의 내용은 지은구(2010). *사회복지재정연구*, pp. 55-61을 참고하여 수정 보완하였음.

(Nesslein, 2003). 첫째, 정부실패는 투표자들의 정보부족에 의해서 나타난다(정보구조문제). 즉, 대부부의 투표자들이 중요한 정치적 이슈들을 알지 못한 채로 투표를 하게 됨으로 투표에서 당선된 정치가들이 투표자들이 원하는 것을 해결하기 위한 정책이나 프로그램을 제공하기 위해 노력하지 않고 자기이익에 관련된 정책이나 프로그램만을 개발하고 수행하려고 함으로 정부는 실패한다. 둘째, 정부의 실패는 보상 때문에 발생한다(보상구조문제). 즉, 일반기업과 달리 정부조직은 효율적인 성과에 대한 보상체계가 없음으로 실패한다. 하지만 Shleifer(1998)는 정부기관이 비용을 줄여서 받을 수 있는 보상이 없어서 비효율적인 것이 아니라 자원을 지지자들에 전이하는 것 때문에 비효율적이라는 점을 강조하기도 한다. 마지막으로 정부실패는 다수결 결정에 의해서 나타난다(의사결정구조문제). 시장에서는 자신의 경제적 능력(즉, 구매능력)으로 원하는 것을 구입하여 자신의 욕망이나 갈망을 해결할 수 있지만 국가의 개입을 통한 자원 할당 구조는 투표자들의 선호에 의해서 자원이 할당됨으로 투표하지 않은 사람들의 선호는 무시되어 정부는 실패한다. 예를 들어 51%을 획득하여 선출된 관리는 그를 지지하는 사람들의 갈망을 해결하려고 노력하여 나머지 49%를 지지한 투표자들의 갈망을 등한시함으로 정부는 실패한다고 할 수 있다. 정부실패의 요인들을 구체적으로 살펴보면 다음과 같다(Glennerster, 2003).

1. 이기적 국민

경제학에서 강조하는 이기적 인간을 가정한다면 기본적으로 세금을 많이 내는 것을 좋아하는 국민은 없다. 자본주의는 기본적으로 사적이익이 보장되는 경제체제이기 때문에 부의 축적은 결국 개인적 부의 증대를 의미하며 부의축적은 많으면 많을수록 좋고 많이 가진 것이 곧 행복이라는 지극히 이기적인 가치관이 강조된다. 이러한 인간의 이기적 측면에서 본다면 국가의 세금의 증대는 개인적 부담으로 인식되며 사회적 가치를 유지하기 위한 최소한의 국민의 의무라는 인식은 사라지게 되어 조세에 대한 저항은 당연한 국민의 권리라고 인식되는 지극히 이기적 인간상이 사회의 지배적인 가치로 자리 잡게 된다. 이러한 지극히 이기적 인간상은 세금에 대한 부담에서도 그대로 반영되어 개인의 세금증대에 기초하는 큰 정부에 대한 거부감이 정부의 실패를 강조하도록 하는데 일조한다. 부자는 부자대로 세금을 피하려고 노력하고 많이 번 것은 지극히 개인적인 경쟁의 승리로 인식되어 국가의 역할은 더 많이 벌 수 있도록 법이나 규정을 유지하는 것으로 만족한 최소 국가가 강조된다. 이러한 측면에서 큰 정부는 개인의 선택권을 제한하고 개인의 만족이나 선택에 기초하지 않은 지출은 지극히 비효율적이 되어 적은 정부를 유지하는 것이 효율적이기 때문에 세금은 작은 정부에 걸맞게 축소될 수 있다는 것이다. 결국, 인간의 이기적 가치 때문에 국민의 세금부담에 기초하여 정부의 개입을 강조하는 큰 정부는 실패할 수밖에 없게 된다.

하지만 세금을 적게 내는 작은 정부에서 재정부담 때문에 국가가 제공하는 재화와 서비스의 질은 저하될 수밖에 없고 개인적 능력이 보다 강조되기 때문에 국민들은 개인적 만족을 충족시킬 수 있는 사적 재화와 서비스를 보다 선호하게 된다. 따라서 국민들의 개인적 만족을 강화시키는 사적분야는 발달하게 되며 능력에 따른 부담과 능력에 따른 서비스의 선택이 가능하게 되어 질이 떨어지는 공공재화와 서비스를 제공받는 국민들의 상대적 박탈감은 증대하게 되고 빈자는 질이 떨어지는 재화와 서비스를 소비하고 부자는 질이 좋은 재화와 서비스를 소비하는 소비의 양극화를 기초로 하는 사회적 양극화는 보편적 현상으로 자리 잡게 된다. 국가의 복지에 대한 책임은 전적으로 개인적 경쟁이나 개인적 부담능력에 기초할 수밖에 없게 되고 국가가 제공하는 서비스는 낮은 세금에 기초하는 재원 때문에 일정 수준을 뛰어넘지 못하게 되는 현상이 보편적 사회현상으로 자리 잡게 된다. 결국, 세금을 지불하여야 한다는 국민의 의지는 점점 사라지게 된다.

2. 이기적 관료

정부개입의 증대는 큰 정부를 의미하고 큰 정부는 더 많은 관료(공무원)를 의미한다. 정부개입이 강조되면 정부 관료들이 증가하게 되고 정부 관료의 증가는 결국 정부실패에 주요 원인이 된다는 것이 작은 정부를 강조하는 학자들의 지적이다. 이는 개인의 이익을 추구하는 것이 관료들도 예외는 아니라는 점에서 기인한다. Tullock(1976)에 따르면 모든 인간은 자기이익을 추구한다고 하며 이는 관료들에게도 그대로 적용된다고 한다. 그에 따르면 관료들이 일상적인 개인과 같다고 한다면 관료들은 그들의 결정은 그들에게 어느 정도 혜택 또는 이익이 되는지에 따라 의존하게 되지 전체 사회를 위한 결정을 하지는 않으며 일상적인 보통 개인과 같이 그들 자신들의 복지와 번영을 위해서 자신을 희생하지 전체 사회의 이익을 위해서 희생하는 것은 극히 예외적이라고 한다. 결국, 관료들의 증가가 전체 사회의 복지를 증진시키는 전체 사회의 번영을 가져다주지 않기 때문에 큰 정부는 실패할 수밖에 없게 된다.

이기적 인간과 이기적 관료 때문에 세금의 부담 증대와 정부의 개입은 실패한다고 하는 것은 인간을 극히 이기적인 인간으로 바라보는 경제학의 기본 원리에 충실한 설명이라고 할 수 있다. 결국, 인간이 이기적인가라는 질문에 대한 대답은 인간의 동기유발 또는 결정이 자신의 이익에 기초해서만 이루어진다라는 인간본성에 대한 매우 편향된 대답에 기초함을 알 수 있다.

3. 이기적 예산 최대화

정부의 실패는 정부 관료들이 전체 국민들을 위한 재화나 서비스보다는 그들 자신들을 위해 예산을 지출하기 때문에 예산의 지출이 곧 정부가 제공하는 서비스나 재화의 질을 보장하지 않기 때문에 발생한다. Niskanen(1971)에 따르면 관료들은 그들이 유지하는 예산의 크기에 직접적으로 비례해서 혜택을 받기 때문에 공적재화에 상관없이 그들의 예산을 증대시키기 위해 노력한다고 한다. 이는 개인적 이기심으로 가득 찬 관료들이 결국 자신들이 속한 기구나 조직의 혜택을 늘리는 것에 관심을 보이고 전체 사회의 국민들을 위한 복지재화의 제공에 관심을 갖지 않기 때문에 즉, 정부예산의 증대가 곧바로 전체사회복지의 증대를 의미하지 않기 때문에 정부의 지출 증대는 결국 일반국민들로부터 큰 정부에 반대하는 정부실패를 가져다준다는 것을 의미한다.

4. X-비효율성(x-inefficiency)

Leibenstein(1966)은 정부개입 실패의 원인을 비효율성에서 찾았다. 그에 따르면 비효율성은 정부의 비-경쟁적 지위에 의해서 나타나게 되는데 이는 정부가 생산한 재화나 서비스가 독점적 지위 때문에 덜 효율적이 될 수밖에 없다는 점을 의미한다. 국가서비스의 독점적 지위는 국민들의 요구에 대한 응답과 반응에 있어 즉각적인 행동을 가져다주지 않으며 결국 정부지출의 비효율성을 가져다준다. 서비스제공 대상의 주체인 국민의 요구에 즉각적으로 반응하지 않는 서비스나 재화는 국민들로 외면 받을 수 있고 국민들로 외면받는 재화나 서비스에 대한 지출은 정부실패의 핵심적 요인이 된다.

5. 재화와 서비스의 불만족

재화와 서비스의 불만족은 정부가 제공하는 서비스나 재화가 모든 국민들을 만족시키지 못하기 때문에 정부개입은 실패할 수밖에 없다는 것을 의미한다. 보편적 서비스의 제공은 모든 개인의 욕구를 모두 충족시킬 수없는 한계를 가지고 있다. 국가가 제공하는 서비스는 획일화된 보편적 성격의 서비스일 가능성이 크고 개인의 욕구를 모두 반영한 서비스나 재화가 아니기 때문에 개별적 차이를 반영하는 제화와 서비스에 대한 요구는 국가가 제공하는 서비스나 재화의 범위를 벗어나는 개인적 영역에서 해결될 수밖에 없다. 결국, 개인적 다양성이나 개별적 욕구를 반영하지 않는 국가제공서비스나 재화를 위해 세금을 지불하는 것에 대한 거부감은 큰 정부와 국가지출증대에 대한 거부감을 의미하고 이는 정부의 실패를 의미한다.

6. 관료들의 태도

공무원들의 태도가 또한 정부실패의 한 요인이 된다. 예를 들어 사회복지전담공무원이 그들의 업무에 대해서 짜증내고 귀찮아하며 억지로 업무를 수행한다고 한다면 결국 그 피해는 고스란히 국민들에게로 전가된다고 할 수 있다. 일반 기업에서 직원들이 그들의 업무에 대해서 짜증내고 귀찮아 하며 억지로 업무를 수행하고 개인적 일 때문에 직장의 일을 등한시한다면 그 직원은 필히 그 직장을 떠날 수밖에 없을 것이며 이것이 생존의 법칙이라고 할 수 있다. 하지만 관료사회는 고용의 안전성이 보장되며 주어진 과업이 업무지침의 한계를 벗어나지 않기 때문에 공무원들의 업무에 대한 태도는 비효율적이 될 수 있으며 이것은 일반국민들의 입장에서는 국민의 세금이 비효율적으로 사용된다는 것을 의미한다고도 볼 수 있는 것이다. 물론, 모든 공무원들의 태도가 모두 자기 안위적이고 이기적인 태도를 견지하는 것은 아니지만 다른 직종에 비해 훨씬 그 가능성이 큰 것만큼은 사실이라고 할 수 있다.

7. 정치적 압력집단

Hirschman(1970)은 조직이 응답할 수 있도록 하는 방법 또는 조직에 대항해서 힘을 가질 수 있는 방법으로 **떠남(exit)과 목소리**(voice)를 강조하였다. 즉, 국가가 빠르게 주민들의 요구에 대응하도록 하기 위해서 주민들은 떠남과 목소리 전략을 적절히 구사하여야 한다는 것을 의미한다. 정부의 실패는 바로 떠남과 목소리 전략을 적절히 구사하는 집단의 요구중심으로 국가는 대응을 하기 때문에 전체 국민들이 낸 세금이 목소리가 큰 특정 집단들에게 집중되는 경향이 일어날 수 있다는 것을 의미한다. 정치적 압력집단은 투표권을 이용하여 그들의 목소리를 높이게 되고 그들의 주장은 국가로부터의 적극적인 대응을 불러일으키게 되어 목소리전략을 사용하는 정치적 압력집단들의 욕구는 해결될 가능성이 존재하지만 역으로 목소리전략을 구사하지 않는 집단들의 욕구는 무시되어 결국 정부는 특정집단의 이익에만 부응하고 공공재를 통한 보편적 서비스의 제공이라는 국민의 바람은 실현되지 않아 정부는 실패하게 된다(Barr, 2001).

8. 정부의 실패와 사회복지의 관계

정부가 항상 실패하는 것은 아니다. 시장을 통한 자원의 할당이나 분배 즉, 시장의 할당은 사회적으로 정당한 그리고 형평한 분배적 성과를 가져다주지 않음으로 시장을 유일한 자원할당메커니즘으로 인정하지 않고 시장에 국가가 적극적으로 개입하여 보다 형평한 자원할당을 강조하는 것은 복지국가의 당연한 임무이자 목적이라고 할 수 있다. 따라서 시장을 통한 불공평한 자원메커니즘을 국가개입을 통하여 보다 형평한 자원할당메커니즘으로 전환하려는 것은 시장실패를 개선하는 정부성공의 단적인 측면이라고 할 수 있다.

정부실패를 강조하는 경제학자들은 작은 정부를 지향하는 신고전파 경제학자들이 대부분이며 이론적으로는 공공선택이론을 지지한다고 할 수 있다. 공공선택이론은 앞에서도 살펴본 바와 같이 분석단위가 지역사회나 지역주민이 아닌 개인이며 인간의 행동은 자기만족최대화에 있음을 강조하여 정부실패를 설명하는 방법론적 개인주의가 이론적 토대로 작동하였다. 작은 정부를 지향한다는 점과 인간의 이기적 측면과 개인주의를 강조한다는 점에서 이기적 예산최대화 등과 같은 정부실패요소는 큰 정부를 지향하여 시장실패에 대한 국가의 적극적 시장개입을 강조하는 국가주도의 사회복지발전에 부정적인 영향을 주었다고 할 수 있다.

정부의 실패를 강조하는 제 요인들에는 대부분 인간이 이기적 속성을 지니고 있다는 측면이 강조된다. 정부실패요소들 중 이기적 국민, 이기적 관료, 이기적 예산최대화와 자기안위적인 관료들의 태도 등은 모두 인간이 이기적이고 개인주의적으로 행동한다는 것을 전제한다. 경제학이 인간의 합리성을 강조하면서 모든 인간은 자신들이 선호하는 것을 선택하며 선택한 것에 대한 책임은 자신들에게 있음을 강조하는 것과 같이 모든 인간은 자신들(나아가 자신들이 속한 집단)의 이익을 위해서 행동한다는 기본전제가 바로 정부실패를 관통하는 이론적 특성이라고 할 수 있다. 따라서 경제학일반에서 이야기하는 인간의 합리성을 뛰어넘어 인간은 지극히 이기주의적이라는 가정이 정부의 실패를 강조하는 제반요소들에 깊숙이 내재해 있다고 할 수 있다. 즉, 이기적 인간은 자신들의 이익에 부합하는 행동을 할 것이기 때문에 정부관료나 정치가들은 자신들의 이익에만 부합하는 행동을 하여 자신의 지역구 또는 자신이나 자신이 속한 부서 등을 위한 결정을 할 것임으로 결국 전체 국민들을 대상으로 공공서비스를 제공하는 정부는 실패할 수밖에 없게 된다.

또한 정부실패요소 중, 정부에 의해서 제공되는 서비스의 비효율성과 모든 국민들의 욕구를 해결할 수 없는 공공서비스에 대한 불만족은 공공서비스의 민간조직으로의 제공을 이끈 서비스민영화의 이론적 토대라고 할 수 있다. 결국 정부실패의 이론적 지지대인 공공선택이론은 민간조직의 개입 및 사회복지서비스영역으로의 진입을 허용하는 주인-대리인이론의 발전을 가지고 왔다고 할 수 있다. 정부실패이론에 따르면 인간의 욕구는 시시각각으로 변화하며 복잡하고 다양한 욕구를 해결하기 위해서는 다양한 서비스가 제공되어야 하지만 정부가 독점하는 서비스는 변화에 민감하지 않음으로 다양한 국민들의 욕구를 해결할 수 있을 정도의 다양성을 확보할 수 없음으로 공공서비스는 발전하지 않고 국민들의 욕구는 해결되지 않음으로 정부는 실패할 수밖에 없게 된다.

정부의 실패요소와 사회복지는 크게 두 가지 면에서 밀접한 연관을 가지고 있다. 첫 번째는 정부실패요인은 인간의 이기심과 개인주의를 지나치게 강조함으로 개인의 만족보다는 전체 국민들의 복지를 추구하기 위한 집합적 조항과 행동 그리고 이를 통한 사회발전과 변화를 추구하는 사회복지의 발전에 부정적 영향을 미쳤다는 점이고 두 번째는 정부가 제공하는 서비스의 비효율성과 서비스의 불만족을 강조하여 공공서비스영역 나아가 사회복지서비스영역에 민간조직의 진입을 허용하여 사회복지영역의 민영화의 확대 발전을 가져다주었다는 점이다.

따라서 정부실패이론은 한편으로는 작은 정부의 추진 그리고 이기주의에 대한 지나친 편향 등으로 집합적 동질성 및 상호연대와 호혜를 강조하는 사회복지영역에 재정지출 감소 등과 같은 부정적인 영향을 주었지만 또 다른 한편으로는 뛰어난 지식과 기술로 무장한 비영리 사회복지조직의 대거 등장과 발전을 가져다주어 민간 영역의 사회복지발전에 큰 영향을 주었다. 하지만 민간조직의 사회복지영역으로의 진입에 있어 영리조직의 개입을 허용하는 것과 경쟁을 중요가치로 삼는 것은 경쟁시장이 사회복지영역으로 진입한다는 것을 의미하고 이는 이윤창출을 최우선의 가치로 삼는 조직의 사회복지영역으로의 진입으로 인한 사회적 목적의식이나 가치의 실종을 의미할 수 있다는 점에서 바람직하지 못한 현상으로 경계하여야 한다.

정부의 실패를 극복하기 위한 가장 강력한 가치는 바로 협력을 강조하는 집합주의이다. 집합주의를 근간으로 지역사회 안에서 협력과 조정을 통한 사회적 자본을 형성하는 것은 바로 정부실패요소들을 극복할 수 있는 가장 강력한 전략이라고 할 수 있다, 단순히 개인적 만족이나 욕망만을 해결하기보다 집합적 행동과 협력연계망을 통해 사회변화와 사회발전을 추구하는 것이야 말로 가장 강력한 사회변화를 위한 토대라고 할 수 있다. 집합적 행동체계를 통한 사회변화의 중심세력은 사회복지의 진보적 관점에서 설명하였듯이 바로 사회복지이며 사회복지 자체가 사회변화를 위한 대리인의 역할을 수행한다는 측면에서 사회협력과 조정을 강조하는 사회복지의 발전은 곧 복지국가 발전과 밀접한 연관이 있다고 볼 수 있다.

제 4 절 복지국가발전이론: 복지강화이론

1. 복지국가발전과 시장실패요인

본 연구에서는 복지국가토대구축에 중요한 영향을 준 시장실패이론과 복지다원주의 또는 복지민영화에 영향을 준 정부실패이론이 복지국가발전을 설명하기 위한 이론적 틀로서 부족하며, 복지국가를 강화하기 위한 새로운 이론의 필요성에 주목하여 복지국가발전이론(복지강화이론)을 제시하도록 한다. **복지국가발전이론 또는 복지강화이론**은 시장의 실패를 극복하고 국민의 건강한 삶을 유지 발전할 수 있도록 하기 위하여 개인주의적 가치에 반하여 집합적 가치를 강조하면서 사회변화를 추구하는 가장 강력한 변화의 대리인이 사회복지의 주요 역할임을 강조한다. **복지강화이론**은 사회복지가 사회변화의 촉매제이자 대리인이고 사회복지는 변화를 성취하기 위하여 인식을 고취시키고 집합적 행동을 증진시키는 중요한 역할을 수행한다는 사회복지의 진보적 관점에 기초한다. 특히, 복지강화이론은 시장이 양산해내는 경제적 불평등과 빈곤의 심화 그리고 사회적 차별과 배제를 사회복지재화와 서비스의 제공을 통하여 그리고 자원할당의 배열을 재조정함으로 극복할 수 있음을 강조하는 이론이라고 할 수 있다.

특히, 시장이라는 자원할당구조가 양산해내는 자원의 불평등분배와 불균형 그리고 이를 극복하기 위한 사회적 배제와 차별의 조정양식으로서의 사회복지의 발전은 시장실패요인과 밀접한 연관이 있다. 시장의 실패요인들 중 사회복지제도나 정책 그리고 프로그램의 발전에 직접적으로 영향을 준 요소들을 구분하면 공공재, 외부효과, 불완전 정보 등이 포함된다. 공공재는 시장에서 교환될 수 없지만 국민들의 생활에 직접적인 영향을 주는 대표적인 서비스로서 가치재의 출현과 발전을 가져다주었으며, 외부효과는 국민들의 삶을 개선, 유지, 발전시킬 수 있는 긍정적 의미의 복지외부효과를 그리고 불완전정보는 미래의 위험이나 불확실성에 대한 국가적 개입의 필요성과 이를 극복하기 위한 제도적 방안으로 사회보험이나 사회복지서비스의 도입 및 발전을 가져다주었다. 따라서 첫째, 사회적 가치의 실현이나 사회적 목적을 실현하기 위해 제공되는 **가치재로서의 사회복지재화**, 둘째, 많은 사람들에게 그들의 직접적 소비나 지출과 상관없이 행복을 증진시킬 수 있는 **복지외부효과로서의 사회복지재화**, 셋째, **불완전정보에 대한 대응**으로 미래에 대한 **불확실성이나 위험을 예방하고 줄이는데 도움을 주는 사회복지재화** 등은 모두 시장실패요소이지만 시장실패에 따른 사회문제를 극복하는데 절대적으로 도움을 준다. 결국, 시장실패요소인 시장의 불완전성, 공공재의 출현과 발전 그리고 국민들의 총체적 복지를 향상시키는 역할을 하는 긍정적 외부효과는 모두 사회복지발전의 요소이자 촉매제라고 할 수 있다. 아래의 그림은 시장실패요소와 사회복지발전요소의 관계를 [그림 4-1]로 나타낸 것이다.

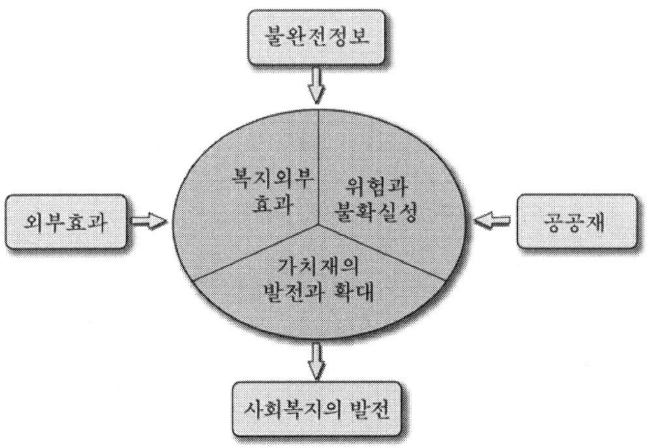

[그림 4-1] 시장실패요소와 사회복지발전요소의 관계

사회복지의 발전에 보다 직접적인 영향을 준 시장실패요인들에 대해 살펴보면 아래와 같다.

1) 가치재로서의 사회복지재화[5)]

시장은 시장을 통한 교환으로부터 배제되는 수많은 소외세력들을 양산해 낸다. 화폐가치에 의해서 등가교환의 여부가 결정되는 자본주의시장체제에서 노동자들은 시장에서 교환을 통해 삶을 유지하기 위해 그들의 노동력을 판매한 대가로 지불된 화폐를 교환의 수단으로 하여 필요한 물건을 구입하며 노동력을 재생산한다. 하지만 자본주의시장은 시장에서 교환할만한 가치를 가지지 못한 사람들을 그들이 누구든지 그리고 왜 그렇게 되었는지 등에 상관없이 꾸준히 시장에서 배제한다. 시장에서 배제된 사람들에게 생활하는데 필요한 물건을 제공하는 자선이나 기부 등의 이타적인 행동은 자본주의 이전의 시대에서는 하나의 해결 가능한 대안이었을지 모르지만 자본주의의 발전과 함께 더욱 확대되어 가는 심각한 시장배제집단들과 사회구조적으로 시장에서 등가교환을 할 수 없는 수많은 사회소외집단들의 문제를 해결할 수 없게 되었고 이에 대한 집단적 대응의 한 방안으로 국가의 시장에 대한 적극적 개입 그리고 시장 이외의 자원할당구조를 통한 문제해결을 가능하도록 하는 재화와 서비스의 개발 및 보급을 가져다주었다. 시장이라는 자원할당구조를 수정보완하기 위해 국가에 의해서 제공되는 가장 대표적인 재화나 서비스가 공공재이자 가치재라고 할 수 있다.

가치재는 공공재의 또 다른 모습으로 기본적으로 인간다운 삶을 유지 보전하는데 필요한 재화와 서비스로서 사회통합과 사회정의 등과 같은 사회적 목적이나 사회적 가치를 유지하기 위해 국가에 의해서 제공되는 재화이자 서비스라고 할 수 있다. Savas(2000)는 가치재를

5) 사회복지재화 및 서비스의 재화적 성격에 대한 구체적인 설명은 지은구 외(2010), "사회복지서비스의 특성과 이용자재정지원"(나눔의 집), 제2장을 참고할 것. 이하 논의는 앞의 책을 참고하였음.

소비자의 지불능력과 상관없이 사회적 판단이나 사회적 결정에 따라 소비되는 재화나 서비스로 정의하였다. 따라서 가치재는 시장을 통한 교환이 아니라 국가가 국민들의 수요에 적극적으로 개입하여 공급을 하는 국가에 의해서 교환이 이루어지는 자원이라고 할 수 있으며 사회적 목적에 의해서 제공된다. 공공재는 시장실패의 한 요인이지만 시장실패에 따른 사회문제의 확대를 예방하고 모든 국민들이 인간다운 삶을 유지 발전할 수 있도록 하는 공공재나 가치재의 발전과 발달은 복지국가성공의 물적 기반이라고 할 수 있다.

(1) 사장의 가치와 사회의 가치

시장은 일반적으로 특정한 재화와 서비스를 교환함을 목적으로 판매자와 구매자가 모이기 위해 설립된 사회적 기구 또는 장치라고 할 수 있다. 이러한 시장에 대한 정의는 시장이 교환을 목적으로 하는 사회적 제도 또는 기구라는 것을 강조하는 것이다. 따라서 시장의 기본개념을 이용한다면 사회복지재화와 서비스의 교환이란 시장에서 판매자와 구매자 사이에 사회복지재화와 서비스에 대한 교환이 일어나고 교환을 통해 소유권이 이전된다는 것이라고 할 수 있다. 하지만 상품의 단순한 교환관계나 소유관계만을 강조하게 되면 사회복지재화를 무엇을 위해 누가 생산하는지 그리고 누구를 위해 생산하는지 나아가 어떤 사람이 얼마만큼의 복지재화를 왜 필요로 하는지 등의 교환관계나 소유관계이면에 숨겨져 있는 생산과 소비의 사회적 관계는 모두 등한시되는 결과를 초래하게 된다. 자본주의에서 시장은 판매자와 구매자사이에서 재화의 단순한 교환 이상의 의미를 내포하고 있다. 교환관계이면에서 보면 자본주의에서 시장은 판매자와 구매자가 서로의 이익을 실현하는 격전장이라고 할 수 있고 자본주의 하에서 시장은 주로 구매자보다는 판매자 중심이며 나아가 부의 집적과 집중을 실현하는 실천 장으로서 역할을 수행하여 자신의 이익을 실현할 수 있는 능력을 가지지 못한 사람들을 의도적으로 배제하는 사회적 차별을 만들어 낸다. 즉, **시장의 가치는 교환관계에 의해서 지지되는 구매능력의 실**

현 또는 소유권이전이라는 것을 의미한다. 결국, 시장에서 재화와 서비스가 단순히 교환된다는 것은 구매능력이 있는 구매자의 구매력의 실현과 이를 통한 소유권이전이라는 것을 의미한다.

하지만 사회복지재화와 서비스는 자본주의 사장경제가 만들어낸 불평등과 사회적 배제를 조정하는 사회적 가치재 또는 공공재적 성격을 강하게 띤, **사회적 생산**(social product)이라고 할 수 있어 단순히 교환관계나 소유관계만 강조될 수 없는 측면이 있다. 지은구(2006)는 사회복지재화와 서비스를 사회적 배제와 차별을 조정하는 조정기구로 정의하였는데 이러한 정의는 곧 사회복지재화와 서비스가 그 속성 상 단순히 시장에서 교환이 이루어지고 그 상품에 대한 책임과 권한이 단순히 사람으로부터 사람으로 이전되는 것 또는 재화의 소유권이 이전되는 구매능력의 실현만이 중요한 것이 아니며 사회복지재화와 서비스는 그 성격 상 생산과 소비 분배의 불평등과 불균형을 시정하여 국민들의 삶의 실을 개선 향상시키는 것을 목적으로 하는 사회적 가치가 실현되는 재화이자 서비스임을 인식하는 것이 중요함을 의미하는 것이다. 따라서 사회복지서비스의 교환은 누가 서비스를 필요하며 왜 서비스를 필요로 하는지에 대한 인과관계분석을 기본으로 하여 어떻게 무슨 방식으로 서비스를 제공할 것인지 등을 고려하기 때문에 교환의 관계에서 사회적 그리고 인간적 관계를 매우 중요시한다는 특징이 있다. 또한 누가 왜 서비스가 필요한지를 분석하면서 어떠한 요인이 욕구를 증대시켰고 요구를 증대시키는 사회적 요인은 무엇인지를 분석하기 때문에 사회적 인과관계에 대한 분석이 사회복지서비스의 제공에는 필요하다.

결국 사회복지서비스 교환의 조건은 시장교환의 조건과 같이 단순히 구매능력을 보존하는 것과는 달리 서비스가 필요한 사람들의 서비스욕구를 분석하고 필요한 욕구를 해결할 방안을 구체적으로 파악하여 제공됨으로 단순한 구매능력이 교환의 조건이 되는 시장에서의 교환과는 기본적으로 차이가 난다고 할 수 있다. 또한 단순히 서비스의 교환이 일어나고 교환 이후에는 어떠한 상황이 일어나는지에 대해서는 아무런 관심이 없는 시장에서의 교환이라기보다는 구매동기와 구매 이후의 변화에 대해 관심을 갖는 목적의식이 있는 교환이라고 할 수 있다. 즉, 시장의 가치실현으로 시장에서 배제되는 사회구성원들을 위하여 모든 사회구성원들의 삶의 질을 보장하고 안정된 삶을 유지 발전시키기 위한 사회적 목적을 지닌 사회적 가치를 실현하기 위한 사회적 생산물로서 사회복지재화나 서비스가 제공되는 것이다.

사회복지재화나 서비스의 사회적 가치재라라는 특성은 결국 생산과 공급 전 과정에 대한 국가의 개입과 통제가 불가피함을 의미한다고 할 수 있는데 이는 국가가 사회복지재화와 서비스에 대한 생산과 공급을 기획하고 실현시킴으로써 모든 사회구성원들의 실질적인 삶의 조건을 향상시키는데 복지국가 존립의 일차적 목적이 있기 때문이다.

(2) 사회복지서비스의 공공재적 성격

사람들은 개인적으로 원하는 것들을 시장에서 구체적인 상품을 구매함으로서 획득하게 되지만 사회문제에 영향을 받은 사회구성원들이 갖게 되는 그들 각각의 욕구는 시장에 있는 상품이나 서비스를 통해서가 뿐만 아니라 사회적 책임 하에서 공공재적 성격을 띠는 사회적 상품으로서 사회복지상품이나 서비스를 통해서 해결하게 된다.[6] 예를 들어 같은 일반 상품이라고 해도 사회적 목적의식 하에 국가의 개입을 통하여 제공된다고 한다면 그 상품은 일반상품이 아니라 공공재적 성격을 나타내는 사회복지재화가 된다. 즉, 시장에서 개인적 부담능력에 따라 구입할 수 있는 신발이라는 재화가 국가의 재정지출로 인하여 사회구성원들에게 제공된다고 한다면 같은 신발이라고 해도 그 신

6) 본 연구에서는 제공되는 모든 사회복지재화와 서비스를 편의상 사회복지서비스로 일원화하여 부르기로 한다.

발은 공공재적 성격을 내포하게 된다. 이는 시장만이 재화와 서비스가 생산되고 소비되는 영역을 제공하는 유일한 메커니즘이 아니라는 점을 의미한다.

자본주의 사회에서 대부분의 사람들이 시장을 통해서 상품을 매매하고 구입하며 그들의 만족을 충족시키는 수단으로 시장을 사용하고 있지만 정부나 또는 다른 정치적 체제에 의해서 제공되는 재화나 서비스들은 시장을 통해서가 아니라 국가적 개입을 통해서 생산과 분배가 조정되기도 한다. 시장을 통해서 제공되고 소비되지 않는 대표적인 재화나 서비스는 사적재와 구별하여 공공재라고 부른다. 정부에 의해서 제공되는 서비스로서 교육이나 또는 사회복지서비스 등은 모두 공공재에 포함될 수 있지만 모든 사회복지재화와 서비스가 공공재인 것은 아니다. 즉, 정도에 따라 공공재의 성격을 강하게 내포하는 재화가 있는가 하면 그렇지 못한 재화도 있다.

Caporaso와 Levine(1992; 지은구 2006. p. 187에서 재인용)에 따르면 시장에서 개인의 부담능력에 따라 교환을 통해 사고파는 것이 가능하지 않은 또는 그것에 저항하는 재화나 서비스는 다음과 같이 크게 세 가지가 있는데 그들의 분류에 따르면 공공적 성격의 사회복지서비스는 세 번째 분류에 속한다.

첫 번째는 우정, 사랑, 존경과 같이 사고파는 것이 재화의 기쁨을 침해하는 것이 있다. 미소를 돈을 주고 사고 사랑을 시장에서 돈을 주고 산다는 것이 아무리 우리가 자본주의 시장경제체제 하에서 살고 있다고 한다 해도 인간의 가치를 침해하여 논리적으로 적절하지 못한 것으로 인식된다.

두 번째는 인간의 고결함과 그리고 한편으로는 친구와 가족 그리고 다른 한편으로는 경제적 주체들 사이의 관계를 규정하는 상이한 규범과 관련된 재화도 시장에서 교환이 이루어지는 것이 제한적이다. 예를 들어 매춘이나 사람의 장기매매 또는 돈을 받고 유죄를 무죄라고 변론하는 변호사의 노동 등은 모두 사회의 규범과 윤리에 어긋나는 재화로서 기능한다.

세 번째는 공통의 가치 또는 집합적 제공(collective provision)과 연관이 있는 재화가 있다. 등대나 고속도로, 사회복지서비스나 교육, 의료서비스 등의 재화가 여기에 해당된다. 공공의료혜택을 예로 들어 보자(우리의 예는 국민건강보험). 이 경우 개개인들은 정부가 사회에 있는 모든 사람들이 의료혜택을 받을 수 있도록 보장하는 것을 원한다. 이 경우 시장경제에서 통용되는 재산(property) 또는 소유물, 보다는 오히려 사회체제의 한 구성원이라는 것이 의료혜택을 받는데 있어 필요하다 즉, 의료혜택이라는 공공재(public goods)의 소비를 위한 결정적 요소가 바로 그 사회구성원이냐 아니면 그렇지 않느냐가 결정한다고 볼 수 있다. 따라서 이러한 구분에 의하면 사회복지서비스는 사회 모든 구성원들의 공통의 가치나 집합적 제공에 근거하는 재화이자 서비스로서 시장에서는 거래가 되지 않는 공공재에 포함된다.

공통의 가치나 집합적 제공과 연관이 있는 사회복지서비스는 기본적으로 공공재적 성격을 내포하고 있다. 사회복지서비스가 공공재적 성격을 나타낸다는 것은 국가가 공공의 이익을 위해(공공성을 위해) 그리고 전체 국민들의 안정적인 삶의 유지를 위해 과소공급이나 과소소비에 상관없이 사회복지서비스를 국민들에게 제공한다는 것을 의미한다. 공공재는 생산과도 연관이 있지만 공공부문을 통해서 제공되는 또는 공급되는 재화나 서비스는 공공재라고 할 수 있기 때문에 국가가 재정을 지원하고 서비스가 민간비영리기관을 통해서 제공된다고 해도 주인-대리인관계의 본질은 변하지 않으며 제공은 민간비영리기관에서 이루어지지만 서비스제공의 주인은 국가이기 때문에 넓게 보면 국가에 의해서 서비스가 제공됨으로 공공재라고 할 수 있다. 따라서 국가재정을 통해서 제공되는 서비스는 재정지원방식에 상관없이 모두 공공재라고 할 수 있다.

특히, 사회가 발전하면서 공공재에 대한 구별도 발전하여 공공재라는 범주 즉, 비경쟁성과 비배제성만으로는 재화의 성격을 구분짓는 것이 애매한 재화들이 등장하게 되었다. 따라서 학자들에 따라 재화는 단순하게 사적재와 공공재로만 구분된다기보다는 보다 다양한 범주로 구별된다. 하지만 분명한 사실은 사적재라고 하더라도 사회적 목적 하에 재화가 국가에 의해서 배분되는 경우 그 재화는 공공적 성격을 내포하게 되며 가장 대표적인 재화가 바로 사회복지재화와 서비스라고 할 수 있다. 사회적 목적을 실현한다는 측면에서 사회복지재화와 서비스는 가치재라고 분류된다. 공공재 그리고 가치재로서의 사회복지서비스는 간접적으로 사회적 만족과 사회복지를 증진시키기도 하며 직접적으로 사회구성원들의 만족과 복지를 증진시키기도 한다. 공공재의 다양한 유형에 대해서 이미 서술한 바와 같이 공공재는 경쟁과 배제라는 전통적인 재화구분을 위한 요소로는 구분할 없을 정도의 다양한 유형으로 분화 발전되었다. 예를 들어 국민건강보험같이 전체 국민들에게 배제나 경쟁없이 보편적으로 제공되는 순수공공재적 성격의 사회복지서비스도 있지만 경쟁이 있고 배제도 있는 사회복지서비스도 존재한다.

순수공공재는 아니지만 국가에 의해서 제공되며 시장에서 가격체계에 의한 생산과 소비가 이루어지지 않는 재화나 서비스로서 대표적인 것이 경쟁공공재와 지역 공공재이다. **경쟁 공공재**는 자격이나 기준 없이 모두 혜택을 받을 수 있으나 혜택의 인원이나 자원이 한정되어 있는 경쟁적인 공공재로서 수혜인원과 자원의 한정 때문에 신청을 빨리

할수록 혜택을 받을 가능이 높고 신청을 늦게 하면 할수록 불리한 공 공재이다. 예를 든다면 총액(Lump-sum money)으로 예산이 책정되어 있는 사회복지서비스는 예산이 계속적으로 보충되는 것이 아니라 일정예산이 지나면 서비스제공이 끝나는 서비스가 있다. 즉, 일정하게 제공된 예산 범위 내에서 만 서비스가 제공되는 공공재를 의미한다. 따라서 서비스를 빨리 신청한 사람들이 늦게 서비스를 신청한 사람들의 혜택에 영향을 주게 된다. **지역공공재**는 전체 국가에서 제공되는 공공재이기보다는 특정 지역을 중심으로 그 지역주민들의 사회적 욕구 충족을 위하여 공공적 성격이 있는 공공재를 그 지역주민들을 대상으로만 제공되는 재화나 서비스를 의미한다. 예를 들어 현재 정부가 추진하고 있는 전체 국가의 국민들을 대상으로 하지 않고 특정 지역주민들 만을 대상으로 사회복지서비스가 제공되는 지역 중심의 다양한 지역사회서비스투자사업들은 지역에 따라 다양한 사업이 제공되고 있으며 특정 지역만을 위한 다양한 사업들이 포함되어 있어 이러한 서비스들은 모두 지역공공재적 성격을 내포하고 있다고 볼 수 있다.

결국, 사회복지재화와 서비스의 공공재적 성격은 국가 재정을 통하여 재화나 서비스가 사회적 가치, 사회적 목적을 실현시키기 위하여 집단적으로 제공된다는 점이며 재화의 성격을 구분 짓는 배제나 경쟁은 사회복지재화의 공공재적 성격을 나타내는 결정적 기준이 될 수 없다. 다시 말해 특정 집단만을 위해 서비스가 제공될 수도 있으며 국가재정의 한계 때문에 혜택이 일시적으로 제공되는 경우도 있을 수 있기 때문에 특정 사회복지서비스는 배제적 성격을 나타내기도 하고 경쟁을 통해서 서비스가 제공되는 경우도 있을 수 있지만 기본적으로 어떠한 경우라도 사회복지서비스 제공의 목적은 사회구성원들을 사회적 위험으로부터 예방, 치료하고 그들의 기본적인 삶의 질을 유지 보존한다는 사회적 가치의 실현 또는 사회적 목적의 성취에 있다는 점이 등한시되어서는 안될 것이다.

(3) 사회복지서비스의 가치재적 성격

사회복지서비스는 사회적 가치를 실현하기 위해 제공되는 재화이기 때문에 종종 가치재(worthy goods)라고 불린다. 앞에서 지적한 바와 같이 소비자의 지불능력과 상관없이 사회적 판단이나 사회적 결정에 따라 소비가 이루어지는 서비스는 가치재라고 할 수 있다. 음식이나 교육, 대중교통 등의 서비스가 사회적 결정에 의해서 제공되는 경우나 대부분의 사회복지서비스들은 가치재라고 분류할 수 있다. 즉, 사회적 목적에 의해 제공되는 가치재적 성격을 띠는 사적재의 대표적인 것이 사회복지서비스이다. 이는 사회복지서비스의 일차적 수혜대상자가 대부분 소비능력을 가지지 못한 사회소외계층이기 때문이며 소비가 삶의 질이나 경제 사회적 안정과 연관이 있는 재화에 대한 소비인 경우 불평등과 불균형 등을 일으키게 됨으로 국가적 차원에서 서비스를 제공하게 된다.

물론 공공부문에서 서비스가 직접 공급되는 경우 그리고 국가재정으로 서비스가 대리기관을 통해서 간접 공급되는 경우는 당연히 사회복지서비스의 공공재적 성격을 의미하지만 음식이나 의류, 주택 등과 같은 사적재라도 사회적 결정에 의해서 국가가 소비를 결정하게 되면 그러한 재화의 성격이 가치재적 성격으로 전환되어 넓은 의미에서 보면 가치재의 범위에 포함된다고 볼 수 있다. 가치재는 국가의 재정부담에 의해서 또는 국가가 직접 모든 국민들에게나 또는 특정 집단의 자격을 가진 성원들에게 제공된다.

결국 배제가 있고 소비도 개인적이기 때문에 사적재와 요금재적 성격을 나타내는 재화라고 해도 국가가 특정 개인(또는 집단성원)에게 국가재정을 사용하여 제공을 결정함으로 가치재는 사적재나 요금재와는 성격이 다르다고 할 수 있다. 또한 모든 사람이 가치재가 소비되면 긍정적 외부효과를 가질 수 있고 배제없이 서비스를 제공받을 수 있으므로 가치재는 집합재 또는 공동재적 성격을 갖는다고 할 수 있다. 가치재적 성격을 갖는 사회복지서비스를 통해 지불능력이나 지불의지와 상관없이 개인적으로 건강이 보장되고, 소득이 보장되며 주거가 보장되고 직업훈련이나 고용프로그램을 통해 노동시장의 불안전성이 해소되는 등의 국민 모두의 삶의 질은 개선되고 향상될 것이다. 교육이나 예방주사 같은 경우도 가치재적 성격을 갖는다고 볼 수 있는데 이는 교육이나 예방주사가 전체 사회에 혜택을 가져다주기 때문에 소비가 집합적으로 이루어져야 하고 특정 나이에서는 의무적 또는 강제적으로 서비스가 제공되어야 하기 때문이다.

가치재로서 사회복지서비스의 제공은 국가직접제공방식, 대리기관(제공기관)을 통한 제공자제공방식 그리고 국민들이 직접 서비스를 선택할 수 있도록 재정을 국민들에게 제공하는 이용자제공방식으로 분류할 수 있다. 어떤 방식이든 간에 소비능력의 유무에 상관없이 서비스가 제공될 수 있어야 하기 때문에 가치재로서 사회복지서비스 특성에는 분배적 정의나 형평성의 가치가 내재되어 있다고 할 수 있다.

2) 불완전정보로 인한 불확실성이나 위험을 예방하고 줄이는데 도움을 주는 사회복지서비스

불완전 정보(또는 정보비대칭)와 사회복지의 발전은 밀접한 연관이 있는데 이는 사회복지재화나 서비스가 불완전 정보에 기인하는 미래에 대한 불확실성이나 위험을 예방하고 대처할 수 있도록 해주는 사회적 재화의 목적으로 제공되기 때문이다. 불완전정보와 사회복지재화나 서비스의 관계를 살펴보면 아래와 같다.

(1) 시장실패와 불완전정보

시장실패의 주요원인으로 지적되는 불완전정보는 소비자가 판매자가 가지고 있는 재화나 서비스에 대해 완전한 정보를 가지고 있지 못함으로 나타나는 정보비대칭문제를 나타낸다. 자유경쟁시장 하에서 완전한 정보의 공유는 있을 수 없다. 따라서 시장의 실패는 필요한 적당한 정보가 제공되지 못하기 때문에 나타난다고 할 수 있다. 모든 정보가 완벽하게 공개되고 공유되어 진다면 소비자는 어떠한 사기도 생산자나 판매자로부터 당할 수 없으며 생산자아 판매자의 이윤창출은 극히 제한적으로 발생한다. 따라서 시장 경제의 정보공유에 대한 원칙은 판매자 또는 생산자 중심의 정보공유 원칙일 뿐 구매자의 입장에서의 정보의 공유는 판매자에 의해서 얼마든지 왜곡될 수 있는 모순점을 내포하게 된다. 따라서 시장은 판매자나 생산자 사이에서 정보를 조작할 수 있는 왜곡된 기능을 내포한다(지은구, 2006).

시장에서의 생산자 또는 판매자와 소비자사이의 불완전정보에 의한 정보비대칭은 특히 판매자나 생산자의 **도덕적 해이**문제를 가져온다. 예를 들어 개인병원을 운영하는 의사들의 이익이 그들이 세공하는 서비스의 양과 밀접한 연관이 있다면 의사들이 제공하는 서비스는 적당한 수준을 넘어서 과잉 공급되는 경향이 나타날 수 있음으로 판매자(의사)는 소비자(환자)의 상태와 상관없이 더 많은 이익을 위해 과잉서비스를 제공하게 되는 도덕적 해이에 빠지게 된다. 다른 한편으로 불완전정보는 생산자의 입장에서 **역선택**(adverse selection)을 하도록 한다는 측면에서 항상 생산자에게 유리한 것만도 아니다. 예를 들어 보험화사들은 위험요인이 높은 경우, 높은 보험료를 책정하는 것이 일반적이지만 건강이 좋지 않은 피보험인이 자신의 건강에 대한 정보를 숨기고 민간보험에 가입하였을 경우 보험회사는 높은 위험에 해당되는 보험료 대신에 평균보험료만을 책정하게 되고 자신의 건강문제를 숨긴 피보험인 건강에 이상이 발생하는 경우 판매자의 입장에서 보험료지불금액이 상승하는 역선택의 문제가 발생하게 된다. 보편적인 방식으로 욕구가 있는 국민들 누구에게나 제공되는 사회복지재화와 서비스는 시장실패요인인 정보비대칭으로 인해 나타나는 도덕적 해이와 역선택의 문제로부터 자유롭다. 정보비대칭과 사회복지의 관계를 보다 구체적으로 살펴보면 다음과 같다.

(2) 불완전정보와 사회복지재화와 서비스의 관계

정치경제학자인 Barr(2001)와 Culyer(1980)를 포함하여 Rosener(2003)와 Walker(2005) 등 대부분의 복지경제학자들은 불확실성을 시장실패와 국가개입의 근거로 제시하고 있다. Culyer는 불확실성으로 인한 일반국민들의 위험에 대한 혐오(risk aversion)는 사회보험의 등장과 발전의 기본 토대임을 강조하였다. 또한 Barr는 그의 저서 『*Welfare State as a Piggy Bank*(2001)』에서 시장의 실패이유와 복지제도를 통한 국가개입의 이유가 불완전한 정보, 위험, 그리고 불확실성에서 나타난다고 보았다. 그는 특히 불완전정보, 위험 그리고 불확실성은 사회보험의 결정적 등장이유라고 강조하였다. 그에 따르면 시장은 불확실성, 위험 그리고 불완전정보를 완전히 해결할 수 없음으로 국가개입은 필연적이며, 복지국가가 미래의 불확실성이나 위험 그리고 불완전정보를 극복하여 안정적인 소비를 할 수 있도록 할 수 있는 미래의 소비를 위한 돼지저금통의 역할을 수행하여야 함을 강조하였다.

Barr(2001)는 특히 Fisher모델이 시장의 완전한 정보에 입각한 모델임을 강조하면서 시장의 불완전정보는 국민들의 위험과 불확실성을 가져다줌을 강조하였다. Fisher 모델은 젊었을 때의 소비와 늙었을 때의 소비를 비교하여 인생주기적 관점에서 소비자의 이성적 선택을 강조하는 모델로서 이 모델의 전제조건은 확실성이다. 즉, 시장이 확실하다는 것이다. 미래가 확실하다면 미래의 소비를 예측할 수 있을 것임으로 젊었을 때 노후의 소비를 예측하고 준비할 수 있다. 확실성이라는 것은 완전한 정보가 제공되고 완전한 정보가 위험과 불확실성을 지배할 수 있음을 나타낸다. 따라서 불확실성과 위험은 불완전한 정보에 의해서 영향을 받는다고 할 수 있다. 확실성이 존재하는 세계라고 한다면 복지국가에 대한 욕구는 등장하지 않을 수 있다, 즉, 시장이 확실성을 제공한다면 아래와 같은 현상으로 인하여 복지국가의 발전은 그다지 필요하지 않을 수 있다는 것을 나타낸다(Barr, 2001).

첫째, 위험이 없음으로 보험은 불필요하다.

둘째, 완전한 정보와 위험이 없음으로, 사람들은 미래를 예측할 수 있으며 저축을 통하여 그들의 노년을 준비할 수 있다.

셋째, 임시적 빈곤은 저축을 통해서 극복될 수 있다. 즉, 노년기의 빈곤선을 미리 예측할 수 있음으로 사람들은 젊었을 때 저금을 하여 노년기에 필요한 비용을 미리 준비하든지 아니면 소비를 줄여서 노년기 비용으로 활용할 수 있음으로 노년기 빈곤이 예방된다.

넷째, 정보가 완전히 공개되어 위험이 없는 사회에서 복지국가의 유일한 존재이유는 영구적 빈곤상태에 있는 사람들을 구제하는 것이라고 할 수 있다.

하지만 시장경제체제에서 불완전정보는 곧 시장의 실패를 의미한다. 만약 시장이 소비자에게 완전한 정보를 제공하고 위험에 적절하게 대응하며 미래에 대한 확실한 보장을 제공한다면 시장에 대한 국가의 개입은 불필요하며 시장실패를 사회복지의 강화를 통해서 극복하려는 복지국가는 출현하지 않았을 것이다. 따라서 여러 시장실패요인들 중에 불완전정보가 복지국가발전에 가장 큰 영향력을 미쳤다고 할 수 있다. 결국, 불완전정보에 따른 위험이나 불확실성 역시 국가개입을 통한 사회복지제도 발전의 결정적 요인이다. 언제 일어날지 모르는 사고에 대한 위험이나 미래의 불확실성은 국민연금이나 건강보험, 산업재해보험 그리고 고용보험, 노인장기요양보험 등 사회보험 등장과 나아가 아동, 노인, 장애인 등에 대한 사회복지서비스발전에 결정적인 요인이라고 할 수 있다. 불완전정보, 위험과 불확실성 그리고 사회복지의 발전과의 관계를 도표로 나타내면 [그림 4-2]와 같다.

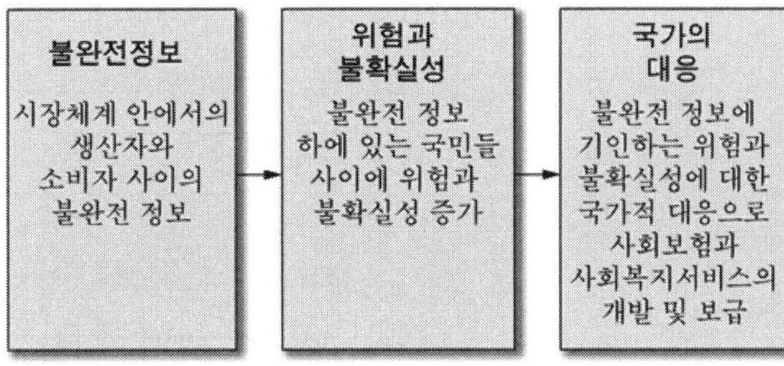

[그림 4-2] 불완전 정보, 위험, 불확실성과 사회복지의 발전

3) 복지외부효과로서의 사회복지재화와 서비스

일반적으로 외부효과는 비용을 지불하는 것에 동의하지 않은 제3자가 비용을 부담하거나 혜택을 받는 것을 동의하지 않은 제3자가 혜택을 받는 것을 의하며 전자는 부정적 외부효과 그리고 후자는 긍정적 외부효과라고 분류되고 사회복지서비스는 긍정적 외부효과를 창출한다는 특성을 갖는다. 긍정적 외부효과는 **사회적 외부효과**(social externality)라고도 불린다. 사적재가 외부효과가 있는 사적재로 유형화되는 것과 같이 사회복지재화나 서비스는 외부효과를 만들어내지만 이 외부효과는 일반 사적재와 다르게 대부분 긍정적 외부효과로서 사회복지서비스가 제공됨으로 인하여 서비스를 제공받는 당사자의 행복은 증진되고 동시에 가족을 포함한 대다수 국민들의 행복은 향상될 수 있음을 의미한다. 이러한 사회복지서비스의 긍정적 외부효과는 복지외부효과라고 불린다. 예를 들어 국가에 의해서 장애인복지서비스가 제공되어 많은 장애인들이 혜택을 받음으로 인해 장애인들의 복지가 증진되고 건강한 사회가 실현되면 결국 전체 사회구성원들의 복지가 증진되고 행복이 증진되는 결과를 낳기 때문에 장애인복지서비스가 가져다주는 효과는 사회에 긍정적인 효과로서 기능하게 된다.

외부효과에 의해서 나타나는 사회정책의 예들은 아래와 같다

(Glennerster, 2003).

첫째, 시장은 미래세대에 비용을 전가한다. 예를 들어 자동차는 현재 없어서는 안 될 정도의 생활필수품이 되었지만 자동차로 인한 대기오염은 우리 다음 세대가 살아야 하는 환경을 오염시키게 되고 누군가는 이 오염에 대한 비용을 부담하여야 한다. 이러한 이유로 정부는 석유가격에 세금을 부과하게 된다.

둘째, 공장의 대기오염가스방출도 시민들의 건강을 위험에 빠트리기 때문에 이 또한 규제되어야만 하고 세금이 부과되어야 한다.

셋째, 자동차가 도시중앙으로 진입하는 경우 교통체증을 유발하고 이로 인해 다른 사람들이 비용을 지불하도록 함으로 엄격히 제한하고 또는 도시진입비를 부과한다.

넷째, 전염병으로부터의 위험은 정부가 강력하게 그 병에 걸린 사람들을 관리하고 격리하도록 한다.

다섯째, 진체 사회가 제대로 교육받은 사람으로부터 더 많은 혜택을 취할 수 있기 때문에 무상교육이 시행된다.

여섯째, 모든 아동들이 차별없이 적절한 수준의 점심을 제공받음으로 건강한 사회구성원으로 성장할 수 있도록 무상급식을 제공한다.

일곱째, 장애인과 비장애인의 통합교육은 장애인들에 대한 교육효과가 더 크고 일반인들의 장애인에 대한 편견이 사라져 사회적 통합과 연대의 가치가 향상된다.

위의 예에서 보는 바와 같이 외부효과는 기본적으로 국가의 개입을 필요로 한다. 또한 외부효과는 남에게 피해를 끼치는 부정적 외부효과가 있는 반면 사회구성원에게 혜택을 가져다주는 긍정적 외부효과도 있다. 특히 긍정적 외부효과는 많은 사람들에게 기쁨이나 행복 나아가 복지의 증진을 가져다주는 경우가 대부분임으로 복지외부효과라고 분류할 수 있다. 긍정적 외부효과의 복지외부효과로의 분류는 긍정적 외부효과 또는 복지외부효과가 사회복지제도나 정책 또는 프로그램이 외부효과와 밀접한 연관이 있음을 나타내준다. 한편 긍정적 외부효과의 부정적 측면을 지적하면서 경제학자들은 긍정적 외부효과가 무임승차를 가지고 온다고 강조하기도 한다.

■ 무임승차론 비판

사람들은 일반적으로 공짜를 좋아함으로 긍정적 외부효과가 무임승차를 가지고 온다는 측면을 강조하는 무임승차론은 복지외부효과를 상쇄시키기 위한 신고전과 복지경제학자들의 이론적 토대이다. 즉, 기본적으로 무임승차는 나쁘다는 측면을 강조함으로써 사회에 긍정적 효과를 가져다주는 긍정적 외부효과(복지외부효과)를 지나치게 비난한다는 측면을 가지고 있다. 예를 들어 국민들이 예방주사를 맞음으로 다른 사람에게 병이 전염되는 위험을 줄이고 예방의 수준이 높으면 높을수록 사회는 건강해지고 더 큰 혜택을 가질 수 있다는 점은 예방주사를 통한 외부효과의 긍정적 측면이 부각되는 것이며 반대로 어떤 한 사람은 예방주사를 맞지 않아도 많은 사람들이 예방주사를 맞으면 질병의 위험은 예방할 수 있음으로 주사를 맞지 않은 사람은 예방주사를 맞은 사람으로 인하여 혜택을 본다는 측면이 강조된다면 긍정적 외부효과의 부정적인 측면 즉, 무임승차가 강조된다고 할 수 있다. 일반적으로 많은 사람들이 집단적 행동을 하는데 있어 특정 개인만이 그 행동을 피한다는 측면이 강조되는 것은 결국 인간의 이기적 측면이 강조되는 신고전파경제학, 특히 공공선택이론의 영향임을 알 수 있다.

무임승차론은 다음과 같은 두 측면에서 비판받을 수 있다. 첫 번째로 인간의 개별적 속성이 무시되어 있다는 점이다. 즉, 개인의 특성으로 인하여 비용을 지불할 수 없는 사람의 경우 비용을 지불할 수 없는 상황이 수정되지 않고서는 무임승차는 피할 수 없는 혜택의 방법이다. 예를 들어, 예방주사를 맞고 싶어도 주사를 맞는 경우 신체적 부작용이 있을 수 있다든지 또는 주사를 맞을 수 있는 기간이 허락되지 않는 경우는 부득이하게 주사를 맞을 수 없게 되지만 다른 사람의 비용으로 혜택을 누릴 수 있게 되어(질병의 확산은 예방됨으로) 개인의 복지, 나아가 사회복지는 증진된다.

두 번째로 무임승차론은 모든 인간을 자기만족을 위해 행동하는 이기적 인간으로 규정한다는 점이다. 인간의 경제적 속성을 강조하면 기본적으로 인간은 이기적으로 행동함으로 자신들의 비용을 다른 사람에게 전가한다든지 또는 다른 사람의 혜택을 비용의 부담없이 자신도 누리려고 한다. 하지만 모든 사람들이 무임승차를 원하는 것은 아니다. 모든 사람이 이기적으로만 행동한다면 개인보다는 집단을 위한 활동들을 이해하는 것은 불가능해진다. 예를 들어, 헌혈은 기본적으로 헌혈을 하지 않은 사람에게도 혜택을 가져다 줌으로 인간의 이기적 행동만으로는 국민들의 헌혈 참여 확대를 이해하는 것은 불가능해진다.

2. 복지강화이론의 근거[7)]

사회복지서비스의 제공이 국가발전의 토대로서 작동한다는 입장을 가진 복지국가를 찬성하는 사람들은 사회복지시스템이 첫째, 사회적 보호를 통해 노동시장을 유연화하며 이는 국가의 경제력을 향상시키는 요인으로 작동하고 둘째, 사람에 대한 투자를 통해서 생산성이나 개인적 경쟁력이 강화될 것이며 셋째, 불평등과 범죄율을 낮추어 사회통합을 실현하여 전체 국민들의 삶의 질이 향상된다는 것을 강조한다. 위와 같은 사회복지가 강화되어야 하는 근거들을 살펴보면 다음과 같다.

---

7) 지은구(2010), 『사회복지재정연구』, p. 77 이하 논의를 참고하였음

1) 사회보호와 경제적 유연성

일반적으로 복지국가가 제공하는 사회보장제도 중의 일부는 노동시장에서 전반적인 경제적 수행력과 노동의 유연성을 향상시킬 수 있다. 예를 들어 실업보험은 직장이 없는 사람들이 새로운 기술과 지식을 통해 새로운 직장에 더욱 효과적으로 안착할 수 있는 기간을 허용하며 질병이나 임신에 대한 보호(건강보험)는 노동자들이 직장과의 연계를 유지할 수 있도록 돕는 역할을 수행한다. 그리고 고용에 대한 보호는 노동자들의 일에 대한 소명감을 증대시키고 이는 또한 고용인들의 생산성을 향상시키게 된다. 하지만 충분하지 않은 또는 부적절한 사회혜택은 실업자들이 그들의 저축을 고갈시키고 더욱 복지혜택에 의존적이 되게 하며 사회복지혜택이 없이(연금보험) 고용인들이 은퇴를 하는 경우 복지지출을 더욱 증대시키게 된다는 점이 강조된다. 따라서 적절하게 기금화되어 있는 복지국가의 소득보장제도는 결국, 더욱 큰 생산성을 유도하고 성장을 증대시키는 역할을 수행한다고 할 수 있다.

2) 사람에 대한 투자(인적 투자)

교육받은 사람들의 생산성이 교육받지 않은 사람들의 생산성보다 뛰어나다고 하는 사실이 인적투자에 대한 중요성을 강조한다. 교육과 훈련은 기술을 향상시키고 개인과 집단의 생산성을 증진시키는데 중요한 역할을 한다. 많은 연구들이 교육에 대한 공적투자가 개인의 소득향상을 가져다주며 더 빠른 성장에 기여한다는 점을 강조하였다. 예를 들어 보육에 대한 공적투자의 확대는 부모들이 일을 할 수 있는 여건을 제공하고 이는 결국 경제를 성장시키는 지렛대로서 역할하게 한다.

3) 불평등과 범죄

복지제도가 뒤받침 되어 있지 않는 나라(예를 들어 미국)들은 높은 범죄율과 빈곤율을 나타내기 때문에 빈곤과 범죄는 상호 밀접한 연관이 있다. 아무 희망도 없는 빈곤가에서 살고 있는 사람은 법의 테두리를 벗어나는 행동에 빠져들기가 쉬우며 이는 빈곤의 세습화와 건전한 시민에 대한 역할모델을 찾기가 어렵게 되는 빈곤문화의 창출을 야기하는데 이는 Wilson(1987; 1996)이 사회격리이론(social isolation theory)을 통해 지적한 것과 같이 높은 범죄는 높은 빈곤율과 낮은 사회조직의 조직화비율을 나타낸다. 즉, 높은 범죄비율은 그 지역에 대한 투자의지를 꺾고 높은 보험료를 지불하도록 하며 기업은 더 많은 경비직원들을 필요로 하고 이는 결국 기업은 그 지역을 떠나도록 하여 지역은 점점 격리 또는 고립되게 된다는 것을 의미한다.

복지국가의 높은 사회적 지출 즉, 복지지출과 낮은 경제적 수행력 사이에는 유의미한 관계가 성립되지 않는다는 것을 많은 연구들은 지적하고 있으며 대조적으로 불평등의 정도가 약한 나라들은 높은 경제성장을 이룩한다는 증거가 제시되고 있다(Alcock, Erskine and May, 2003). 결론적으로 사회발전의 물적 토대로서 사회복지지출은 경제와 밀접한 연관을 가지고 있다. 이는 한 사회의 복지구조가 경세구조에 의해서 영향을 받고 반대로 경제구조도 복지구조에 의해서 영향을 주고받으면서 성장발전하기 때문이다. 따라서 경제체제 또는 경제구조에서 사회복지시스템은 사회 구성원 개개인들과 경제의 관계를 규정하는 경제적 기능을 가지고 있다고 말할 수 있다. 종합해 볼 때 복지국가의 사회복지지출이 경제에 미치는 효과는 다음과 같이 정리될 수 있다(지은구, 2006).

첫째, 노동력 제공의 주체인 사람들의 노동 생산성을 증대시킨다.
둘째, 사람들의 삶의 기본적 욕구를 해결할 수 있도록 한다.
셋째, 경제적 불안정성을 제거하고 안정적인 경제성장을 보장한다.
넷째, 시장으로부터 피해를 받은 사람들을 보호한다.
다섯째, 경제성장을 위한 하부토대(infrastructure)를 제공한다.

지은구(2006)는 사회복지의 경제적 기능을 보다 구체적으로 다음과 같이 설명하였다.

■ 경제적 보장의 기능

사회복지의 경제적 보장기능은 사회복지가 사람들의 삶의 기본적 욕구를 해결하며 나아가 시장으로부터 피해를 받은 사람들을 보호하는 기능을 의미한다. 즉, 기본적 욕구의 해결과 시장으로부터 소외받은 사람들을 위한 보호기능은 사회복지가 모든 사람들에게 최소 수준의 경제적 보장(economic security)을 제공함으로써 가능하다. 자본주의 하에서 모든 인간은 예외 없이 기본적으로 그들 자신과 가족의 삶을 영위하기 위해서 소득을 필요로 한다. 만약 일을 하지 않아도 살 수 있는 충분한 부를 가지고 있는 경우를 제외하고는 인간은 생존하기 위해 고용되어야 하며 무엇인가를 위해 일을 하여야 한다. 하지만 노동시장(labor market)은 그리 관대하지 않으며 모든 사람이 동등하게 일하면서 동등한 급여를 받는 것을 허용하지 않고 모든 사람을 동등하게 취급하는 것도 허락하지 않는다. 심지어 경제적으로 호황의 시기에도 노동시장은 일할 수 있는 사람이나 일할 의지가 있는 모든 사람들에게 일자리를 제공하지 않았으며 노동의 유연성이라는 이름으로 항상 산업예비군을 대비시켜 놓았고 또한 많은 사람들은 나이나 장애, 질병이나 또는 다른 고용장벽 등으로 인해 고용자체를 거부당해 왔다. 노동시장에서 일자리를 찾지 못한 대부분의 사람들은 노동시장에서 소외당하여 과거에는 가족의 책임 하에 그리고 현대에는 국가의 책임 하에 놓여 있다고 할 수 있다. 즉, 현대의 대부분의 복지국가는 고용차별이나 일자리 부족 등을 포함하는 여러 가지 이유로 인해 노동시장에 유입되는 것이 어려운 사람들이 최소한의 경제적 삶을 유지할 수 있도록 최소수준의 소득보장을 제공하고 있다. 기초생활보장프로그램 등과 같은 국가의 현금소득보장프로그램은 개인이나 가족이 최소수준의 소득, 주택, 교육, 고용수준에 접근할 수 있도록 돕는다. 결국, 사회복지가 시장경제에 의해서 초래된 불평등으로부터 사람들을 보호하는 경제적 안정의 기능을 수행하게 된다.

■ **사회적 재생산의 기능**

사회복지의 사회적 재생산(social reproduction)기능은 가족이 담당하였던 대부분의 기능을 사회복지가 대신하여 담당하는 것을 의미한다. 사회적 재생산은 가족에게 부과되어 있는 일련의 과업들을 의미하는데 종의 유지(출산), 개개인들의 기본적 생존욕구의 해결(소비), 사회에 만연되어 있는 가치나 규범의 수용 등을 포함하는 직장이나 가족의 역할 등에 대한 준비나 자녀 양육(사회화), 그리고 노인이나 아이, 환자, 장애인 등을 돌보는 보호의 역할을 등을 포함한다. 가족은 사회적 재생산을 위해 위의 기능들을 수행하기 위해서는 일정정도의 생계수준을 유지하여야 한다. 하지만 시장은 더 많은 이윤을 추구하기 위해 생산성을 증대시키고 높은 가격수준을 유지하는 것과 낮은 임금수준을 선호한다. 즉, 시장은 모든 사람들이 그들의 가족을 유지하고 재생산하는데 필요한 임금수준이나 고용수준을 제공하지 않는다. 부적절한 건강보호, 낮은 임금, 열악한 주거상태, 질 낮은 교육 등은 가족의 보호자로서 노동력을 보존할 수 있는 가족의 능력을 손상시키며 이러한 사회적 재생산의 실패는 결국, 개개인의 번영과 복지 나아가 가족과 사회의 복지와 번영에 심각한 장애를 가져다준다. 사회적 재생산의 실패는 기업의 이윤 또는 축적구조와 사회적 안정에도 부정적인 영향을 미친다. 또한 사회적 재생산의 실패는 기업생산물의 소비자로서, 생산적인 노동자로서, 그리고 사회적 참여의 주체인 시민으로서의 가족구성원들의 역할에 치명적인 악영향을 초래하게 되고 나아가 사회불안을 야기하게 된다. 결국 사회복지의 사회적 재생산기능은 국가경제성장과 안정을 위한 토대로서 역할을 한다는 것을 알 수 있다.

■ 균형자의 기능

균형자(stabilizer)의 기능은 사회복지가 자본주의경제체제에서 경제적 불안정성을 제거하고 안정적인 경제성장 즉, 자본축적을 보장하는 기능을 하는 것을 의미한다. 특히 사회복지는 경기침체와 불황의 시기에 경제를 자극하는 기능을 수행한다. 이는 사회복지제도나 서비스를 통해서 사람들의 손에 현금이 제공되고 이것은 결국 소비를 자극하기 때문이며 결국, 이러한 소득보장은 결국 경제를 일으키는 동력으로 작동한다는 것을 의미한다. 예를 들어 미국의 경우 1930년대의 경제대공황시기에 현금원조프로그램 등과 같은 사회보장제도가 돈이 없던 사람들을 활동적인 소비자로 만들었고 결국 경기를 활성화하도록 하였다는 것이 이를 입증한다. 따라서 경기침체나 불황의 시기에 사회복지프로그램에 의해 제공된 증가된 구매력(purchasing power)은 재화와 서비스의 생산을 자극하고 서비스와 재화의 생산 증가는 고용을 창출하여 실업을 줄이게 된다(Abramovitz, 2004). 결국, 사회복지가 균형자의 역할을 수행하지 않으면 경기가 침체에 들어가려고 할 때 경기침체를 더욱 가속화시키고 더 많은 기업들이 노동자들을 해고하도록 하며 더 많은 가족들이 재화와 서비스를 구매할 수 없도록 하여 기업이 생존할 수 없도록 한다. 따라서 경제성장의 동력은 사회복지의 균형자 기능에서 찾을 수 있다.

■ 생산비용의 사회화 기능

사회복지의 생산비용의 사회화기능은 기업의 이윤을 보장하도록 하는 비용을 사회복지가 대신 지불하는 기능을 의미하며 이러한 사회복지의 기업에 대한 지출기능은 결국, 경제성장을 위한 하부토대를 제공하는 것을 의미한다. 기업의 이윤을 보장하는 또는 증대시키기 위한 방법은 첫째, 사회복지가 소비자들의 구매력을 자극함으로써 가능하고, 둘째, 임금을 줄임으로써 가능하며, 셋째, 작업생산성을 보장함으로써 가능하게 된다. 사회복지가 소비자들의 구매력을 자극함으로써 기업의 이윤을 보장한다는 것은 기업이 생산한 재화와 서비스를 구매할 수 있는 구매력을 갖춘 소비자군이 있어야 기업은 성장할 수 있으며 이러한 의미에서 사회복지가 제공하는 현금서비스가 구매력을 갖춘 소비자군의 증대를 의미하고 이는 곧 기업이윤의 확보에 영향을 미친다는 것을 의미한다. 그리고 사회복지가 기업주가 부담하여야 하는 임금을 줄여서 보다 많은 이윤을 확보하도록 해준다는 것은 사회복지가 노동자들의 임금을 보전함으로써 기업들이 임금을 낮추어 더 많은 이윤을 확보하게 된다는 것을 의미한다. 즉, 현금으로 이루어지는 소득보장이나 주택비보조, 의료보험 등이 기본적으로 노동자들의 기본적 생활비용을 충당할 수 있을 정도로 제공되면 결국, 사회복지를 통한 직접적인 보조비가 증대됨으로 인해 기업들이 임금을 낮게 유지하는 것이 가능하게 된다. 또한 사회복지가 작업생산성을 보장함으로써 기업의 이윤을 보장한다는 것은 의료나 교육, 주택, 그리고 사회복지서비스에 지출되는 사회적 비용이 기업에 추가적인 비용 부담 없이 노동자들을 건강하고 작입조건에 맞게 유지하게 함으로써 작입생산싱을 증내시키는 역할을 하게 된다는 것을 의미한다.

결국, 국민연금이나 퇴직연금 등과 같은 사회복지제도는 세대간 복지비 이전으로 국민통합과 사회연대성을 강화하고 안정되고 건강한 노후를 보장받을 수 있다는 기대로 인해 보다 건강한 노동을 제공할 수 있도록 하며 실업보험(고용보험), 산업재해보험 등과 같은 위험한 노동조건에 대한 대책으로 제공되는 각종 제도들은 노동시장에서 소외되는 사람들에 대한 국가적 차원에서의 대안으로서 그들이 다시 건강한 노동생산력을 유지 보존할 수 있도록 도와주고 또는 노동능력을 상실하였어도 빈곤으로 떨어지지 않도록 하여 빈곤을 축소하는 방패로서의 역할을 수행하며 의료보험이나 고용인원조프로그램 등과 같은 각종 산업복지서비스들은 국민이나 노동자들이 기본적으로 건강한 노동생산력을 유지 보장하는데 중요하며 주택수당이나 공영주택이나 주택보조금

제도 또는 식비보조금제도 등과 같은 주택과 기본적 음식에 대한 정책이나 제도 등은 시민들의 기본적 욕구를 해결하는데 가장 중요한 역할을 수행하고 기초생활보장제도나 각종 수당이나 조세제도 등과 현금급여를 통한 사회복지서비스의 제공은 소비를 증대시켜 경제활성화에 직접적인 요인을 제공해주는 효과가 있기 때문에 경제적 불안정성은 그 만큼 줄어들게 되어 기업의 자본축적구조를 해치지 않고 경제성장을 위한 토대를 제공한다.

3. 사회복지재화와 서비스의 생산적 기능

사회복지재화와 서비스는 정체, 경제 그리고 사회적으로도 중요한 기능을 담당한다. 즉, 복지국가가 제공하는 다양한 사회복지재화와 서비스는 경제적으로 복지국가의 경제주체인 노동자들의 노동력재생산을 강화, 유지하는데 있어 필수적인 요소로 작동하고 정치적으로 복지국가가 제공하는 다양한 서비스와 재화는 복지국가의 경제체제인 자본주의가 안정적으로 작동하도록 하는 결정적인 토대를 작동하며 사회적으로 복지국가가 제공하는 다양한 서비스와 재화는 복지국가의 경제체제인 자본주의시장경제가 가져다주는 소외계층과 사회적 양극화의 확산과 사회문제의 증대 등의 문제를 최소화하여 안정적인 사회를 유지할 수 있도록 작동하는 결정적인 토대를 작동한다.

나아가 복지국가의 순기능으로서 복지국가가 제공하는 다양한 재화와 서비스는 일반 국민들이 가지고 있는 미래에 대한 불확실성을 제거하여 보다 안정적인 삶을 유지할 수 있도록 한다는 점이고 이러한 복지국가의 순기능은 정치, 경제, 사회적으로 널리 확산되어 있다는 것이다. 예를 들어 직장을 잃었을 때, 집안의 주 소득원이 직장에서 재해를 당하였을 때, 은퇴한 후에, 건강에 이상이 생겼을 때, 경제적으로 최저생활을 유지할 수 없을 정도가 되었을 때, 당장 먹을 음식이 없고 당장 거주할 집이 없을 때 등 등 복지국가는 모든 사회구성원들의 불확실한 삶으로부터 보다 안정적인 삶을 영위할 수 있도록 도와주는 복지국가만의 고유한 기능을 유지하고 있다.

결국, 복지국가의 역동성은 시장이 계속 확대되고 이에 따른 형평한 할당이 국가재정정책의 중요한 순위를 차지할 수밖에 없으며 사회문제가 날로 복잡화하고 확대발전하고 이를 해결하기 위한 사회복지의 재화와 서비스에 대한 국민의 욕구가 증대하는 한 즉, 국민의 욕구가 날로 증대하고 복잡화하는 한 복지국가는 발전할 수밖에 없다는 것을 의미한다고 할 수 있다. 결국, 복지국가는 국민의 일상생활에 위협이 되는 사회문제의 해결과 국민들의 욕구의 해결을 통해 생산을 보장하고 재생산을 위한 노동력을 비축할 수 있도록 하여 생산과 재생산을 기본으로 하는 국가의 경제적 성장을 위한 토대로서 작동하며 복지국가의 발전은 곧 국가의 발전을 의미한다고 할 수 있다.

복지국가가 제공하는 사회복지재화와 서비스의 생산적 기능은 다음과 같이 정리될 수 있다(지은구, 2006).

첫째, **노동력보존기능**: 노동력 제공주체인 국민들의 노동생산성을 건강하게 유지하고 증대시키는 것이 사회복지재화와 서비스의 노동력보존기능이라고 할 수 있다.

둘째, **사회적 부가가치의 생산기능**: 사회복지서비스는 시장이라는 조정양식에 의해서 노동력을 상실한 인간이라는 노동력을 다시 건강한 노동력을 가진 인간으로 변형시킨다는 점에서 막대한 사회적 부가가치를 생산해 낸다고 볼 수 있다. 사회적 부가가치란 기업이 만들어낸 부가가치와는 달리 사회가 창출해 낸 가치라고 할 수 있다. 기업은 생산과정을 통해서 부가가치를 만들어 내며 사회는 사회적 생산과정을 통해서 사회적 부가가치를 만들어낸다. 즉, 사회복지를 제공하고 사회복지프로그램이나 서비스가 운영되는 전 과정이 사회적 부가가치를 만들어내는 사회적 생산과정이라고 할 수 있다. 이러한 사회적 부가가치의 대표적인 것이 바로 사회복지재화와 서비스를 통한 변형된 모습으로서의 client라고 할 수 있다.

셋째, **소비증대기능**: 제공되는 사회복지재화와 서비스는 사회복지대상자들의 소비를 증대시킴으로써 생산이 증대되도록 하는 지렛대의 역할을 수행한다. 사회복지분야에 대한 국가의 지출은 사회복지서비스를 제공받는 수혜자들의 소득을 증대시키고 증대된 복지수혜자들은 불어난 소득만큼 그들의 생활을 유지하기 위한 소비자로 탈바꿈하여 빠르게 복지서비스로 인해 생긴 소득을 소비하게 되고 소비는 다시 생산을 자극하여 생산은 증대하게 된다.

넷째, **사회적 자본의 확충기능**: Fukuyama(1999)는 사회적 자본을 확충시키는 방법으로 국가는 간접적으로 사회적 안전망과 같은 사회복지재화와 서비스 등의 필요한 공공재를 효과적으로 제공함으로써 사회적 자본의 창출에 기여할 수 있다고 강조하였다. 사회복지학은 기본적으로 신뢰, 상호호혜와 연대를 중요한 사회적 가치로 인정하는 학문이기 때문에 사회복지는 공유된 가치와 행동을 강조하는 사회적 자본과 밀접한 연관이 있다고 할 수 있다. 즉, 사회복지가 개인이나 가족, 집단이나 조직 그리고 지역의 구성원들의 역량을 강화하여 개인적 존경이나 자기 확신을 가질 수 있도록 하여 사람들 사이에 절망이 사라지고 더 많은 사회적 참여를 하며 자기존경심이 증대되면 이는 결국 복지국가의 사회복지시스템이 국가의 경제적 성장 동력으로서 **사회적 자본**(social capital)의 기본요소인 신뢰와 믿음을 건설하는데 중요한 역할을 할 수 있다는 것을 의미한다.

제5절 소 결

사회복지의 발전은 시장의 실패요인과 밀접한 연관이 있다. 특히, 시장의 정보불균형에 따른 도덕적 해이와 역선택의 문제, 긍정적 외부효과와 가치재의 출현과 발달 그리고 위험과 불확실성에 대한 극복에 직접적인 영향을 주는 사회복지서비스는 국민들에게 건강한 삶의 질을 유지 보장할 수 있는 유일한 자원할당구조로 자리매김하였다. 하지만 지속적인 사회적 지출의 증가는 작은 정부를 강조하는 공공선택이론으로 무장한 정부실패이론가들에게 주요 표적이 되었다. 정부실패이론으로 무장한 학자들은 주로 개인주의와 인간의 이기적 측면 그리고 서비스의 국가독점에 따른 비효율성을 강조하였지만 이는 또 다른 한편으로 사회복지의 지속적 발전을 이끌었다고 할 수 있다. 즉, 사회복지 욕구에 대한 적극적 대응의 일환으로 비영리 민간영역의 서비스 공급 다양화를 이끌었으며 사회적 연대를 바탕으로 하는 지역공동체제나 연계망(network) 건설을 통한 집단적 문제해결의 중요성을 각인하는 계기로 작동하였다.

사회복지의 발전과 확대는 복지강화이론으로 설명되어질 수 있다. 복지강화이론은 복지국가가 불완전정보를 극복하고 복지외부효과를 생산하며 가지채로서의 공공적 성격을 갖는 사회복지재화와 서비스의 지속적 제공을 통한 발전을 설명해준다. 또한 복지강화이론은 사회복지가 사회보호와 지역사회의 경제적 유연성을 강화하며 사람에 대한 투자를 통해 인적자본을 확충하고 사회불평등과 범죄를 감소시키는 긍정적인 역할을 수행함을 강조한다. 복지강화이론은 사회복지의 경제적 기능으로 첫째, 사회복지재화와 서비스 제공이 국민들의 기본적 생활을 유지 보전할 수 있도록 함으로 경제적 보장의 기능을 수행하고 둘째, 노인, 아동, 장애인 등을 볼보고 보살피는 과거에는 가족이 담당하였던 사회적 재생산의 기능을 수행하며 셋째, 사회복지재화와 서비스 제공으로 인해 경제적 불황에 시장경제를 자극함으로 균형자의 기능을 수행하고 넷째, 노동자들을 건강하게 하여 기업의 이윤을 보장함으로 생산비용의 사회화기능을 수행함을 강조한다.

복지국가를 반대하는 대부분의 경제학자들은 사회복지재화와 서비스가 경제활성화에 도움을 주지 않는 비생산적인 재화와 서비스임을 강조한다. 하지만 복지강화이론은 사회복지재화와 서비스의 생산적 기능으로 첫째, 사회복지재화와 서비스가 노동력 제공주체인 노동자들의 노동생산성을 건강하게 유지시키는 노동력 보존기능을 담당하며 둘째, 노동력을 상실한 노동자들의 노동력을 건강한 노동력을 갖도록 해준다는 점에서 사회적 부가가치를 생산하고 셋째, 현금이나 현물로 제공되는 사회복지서비스가 현금을 시장에서 소비하고 현물 역시 시장을 통해서 공급됨으로 시장의 활성화에 도움을 준다는 측면에서 소비증대기능을 담당하고 넷째, 사회복지재화와 서비스가 사회적 가치를 실현하는 가치재로서 사람들에 대한 믿음과 신뢰를 가져다준다는 점에서 사회적 자본을 확충하도록 돕는 사회적 자본 확충의 기능을 수행한다고 본다. 결국 복지강화이론의 핵심적 내용은 사회복지재화와 서비스의 제공을 통해 국가의 사회, 정치, 그리고 경제적 기능이 강화되어 국가는 경제적으로 더욱 발전된다는 점이라고 할 수 있다.

제2부

사회복지경제 분석의 토대

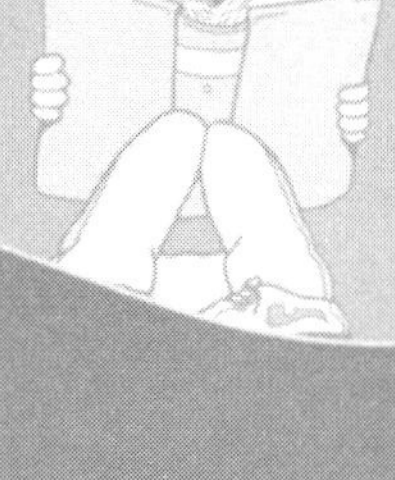

사회복지경제학의 이론적 토대로서 사회복지재화나 서비스 제공의 필요성을 설명할 수 있는 이론은 욕구이론, 분배적 정의론(또는 사회정의론), 빈곤이론, 그리고 불평등이론에서 찾을 수 있다. 사회복지가 사회문제에 영향을 받은 사람들뿐만 아니라 개개인들이 가지고 있는 기본적 욕구를 해결하는 것을 중요한 목표로 하기 때문에 사람들이 갖게 되는 각각의 욕구는 무엇이고 욕구는 무엇으로부터 나타났으며 어떻게 욕구를 해결하여야 하는가를 이해하기 위해서는 기본적으로 욕구이론에 대한 검토가 필요하다.

대부분의 국가에서 채택하고 있는 사회복지사의 윤리강령에 의하면 사회복지사는 사회정의를 실현하기 위해 노력하는 것을 기본 임무로 하고 있음으로 사회복지재화나 서비스는 사회복지사들이 사회정의를 실현하는 구체적인 도구라고 할 수 있다. 따라서 사회복지재화와 서비스의 제공에 있어 사회정의는 중요한 목적이 된다. 또한 사회복지는 시장에 의해 의도적으로든 또는 의도적이지 않든간에 사회적으로 배제되어 있는 사람들에 대해 자원을 정의롭게 분배하는 것을 추구하기 때문에 사회정의(justice)는 무엇이고 어떻게 분배하는 것이 정의로운 분배인가를 이해하기 위해 사회정의이론도 중요한 사회복지경제학의 이론적 틀이라고 할 수 있다.

빈곤은 자본주의 또는 보다 구체적으로 자본주의 하에서 사회적 조정양식인 사회복지가 해결하여야 하는 가장 중요한 실천적 목표이다. 자본주의의 발전과 복지국가 발전의 역사는 빈곤에 대한 저항의 역사라고 해도 과언이 아닐 정도로 자본주의복지국가에서 빈곤은 복지국가가 해결하여야 하는 가장 중요한 정책결정 일 순위라고 할 수 있다. 따라서 사회복지경제학을 이해하기 위해서는 사회복지가 역사적으로 빈곤에 대한 대책으로 발전하였다는 점에서 빈곤에 대한 이해를 가장 중요한 이론적 틀로서 이해하여야 한다.

불평등 또한 사회복지가 해결하여야 하는 중요한 하나의 목적이다. 지구상의 어떤 사회에서도 불평등은 존재한다고 할 수 있다. 특히, 자본주의는 구조적으로 사회적 양극화를 심화시키고 잃은 자와 얻은 자 또는 패배자와 승리자라는 이분법적인 구도를 선호하기 때문에 사회적 불평등을 양산해내는 방향으로 움직이며 이러한 사회적 불평등을 해결하기 위하여 다양한 사회복지제도가 제공된다는 점에서 불평등의 원인과 작동원리를 포함하여 불평등이란 무엇인가에 대한 철저한 분석과 이해가 필요한 것이다. 본 장에서는 자본주의경제체제 하에서 사회복지경제학을 이해하는데 이론적 토대를 제공해 줄 수 있는 욕구, 분배적 정의, 빈곤, 그리고 불평등에 대한 원인이나 작동원리 그리고 사회복지와의 관계 등에 대한 구체적인 내용을 살펴보기로 한다.

제5장 욕 구[1)]

제1절 개 관

사회문제에 영향을 받은 국민 개개인들이 가지고 있는 욕구는 사회복지경제가 해결하여야 하는 가장 기본적인 영역이다. 사회복지재화와 서비스는 국민들이 가지고 있는 욕구를 해결하기 위해 제공되며 복지국가는 국민들의 욕구해결정도를 가지고 사회복지수준을 평가받기도 한다. 사회복지경제는 기본적으로 국민들의 사회복지를 증진시키고 개선시키기 위해 사회복지재화의 서비스의 제공을 포함하여 교환과 조정을 다루는 영역임으로 국민들의 사회복지가 증진 또는 개선되도록 하기 위해서 국민들 개개인들이 가지고 있는 욕구가 어느 정도 국가의 사회복지경제정책을 통해서 해결되는지를 밝히는 것은 사회복지경제 분석을 위해서 매우 중요한 부분이라고 할 수 있다. 이는 사회복지경제의 활성화를 통해서 성취하려는 정책적 목표 중 하나가 바로 국민들의 욕구해결정도가 될 수 있음을 나타내 준다. 본 장에서는 사회복

1) 본 절은 지은구(2003), 『사회복지경제학연구』(청목출판사)의 제3부 제7절의 내용을 참고하여 수정 보완하였음.

지경제의 중요한 영역인 욕구에 대해 다룬다. 욕구에 대한 기본 개념으로부터 출발하여 욕구이론을 비교 분석하고 욕구와 수요의 관계 그리고 시장과 욕구 그리고 사회복지와의 관계 등을 집중 분석한다.

제 2 절 욕구의 정의

욕구란 건강한 삶을 살기위해 필요한 것을 일반적으로 일컫는다. 욕구는 종종 박탈이나 또는 문제로서 표현되기도 하지만 사실 욕구란 인간들이 꼭 가지고 있어야만 하는 것 또는 꼭 만나야 하는 조건을 나타낸다(Spicker, 2000). Spicker의 견해를 보다 확대하면 욕구란 사람들이 생존하기 위한 심리적, 문화적, 경제적 그리고 사회적인 필수품을 나타낸다(Barker, 2003). 따라서 욕구결핍은 사람들이 반드시 가지고 있어야 하는 것의 결핍을 의미함으로 사람들에게 부정적인 결과를 초래한다고 할 수 있다.

Reviere와 그녀의 동료들(1996)은 욕구를 잠재적으로 변화에 순응하고 지역사회의 가치에 의해서 인식되어지는 실제조건과 이상적 조건 사이의 차이(gap)라고 정의하였다. 그들에 따르면 차이는 크게 세 분류로 구분되어진다고 한다. 첫 번째로 차이는 지역사회 안에서 실제상황과 이상적인 상황사이에 반드시 존재하며 이 양자 사이의 차이를 좁히는 것이 중요하고 둘째로 차이는 지역사회에서 욕구로 인지되고 인식되어져야 하며 셋째로 차이는 변화에 반드시 순응하여야 하는 것을 나타낸다. 욕구가 변화에 순응하여야 한다는 것은 다시 말해 욕구가 충족되어져야 함을 의미하는 것이라고 이들은 강조한다. 이들의 욕구에 대한 정의는 결국 모든 욕구가 사회의 가치판단에 따라 결정되어지며, 모든 욕구는 사회에 의해서 충족되어져야 한다는 것을 강조하는 것이라고 볼 수 있다.

인간에게 무엇이 꼭 필요하고 필요하지 않은지에 대해서는 오랫동안 논쟁이 되어 왔다. 이에 대한 논쟁은 크게 욕구를 절대적 개념으로 보느냐 상대적 개념으로 보느냐에 따라 그 시각이 상이하게 나타난다. 욕구를 절대적 의미로 해석하는 George(1988)는 욕구를 절대적 욕구와 동일시한다. 그에 따르면 절대적 욕구는 사회적 상황이나 조건과는 상관없이 필요한 것을 의미한다. 한편 욕구를 상대적 의미로 해석하는 Townsend(1993)에 의하면 욕구 즉, 상대적 욕구의 기준은 사회에 의해서 결정된다고 한다. 즉, 그는 기준(standards)이나 표준을 적용하여 사회에 의해서 결정되는 것이 상대적 욕구라고 강조한다. 우리는 살기 위해 어떤 특별한 것(예를 들어 음식, 주택, 물 같은)을 필요로 한다. 이것이 절대적 의미에서의 욕구이다. 하지만 이러한 것들은 우리가 살고 있는 사회의 기준이나 표준에 의존해서 획득되어지고 제공되어진다고 볼 수 있다. 이것이 상대적 의미에서의 욕구이다.

Sen(1983)에 의하면 욕구는 개인적 성향보다는 사회적으로 영향을 받는다고 한다. 그는 절대적 욕구의 핵심은 필요한 상품과 그 상품의 특성이 사회적으로 결정된다고 하는 점이라고 강조하며 이에 대해 Spicker(2000)는 욕구라는 것이 사회적으로 건설되기 때문에 이에 대한 응답 또는 대응도 사회적으로 이루어져야 한다고 강조하였다. 결국 욕구란 인간이 기본적인 삶을 유지하기 위해 반드시 필요한 것으로서 욕구에 대한 대응은 사회에 의해서 이루어진다는 것을 알 수 있다.

제3절 욕구이론

욕구이론은 크게 이분화될 수 있다. 첫 번째 분류는 욕구를 객관적 그리고 물질적인 것으로 보는 관점이다. 이 분류에 따르면 욕구에는 삶을 유지하기 위해 필요한 음식이나 주택과 같은 것들이 포함된다.

욕구에 대한 두 번째 분류는 욕구를 주관적이고 심리적으로 보는 관점으로 이 분류에 따르면 욕구에는 자기실현이나 존경 같은 것들이 포함된다. 초기 욕구이론은 대체적으로 욕구를 심리적으로 구분하는 이론들이 주종을 이루었다고 할 수 있다. 주관적 심리적 욕구이론에는 Maslow, McClelland, 그리고 Murray 이론 등이 포함되며 객관적 물질적 욕구이론에는 Marx, Bradshaw, Gough와 Dayal의 이론 등이 포함된다.

1. 주관적 심리적 욕구이론

1) Maslow 욕구위계질서이론

Maslow(1943)의 욕구위계질서이론에 따르면 인간의 동기부여는 인간 개개인들의 욕구로부터 유발된다고 한다. Maslow의 욕구이론은 가장 낮은 단계의 욕구부터 높은 단계의 욕구까지 욕구는 아래와 같이 5단계로 구성되어 있다는 점이 강조된다.

첫째, 음식과 거주지 같은 삶의 유지를 위한 욕구
둘째, 안전 그리고 심리적 의미에서의 보장을 위한 욕구
셋째, 가족과 같은 한 집단의 구성원에서 느끼는 소속감과 사랑에 대한 욕구
넷째, 존경받고 싶어 하는 욕구
다섯째, 일의 성취 등에서 오는 자기실현에 대한 욕구

Maslow에 의하면 욕구의 위계질서는 앞의 욕구가 만족 또는 성취될 때 뒤의 욕구가 나타난다는 단순한 의미의 위계질서를 의미한다. 다시 말해 거주지가 일정치 않은 노숙자의 기본 욕구는 심리적인 안정보다는 편히 쉴 수 있는 집이 우선이라는 것이다. Maslow의 욕구이론은 몇 가지 중요한 문제점들을 지니고 있다. 그 문제점들은 아래와 같다.

첫째, 욕구를 모두 개인적 만족을 위한 욕구의 성취로 단순화시키고 있다. 즉, 개인의 만족 총합이 결국 사회적 만족을 증진시킬 수 있다는 Pareto 원칙에 입각한 경제학적 가치가 Maslow의 이론에 내제해 있는 것을 의미하는데 인간이 사회적 동물이고 사회와 환경과 상호작용하는 그리고 사회를 구성하는 가장 작은 단위라는 점에서 인간의 개인적 만족을 위한 욕구이외의 사회적 욕구에 대한 고려가 필요하다.

둘째, 욕구에 우선순위를 매김으로써 어떠한 돌발적인 상황 하에서 나타나는 다양한 욕구에 대한 분석의 한계를 나타낸다. 현대사회는 다양성의 사회이면서 급속한 과학기술의 발전이 사회에 직접적인 영향을 끼치고 있다. 이는 개개인의 욕구는 시대에 따라 또는 사회에 따라 다양하게 나타날 수 있음을 반증하는 것이기도 하다. 따라서 현대사회에서 욕구가 우선순위가 있고 이 순위에 대한 욕구가 차례로 성취된다는 것은 현실적으로 적절하지 않을 수 있다.

셋째, Tomson(1987)이 지적하였던 것과 같이 어떤 행동을 선택할 것인가를 선택하는 규범논리와 행동을 하기 위한 상황논리의 차이점을 설명하지 못하고 있다는 점이다. 예를 들어 우리는 술과 담배가 인간에게 해롭다는 것을 알면서도 술을 마시고 담배를 핀다. Maslow의 욕구이론에 의하면 인간의 이러한 욕구는 적절하게 설명될 수 없다. 이러한 술과 담배의 오용은 안전의 욕구에 대한 하나의 도전이다. 결론적으로 그의 욕구이론은 욕구가 무엇인가에 대한 일반이론을 개인적 수준의 욕구에 대한 분석으로 해결하려고 했다고 평가될 수 있다.

2) Murray 욕구체계이론

1938년 심리학자인 Henry Murray는 그의 책 '*Explorations in Personality*'에서 욕구체계이론을 주장하였다. 그에 따르면 욕구는 영역별로 체계화되어 있다. 그는 인간이 기본적 욕구들을 가지고 있으며 인간들은 개별적 욕구수준을 향한 독특하고 다양한 경향을 가지고 있다고 한다. 즉, 어떤 인간에게는 다른 사람들이 중요하지 않게 생각하는 더욱 중요한 특수한 욕구가 있다는 것을 의미한다. Murray는 욕구란 상호연관이 있으며 어떤 행동들은 한 번에 여러 욕구들을 만나게 된다는 점을 강조하였다. 예를 들어 성취와 소속의 욕구 그리고 존경의 욕구를 가지고 있으면 동아리의 지도자로서 활동의 어려움을 잘 극복할 수 있을 것이다. 아래의 〈표 5-1〉은 Murray의 욕구목록을 나타낸다.

〈표 5-1〉 Murray의 욕구목록

영역	욕구	대표적인 행동
야망	성취	방해물 극복
	인식	업적에 대한 설명
	전시	타인을 놀라게 하거나 감동을 주려는 시도
유물주의	습득	무엇인가를 얻는 것
	질서	무엇인가를 단정하고 질서있게 하는 것
	보유	무엇인가를 보존하기
	건설	무엇인가를 건설하기
방어 상태	회피	실패나 단점을 숨기기
	방어	변명을 하기
	반작용	무언가에 대한 보복
인적 능력	지배	다른 사람의 행동을 감독하기
	존경	다른 사람을 복종시키거나 협력하기
	자율성	권위에 대한 저항
	반대	반대편에 서기
	침해	타인을 헐뜯거나 공격하기
	낮추기	사과하기 또는 고백하기
	비난회피	비난받을 만한 행동을 하지 않기
사람들 사이의 호의	소속	타인과 시간을 보내기
	거절	타인을 냉대하기
	의존	타인에게 도움을 받기
	놀이	타인을 통해 기분전환하기
정보의 교환	인지	타인에게 질문하기
	해설	타인에게 정보를 건네기

3) McClelland 욕구이론

심리학자인 David McClelland의 욕구이론은 어떻게 성취, 힘 그리고 소속을 위한 욕구가 관리적 정황에서 인간의 행동에 영향을 미치는지를 설명하는 동기부여 모델로 알려져 있다. 따라서 그의 욕구이론은 조직경영이나 관리를 위한 직원 동기를 부여하는 이론으로도 분류된다. 그에 따르면 인간이 동기를 부여받는 이유는 첫째, 힘을 위한 욕구 둘째, 소속을 위한 욕구 그리고 마지막으로 성취를 위한 욕구 때문이라고 한다. Maslow가 인간의 욕구는 이전의 욕구가 충족되면 다음의 욕구를 충족시키기 위해 동기 부여받는다고 욕구의 서열화를 강조한 반면 McClelland는 인간의 욕구는 끊임없다고 강조한다. 그에 따르면 힘을 필요로 하는 사람들은 다른 사람들에게 영향을 미치고 통제할 수 있는 지위나 상황으로 나아가는 것을 원하고 그리고 힘을 사용하는 것에 기쁨을 느끼면 그것만으로 충분하다고 느끼지 않는다고 한다. 예를 들어 힘의 욕구가 우세한 사람들은 우정을 힘을 획득하기 위해 사용하지 그들 자신들의 만족이나 기쁨을 위해 우정을 사용하지 않는다고 한다.

인간은 또한 가입을 위한 욕구에 의해 동기를 부여받는다고 하는데 가입을 위한 욕구가 우세하면 인간들은 사랑받고 싶어하고 거절하는 것을 피하는 행동들을 한다고 한다. 따라서 친밀한 상호행동을 즐기기 때문에 개인 간 갈등이 일어나면 극도의 불안감을 갖게 된다고 한다. 예를 들어 가입을 위한 욕구가 우세한 사람들은 우정을 해치기 때문에 다른 사람을 통제하기 위해 힘을 갖는 것을 추구하지 않는다고 한다. 가입을 위한 욕구가 있는 사람들은 받기 위해 일차적으로 주는 것을 강조하며 다른 사람들이 싫어하는 것을 하지 않고 좋아하는 것을 행한다고 한다. 성취를 위한 욕구가 우세한 사람들은 성공을 갈망하지만 실제로 성공을 성취하리라고는 믿지 않는다고 한다.

1980년대 McClelland는 위의 동기부여를 위한 세 개의 요인에 피하려는 욕구를 추가하였다. 그에 따르면 피하려는 욕구가 직무에 대한 사람들의 행동에 대한 일차적인 동력을 제공한다고 한다. 예를 들면 실패에 대한 망상, 거절에 대한 공포, 성공에 대한 공포, 힘에 대한 공포 등을 피하기 위한 욕구가 동기를 부여하게 된다(McClelland, 1961, 1987).

2. 객관적 물질적 욕구이론

1) Doyal과 Gough의 욕구이론

복지국가의 사회복지경제론적 입장에 가장 근접한 욕구이론이 Doyal과 Gough의 욕구이론이라고 할 수 있다. Doyal과 Gough(1991)는 『인간욕구이론』이라는 그들의 책에서 욕구이론의 새로운 정형화를 시도하였다. 그들의 욕구이론은 심리적 욕구이론을 뛰어넘어 욕구를 복지국가에서 제공되는 사회복지서비스와 같은 사회적 지원과 연관 지었다(Gough, 1994). 그들에 따르면 인간의 욕구는 사회에 소속되어 있는 인간의 비용을 대표하는 것이라고 한다. 즉, 한 인간의 욕구가 충족되지 않으면 그 인간은 사회에서 적당하게 기능하지 못하게 됨으로 인간이 인간다운 삶을 유지, 보존하기 위해서는 사회의 지원은 필수적이 된다.

Doyal과 Gough의 관점에 따르면, 모든 개개인들은 선한 것을 성취하는 것을 방해하는 심각한 해를 피하는데 관심이 있으며 이러한 해를 피하려는 노력은 개개인들의 삶에 놓여 있는 사회 안으로 참여할 수 있는 능력을 필요로 한다. 사회 안으로의 참여를 위해 인간 개개인들은 육체적 건강과 자율성을 가져야 할 필요가 있음으로 인간이 사회에서 인간다운 삶을 유지하기 위한 가장 기본적인 욕구는 바로 건강과 자율성이라고 그들은 강조하였다. 그들에 따르면 자율성이란 바로 무엇이 수행되어져야 하고 어떻게 수행되어져야 하는가에 대해 고지된 선택을 할 수 있는 능력을 의미한다. 그들에 따르면 건강과 자율성은 보편적으로 누구나 가지고 있어야 하고 충족되어야 하는 기본적 욕구이고 이러한 기본적 욕구 이외에 사회적 부의 공정한 분배나 공평 또는 평등을 보장할 수 있는 욕구가 필요하다고 주장하였으며 이러한 욕구를 중간욕구라고 이름 붙였다.

중간욕구란 건강과 자율성을 충족시시기 위해 필요한 욕구를 의미한다. 그들은 기본적 욕구를 구성하는 육체적 건강과 자율성을 보호하고 삶의 사회적 형태로 최대한 참여하는 것을 가능하게 해주기 위해서 중간욕구의 해결이 필요하다고 생각했다. 그들은 12개의 중간욕구를 설정하였으며 그 중 10개는 모든 사람들에게 필요한 것들이고 하나는 어린아이들(어린이 안전)에게 그리고 나머지 하나는 여자들(안전한 산아제한과 출산)에게 필요한 것이다. 따라서 그들은 욕구가 사람들이 처한 상황에 따라 다르게 적용 받을 수 있다는 욕구의 상대성을 인정하고 있음을 알 수 있다. 이들이 제시한 중간욕구는 아래와 같다(Doyal and Gough, 1991).

- 적당히 영양가 있는 음식과 물
- 적당하게 보호받을 수 있는 주택
- 안전한 작업환경
- 의류의 공급
- 안전한 물리적 환경
- 적절한 건강보호
- 성장기의 보호
- 타인과의 일차적인 관계
- 육체적 보장
- 경제적 보장

- 안전한 출산과 산아제한
- 적절한 기본적이고 문화교차적인 교육

특히 Doyal과 Gough는 욕구와 원함의 차이를 강조하였다. 예를 들어 모든 당뇨병환자는 인슐린을 필요로 한다. 만약 인슐린이 없다면 그들의 삶과 사회적 참여는 점점 더 손상을 받게 된다. 따라서 인슐린은 선택의 문제가 아니라 생존의 문제임을 알 수 있으며 개인적으로 그들이 인슐린을 원하건 원하지 않건 인슐린은 제공되어져야 함을 알 수 있다. 이런 의미에서 욕구는 결국 개인주의적인 개념일 수 없다. 인간들이 사회적 삶을 통해서 그들의 개념을 정립하고 사회적 삶으로 다른 사람들과 함께 참여함으로써 그들의 삶을 유지한다는 점이 강조된다. 또한 욕구는 정지되어 있는 개념이 아니다. 인간들이 단순히 태어나서 사회 안에서 성장한다기보다는 오히려 인간들이 삶의 사회적 형태 안으로 참여한다는 의미에서 결코 정적이지 않다고 Doyal과 Gough는 강조한다(지은구, 2003).

Doyal과 Gough는 인간의 욕구충족이 Bradshaw가 주장하는 것과 같이 전문가들이나 직원들에 의해서 이루어지는 욕구에 대한 판단에 의해서 표현되는 규범적 욕구로는 불가능함을 강조하였다. 그들은 전문가에 의해서 이루어지는 욕구사정을 상위하달식(Top-down approach, 또는 전문가 최선 접근방법)접근으로 규정하였는데, 상위하달식 접근은 모든 사람들의 복지에 앞서서 전문가 개개인들의 이익이 우선시될 수 있는 문제점을 가지고 있으며 때때로 보통사람들의 삶의 현실을 무시할 수 있는 문제점들이 있음을 강조하였다. 이러한 문제점을 극복하기 위해 각각 상이한 지역이나 집단이 그들의 욕구를 스스로 결정하고 평가하는 하위상달식 욕구접근방식이 개개인들의 역량강화와 참여를 고취시킬 수 있지만 이 하위상달식 욕구평가방법도 이미 특권을 가지고 있는 집단이나 자원을 가지고 있는 집단들에게 이익이 될 수 있다는 점, 그리고 집단마다 상이한 기준을 제시한다면 복지의 일반적인 보편적인 기준을 성립할 수 없고 욕구의 상이한 개념들이 조정될 수 있는 여지가 없을 수 있다는 점들을 문제점으로 지적하였다. 결국 Doyal과 Gough는 상위하달식접근과 하위상달식접근 양자의 문제를 극복할 수 있는 욕구사정방법이 필요하며 이의 기준으로서 일반사람들의 일상의 삶에 대해 경험에 기초한 지식과 함께 위에서 언급된 기본적 그리고 중간욕구의 모든 분야에서 조사자들의 체계화된 지식이 욕구사정에서 중요하다고 강조하였다.

Doyal과 Gough의 욕구이론은 인간의 욕구를 해석하는데 있어 참여를 강조한다는 특징이 있다. 그들은 인간의 욕구가 사회적 삶으로 참여하기 위한 보편적 전제조건이라고 한다면 모든 인간들이 욕구만족을 위해 강력한 권리를 가진다고 강조함으로 국가(또는 사회)의 욕구충족에 대한 즉각적인 대응을 지지하였다. 그들의 욕구이론의 특징은 다음과 같다(지은구, 2003).

첫째, 욕구를 사회적 참여와 결부시킴으로서 심리적, 주관적 그리고 개인적 욕구 충족에서 사회적 욕구충족으로 범위를 확대하였으며 욕구충족을 위한 사회의 책임을 강조하였다.

둘째, 기본적 욕구와 중간욕구를 구별하고 욕구가 사람에 따라 그리고 집단에 따라 다양한 방식으로 충족될 수 있음을 인정하여 욕구의 상대성을 강조하였다. Maslow가 주장했던 욕구의 서열화이론은 욕구의 상대성을 부정한다. 이는 욕구의 서열화가 특정 욕구가 해결되어야지만 또 다른 욕구가 만들어진다는 것을 의미하기 때문이다. 기본적 욕구를 제외한 중간욕구가 사람들이 처한 상황에 따라 다르게 적용 받을 수 있다는 욕구의 상대성은 결국 욕구의 다양성에 대한 인정과 이의 극복을 위한 다양한 프로그램의 등장에 이론적 기초를 제공한다고 볼 수 있다.

Doyal과 Gough의 욕구에 대한 구분 중 하나인 기본적 욕구에 대해 Hewitt(1992)는 기본적 욕구의 정의에 대한 합의는 결코 가능하지 않다고 주장한다. 그에 의하면 사회의 구조가 특정한 지배집단이 욕구를 정의할 수 있도록 다양한 용어를 구성할 수 있는 힘을 제공한다고 주장한다. 그에 의하면 욕구는 개인의 욕구에 한정되는 것이 아니라 오히려 욕구는 국가에 의해서 그리고 지배집단에 의해서 표현되는 욕구로 확대 해석된다. 이런 의미에서 욕구는 상대적인 의미로 해석되어진다. 이러한 욕구에 대한 상대주의적 입장은 위에서도 살펴본 바와 같이 Doyal과 Gough (1991)에 의해서도 지지되는데 그들은 욕구에 대한 일반적인 정의 또는 욕구 그 자체가 만약 우리가 욕구에 대한 어떤 기본 가정에 동의하지 않는다면 성립될 수 없음을 강조한다. 그들은 위에서 살펴본 바와 같이 욕구의 기본 형태로서 취할 수 있는 인간 삶의 두 측면이 육체적 건강과 자율성이라고 주장하였다. 그들은 이 두 필수조건을 충족시키지 않고는 인간이 생산과 재생산 그리고 문화의 전이를 포함하는 기본적 삶의 행위에 간여하지 않을 것이라고 믿었기 때문이다. 어떤 특정한 나라에서 육체적 건강이 그 속에 속한 인간들이 평범한 사회적 삶을 살기 위한 충분한 수준이 될 수 있지만 반면에 정치적 그리고 사회적 구조가 그들의 자율성 욕구가 성취되는 것을 방해할 수도 있는 것이다.

이러한 상대적 의미의 욕구에 대해 지역 간의 차별성을 강조하여 Pieretti(1994)는 다음과 같이 주장한다. 절대적 의미에서의 욕구가 어떤 한 지역의 영역 안에 있지만 반면에 다른 상황과 비교하여 어떤 욕구도 존재하지 않는다고 볼 수 있다는 것이다. 즉, 뉴욕에 사는 빈민은 개발도상국의 경제수준에 비추어볼 때 빈민이 아닐 수 있다. 하지만 분명한 것은 이러한 사실 때문에 뉴욕의 빈민의 매일의 삶에 있는 빈곤을 부정할 수는 없다는 점이다.

결국, 상대적 의미의 욕구를 강조하는 학자들로부터 욕구의 객관적인 의미는 개개인들의 특별한 욕구표현으로부터 독립적이라는 것과 그리고 국가나 사회의 욕구를 해결하려는 역할의 중요성이 지적될 수 있다. 욕구의 정의라는 이름으로 붙여진 기존의 욕구에 대한 개념들 즉, 개인적 욕구를 강조하는 개념으로부터 욕구의 개념은 사회 안에서의 국가의 역할이나 지배집단의 역할 등 사회적 관계를 고려하는 욕구의 개념으로 확대해야 함을 알 수 있다.

2) Bradshaw의 욕구이론

Bradshaw(1972)는 Maslow 등의 심리적 욕구이론가들과는 달리 욕구가 나타내려는 의미와 연관하여 욕구를 정의하려고 시도하였다. 그는 욕구를 네 가지로 유형화하였는데 그것들은 다음과 같다.

첫째, 느끼는 욕구: 개인적 지각 또는 인지력으로 보여지는 욕구로서 이 경우 욕구는 개인이나 집단성원들이 필요하다고 생각하는 것으로 표현된다.

둘째, 표현된 욕구: 표현된 욕구는 부족한 것을 진술하는 것으로 표현된다.

셋째, 규범적 욕구: 규범적 욕구는 전문가들이나 직원들에 의해서 이루어지는 욕구에 대한 판단에 의해서 표현된다. 따라서 이 경우 사회복지전문가들에 의한 판단은 욕구를 정의하는데 있어 결정적이라고 할 수 있다.

넷째, 비교의 욕구: 비교의 욕구는 개인과 집단의 자원에 대한 접근의 다양성이나 상이성에 대한 비교에 의해서 표현된다. 이 경우 욕구는 매우 상대적인 개념이 되며 상대적 빈곤개념이나 상대적 박탈감과 같이 욕구는 사람들 사이의 비교에 의해서 다르게 나타난다.

Bradshaw가 분류한 욕구 중에서 규범적 욕구는 전문가에 의해서 정의되어지고 사정되어지는 욕구임으로 온정주의적 특징을 내포한다고 할 수 있다. 또한 느끼는 욕구는 갖고 싶은 것 또는 필요하다고 생각하는 것을 나타냄으로 원함과 동일하다고 할 수 있으며 완전한 의미의 욕구에 대한 정의라고 할 수 없다. 그리고 표현된 욕구는 행동으로 전환된 욕구를 나타냄으로 경제학적 용어인 수요와 같은 의미를 내포한다고 할 수 있고 비교의 욕구는 사람 간 또는 집단 간 제공받은 혜택의 차이를 나타낸다(Reviere, et al., 1996).

특히, Bradshaw는 욕구를 정의하는데 있어 전문가의 역할(규범적 욕구)을 강조하였다. 욕구에 대한 그의 분석은 다음과 같은 문제점들을 내포한다고 볼 수 있다. 첫째, 전문가들이 개개인들의 욕구를 평가해서 내놓은 해결책들이 개개인들이 인지하는 기본적 욕구와는 관련이 없는 경우 나타날 수 있는 느끼는 욕구와 규범적 욕구의 불일치, 둘째는 Maslow보다는 개인적 의미의 욕구의 범위를 확대했지만 역시 사회적 욕구에 대한 분석이 결여되어 있다는 점 등이 지적될 수 있다. 이러한 문제점에도 불구하고 Bradshaw의 욕구이론은 욕구를 이해하는데 있어 매우 유익한 정보를 제공하였으며 많은 학자들이 그의 이론을 발전시켰는데 특히 Forder(1974)는 Bradshaw의 욕구의 네 유형에 기술적 욕구(technical needs)라는 새로운 욕구개념을 첨가하였다. 그에 따르면 기술적 욕구란 새로운 유형의 기술이나 조항이 개발될 때 또는 기존의 기술이나 조항들 중에서 어떤 하나가 매우 효과적이라고 밝혀질 때 나타나는 욕구로서 그 전에는 존재하지 않았던 하나의 해결책을 기술적 욕구는 나타내 준다고 할 수 있다. 새로운 의학

기술이나 의약품(바이에그라 같은)에 대한 욕구는 기술적 욕구의 대표적인 예라고 할 수 있다.

3) Marx의 욕구이론

Marx는 특별히 욕구이론라고 이름 붙일만한 이론을 발전시키지는 않았지만 1844년 "파리초고(Paris Manuscripts)"에서 인간을 욕구의 창조자 또는 욕구를 가진 창조자라고 정의하여 욕구의 문제를 처음 다루었다. 그는 인간이 그들의 욕구를 충족하기 위해 일하고 학습하는 과정에서 고생을 경험하기 때문에 욕구의 창조자라고 강조하였다. 그에 따르면 인간발전이라는 것은 인간이 새로운 욕구를 개발하고 욕구를 충족하기 위해 노력하기 때문에 가능하다고 한다. Marx는 욕구를 사회의 발전 수준에 의존해서 그리고 욕구성취과정의 본질에 의존해서 끊임없이 변화하는 것으로 바라보았다. 그리고 Marx(1963)는 욕구가 사회발전에 의존할 뿐만 아니라 사회발전도 욕구에 의존한다고 보았으며 욕구가 사회적 생산의 명백한 형태를 규정한다고 믿었다. Marx의 욕구의 개념의 특징은 욕구의 역사적 본질을 강조하고 있다는 점이다. Marx에 의하면 욕구의 창조와 생산은 긴밀하게 역사적 과정에서 연관을 맺어 왔으며 그리고 역사의 어떤 특정 순간에 욕구의 창조와 생산은 각각 독립적으로 분석될 수 없다고 한다. Marx는 인간의 연구와 인간의 행동들이 욕구의 문제를 이끌어 왔다고 본다. 그는 공산사회의 최대 목표가 바로 인간욕구의 성취라고 보았던 것이다. Marx에게 있어서 욕구는 사회의 물질적 기초(즉, 물질생산) 그리고 인간행동의 총체성(즉, 실천, praxis)사이를 연결하는 연결체로서 기능한다(Markus, 1969; Lefebre, 1968).

Marx의 욕구에 관한 사고들을 기본으로 해서 욕구를 생산과 재생산과정에서 역사적으로 발전하고 표현되는 사회적 그리고 개인적 삶의 발전과 존재를 위한 필수품이라고 정의한다면(Roos, 1973), 욕구의 발전과 만족은 사회성원들의 행동전체와는 떨어질 수 없는 연관이 있게 된다. 즉, 욕구는 더 만족스러운 삶을 위해 더 큰 능력을 가진 인격의 발전을 위해 다양한 측면을 제공하게 된다. 일반적으로 Marx의 욕구이론에 대한 기여는 특히 욕구의 사회적 창조의 과정과 욕구성취 과정의 두 과정에 대한 강조에 의해서 평가될 수 있다. 이 두 과정은 Marx 욕구이론에 있어 중심에 있다. 이 두 과정에서 실천(Praxis)이라는 개념은 매우 중요한 역할을 하고 있는데 실천을 통해서 욕구가 형성되고 또한 욕구가 욕구충족의 형성에서 실천을 규정(다시 말해 어떻게 행동해야 하는지를 규정)하기 때문이다. 따라서 Marx의 욕구에 대한 분석은 다음과 같은 특징을 갖는다고 정리할 수 있다.

첫째, 물질생산과 욕구의 연계 그리고 역사적 과정으로서 욕구의 이해
둘째, 어떠한 임의적인 욕구도 존재하지 않는다는 것을 의미하는 구체적인 사회적 형성과 욕구의 결합, 즉 사회적 기원이 없는 욕구는 존재하지 않는다는 욕구의 본실에 있어 사회적 본실의 상소

위의 두 특징은 욕구가 개인적이고 심리학적이며 비역사적이고 사회와는 어떠한 연계도 갖지 않는 것으로 바라보는 기본적 욕구에 대한 이론들(특히 Maslow 욕구이론과 같은)과는 많은 차이점을 우리에게 시사해 준다.

Marx의 욕구이론은 특히 욕구의 역사적 본질에 대한 강조를 그 이론의 중심에 놓는다. 즉, 인간의 욕구는 사회행동에서 역사적으로 발전된다는 것이다. 물론 이미 발전된 욕구에 의존하는 모든 경우에 있어서도, 물질적 삶을 형성하는 다양한 측면도, 그리고 생산뿐만 아니라 이러한 욕구를 만족시키는 것도 하나의 역사적 과정이라는 것이다(Marx and Engels, 1970). 독립적이고 원초적인 욕구는 단지 생존의 욕구라고 Marx와 Engels는 강조한다(Marx and Engels, 1970).

생존을 위해서는 즉, 생존의 욕구를 위해서는 물질적 생산의 기초를 형성하는 먹고, 마시고, 그리고 거주지 같은 그런 욕구의 충족이 필요하다. 따라서 그들에 의하면 생산은 욕구로부터 즉, 생존을 위한 필요로부터 오는 것이다. 하지만 인간이 물질적 생산을 할 때, 즉, 일을 할 때, 생산은 동시에 인간의 욕구에 영향을 끼쳐서(상품을 갖고 싶은 욕구가 발생하기 때문에) 생산이 인간의 욕구를 바꾸고 창조하기 시작한다고 한다.

생산과 소비 그리고 분배의 관계를 분석하는 데 있어 Marx는 첫 번째 위치에 있는 생산이 물질적 목적을 가지고 욕구의 충족인 소비를 자극한다고 한다. 그리고 목적이 없는 소비는 소비가 아니며 결국 이러한 관점에서 생산이 소비를 창조하고 만들어 내는 것이라고 강조한다. 즉, 생산이 이루어져야 소비가 이루어지고 소비가 이루어지면 생산을 자극해서 다시 생산이 이루어지게 된다는 측면에서 결국 생산이 소비를 창출한다는 것이다.

이 점은 Markus(1969)와 Gorz(1971)와 같은 Marx주의자들에 의해서 강조되는데 특히 Markus는 인간이 그의 욕구를 동물들과는 달리 비 간접적으로 사회적 행동, 즉 일을 통해서 만족시킨다고 강조함으로써 욕구의 물질적 생산을 통한 성취를 강조하였다. 즉, 인간은 욕구를 생산을 통해서 성취한다는 것이다. 예를 들어 사자는 배가 고프면 생물학적 욕구를 채우기 위해 직접적으로 사냥을 통해 만족을 성취하지만 인간들은 배가 고프면 일을 해서 그 일에 따르는 결과물을 가지고 소비를 함으로써 욕구의 성취를 달성한다고 보았던 것이다. 이는 기본적 욕구를 절대적이고 일차적으로 보는 시각에 대해 인간의 기본적 욕구는 역사적으로 결정된다는 인간욕구의 역사결정주의를 강조하는 시각으로서 욕구는 일을 통해서 창조되고 그리고 생산을 통한 소비를 통해서 충족된다는 것을 의미하며 생산의 사회적 관계가 곧 욕구의 본질을 의미하고 이 생산관계가 욕구의 내용을 또한 변화시킨다고 보는 것이다. 따라서 Marx주의자에게 있어서 인간의 본질 또는 실체는 일(work)이지 욕구(needs)가 아니다. 결국 인간은 일을 통해서 욕구를 충족시킨다. Marx주의자는 기본적 욕구(생물학적 욕구)가 물질적 생산을 통해 충족되면 이 물질적 생산과정에서 새로운 욕구가 창조된다고 본다. 결국 생물학적 욕구 그것 자체가 단지 물질적 생산을 만들고 그리고 물질적 생산을 통해서 인간의 다른 형태의 유형들이나 또는 인간 행동의 총체성(Praxis)을 일으키는 다른 욕구들이 창조되는 것이다. 결국 Marx주의자들의 욕구이론 핵심은 욕구가 창조된다는 것이고 창조되는 욕구는 인간행동에 의해서 충족된다는 점이라고 볼 수 있다.

하지만 모든 Marx주의자들이 욕구에 대해 공통된 견해를 갖는 것은 아니다. Mandel(1968)은 위의 입장에 동의하지 않는다. Mandel에 따르면 욕구는 전적으로 안정적이다. 모든 역사를 통해서 보더라도 인간의 생물학석 욕구 즉, 음식, 거주, 옷, 종의 유지(maintenance of species)들은 존재해 있었다고 강조한다. 그는 다양한 욕구가 물질적 생산을 통해서 창조된다고 보지 않는다. 하지만 Gorz(1971)는 역사를 통해서 보면 다양한 기본적 욕구들이 존재해 있었다는 Mandel의 견해에 대해 다음과 같이 비판한다. Gorz에 따르면 존재하는 생산수준과 생산관계가 어떻게 욕구가 충족될 것인지를 결정하며 그리고 욕구의 본질을 결정한다고 한다. 따라서 역사를 통해 이미 많은 기본적 욕구들이 존재했었다는 것은 이러한 기본적 욕구들이 꾸준히 그들의 본질과 외관을 바꾸어 왔다는 측면에서 오류라고 주장한다. 이러한 관점에서 본다면 우리의 욕구에 대한 평가는 변할 수 있으며 결국 욕구의 자연적 본질은 끊임없이 변화한다.

하지만 욕구이론에 관한 Marx주의의 견해는 인간의 생리학적 또는 생물학적 욕구를 생산과 연관시킴으로써 즉, 생산을 생물학적 욕구와의 관련 하에서만 관찰하고 있다는 한계를 또한 보여준다. 물론 욕구의 창조자가 인간인 것은 사실이지만 Marx가 본 것과 같이 이러한 욕구들이 일을 통해 즉, 욕구가 물질적 생산을 통해 창조된다는 것은 현재 표출되어 있는 생물학적 욕구에 대한 성취를 생산에만 결부시킴으로 인해 생산의 능력을 상실한 인간들(장애인이나 노인들)이 가지는 생물학적 욕구의 실현을 무시하는 경향을 내포하는 위험성을 가지는 것이다.

3. 욕구이론 종합

욕구이론은 욕구가 일어나는 원인, 욕구의 본질과 기원, 그리고 사회와의 연관 등을 규명하는 것 그리고 사회발전과정에서 욕구의 실제적 위치에 대한 분석 등이 중심이 되어야 하겠지만 개인의 심리적 측면이 강조되어온 욕구이론들은 욕구의 요소를 주로 심리적 그리고 생리학적 측면에서만 다룬다는 한계를 가지고 있다. 특히, 욕구이론은 욕구의 구성요소를 밝히는 것도 중요하지만 왜 욕구가 발생하며 욕구의 주체와 대상을 밝히는 것도 매우 중요한 중심축이 되어야 한다. 따라서 욕구이론은 다음과 같은 질문들에 대한 해답을 찾는 과정과 연관이 있을 수 있다.

첫째, **욕구의 주체에 대한 분석**. 즉, 욕구의 주체는 다음의 질문에서 구체화된다. 즉, 누가 욕구를 가지고 있는가? 왜 욕구를 가지고 있는가? 이 질문들에 대한 분석은 욕구이론의 중심으로서 욕구의 해결을 위한 주체의 설정에 도움을 준다.

둘째, **욕구의 대상에 대한 분석**. 즉, 성취되어야 하는 욕구가 무엇인가에 대한 분석도 욕구이론의 중심축이 되어야 한다.

욕구를 객관적으로 해석하는 욕구이론들은 욕구를 사회발전의 과정이나 사회와의 관계 하에서 분석하려는 시도를 하였다는 점에서 높은 평가를 받을 수 있지만 역시, 욕구의 주체와 대상에 대한 분석은 소홀히 하고 있다. 욕구이론은 욕구를 사회와의 연관 하에서 분석하고 요구의 주체와 욕구형성의 이유를 모두 밝히는 것이 중요하며 이중에 어느 한쪽이라도 분석이 제대로 이루어지지 않는다면 욕구이론의 발전은 지체될 수밖에 없다.

지금까지 욕구에 대한 이론들은 주로 **욕구의 대상에 관한 이론**들이 주종을 이룬다. 즉, 욕구는 무엇이고 어떤 종류의 욕구가 있는가?에 대한 대답이 주종을 이룬다. Maslow와 같은 심리학자들과 Bradshaw 등은 모두 이 부류에 속한다. 이들은 욕구의 대상에 음식, 주택 등의 물질적인 것과 사랑 등의 감성적인 것 등이 다 포함되는 것으로 보고 있다. 특히 Bradshaw는 욕구의 대상보다는 욕구를 구분하는 욕구의 유형을 객관적 그리고 주관적으로 분류하여 사회복지사들의 욕구사정에 대한 정당성을 제시하는데 중요한 역할을 하였지만 욕구를 구성하는 요인을 지적하는 데는 한계를 나타내었다. 반면, Doyal과 Gough는 욕구의 구성요인을 기본적 그리고 중간욕구로 구분하고 욕구의 사회적 연관 하에서 욕구 해결을 위한 참여를 그리고 Marx주의자들은 행동과 실천을 중요시하여 욕구해결에 대한 국가적 대응의 정당성을 부여하였다는 점에서 욕구이론의 발전에 기여하였다.

결론적으로 말하면 욕구의 정의는 고정되어 있을 수 없으며 주어진 상황에서 사회적 상호행동에 의해서 나타나는 하나의 산물이다. 따라서 그 시대에 맞는 기본적 욕구에 대한 일치를 산출하기 위해서는 인간의 기본적 욕구를 사회와의 관계 하에서 바라보는 시각의 조정이 필요하다. 이러한 의미에서 욕구를 개인적 욕구와 사회적 욕구로 이분하여 바라보는 것도 의미가 있다고 보여진다. 결국 욕구는 역사적으로 발전하며 각각의 특정한 사회에 대한 요구에 대한 응답으로서 특정한 형태를 나타내는 것이다. 즉, 욕구는 사람이 생존하기 위해서 필요한 음식이나 건강 같은 절대적 또는 생리적으로 필요한 것이며 또한 욕구는 사회적 상황 하에서 사회적 상호행동에 영향을 받고 사회적 행동을 불러일으켜 사회적 대응을 필요로 하는 것으로 이해할 수 있다.

제4절 욕구의 정치경제학과 수요 그리고 사회복지의 관계

1. 욕구의 정치경제학

앞에서 언급한 바와 같이 욕구란 건강한 삶을 살기 위해 반드시 필요한 것으로 없으면 개개인들의 삶에 부정적인 영향을 미치게 되지만 개인적으로 갈망하는 것이나 원하는 것은 개개인들의 삶에 부정적인 영향을 미칠 정도로 반드시 필요한 것은 아니라고 할 수 있다.

Spicker(2000; 1993)에 따르면 욕구는 다른 사람에 대한 의무를 나타낸다고 하며 욕구는 **요구**(claim)와 동일시된다고 한다. 자신들이 가지고 있는 자원을 통해서도 충분히 욕구가 충족될 수 있는 사람들에게 요구는 필요 없을 것이며 욕구가 이루어질 수 없는 사람들에게 요구는 욕구해결을 위한 하나의 방식으로 욕구해결을 위한 의무가 있는 사람들에게 전달된다. 한 사람이 일을 할 수 없을 정도로 아프면 그 책임은 의무의 구조에 따라 가족에게, 회사에게 또는 직장 동료에게 돌아갈 수도 있다. 이 의무구조의 가장 기본적인 수준은 복지국가에 규정되어 있는 최소수준의 혜택이 될 수 있다. 이 의무구조의 사회적 책임으로서 20세기 복지국가의 발전과 함께 최소수준 또는 최소생계비 수준의 혜택에 대한 사회적 합의가 형성되었다. 사회에 의해서 수용되어지는 이 최소수준은 Spicker(2000)에 의하면 다음의 두 과정을 거쳐서 발전하였다고 한다. 첫 번째는 욕구 그것 자체가 사회적으로 정의되었기 때문이라고 한다. 두 번째는 욕구가 충족되어져야 하는 방식이 사회적으로 이루어져야 하기 때문이라는 것이다. 즉, 욕구가 개인적 수준에서 결정되기도 하지만 사회적 수준에서 결정되며 그리고 욕구해결 또한 사회적 책임으로서 사회에 의해서 결정된다는 것이다. 욕구해결에 대한 사회복지측면에서의 해법은 욕구가 사회적으로 이루어지며 개인들에게까지 영향을 미치기 때문에 욕구의 해결은 사회적 대응 즉, 국가적 대응으로 해결되어야 한다는 점을 강조하는 것이다.

반면 욕구해결을 위한 경제학의 해법은 욕구를 개인들이 원하는 것(want)으로 대치시키고 개인들은 자신이 원하는 것을 선택할 수 있으며 이 선택은 개인의 선호도에 따라 결정된다고 보며 이러한 일련의 과정은 자유시장을 통해서 이루어진다고 보는 것이다. 즉 개인적 욕구가 시장을 통해서 충족 될 수 있다는 것을 의미하며 이러한 개인적 욕구의 달성은 Pareto 원칙에 따라 사회적 욕구의 달성으로 이어져 결국 사회복지가 증진된다고 본다. 여기서 개인은 자유의지를 가진 개인주의에 기초한 개인을 의미하며 그 주체가 무엇인지는 중요하지 않은 것으로 간주된다. 즉, 개인이 똑같은 욕구와 같은 문제해결을 위한 수단을 가지고 있으며 각각의 선호에 대한 가치가 동일한 개인을 의미한다. 복지경제학의 가장 기본적인 경제주체에 대한 설명에서 Edgeworth는 아담과 이브가 같은 욕구를 갖고 사과와 무화과에 대해 비슷한 선호를 가지며 사과와 무화과를 동일한 수준의 생산물로 바라보기 때문에 두 사람간의 교환은 등가교환으로서 이루어지며 이 두 물건을 교환함으로써 개개인들의 만족이 증진됨을 설명한다. 여기서 경제주체인 아담과 이브가 누구인지 어떠한 관계에 있는지 등은 고려의 대상이 아니다. 단순한 개인 그 이상도 이하도 아닌 바로 그 개인이다. 아담이 노인인지, 장애인인지, 노숙자인지, 임시노동자인지, 또는 이브가 기업의 사장인지, 의사인지, 또는 과수원주인인지 등은 전혀 고려의 대상이 아닌 것이다. 부자와 빈자의 욕구가 상이함을 인정하지 않는 그리고 선호가 개인이 속해 있는 생산의 사회적 관계에 따라 큰 차이를 가지고 있음을 인정하지 않는 단순한 개인의 욕구와 선호에 따른 선택 그리고 그 선택에 대한 책임의 개인적 귀속은 복지경제학의 욕구문제해결의 핵심이다.

모든 욕구를 개인이 원하는 것(want)으로 보는 복지경제학에서 욕구가 **원함, 선택**, 그리고 **선호**로 해석되어지는 한에서 사회복지의 가치는 제한적일 수밖에 없다. 즉, 개인이 원하는 것은 개인적 만족을 증진시킬 수 있는 것이므로 개인적 능력에 따라 그리고 선호도에 따라 자유롭게 선택할 수 있다는 것이 신고전파 복지경제학에서 의미하는 욕구의 경제적 의미이기 때문이다. 이러한 의미에서 사회복지의 가치는 자본주의의 자유시장 교환메커니즘에 종속되어 사회질서를 유지하기 위한 국가의 최소한의 수준의 개인적 욕구해결을 강조하게 된다.

2. 욕구와 수요

욕구와 수요는 작동원리와 이에 대한 대응원리가 상이한 개념이다. 자본주의라는 경제체제에서 사람들이 갈망하는 것이나 욕망하는 것은 일반적으로 시장을 통해서 구입함으로 해결된다. 즉, 자본주의국가는 개개인들의 욕망이나 원함 또는 갈망을 해결해주는 사회적 체계로 시장이라는 할당구조를 가지고 있다. 하지만 자원의 할당은 반드시 시장이라는 조정 양식을 통해서만 이루어지는 것이 아니다. 시장은 전통적으로 수요와 공급법칙에 의해 영향을 받는다. 수요법칙에 따르면, 수요가 형성되면 수요를 채우기 위한 공급이 이루지고 이러한 수요와 공급은 시장의 균형가격을 형성하는데 영향을 미친다. 따라서 수요의 해결은 시장의 공급을 통해서 이루어진다는 특징이 있다. 일반적으로 수요에 대한 전제는 국민들이 재화나 서비스를 구입할 능력을 가지고 있어야 한다는 점이다. 만약 국민들이 재화나 서비스를 구매할 수 있는 능력(구매력)을 가지고 있지 못한다고 한다면 생산자나 판매자는 재화나 서비스를 공급하지 않을 것이기 때문이다.

수요와 공급과 연관이 있는 용어로 부족, 과잉 그리고 균형이 있다. 부족은 수요의 양이 공급량을 초과할 때 발생하며 과잉은 반대로 공급양이 수요의 양을 초과할 때 나타난다. 균형은 균형가격을 의미하며 소비자들에 의해서 요구된 재화나 서비스의 양이 생산자에 의해서 제공된 공급의 양과 같을 때 나타난다. 일반균형이론은 이러한 시장의 균형을 강조하는 이론이라고 할 수 있다.

반면 욕구는 인간이 기본적인 삶을 유지 보전하기 위해 반드시 만나야 하는 것과 관련이 있다. 국민들이 재화나 서비스를 구매할 수 있는 능력을 가지지 못한 경우 즉, 시장을 통한 교환이 불가능한 경우여야 하지만 교환의 내상이 국민들이 인간나운 삶을 유시 보선하는데 반드시 만나야 할 재화나 서비스인 경우 시장은 생산과 분배의 조정양식으로의 기능을 발휘하지 못하게 된다. 시장을 통한 교환이 불가능한 경우 국가는 시장이라는 생산과 분배의 조정양식을 대체할 수 있는 새로운 할당구조를 필요로 하며 복지국가는 이러한 할당구조로서 사회복지제도나 프로그램을 통한 자원할당을 추진하게 된다. 따라서 국민들의 욕구충족은 국가적 차원의 개입을 통해 해결되지 개인적 능력 즉, 구매력에 의해서 채워지지 않는다. 따라서 욕구는 재화와 서비스가 왜 필요한지 그리고 누가 필요한지를 분명하게 밝히지만 수요는 누가 필요한지 그리고 왜 필요한지에 대한 추가적인 설명은 필요 없고 단순히 구매력에 의해서 교환이 이루어진다는 특징이 있다. 결국, 수요의 충족은 개인적 구매력에 의해서 영향을 받지만 욕구의 충족은 국가의 재정지출에 영향을 받는다. 따라서 욕구의 충족은 국가의 재정능력에 직접적으로 영향을 받는다고 볼 수 있다.

욕구는 국가의 결정(또는 판단, Judgement)에 의해서 영향을 받는다. 만약 특정 서비스가 국가적 차원에서 반드시 모든 국민들(또는 특정 국민들)에게 제공되어야 한다고 판단된다면 그 서비스는 시장의 수요에 상관없이 서비스를 필요로 하는 국민들에게 제공된다고 할 수 있다. 하지만 수요는 시장에 의해서 영향을 받는다. 개인적 수준에서 선호하는 것이나 원하는 것은 시장을 통해서 교환이 이루어지며 구매력을 가진 소비자가 원하는 모든 재화나 서비스는 시장의 원리에 따라 생산과 공급이 이루어진다고 할 수 있다. 따라서 욕구와는 다르게 시장은 구매력을 가진 소비자가 원하는 모든 재화나 서비스가 교환가능한 곳이지만 즉, 구매력을 갖춘 국민들의 수요가 있으면 생산과 공급은 이루어지지만 욕구는 구매력과는 상관없이 국가의 결정에 따라 생산과 공급이 이루어진다는 특징이 있다. Culyer(1980)은 욕구가 국가 목적성취를 위한 수단이라고 생각하였지만 욕구는 더 나아가 복지국가가 지향하는 것을 성취시켜 주는 수단이라고 할 수 있다.

수요를 통한 교환은 시장의 원리에 입각함으로, 공급자의 입장과 수요자의 입장은 모두 자신들에게 이익을 가져다주어야 교환이 성립된다는 특징이 있다. 수요하는 것을 구매하는 구매자는 화폐가격을 지불하면서 더 싼 가격으로 더 좋은 서비스를 구입할 것을 원하며 공급자의 입장에서는 더 많은 서비스가 높은 가격으로 판매가 되어 더 많은 이윤을 가져다주는 것을 선호하게 된다. 따라서 수요의 충족은 재화와 서비스의 교환에 있어 비용대비 더 많은 혜택이나 이윤을 가져다주는 쪽에서 결정됨으로 수요 충족의 기준은 바로 효율성(비용효율성과 생산효율성)이라고 할 수 있다. 반면에 욕구 충족의 기준은 효율성이 강조되는 것이 아니라 욕구를 충족시키기 적당한 서비스나 혜택이 제공되었는가(적절성)와 욕구에 있는 사람들이 모두 원하는 서비스를 제공받았는가(평등성), 그리고 사회적 소외나 배제 또는 차별받은 사람들에게 필요한 서비스가 제공되는가(형평성)라고 하는 적절성과 형평성 그리고 평등성에 있다. 결국, 수요는 시장의 원리와 연관이 있고 개인의 구매능력과 연관이 있는 반면 욕구는 사회적 대응의 수준과 국가개입의 정도와 연관이 있다. 아래의 〈표 5-2〉는 수요와 욕구의 차이점을 비교한 것이다.

〈표 5-2〉 수요와 욕구의 비교

	수요(demand)	욕구(need)
수요와 욕구의 해결	수요의 해결은 생산자와 판매자의 재화나 서비스의 시장공급을 통해서 해결	욕구의 해결은 국가의 사회복지서비스나 재화의 공급을 통해서 해결
교환의 주체	시장에서의 교환능력이 있는 모든 국민	시장에서의 교환능력을 가지지 못한 국민
교환장소	시장	공공조직이나 비영리조직
교환의 조건	구매력	국가 재정능력
재화나 서비스의 성격	민간재	공공재나 가치재
생산과 공급	생산과 공급은 주로 수요와 공급의 법칙에 의해 결정	생산과 공급은 욕구사정에 의해 결정
기준가치	효율성	형평성, 평등성과 적절성

3. 욕구와 사회복지

사회복지경제학에서 뿐만 아니라 프로그램개발이나 사회복지정책을 포함하는 전 사회복지분야에서 욕구는 중심개념이다. 사회가 존재하는 이유는 어떤 의미에서 사회 구성원들의 욕구를 충족시키기 때문이기도 하다. 그러나 모든 사회가 그 구성원들의 욕구를 충족시키지는 않는다.

위에서도 언급하였지만 Marx와 Engels는 그들의 저작에서 욕구에 관해서는 많이 언급은 하였지만 구체적으로 욕구의 이론이라고 발전시킨 것은 없다. Marx와 Engels는 욕구를 사회창조의 역사적 이유(historical reason)로서 바라본다. 즉, 그들의 관점에 의하면 계급 없는 사회의 중요 목적이 욕구의 성취이다. 즉, 계급 없는 사회를 통해 욕구의 충족이 이루어지는 것이다. 결국 한 사회의 구성원들에 대한 욕구의 충족은 항상 이루어지는 것이 아니라 오직 특정한 역사적 형태가 존재해야 하는 이유를 가지고 있어야만이 가능한 것이다.

복지와 욕구는 어떠한 관계에 있는가를 살펴본다면 욕구의 해결이 복지의 제공에 의해서 성취될 수 있다는 의미에서 복지와 욕구는 긴밀한 관계를 유지한다. Zwannikken(1963)은 **욕구를 복지의 부족**이라고 정의하였다. 즉, 욕구의 성취는 복지에 영향을 끼치는 하나의 필수품인 것이다. **복지가 필요하다는 것은 또한 필요한 것이 복지라는 의미**에서 이해될 수 있다. 욕구와 복지를 연결시키기 위해서는 먼저 **욕구**(needs)**와 원함**(wants)**의 차이점**에 대해 살펴보는 것이 중요하다. 일반적으로 원함은 인간의 갈망과 관련이 있음으로 사람들이 갖기를 원하는 것이 원함이라고 할 수 있고 욕구는 생존을 위해서 반드시 필요한 것을 의미한다. 욕구와 원함의 차이점은 다음과 같이 지적될 수 있다.

첫째, 욕구는 복지와 사회행동 사이의 연결책이라는 점이다. 이는 욕구는 사회행동을 불러일으키고 행동의 결과로 복지가 성취될 수 있기 때문이다. 또한 이는 욕구가 인간행동에 의해서 결정되고 인간행동을 결정한다는 의미에서 설명되어진다. 즉, 어떤 욕구가 성취된다면 복지가 영향을 받는다는 점에서 욕구가 복지를 결정하는 것이고 또 반대로 복지는 필요한 것이 무엇인지를 결정한다는 점에서 복지와 욕구는 긴밀한 관련을 맺는다. 그리고 욕구의 본질은 이중적인데 첫 번째로 인간은 욕구의 사회적 그리고 자연적 조건에 의존한다는 점이고 그리고 두 번째로 인간은 그 자신과 사회를 발전시키기 위해서 노력한다는 점이다. 이 욕구의 이중성을 Marx의 용어인 주관적 요인과 객관적 조건을 이용해서 해석한다면 욕구는 인간의 행동을 규정짓는 객관적 조건들에 구체화되어서 나타나지만 그러나 욕구는 또한 주관적 요소, 즉 인간, 그 자체가 그의 주변을 통제할 수 있고 규정할 수 있는 시도들을 적극적으로 행한다는 의미에서 주관적 요소의 부분이기도 한 것이다.

〈표 5-1〉 원함과 욕구의 차이

원함(wants)	욕구(needs)
• 개인적 충족을 강조한다. • 시장의 가치에 따라 원함의 정도가 결정된다. 즉, 물질적 부의 생산과 소비에 따라 욕구가 충족될 수 있다고 간주한다. • 원함의 주체에 대한 사회적 관계가 자유경쟁이라는 시장의 rkc에 근거해서 결정되며 원함의 해결도 개인적 선호와 이에 근거한 선택에 의해서 이루어진다고 간주한다. • 원함의 해결은 개인의 능력에 의존하며 또한 원함의 해결은 개인적 만족에 의해서 측정될 수 있다. 따라서 원함을 개인적 능력으로 해결하지 못하는 사람과 해결하는 사람간의 갈등과 상대적 박탈감이 조성된다. • 소비자주권을 강조한다. • 원함의 해결은 시장에서 이루어진다.	• 개인 집단이나 지역의 욕구충족을 통한 사회문제의 해결을 강조한다. • 개인적 욕구와 사회적 욕구를 구분한다. • 욕구주체 즉, 누구의 욕구인가에 대한 욕구의 대상을 구분하며 이들의 사회적 관계를 고려한다. • 자유경쟁이라는 시장의 가치에 따라 욕구의 정도가 결정된다고 보지 않으며 사회적 기준에 따른 사회적 대응에 의해서 욕구충족이 이루어진다고 간주한다. • 욕구의 해결은 욕구사정을 통한 사회적 측정기준에 따라 측정되어질 수 있다. • 평등, 형평, 적정성을 기초로 하는 분배적 정의가 강조된다. • 욕구의 해결을 사회적 프로그램을 통해서 이루어진다.

* 자료: 지은구(2006). p. 144 〈표 5-1〉에서 재수정

둘째, 원함은 갈망이나 (선호 또는) 좋아하는 것의 의미에서 인간이 갖기를 소망하는 것이라고 규정한다면 결국 Barry(1965)가 규정한 것과 같이 원함은 좋아하는 것, 선호와 관련된 개념이라고 볼 수 있다. 이에 비해 욕구는 좀더 기본적인 사고 즉, 복지 또는 좋은 삶이라는 것에 대한 그리고 인간은 무엇인가라는 질문에 대한 기본적인 생각들과 연관이 있다. 모든 욕구가 원함과 연관이 있을 수 있지만 모든 원함이 욕구와 연관이 있는 것은 아니다. 인간이 원하는 것은 그가 좋아하는 것이라는 의미에서 좋아하는 또는 선호한다는 개념이 원함과 관련이 있기 때문에 결국 욕구는 원함의 바람직함(desirability)을 위

한 조건을 구성한다. 원함과 욕구의 차이점을 구체적으로 구분하면 〈표 5-1〉과 같다.

4. 복지국가 그리고 욕구

복지국가는 인간의 기본적 욕구를 국가적 개입을 통해 해결하는 것을 강조함으로 복지국가와 욕구는 직접적 인과관계에 있다고 할 수 있다. 즉, 인간의 기본적 욕구결핍이라는 종속적 요인은 국가적 개입을 통한 해결이라는 독립적 요인에 의해서 가능하며 욕구결핍을 해결하는 구체적인 방안으로 사회복지재화와 서비스가 제공되기 때문이다. 복지국가가 사회복지를 증진시키는 것을 목적으로 한다면 사회복지의 증진은 국민들의 기본적 욕구해결을 통해서 구체적으로 실현될 수 있음으로 욕구해결을 위한 제반 제도나 정책 또는 프로그램들은 복지국가가 잘 기능하고 있는가를 판단할 수 있는 실질적인 가이드라인의 역할을 한다고 할 수 있다.

복지국가는 인간의 욕구를 해결하기 위해 노력하지만 시장은 인간의 욕망이나 갈망하는 것이나 원하는 것을 해결하기 위한 기구이다. 따라서 시장은 인간의 주관적인 갈망을 해결하지만 복지국가는 인간의 객관적인 욕구를 해결하기 위해 노력한다. 이는 개인의 갈망이나 욕망은 시장을 통해서 해결될 수 있지만 인간의 복지에 대한 욕구는 국가적 개입을 통하여 실현시키는 것이 복지국가의 원칙이자 기본 틀이기 때문이다. 일반적으로 욕구는 기본적 삶을 유지하는데 반드시 **필요한 것**을 의미함으로 욕구의 해결 없이는 원함이나 갈망의 해결은 불가능하다고 할 수 있다. 일단 생활하는데 반드시 필요한 음식, 주택, 의료, 기본적 소득 등과 같은 기본적 욕구가 해결되어야만 개인적으로 갈망하는 것이나 원하는 것이 나타날 수 있다. 따라서 원함 전에 반드시 욕구는 충족되어야 하지만 욕구가 원함을 대신한다고는 할 수 없다

(Goodin, 1988). 결국 내가 원하는 것은 내가 욕구하는 것이 해결된 이후에 적당한 절차를 걸쳐서 해결된다고 할 수 있다. 결국 욕구의 해결은 원함의 전제조건이라고 할 수 있다.

욕구하는 것과 원하는 것이 일치하는 경우는 존재하지 않는가? 소득이 낮은 무주택자들을 위하여 국가적 개입을 통한 국민임대주택의 공급은 가능하지만 소득이 낮은 무주택자들이 69평 아파트를 원한다고 해서 국가의 직접적 개입을 통하여 모든 소득이 낮은 무주택자들에게 69평 아파트를 공급할 수는 없으며 69평 아파트는 개인적 능력에 따라 주택시장을 통해서 해결된다고 할 수 있음으로 욕구와 원함은 대상도 다를뿐더러 기본적으로 해결의 수준이 다르다고 할 수 있다.

사람들은 기본적으로 해결하여야 하는 욕구가 해결되지 않으면 위기나 위험을 느낄 수 있으며 이러한 위기나 위험을 국가가 직접적 개입을 통해서 해결해 준다는 확신을 가지고 있는 경우 보다 안정된 삶을 유지할 수 있다는 면에서 욕구의 사회적 해결은 매주 중요한 복지국가의 기능이라고 할 수 있다.

제5절 소 결

욕구와 관련하여 사회복지경제측면에서 반드시 구분하여야 하는 개념은 수요와 원함 그리고 욕구의 차이점이라고 할 수 있다. 수요와 원함이라는 경제적 개념은 시장이라는 교환체계의 작동원리를 설명하고 그 체계에 의해서 충족되지만 욕구는 사회적 대응을 불러일으킴으로 욕구의 작동은 국가적 대응을 그리고 욕구의 해결은 사회 또는 국가적 대응을 통해서 충족된다. 욕구는 인간이 기본적인 삶을 유지 보전하기 위해 반드시 만나야 하는 반드시 충족되어야 하는 것을 의미함으로 욕구의 해결은 사회복지경제에 있어서 중요한 주제라고 할 수 있다. 즉, 욕구는 사회복지경제가 반드시 해결하여야 하는 주제라고 볼 수 있으며 수요와 원함은 시장경제가 해결하여야 하는 중요한 주제하고 볼 수 있다.

Gough와 Doyal이 의미한 바와 같이 욕구의 해결은 인간이 인간다운 삶을 유지 보전하기 위해 즉, 삶의 유지를 위한 기본적 물질로부터 자유로워지기 위해 반드시 필요한 것으로 인간의 기본권, 사회권 나아가 복지권을 확보하고 실현하기 위해 반드시 필요한 전제조건이라고 할 수 있다. 욕구는 Marx가 의미한 바와 같이 역사를 발전시키는 원동력이며 욕구의 해결이야 말로 인간이 억압이나 굴레로부터 기본적으로 해방되는 인간해방의 전제조건이라고 할 수 있다. 욕구가 해결되지 않는 한 인간에게 있어 진정한 자유란 존재하지 않음으로 욕구의 해결은 곧 복지국가가 지향하는 사회적 차별과 배제를 극복하는, 나아가 사회정의의 실현 정도를 측정하는 기본적인 척도로서의 역할을 수행한다.

사회복지경제분석을 위해서 욕구이론은 욕구가 무엇인가라고 하는 욕구의 대상에 대한 분석보다는 누가 욕구를 가지고 있으며, 왜 욕구를 가지고 있는가를 분석하는 것이 더욱 중요하다고 볼 수 있다. 또한 욕구는 인간이 처한 상황이나 조건에 따라 그리고 정치, 경제 그리고 사회적 정황에 따라 상이할 수 있음으로 욕구를 분석하기 위해서는 개인에 대한 분석도 중요하지만 인간이 처한 사회에 대한 분석 역시 매우 중요하다고 볼 수 있다. 사회복지의 증진은 곧 개인이 가지고 있는 욕구 해결을 통해 증진됨으로 욕구해결을 위해 제공되는 사회복지재화와 서비스의 욕구해결정도는 곧 복지국가의 수준을 측정하는 중요한 척도가 될 수 있다.

제6장 빈 곤

제1절 개관

빈곤은 복지국가가 해결하여야 하는 중요한 정책적 일순위이고 다양한 빈곤정책이 사회복지영역에서 제공되고 있음으로 사회복지경제를 분석하는데 있어 빈곤은 중요한 영역이다. 빈곤은 복지국가가 해결하고자하는 가장 오래 되었지만 여전히 해결되지 않고 있는 핵심적인 사회문제이다. 빈곤예방과 퇴치를 위한 각종 빈곤프로그램을 통하여 국가는 빈민들을 포함하여 국민들에게 다양한 사회복지재화와 서비스를 제공하고 있지만 여전히 미국을 포함한 주요 선진국들과 우리나라에서도 빈곤율은 여전히 낮아지지 않고 있으며 상대적 빈곤율은 오히려 지속적으로 상승하고 있다. 특히, 절대적 빈곤율을 채택하고 있는 우리나라의 경우 많은 국가들이 채택하고 있는 상대적 빈곤율을 적용하여 중위소득가구의 50%를 빈곤선으로 규정하는 경우 많게는 전체 국민의 약 12% 이상이 빈곤선이하에서 생활하고 있다.[1] 특히, 소득

1) 절대적 빈곤율은 매년 정부서 발표하는 최저생계비 이하 수준에 있는 사람들

상위 10%와 하위 10% 사이의 격차는 국민총소득이 증가되고 한국경제의 규모가 발전하고 있지만 여전히 줄어들지 않고 지속적으로 확대되고 있어 빈곤에 대한 국가적 차원에서의 정책적 노력은 더욱 세심하게 이루어져야 할 필요성이 제기되고 있다.[2] 특히, 빈곤이 자본주의 경제 하에서 전체적인 사회의 부가 증대함에도 불구하고 지속적으로 확대 재생산되는 것은 빈곤 퇴치나 예방에 대한 정책적 전환이 필요하다는 것을 의미하는 것이라고 볼 수 있다.

본 장에서는 빈곤의 정의와 빈곤이론을 비교분석하며 빈곤이 줄어들지 않고 확대 재생산되는 이유 즉, 빈곤의 원인을 다양한 시각에서 검토하며 빈곤과 자본주의와의 관계를 비판적으로 분석한다. 즉, 자본주의가 유지 발전하기 위해 소수의 집단이 빈곤을 활용하고 있음을 빈곤의 기능에 대한 분석을 통하여 제시한다.

제2절 빈곤의 정의

빈곤을 정의한다는 것은 현실적으로 불가능한 작업이라고 할 수 있다. 이는 빈곤에 대한 정의가 너무 광범위하며 아직 합의된 빈곤에 대

의 수를 의미하는 것으로 2012년 4인 가구 기준 최저생계비는 1,495,000원으로 책정되어 있다. 상대적 빈곤율은 중위소득의 일정비율을 빈곤선으로 측정하는 것이며 OECD는 중위소득의 50%를 가장 많이 국제비교에 사용한다. 통계청의 e-나라지표를 보면 2010년 12월 말을 기준으로 우리나라의 절대적 빈곤율은 7%이고 상대적 빈곤율은 12%이다. 이는 100명의 국민 중 12명이 상대적 빈곤선에 머물러 있음을 의미하는 것이다.

2) 통계청(http://kostat.go.kr)의 소득10분위별 가구당 소득가계수지를 보면, 우리나라의 소득10분위배율의 격차는 매년 악화되고 있는 것으로 나타났다. 2003년 최하소득인 1분위의 소득은 638,957원이고 소득상위10%의 소득은 5,809,644원으로 격차는 9.1배였지만 2012년 최하소득인 1분위의 소득은 902,742원이고 소득상위10%의 소득은 9,212,135원으로 격차는 10.2배로 나타나 빈부간의 격차가 줄어들지 않고 확대되고 있는 것으로 나타났다.

한 정의가 존재하지 않기 때문이다(Barr, 1998). 일반적으로 빈곤은 다양한 영역에서 나타나는 현상이며 하나의 방법을 가지고는 해결하지 못하는 것으로 인식되고 있다. 최근 세계은행(World Bank, 2000)은 빈곤을 번영으로부터의 박탈이라고 정의하였다. 빈곤을 번영(Well-being)으로부터의 박탈이라고 한다면 번영은 무엇이고 박탈은 무엇인가에 대한 합의된 정의가 존재하여야 하지만 빈곤과 관련하여 번영과 박탈에 대한 합의된 정의를 인도하는 것은 어려운 작업임으로 이 역시 올바른 정의라고는 할 수 없다.

빈곤에 대한 정의의 가장 고전적인 분류는 빈곤을 절대적 빈곤과 상대적 빈곤으로 구분하는 것이다. 절대적 빈곤은 설정된 기준선(예를 들어 빈곤선)을 중심으로 기준선 이하의 기본적 삶을 의미하기도 하며 또한 생활하기에 가장 기본적인 필수품이 부족한 상태를 나타내기도 한다 하지만 기본적인 삶을 영위하기 위해 필요한 필수품이 무엇인가에 대해서는 개인적 차이가 있다. 예를 들어 초기의 빈곤연구에서 절대적 빈곤은 기본적인 영양물 부족을 나타내었지만 사람들에 따라 필요한 영양물이 다름으로 모든 사람이 인정할 수 있는 객관적인 기준의 한 방편으로 빈곤선과 같은 기준선이 등장하였다고 할 수 있다. 일반적으로 빈곤을 규정하는 기준선은 기본적인 필수품으로 생활하는데 필요한 물질적 부분을 의미한다. 하지만 절대적 빈곤의 개념은 사회가 더욱 발전하면서 개인들이 필요로 하는 물질적인 필수품보다 정신적이고 문화적인 필수품의 중요성이 더욱 증가하면서 논란이 되고 있다(Barr, 1998).

상대적 빈곤개념은 간략하게 보면 사람들이 자신들이 빈곤하다고 생각하면 빈곤한 것으로 간주하는 것을 의미한다. 예를 들어 남들은 오페라를 보러 가는데 자신은 보러가지 못한다고 하면 자신을 빈곤한 사람으로 간주할 수 있다. 절대적 빈곤이 물질적인 생활필수품을 주로 강조한다면 상대적 빈곤은 생활하는데 전반적으로 필요한 것들을 의미함으로 문화적이고 감정적인 것들을 포함하는 개념이라고 할 수 있다.

제3절 빈곤이론

왜 사람들은 빈곤한가? 빈곤은 어디에 기인하는가? 빈곤은 영원히 해결할 수 없는가? 빈곤이론은 사람들이 왜 빈곤한가를 설명해주기 위해 존재한다고 볼 수 있으며 왜 사람들이 빈곤한가에 대한 원인이 규명된다고 한다면 빈곤은 해결될 수 있다는 측면에서 빈곤의 원인을 규명하는데 도움을 주는 빈곤이론에 대한 이해는 매우 중요하다고 할 수 있다. 빈곤의 원인을 설명해 주는 이론은 크게 빈곤은 개인의 실패나 특성으로부터 온다는 것을 강조하는 이론과 사회구조적인 문제로부터 빈곤이 발생함을 강조하는 이론으로 나누어진다. 개인의 특성으로는 개으름이나 교육수준 등을 의미하며, 사회구조적 요인으로 적절한 수의 일자리를 제공하지 못하는 노동시장의 실패나 사회적 안전망의 부족 등이 지적되고 있다.

빈곤이론을 구체적으로 살펴보면, 돌발치 못한 사건이 빈곤을 야기한다고 하는 예상치 못한 사건이론(또는 우연성이론, random events theory)이 있고, 개개인의 상이한 특성이 빈곤의 원인이 된다고 하는 개인적 차별성이론(personal differences theory) 등이 있으며(Rejda, 1999) 개개인의 생산능력으로 빈곤을 설명하는 인적자본이론 그리고 빈곤을 문화적 특성으로 이해하는 빈곤문화이론이 있는데 이들 이론들은 모두 빈곤을 기능주의적 관점으로 해석한다.

또한 정부의 정책이 사회적 장벽을 만들어서 사람들이 빈곤하게 된다는 사회장벽이론(social barriers theory)과 사회구조적인 측면을 보다 강조하여 자본주의 경제구조 자체가 자본의 축적과 노동의 착취를 기본으로 하기 때문에 한쪽에는 빈민과 다른 한쪽에는 부자가 양산된다고 하는 궁핍화이론과 일차적 노동시장에 있는 노동자들은 열심히 일하면 일정소득이상을 보장받을 수 있지만 이차적 노동시장에 있는 노동자들은 아무리 열심히 일한다고 해도 빈곤한 상태를 면하기 어렵게 된다는 이중노동시장이론 등이 있다. 궁핍화이론과 이중노동시장이론 그리고 사회장벽이론 등은 모두 빈곤을 사회구조적인 문제로 발생된다고 보며 인적자본이론, 빈곤문화이론, 개인적 차별성이론과 예상치 못한 사건이론 등은 넓게 보면 빈곤을 개인의 문제로 바라본다는 특징이 있다.

1. 예상치 못한 사건이론

예상치 못한 사건이론(또는 우연성이론, random events theory)은 빈곤을 자연적으로 일어나는 것으로 보기 때문에 사회구조적인 문제들이 빈곤의 원인에 직접적인 영향력을 행사한다고 보지는 않는다. 즉, 예상치 못한 사건이론은 개인이나 가족이 그들이 통제할 수 없는 또는 그들의 통제권 밖에서 일어나는 사건들 때문에 빈곤하게 된다는 이론이다. 예를 들어 한 가족의 소득을 책임지는 가장이 사망하였거나 또는 장애를 당하였을 경우 이것이 그 가족이 빈곤하게 되는 하나의 원인을 제공하게 된다. 또한 부부가 이혼을 하였을 경우에도 양쪽이 모두 경제적 능력을 가지고 있는 경우를 제외하고 어느 한쪽이라도 경제적 능력을 가지고 있지 못한다고 한다면 빈곤하게 될 가능성이 매우 높다고 할 수 있다. 또한 1997년 우리나라와 같이 갑작스런 경제적 위기로 인해 기업이 파산하고 많은 가족들이 그 여파로 빈곤이 일어나는 경우도 존재하며 개인적 경쟁력의 상실로 인해 직장에서 해고를 당하는 경우도 빈곤의 원인이라고 지적될 수 있다. 여기서 제기된 모든 예상치 못한 사건들은 모두 개인이나 가족들이 통제할 수 없는 통제권 밖에서 일어나는 사건들로서 왜 미혼모나 이혼, 사별, 장애, 장기간의 실직, 여성가장가족 등에서 빈곤의 빈도가 매우 높은 지를 설명하는데 도움을 준다고 볼 수 있다.

예상치 못한 사건이론의 단점은 빈곤을 사회구조적 요인과는 관련이 없이 자연적으로 발생하는 것으로 보기 때문에 빈곤의 인과관계를 밝히는데 있어 매우 제한적이라는 점이다. 즉, 빈곤을 자연적으로 발생하는 예측치 못한 사건에 의해서 결정된다고 하는 결정주의적 시각으로 바라본다는 단점을 갖는다.

2. 개인적 차별성이론

개인적 차별성이론(personal differences theory)은 빈곤의 원인을 자연적으로 예상치 못한 사건에 의해서 일어난다고 하는 예상 못한 사건이론과 마찬가지로 빈곤의 원인을 사회구조적인 문제에 기인한다고 보기보다는 빈곤이 일어나는 원인을 순전히 개인적 책임으로 돌린다는 특징을 갖는 이론이다. 개인적 차별성이론은 빈곤을 개인이 갖게 되는 상이한 속성에 의해서 나타나게 된다는 것을 강조하는 이론으로서 낮은 교육정도나 기술수준, 낮은 생산성이나 낮은 동기유발이나 작업습관 또는 도박, 게임, 약물이나 알코올에 대한 중독 등이 모두 빈곤이 일어나도록 하는 요인으로 작동하게 된다. 개인적 차별성이론은 임금은 개인적 생산성에 의해 좌우되며 낮은 생산성은 빈곤을 야기하게 된다는 인적자본이론(human capital theory)을 포함한다고 볼 수 있다(김태성 · 손병돈, 2002). 개인적 차별성이론은 빈곤의 원인을 전적으로 개인의 동기부여나 능력부족 등 완전한 개인적 책임으로 돌린다는 단점을 갖는다.

3. 인적자본이론

인적자본이론(human capital theory)은 빈곤의 원인을 설명해 주는 기능주의적 관점에 있는 대표적인 이론이다. 인적자본이론에 의하면 임금은 인간 개개인의 생산성에 의해 결정되고 인간 개개인의 생산성은 숙련된 기술과 지식의 여부에 의해서 결정되며 숙련된 기술이나 지식은 공식적, 비공식적인 훈련과 교육과 같은 인적자본에 대한 투자를 통해 이루어짐으로 개인이 빈곤하다는 것은 결국 인적자본에 대한 투자를 하지 않아 생산성이 낮고 이로 인해 낮은 임금을 받는 결과라고 해석된다. 따라서 인적자본이론에 따르면 인적자본을 형성하는 교육에 대한 개인의 노력의 결과가 빈곤의 여부를 결정한다고 볼 수 있다.

인적자본이란 경제적 가치를 생산하기 위해 노동을 수행하는 능력에 내재되어 있는 지식, 사회적 그리고 개인적 속성이나 창조성과 경쟁력을 모두 포함하는 것이라고 할 수 있다. 애덤 스미스(1776)에 따르면 인적자본이란 노동의 분업과 깊은 연관이 있는데 이는 노동생산성의 개선이 노동의 분업에 영향을 미치는 기술이나 솜씨 그리고 판단의 개선을 가져다주는 인적자본에 영향을 받기 때문이다. Becker(1964)에 따르면 교육이나 훈련과 같은 인적자본은 추가적 투자를 통해 추가적 산출을 가져다주는 생산수단이다. 결국, 인적자본에 투자를 하지 않는 개인은 분업화된 노동에 적합하지 않으며 추가적 산출을 가져다주는 생산수단을 가지지 못함으로 낮은 임금으로 고착화되어 빈곤의 상태에서 벗어나지 못하게 된다.

인적자본에 대한 투자를 통해 노동생산성을 향상시켜 소득이 증대되면 빈곤이 극복된다고 하는 인적자본이론은 1960년대 미국이 "빈곤과의 전쟁"을 선포하고 빈곤퇴치를 위해 다양한 교육 및 훈련프로그램을 지역에 제공하게 한 결정적인 요인을 제공해 주었지만 결과적으로 인적자본에 대한 투자가 미국시민들의 빈곤을 퇴치하였다는 증거가 없고 노동시장에서 노동자들의 경쟁이 날로 격화되고 있으며 노동시장 내에 불완전정보가 존재하고, 노동시장의 분절 등이 현실적으로 존재하여 인적자본에 대한 투자가 곧 빈곤퇴치를 의미하지 못한다는 비판에 직면하게 되었다(김덕호, 1996). 교육과 같은 인적자본의 형성이 국민들의 소득을 증가시켜 빈곤을 퇴치할 수 있다고 보는 인적자본이론에 대한 비판은 다음과 같다.

첫째, 인적자본이론이 교육을 하나의 도구로 보고 있다는 비판: 교육의 본질적 기능이 인간 교육에 있지 노동생산성향상을 위한 도구가 아니라는 점이다. 즉, 교육을 경제발전의 수단으로 보기 때문에 인간을 수단시하고 도구시하는 결과를 낳아 교육의 본질을 왜곡한다는 것이다.

둘째, 개인의 소득은 노동생산성과 관련 없이 노동시장의 분할구조에 의해 결정된다는 비판: 이중노동시장이론에 따르면 이차노동시장에 속해 있는 노동자들은 교육과 연수에 상관없이 승진의 기회가 전혀 주어지지 않는다. 즉, 개인의 소득결정은 생산성과 상관없이 노동시장의 분할구조에 의해서 결정된다.

셋째, 개인의 소득 격차는 고학력자들에 대한 고용주들의 선호만을 반영한다는 비판: 교육이 노동생산성에 직접적인 영향을 주지 않으며 교육의 수준이나 정도는 고용주입장에서 더 경쟁력있는 노동자들을 선택하는 선별장치로만 활용된다.

넷째, 교육의 수준이나 정도와 상관없이 사회에는 차별과 소외 등 장벽이 존재한다는 비판: 사회장벽이론에 따르면 노동시장에는 성차별, 나이차별, 장애인차별, 인종차별 등 각종 차별이 존재하며 이러한 차별이 철폐되지 않는 한 빈곤은 퇴치될 수 없다.

4. 빈곤문화이론

빈곤문화이론은 1960년대 등장한 이론으로 기능주의적 관점에서 빈곤이 세습되고 유지되며 지속된다는 것을 설명해 주는 이론이다. 빈곤문화이론은 특히 미국이 빈곤과의 전쟁을 통해 수많은 반-빈곤정책을 수행하였음에도 불구하고 빈곤이 지속되는지를 설명하는 이론으로 주목을 받았지만 빈곤의 원인을 빈민들의 개인적 속성으로 돌린다는 한계로 인하여 2000년대 이후부터는 학자들로부터 외면 받게 된다(Goode and Earmes, 1996; Bourgois, 2001; Small, Harding and Lamont, 2010).

빈곤문화란 물질적 부족과 연관된 박탈의 문제가 아니라 저소득층에게 삶에 대한 적응기능을 수행하고 생활계획과 다양한 문제에 대한 해결방식을 제공하는 빈민의 고유한 생활방식이라고 할 수 있다(이진숙, 2004). 빈곤문화이론에 따르면, 빈곤문화는 임금노동, 이윤추구적 생산, 높은 실업률과 잠재실업률, 저임금, 비숙련 노동 등과 같은 경제체제에서 사회가 빈민들에게 사회적, 정치적, 경제적 조건을 제공하지 못할 때, 그리고 핵가족중심의 친족체제와 사회지배계급이 하층민의 경제적 지위를 개인적 부적응이나 열등감에 기인하는 것으로 간주하는 가치관이 강조될 때 발생한다.

빈곤문화이론에 따르면 빈민들은 단순히 자원이 부족한 사람들이 아니라 빈곤이 지속된다는 가치체계를 가지고 있다. 빈곤문화이론의 대표적 학자인 Oscar Lewis는 빈민들의 하위문화가 빈곤을 지속시키는 메커니즘을 발전시키며 빈곤지역의 아이들에게도 영향을 미쳐 빈곤이 세습된다고 강조하였다(Monihan, 1969. p. 199에서 재인용). Oscar Lewis(1996, 1998)는 빈곤문화가 가지고 있는 속성을 크게 일반사회와의 관계(실업과 저임금 자산과 저축의 부족, 불충분한 음식, 현금부족), 빈곤지역의 속성(열악한 거주상태와 과밀한 집단거주형태, 이웃과 경계가 뚜렷한 격리된 생활, 싼 집값, 인종적, 언어적, 민족적 집단형성), 가족의 속성(사생활노출, 자녀폭력, 조기성경험, 모계중심의 가족경향), 그리고 개인적 속성(운명주의, 무력감, 의타심, 열등감, 열악한 자아구조, 남성우월주의, 병리현상에 대한 높은 관용, 역사인식의 부재, 강한 현재지향성, 지역적인 생각, 계급의식의 부재, 높은 알코올의존도)으로 구분하여 총 70개 항목으로 제시하였다.

빈곤문화이론에 대한 비판은 빈민들에 대한 실제 자료를 분석한 결과 빈곤문화가 존재하지 않는다는 점(Goode and Earmes, 1996), 빈곤의 구조적 측면은 등한시하고 빈민들을 비난만 한다는 점(Bourgois, 2001) 등이 핵심이다. 빈곤문화론에 대한 비판은 빈곤문화의 실제 존재여부에 집중되어 있는데 구체적으로 살펴보면 아래와 같다.

첫째, 빈곤문화이론에서 주장하는 빈곤문화의 속성은 단지 전체 사회에서 행해지는 사회화 과정의 특성과 같으며 빈민들이 무질서하다는 인식은 단지 세대 간에 걸친 경험에서 나온 현실적인 인식과 평가에 불과하고 대부분의 빈민들은 극도의 어려움과 박탈 그리고 역경 속에서도 인간으로서의 기능을 유지하는데 이것은 인간성의 내부적인 힘과 융통성의 증거이다.

둘째, 빈곤층의 문화는 독립적인 하위문화가 아니며 지배계급 또는 지배적인 문화에 종속되어 있는 하위문화로서 빈민들에 대한 낙인의 결과일 뿐이다.

셋째, 빈민들에게 나타나는 심리적 속성이 빈민들의 개선이나 향상을 억제하거나 부모에게서 자녀에게로 빈곤의 의존심을 전수하는 역할을 한다는 실제 증거는 존재하지 않으며 빈민들에게 나타나는 차이는 박탈된 배경에 기인한다.

5. 사회장벽이론

사회장벽이론(social barriers theory)은 사회가 공식적 또는 비공식적 정책을 통해서 빈민들이 빈곤으로부터 탈출하는 것이 어렵도록 할 수 있고 나아가 빈곤이 되도록 하는데 한 요인이 된다고 하는 이론이다. 예를 들어 장애인에 대한 차별, 노인에 대한 차별, 여성에 대한 차별 등의 각종 차별이 사회적 장벽이 되어 결국 그들을 빈곤하게 하는 한 요인으로 작동한다는 점이다. 비정규직 노동도 결국 사회장벽이론에 의하면 하나의 사회적 장벽으로 존재하여 비정규직 노동자들을 빈곤하게 하는 하나의 요인으로 작동하게 된다. 빈곤지역에 대한 사회적 격리나 소외 등도 결국 하나의 장벽으로서 작동하여 그들만이 갖게 되는 하나의 문화를 형성하게 된다는 측면에서 빈곤문화도 사회장벽이론에 의해서 설명될 수 있다.

6. 궁핍화이론

Marx주의자들을 비롯하여 많은 좌파 이론가들은 자본주의가 기본적으로 빈곤을 양산해내는 구조적 모순을 가지고 있다는 점을 강조한다. Marx는 자본주의가 한쪽으로는 부의 양산과 다른 한쪽으로는 임금노동자들의 빈곤의 심화를 만들어낸다는 점을 강조하였으며 이러한 빈곤에 대한 그의 이론은 궁핍화이론으로 발전하였다. 빈곤에 대한 Marx의 견해는 빈곤이 곧 착취에 의한 결과라고 바라보았다는 점이다. 즉, 자본주의 생산관계에서 노동자는 자본가에 의해 잉여노동이 착취되어 빈곤하게 되고 또한 기계의 자동화에 의해 노동소외가 일어나 노동자들의 궁핍화는 사회에 만연하게 된다. 빈곤을 착취의 형태로 바라보는 Marx는 빈곤의 원인이 자본주의제도 자체에 의해서 기인한다고 보았다. 자본주의제도는 생산수단의 사적 소유권이 인정되고 시장이라는 기구에 의해서 소득과 자원이 분배되기 때문에 생산수단을 가지지 못한 노동자계급은 자본가계급에 의해 착취당하고 또한 노동시장에서 동기 및 생산성이 낮은 노인이나 실업자는 저임금을 받게 되어 빈곤이 고착화된다.

궁핍화이론은 Marx의 빈곤론에 영향을 받아 계승 발전된 이론으로 빈곤의 원인을 자본주의라는 경제체제하에서 노동자들의 생활조건과 노동조건의 총체 속에서 찾는다는 특징이 있다. Marx의 빈곤론과 궁핍화론의 구체적인 내용을 살펴보면 아래와 같다.

1) Marx의 빈곤론

Marx는 그의 저술에서 빈곤이론을 규정하지는 않았지만 "소외된 노동", "자본", "공산당선언" 등에서 노동자들의 빈곤에 대해 서술하였다. Marx빈곤론의 특징은 다음과 같다(지은구, 2010b).

첫째, 자본주의 생산양식에서 노동자들의 빈곤은 **"적대적 분배관계"**에 기인한다. 적대적 분배관계는 자본과 임금노동자에 내재해 있는데 더 많은 잉여가치에 대한 욕망을 채우기 위해 자본가들은 임금노동자에 대한 착취를 증대시킴으로 나타나게 된다. 자본과 임노동의 적대적 분배관계 하에서 임금노동자가 생산한 노동생산물의 일부는 잉여가치로 나타나게 되고 이 잉여가치는 이윤 및 자본가의 수익으로 나타나며 노동자에게는 지불되지 않는 부불노동화되어 노동자들에 대한 착취가 고착화되고 결국 노동자들에 있어 빈곤은 축적된다. 즉, 자본의 임노동에 대한 착취가 노동자계급의 빈곤화를 촉진시키는 가장 결정적인 요인인데 이는 자본가계급의 잉여가치에 가한 욕망과 축적이 곧 노동자계급에게는 빈곤화를 초래한다는 것을 나타낸다. 따라서 자본주의 생산양식 하에서 임금노동과 자본 간의 적대적 분배관계는 자본가에게는 부의 축적을 그리고 노동자계급에는 빈곤의 축적을 가져다준다. 결국, 적대적 분배관계에 의한 노동자들의 빈곤의 축적은 곧 임금노동자들의 임금이 노동력의 가치에 절대적으로 미치지 못하게 하여 노동자들을 **절대적 빈곤**상태에 머무르게 한다는 것을 의미한다.

둘째, Marx에게 있어 **"노동의 소외"** 역시 노동자들의 빈곤을 설명하는 중심 주제이다. 노동의 소외는 임금노동자들이 자신이 생산한 노동생산물로부터 소외되는 현상을 의미하는데 노동의 소외로 노동자들은 생산물로부터 소외되어 빈곤이 만연하게 된다. 생산물로부터의 노동자들의 소외는 결국 **상대적 빈곤**을 의미하는 것이다.

2) 궁핍화이론

Marx의 빈곤론은 자본주의 생산양식의 특징인 임노동과 잉여가치의 생산에서 빈곤의 원인을 찾으며 궁핍화이론은 Marx의 빈곤이론을 발전시켜 현대 자본주의 하에서 빈곤이 확대 발전하는 원인을 생활조건과 노동조건의 총체 속에서 찾는다는 차이가 있다(지은구, 2010b).

궁핍화이론에 따르면 자본주의는 자본과 임금노동의 관계에 의해서 구성되어 있는 경제체제로서 자본은 더 많은 이윤을 창출하기 위해서 노력하며 이러한 자본의 의도는, 팔 것이라고는 자신의 노동력 밖에 없는 임금노동자들을 통해서 실현된다. 즉, 자본가는 더 많은 이윤의 창출을 더 많은 노동시간과 높은 노동강도, 낮은 임금 그리고 노동생산성의 향상을 강조함으로써 이룩하려 하고, 자본가의 이러한 이윤창출에 대한 의지는 끊임없이 이루어지기 때문에 노동자들에 대한 착취와 수탈은 자본주의 하에서는 필연적일 수밖에 없게 된다. 또한 자본가는 언제라도 노동자들을 손쉽게 공급받기 위하여 항상 산업예비군을 확보하려고 하기 때문에 결국 노동자들은 저임금과 실업상태에 머무를 수밖에 없게 되고 자기 자신과 노동생산물 그리고 가족 등으로부터 소외되는 노동소외현상이 만연하게 되어 임금노동자들은 자본주의 경제체제 하에서는 경제적으로나 육체적으로 그리고 정신적으로 궁핍할 수밖에 없게 된다. 결국, 자본주의 시장경제에서 노동자들이 자신이 가지고 있는 노동력의 상품화에 실패했다든지 또는 노동력재생산에 실패하는 경우에 그들의 임금의 가치는 추락하게 되고 소득은 줄어들게 되며 경우에 따라서는 일자리를 잃게 되어 노동시장으로부터 소외됨으로 자기상품화와 노동력재생산의 실패 그리고 노동시장으로부터의 배제가 노동자들을 절대적 빈곤상태로 떨어지게 하는 궁핍화의 결정적인 원인을 제공하게 된다. 결국 궁핍화이론의 특징은 다음과 같이 설명되어질 수 있다(지은구, 2010b, 1991).

첫째, 자본주의 축적의 일반적 법칙(자본과 임노동의 관계에 의해서 구성되어 있는 자본주의 경제체제 하에서 자본은 더 많은 이윤을 축적하기 위해 노력하고 임금노동자들은 노동력을 지속적으로 착취당한다는 법칙)이 노동자들의 빈곤, 노동고, 노예상태, 억압, 예속, 타락 등을 설명하는 궁핍화이론의 내재적 법칙이다.

둘째, 과학기술혁명에 의해 자본주의 경제체제 하에서 새로운 기계가 지속적으로 도입됨과 동시에 노동자들의 인구증가와 유휴노동력의 증대는 결국 수확체감의 법칙(the law of diminishing return)[3]에 의해 노동자들의 실질임금을 더욱 낮아지게 하여 노동자들은 점점 가난하게 되는데 이러한 현상은 곧 노동자들의 궁핍화현상을 의미하는 것이다.

셋째, 자본의 유기적 구성의 고도화(즉, 기계의 발전에 의해 노동자들이 생산현장으로부터 유리되는 현상이 증가하는 것)는 필연적으로 상대적 과잉인구를 생산하고 이 상대적 과인인구 즉, 산업예비군은 자본축적의 진행이 발전됨에 따라 자본에 억압

3) 수확체감의 법칙은 일정한 농지에서 작업하는 노동자수가 증가할수록 1인당 수확량은 적어진다는 법칙

예속되며 생산과정에서 유리되어 절대적으로 빈곤화하게 된다.

넷째, 노동자계급의 궁핍화는 노동자들의 절대적 빈곤과 상대적 빈곤을 동시에 진행되도록 하는데 상대적 빈곤이 절대적 빈곤을 낳고, 절대적 빈곤이 또한 상대적 빈곤을 심화 발전시킨다. **절대적 빈곤**이란 자본주의가 발전하면서 노동자계급과 근로대중의 생활조건과 노동조건이 악화되는 것을 의미하는 것으로 생활조건과 노동조건의 악화는 실질임금저하, 실업자수증대, 해고, 노동재해의 증대, 노동강도강화, 조세부담률 증가, 주택상황 악화를 의미하는 것이다. **상대적 빈곤**이란 노동자의 상태의 열악화에 비해 자본가들은 더욱 부유화되고 노동자들은 더욱 빈곤화되는 것으로 극민소득분과 사회적 총생산물 속에서 차지하는 노동자계급의 취득분 감소 그리고 소득의 양극화의 격차가 더욱 벌어지는 경향을 의미한다.

결국, 궁핍화이론에 따르면, 노동자의 절대적 그리고 상대적 빈곤화는 자본주의 축적이 발전하면 할수록 노동자의 생활과 노동조건의 절대적 악화를 수반하게 된다.

7. 이중노동시장이론

이중노동시장이론(Reich, Gordon and Edwards, 1973)은 빈곤을 사회구조적인 문제로 바라본다. 즉, 빈곤이 노동시장의 구조적 문제에 기인한다고 본다. 이중노동시장이론에 따르면 노동시장은 일차노동시장과 이차노동시장으로 분절되어 있다. 일차노동시장은 고용안정성이 보장되고 높은 임금과 보다 나은 노동조건을 갖는 시장을 의미하며 주로 대기업이나 공공기업들이 포함되어 있다. 이차노동시장은 불안정한 고용관계와 저임금 그리고 열악한 노동조건으로 특징지어지는 시장을 의미하고 기업생존을 위한 경쟁이 극심한 시장을 나타낸다. 이중노동시장이론에 따르면 이차노동시장의 노동력은 열악한 노동시장을 벗어나기 위해 높은 이동잠재력을 가지고 있지만 일차노동시장으로의 전환은 사실상 불가능하도록 두 시장 간에는 높은 장벽이 존재한다고 본다. 일차노동시장으로의 전환이 불가능한 이유는 일차노동시장에 있는 노동자들은 이직에 따른 기업 손실이 크기 때문에 고용안정, 높은 임금, 좋은 작업환경, 진급의 기회 등 다양한 유인방법을 사용하지만 이차노동시장에 있는 노동자들은 직장이직에 따른 손실이 크지 않음으로 노동시장유인방법을 사용하지 않게 됨으로 낮은 임금, 열악한 노동조건 등이 구조화되어 있기 때문이다. 아래의 [그림 6-1]은 노동시장의 분절을 보여준다. 이중노동시장이론에 따르면 노동시장은 그림과 같이 크게 양분되어 있다.

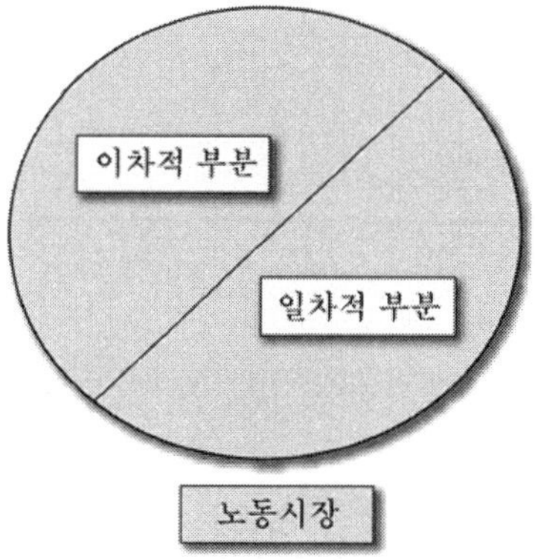

*Rycroft, 2009. p. 237 [그림 12-2]에서 재인용

[그림 6-1] 이중노동시장

결국, 일차적 부분(일차노동시장)에는 임금이 높고, 부가혜택이 좋으며 승진과 교육훈련을 수시로 제공하는 양질의 직장이 존재하며 이차적 부분(이차노동시장)에는 임금이 낮고, 사회복지혜택과 같은 부가혜택도 없으며, 안정적이지 못하고 단순한 노동력이 주로 강조되는 직장들이 존재한다. 이중노동시장이론에 따르면 일차적 노동시장에 있는 노동자들은 열심히 일하면 일정소득이상을 보장받을 수 있지만 이차적

노동시장에 있는 노동자들은 아무리 열심히 일한다고 해도 빈곤한 상태를 면하기 어렵게 된다. 따라서 열심히 일하지만 가난하게 일하는 빈곤층(working poor)이 사회에 만연하게 된다.

하지만 이중노동시장이론은 이차노동시장이 낮은 임금과 불완전고용, 열악한 노동조건 등으로 구조화되어 있어 이차노동시장에 소속되어 있는 노동자들은 빈곤으로부터 벗어나기가 사실상 불가능 하다고 바라보는 결정주의적 시각을 가지고 있다는 점이 한계로 지적되고 있다. 이는 노동시장의 분절이 구조화되어 있어 아무리 개인적으로 노력을 하여도 결국 빈곤으로부터 벗어나는 것이 어렵다고 보는 이중노동시장이론은 이차노동시장을 벗어나려고 하는 인간의 동기부여에 대한 의지 자체를 평가절하 한다는 점을 의미하는 것이다.

제 4 절 빈곤결정요인

빈곤이론과 연관하여 빈곤이 발생하도록 하는 결정요인들 역시 매우 다양하다고 할 수 있다. 단순히 평균소득부족을 빈곤으로 정의한다면 소득부족이 빈곤을 결정하는 결정요인이 될 수 있지만 왜 소득부족이 일어나는가를 살펴보면 매우 다양한 요인들이 소득부족을 가져다 줌으로 소득부족의 다양한 요인에 의해서 빈곤이 발생한다고 할 수 있다. 하지만 현실적으로 소득부족만이 빈곤을 결정하는 요인이라고 생각할 수 없다. 또한 낮은 임금이 빈곤을 결정하는 요인이라고 한다면 왜 임금이 낮은가를 설명하는 요인들은 다양할 수 있음으로 단지 낮은 임금만이 빈곤을 결정하는 요인이라고 할 수 없다. 빈곤의 결정요인을 일자리부족 또는 고용부족으로 바라보는 것도 빈곤을 지나치게 경제적 결정요인으로만 바라본다는 것을 의미한다.

빈곤을 결정하는 요인들은 매우 다양하며 하나의 요인이 다른 요인에 비해 빈곤에 보다 많은 영향을 미쳤다고는 할 수 있지만 전적으로 하나의 요인이 빈곤을 결정짓는다고는 할 수 없다. 예를 들어 빈곤을 결정하는 개인적 요인들로 지적되는 것들은 교육의 부족, 가족기능장애, 질병이나 나쁜 건강 등이 있을 수 있으며 사회구조적인 요인들로는 각종 공공기관이나 유치원, 학교 등과 같은 사회시설부족, 각종 사회복지정책과 경제정책의 부실 또는 상호신뢰나 믿음과 같은 사회적 자본의 부실 등을 요인으로 지적할 수 있지만 위의 빈곤결정요인들은 빈곤을 결정하는데 하나 이상의 요인들이 복합적으로 작용하게 된다. Hauhton과 Khandker(2009)은 빈곤결정요인을 영역특성, 지역특성 그리고 가정과 개인특성으로 구분하였다. 그들이 제시한 빈곤을 결정하는 결정요인들을 구분하여 나타내면 〈표 6-1〉과 같다.

〈표 6-1〉 빈곤결정요인

<table>
<tr><td colspan="2">영역특성</td><td>-지진, 태풍이나 홍수 등과 같은 날씨나 환경적 특성
-지역적 격리(시장이나 각종 서비스에 대한 접근부재)
-정부의 경제, 정치 및 사회정책
-치안상태, 경제적 안정이나 시장안정성
-성, 인종, 민족적 불평등구조</td></tr>
<tr><td colspan="2">지역특성</td><td>-도로, 상하수도, 전기와 같은 하부구조의 부실 또는 부재
-보건, 사회복지, 교육과 같은 공공 및 사회서비스의 부재
-상호신뢰와 같은 사회적 자본의 부재
-사회복지기관을 포함하는 공식적 그리고 비공식적 연결망의 부재</td></tr>
<tr><td rowspan="3">가정과 개인 특성</td><td>인구 통계적 요인</td><td>-가구의 크기나 가구의 구성(예. 가구구성원의 나이)
-노동을 하지 않는 가구구성원들에 대한 부담비율
-가구주의 성별(가구주가 남성인가 여성인가?)</td></tr>
<tr><td>경제적 요인</td><td>-고용상태(정규직, 비정규직, 임시직, 계절직 등)
-빌딩, 토지, 농기계와 같은 유형자산과 주식, 저금 등과 같은 재정자산,</td></tr>
<tr><td>사회적 요인</td><td>-건강상태(질환여부)
-영양상태(비만정도, 몸무게 대비 신장수준, 신장대비 몸무게 수준, 나이대비 몸무게나 신장정도 등)
-의료시설활용가능성(성별과 나이에 맞는 다양한 보건의료시설의 설치여부)
-교육수준
-거주지의 상태 및 수준</td></tr>
</table>

영역특성에서 시장안정성은 경제 불황이나 급격한 인플레이션이나 디플레이션 등 시장구조의 급격한 변화에 대한 정부의 대응정책 등을 나타내며 인구통계적 요인에서 가족부담비율은 노동을 하는 가구원이 노동을 하지 않는 가족구성원 몇 명을 부담하여야 하는가를 나타낸다. 지역특성에서 비공식적 연결망은 가족관계나 친인척관계 그리고 친구관계 등을 의미하며 공식적 연결망은 학교, 종교시설, 사회복지기관 등을 의미한다. 사회적 요인에서 거주지의 수준은 거주지의 상태나 거주지의 환경적 요소나 위생상태 그리고 거주지의 소유여부 그리고 거주지의 접근성 등을 포함하며 구체적으로는 자가, 월세, 전세의 여부, 상하수도 등의 위생수준, 수도, 전기, 가스의 활용, 거주지로부터 직장까지의 거리, 교통수단의 접근성, 거주지의 범죄율 등을 포함한다. 위의 표에서 보는 바와 같이 빈곤을 결정하는 요소는 매우 다양한 영역에서 나타나며 하나 이상의 요인들이 결합하여 개인의 또는 가정의 빈곤을 결정한다고 할 수 있다.

제 5 절 빈곤논쟁과 빈곤의 정치경제학

1. 빈곤원인에 대한 해묵은 논쟁

빈곤의 원인이 개인에게 있는가 아니면 사회구조에 있는가에 대한 논쟁은 빈곤의 원인을 둘러싼 해묵은 논쟁이라고 할 수 있다. 빈곤의 원인을 전적으로 개인의 문제로 돌리는 경우 빈곤은 가난한 사람들의 개인적 결함 때문에 발생한다. 즉, 똑똑하지 못하거나 게으르거나 잘 살아야 한다는 의지가 부족하거나 아니면 위험을 감내하기를 두려워하거나 또는 타락해 있음으로 빈곤할 수밖에 없음이 강조된다. 따라서 빈곤의 원인을 개인적 결함으로 돌리는 경우 빈곤예방은 불가능하며 개인적 결함이 극복 또는 치료되지 않는 한 빈곤은 영원히 추방되지 않고 사회에 만연하게 된다. 빈곤의 원인이 사회구조에 있다고 강조하는 경우 사회구조 자체가 빈곤을 만들어 냄으로 빈곤한 사람은 빈곤을 극복할 수 있는 사회구조를 만나지 못하여 빈곤하게 되었음이 강조된다. 따라서 빈곤을 퇴치할 수 있도록 돕는 기관이나 시설, 정책 등이 적절하게 제공되지 못하는 경우 역시 빈곤은 영원히 극복되지 않고 우리사회에 만연한 사회문제로 존재하게 된다. 빈곤을 사회구조의 원인으로 돌리는 경우 빈곤의 예방은 다양한 빈곤예방정책이나 프로그램들을 통해서 가능하다.

만약 빈곤의 원인이 개인적 결함 중 하나인 지능에 있다고 한다면 지능이 높은 사람은 높은 소득을 그리고 지능이 낮은 사람은 낮은 소득을 영원히 가지게 됨으로 빈곤을 치유하는 유일한 정책은 지능이 낮은 사람을 치료해서 지능이 좋게 할 수 있는 방법은 존재하지 않음으로 부자들로부터 가난한 사람에게로 소득을 재분배하는 것 밖에는 다른 대안을 찾는 것이 어렵게 된다(Hernestein and Murray, 1994; Murray, 1997; Rycroft, 2009). 또한 성격결함이 빈곤의 원인이라고 한다면 이 역시 성격을 완전히 개조하지 않는 이상 빈곤할 수밖에 없음으로 모든 빈곤한 사람은 성격개조의 대상이 되고 성격만 개조하면 모든 빈곤한 사람은 빈곤으로부터 탈출할 수 있게 됨으로 빈곤정책은 성격개조정책만이 필요할 뿐이다.

특히, 빈곤의 원인을 전적으로 개인의 책임이나 결함으로 돌리는 경우 빈곤을 예방하는 것은 매우 어렵게 되는데 이는 개인적 결함에 의해 빈곤이 나타나야만 어떠한 개인적 결함요소가 빈곤에 영향을 미쳤는지 알 수 있기 때문이다. 따라서 국가의 빈곤정책은 주로 예방보다는 치료에 중점을 두게 되며 국가나 사회는 빈곤으로부터 어떠한 책임도 가지지 않음으로 빈곤에 대한 정책 역시 국가가 주도적으로 나

서기 보다는 개인적인 노력이 중요하게 된다. 또한 빈곤한 사람은 지능이 낮거나 성격적 결함이 있다는 사회적 낙인이 존재하게 된다.

빈곤의 원인을 사회구조적인 시각으로 바라보는 경우 이중노동시장이론에 따르면 빈곤의 원인은 노동시장구조에 있게 된다. 이중노동시장이론과 사회장벽이론을 동시에 적용하면 이차적 노동시장에는 일차적 노동시장으로 진입을 차단하는 다양한 사회적 차별 역시 존재하며 노동시장 자체가 이중적인 사회적 장벽으로 분리되어 있다고 볼 수 있다. 이러한 사회적 장벽으로는 인종, 성, 나이 등이 있을 수 있다. 또한 자본주의 운동양식 자체의 결함으로 빈곤이 발생한다면 사회에는 부의 집중과 집적이 가능한 축적구조가 존재하고 노동자들은 노동착취의 대상이 됨으로 구조적으로 노동자들은 자본주의 경제체제 하에서는 빈곤할 수밖에 없게 된다. 사회구조적으로 양분된 노동시장의 사회적 차별을 극복하기 위한 각종 사회정책 그리고 이차적 노동시장에 있는 사람들을 위한 각종 사회복지서비스나 경제정책 또는 이차적 노동시장의 개선을 위한 각종 국가의 정책들은 모두 빈곤을 극복할 수 있는 가능한 대안들이라고 할 수 있다.

개인적 결함과 사회구조적 결함을 빈곤의 원인에 동시에 적용하여 보면 똑똑하지 않거나 게으르거나 또는 동기부여가 잘 안 되는 성격 결함이 있는 사람들이 모두 가난한 사람일 수는 없지만 개인적 결함을 빈곤의 원인으로 지적하는 경우 이들 대부분은 일차적 노동시장보다는 대부분 이차적 노동시장에 머무를 수밖에 없을 것임으로 사회구조적으로 빈곤은 만연하게 된다고 할 수 있다. 결국, 빈곤의 원인은 하나의 단순한 원인에 의해서 일어난다기보다는 매우 다양한 여러 원인들이 복합적으로 작용한 결과이기 때문에 사회가 아무리 발전하다고 해도 예방하기 어렵고 완전히 퇴치하기가 어려운 복잡한 사회문제라고 할 수 있다.

2. 빈곤의 정치경제학

자본주의 경제체제하에서 빈곤을 사회에서 영원히 추방한다는 것은 불가능하기 때문에 빈곤문제에 있어서 가장 중요한 핵심은 빈곤을 추방하는 것보다는 사람들이 더 이상 빈곤하지 않도록 예방하고 빈곤한 사람들의 삶의 질을 개선할 수 있도록 돕는다는 것에 있다. 빈곤은 특히 자본주의 사회가 발전하면 할수록 함께 발전하였기 때문에 자본주의 경제체제는 빈곤문제를 치료 및 예방하는 사회체제의 발전을 또한 가져다 주었다고 할 수 있다. 빈곤은 특정 사회 안에서 특정한 기능을 담당하게 되는데 어떤 의미로는 자본주의 하에서 빈곤의 사회적 기능의 중요성 때문에 빈곤은 영원히 없어질 수 없다고도 할 수 있다. 자본주의라는 경제체계에서 빈곤의 기능을 정리하면 다음과 같다.

첫째, 빈곤은 하나의 경제체제 하에서 필요한 최소한의 과업을 수행할 수 있는 낮은 임금노동자군을 보전해 주는데 기업들은 낮은 임금노동자군의 존재에 많은 부분 의존하기 때문에 빈곤은 사회적으로 필요하다고 볼 수 있다. 빈곤한 사람이 없다면 대부분의 사람들은 경제적으로 여유롭기 때문에 낮은 임금을 받고 일하지 않을 것이지만 빈곤한 사람들은 적은 임금이라도 그들의 노동력을 판매하여야 생활이 유지되기 때문에 낮은 임금노동자군을 형성하게 된다. 결국 빈민들이 기업 활동이 가능하게 하는 헐값의 임금노동자군을 형성하기 때문에 기업들은 낮은 임금의 노동력을 확보하여 기업이윤을 확보하고 기업이윤의 확보는 경제성장의 밑거름으로서의 역할을 하여 빈민들의 존재는 자본주의경제체제가 움직이도록 하는데 결정적인 역할을 담당하게 된다고 할 수 있다. 따라서 빈민들은 자본주의 경제의 희생양이면서 동시에 발전의 토대가 된다.

둘째, 빈민들은 낮은 임금으로 일하지만 그들의 임금(소득세)에서 그리고 그들의 상품구입을 통해서(부가가치세) 세금을 부과함으로서 빈민들은 민간경제가 작동하도록 돕고 그들이 낸 세금은 정부프로그램을 통해서 다시 서비스를 필요로 하는 사람들에게 일정부분 혜택을 제공하기도 한다. 따라서 빈곤이 하나의 사회경제체제가 작동하는데 한 축을 담당하게 된다.

셋째, 비록 빈민들이 다른 사람보다 종종 더 열심히 일하고 정직하게 일하지만 그들은 빈곤의 원인을 개인적 책임으로 묻는 사회적 분위기에서 게으르다든지 사회에 적응을 잘 하지 못하는 사회부적응자라는 사회적 편견 또는 낙인에 사로잡혀 있다. 하지만 그들은 사회 경제적 힘이 부재하여 그들에게 씌어져 있는 사회의 지배적인 규정이나 편견을 수정할 수 없다. 따라서 빈민들은 그들의 목소리를 대변하는 다양한 지원조직과 지원군의 등장을 가져다주었다.

넷째, 빈곤의 존재는 사회경제체제 하에서 빈민들을 전문적으로 돕는 직업군을 형성하도록 하였기 때문에 빈곤이 직업(예를 들어 사회복지사)을 창출하였다고 할 수 있다. 하지만 사회서비스 직업군에 해당되는 대부분의 직업들은 정신적 스트레스를 많이 받으며 지식 집약적이며 기술 집약적인 강도 높은 노동을 형성하지만 자선과 봉사에 대한 이데올로기적 공세로 노동조건은 열악하여 낮은 임금과 많은 노동시간을 형성하고 있다. 또한 복지축소 등의 복지시스템의 변화를 추구하는 복지개혁은 사회적 안전망의 유지를 위해서 열악한 노동조건의 사회적 서비스 분야에서 일하는 노동자군의 일탈과 일자리의 축소를 의미하기도 한다.

다섯째, 정치적 힘이 없는 빈민들은 사회 안에서 성장과 변화가 일어날 때 생기게 되는 정치 경제적 비용을 고스란히 떠안을 수밖에 없어 사회에서 변화가 일어나게 되면 빈민들이 가장 고생하게 되는 집단이 된다. 즉, 새로운 제도나 규정이나 규칙의 등장 등 새로운 변화가 생기게 되면 경제적 정치적으로 힘이 있는 집단들은 그러한 변화가 그들에게 불리하게 작용한다고 했을 때 발 빠르게 그러한 변화에 대처할 수 있지만 빈민들은 그러한 변화에 능동적으로 대처할 수 있는 힘을 가지고 있지 않아 고스란히 변화에 대한 비용을 지불하여야 한다는 것을 의미한다.

결국, 빈곤은 빈곤하지 않은 집단의 사람들과 자본주의 사회경제체제의 유지를 위해 기본적인 기능을 제공하기 때문에 자본주의 사회경제체제와 빈곤은 밀접한 연관을 맺고 있으며 빈곤이 없으면 자본주의가 움직이는데 중대한 걸림돌이 될 수 있다. 따라서 기능적인 측면에서 본다면 빈민은 자본주의사회가 굴러가는데 있어 매우 중요한 기능을 하며 사회로부터 유리되어야 하는 또는 격리되어야 하는 집단이라고 할 수 없다. 때문에 힘을 가지고 있는 집단들은 빈민들의 존재 위에서 그들의 삶의 지위를 보장받게 된다. 따라서 자본주의경제체제 하에서 빈곤의 소멸은 이론적으로 가능한 일이며 현실적으로 빈곤은 자본의 입장을 대변하면서 자본의 힘을 증대시키는데 일정 정도 역할을 하게 된다고 할 수 있다. 자본주의경제체제 하에서 빈곤의 역할을 크게 다음과 같이 이원화할 수 있다.

첫째, 빈곤한 집단은 자본가 집단에게 낮은 임금을 유지하게 하여 성장을 위한 지속적인 이윤을 확보할 수 있도록 해준다.

둘째, 시장의 실패에 따른 경제적 양극화 또는 빈곤의 확대재생산은 자본주의체제에 대한 심각한 위기를 가져다주지만 사회서비스 부분에서 일하는 질 높고 낮은 임금의 사회복지노동자집단의 확대를 통해 체제의 위기를 안전하게 유지할 수 있도록 보장받게 된다.

결국, 빈곤의 존재는 낮은 비용으로 자본주의를 유지 확대할 수 있는 사회적 체계를 보장받을 수 있다는 것을 의미한다. 이러한 이유로 인하여 경제적 그리고 정치적 힘이 있는 특정부류의 파워엘리트집단들은 지속적으로 빈곤의 확대 내지는 영속을 지지하게 된다.

제6절 소 결

자본주의적 축적의 법칙에 따르면, 빈곤은 국가가 자본의 축적을 보장하는 한에서 영원히 줄어들지 않고 확대 재생산될 것이다. 빈곤은 다양한 경로를 통해 개인적 그리고 사회구조적인 원인으로부터 유발된다고 볼 수 있지만 자본주의가 지속적으로 발전함에도 빈곤이 줄어들지 않고 확대 재생산되는 것은 자본주의 발전이 빈곤 퇴치나 예방보다는 빈곤의 유지 나아가 확대재생산을 방조한다는 것을 나타내 준다고 할 수 있다. 이는 자본주의발전에 따른 생산력의 급속한 발달과 이에 따른 생산의 확대가 저소득 빈곤층의 삶의 질 개선과는 관련이 없음을 나타내주는 것이라고 할 수 있다. 즉, 자본주의가 발전하여 부가 증대하면 부는 일부 자본가에게만 집중되는 현상이 있으며 이는 결국 소수에게로 부가 집중 및 집적되는 현상을 나타내주는 것을 의미한다고 볼 수 있다.

만약 빈곤이 소득보장을 통해서 극복될 수 있다고 믿는다면 빈곤에 대한 국가적 정책은 빈민들에 대해 소득을 보장해 주는 정책의 제공을 통해서 퇴치될 수 있지만 이러한 단순한 사고로는 빈곤이 영원히 퇴치 및 예방되지 않는다는 다는 점을 역사가 보여주고 있는 한 빈곤에 대한 해결은 원인만큼이나 복잡하고 다양한 정책을 필요로 한다. 사회복지재화와 서비스의 제공을 통해서 빈곤을 예방 및 퇴치하기 위해서 개인적 차원의 노력만을 강조하는 기능주의적 관점의 빈곤이론들로는 빈곤이 사회에 고착화되는 현상을 설명할 수 없다. 자본주의사회에서 빈곤은 사회구조적으로 확대 재생산되는 경향이 강함으로 빈곤에 대한 정책은 자본주의축적구조에 대한 수정과 변화를 필요로 하며 국가의 시장에 대한 강력한 개입을 필요로 한다. 즉, 빈곤의 존재가 특정 집단에게 낮은 비용으로 자본주의를 유지 확대할 수 있는 사회적 체계를 보장받을 수 있도록 함으로, 빈곤의 퇴치 및 예방은 자본주의 축적구조에 대한 수정과 시장에 대한 국가적 책임성강화의 실현을 통해 이루어질 수 있다.

제7장 불평등

제1절 개 관

빈곤과 달리 불평등은 특정 계층이 아닌 모든 국민들에게 나타날 수 있는 사회적 현상이며 복지국가가 반드시 해결하여야 하는 사회문제이다. 복지국가의 발전과 함께 사회불평등을 해결하기 위해 다양한 사회복지프로그램을 통하여 재화와 서비스가 제공되고 있지만 빈곤과 마찬가지로 불평등 역시 그 원인이 다양하여 정책적 개선노력 역시 매우 복잡하게 이루어지고 있지만, 자본주의가 발전하면서 불평등은 줄어들지 않고 지속적으로 확대 재생산되고 있다.

사회적 차별과 배제는 불평등을 의미하는 것이라고 할 수 있음으로 사회적 차별과 배제를 완화하고 개선하기 위해 제공되는 사회복지재화와 서비스의 정책적 목적의 실현은 곧 불평등완화라는 결과를 가져다 주어야 한다. 따라서 사회복지경제는 사회적 차별과 배제가 사회복지 제공을 통해서 얼마나 완화되었는가를 통해 측정되고 평가받을 수 있다. 즉, 사회복지경제는 사회복지재화와 서비스의 제공을 통해 국민들의 불평등을 완화·개선하는 것을 목적으로 한다고 볼 수 있음으로 불평등은 사회복지경제가 다루는 주요 영역이 된다. 일반적으로 불평등을 측정하는 지수로 지니계수를 많이 활용하는데 우리나라의 불평등을 나타내는 지니계수는 매년 상승하는 것으로 나타나 불평등은 악화되고 있다.[1)]

본 장에서는 사회복지경제의 주요 분석 영역인 불평등을 다룬다. 불평등에 대한 개념정리와 불평등을 설명하는 다양한 이론적 틀을 비교분석하며 불평등을 가져다주는 다양한 요인과 불평등을 완화시킬 수 있는 요인들에 대해 살펴본다.

제 2 절 불평등개념

빈곤을 정의하는 것도 어렵지만 빈곤에 비해 불평등을 정의하는 것은 더욱 어렵다고 할 수 있는데 이는 불평등이 빈곤보다 광범위한 개념이기 때문이다. Haughton과 Khandker(2009)는 불평등이 빈곤과 같이 기준선 이하의 사람이 아닌 전체 사회 구성원(또는 전체 가구나 총인구) 등을 대상으로 하기 때문에 정의하는 것이 어렵다고 강조한다. 즉, 절대적 빈곤이 기준선 이하의 삶의 수준이라고 한다면 불평등은 기준선 이하의 삶의 수준을 의미하는 것이 아니고 집단구성원 사이의 차이를 나타낸다고 할 수 있기 때문이다. 예를 들어 소득불평등은 구성원 상이의 소득의 차이를 나타냄으로 빈곤과 불평등은 상이한

1) 지니계수는 0과 1 사이의 수를 나타내는데 1은 한사람이 모든 소득을 독차지 하는 것으로 완전한 불평등을 나타냄으로 1에 가까우면 가까울수록 불평등은 악화되었음을 의미한다. 국세청이 발행한 2011년 국제통계연감에 따르면 우리나라 지니계수는 2000년 0.266에서 2009년 0.295로 불평등이 심화되고 있음을 나타내주고 있다.

개념임을 알 수 있다(Barr, 1998). 하지만 불평등은 차이와는 다른 개념이라고 할 수 있는데 이는 차이가 수직적 수평적 차이를 모두 고려하는 반면에 불평등은 수직적 차이만을 의미하기 때문이다. 즉, 불평등은 단순한 차이가 아니라 어떤 것이 더 낫고 어떤 것이 더 못하다고 하는 상태의 가치판단의 평가가 들어 있다. 따라서 불평등은 차이이긴 하지만 상대적 비교 개념을 가진다고 볼 수 있다.

평등과 불평등은 상호 대칭적인 의미임으로 평등을 동일한 기회를 갖는 것으로 본다면 불평등은 동일한 기회를 가지지 못하는 상태라고도 할 수 있다. 이 경우 평등은 동일한 기회 즉, 기회의 평등을 의미하고 불평등은 동일하지 않은 기회 즉, 기회의 불평등을 나타낸다고 할 수 있다. Le Grand(1982)는 평등을 최종소득의 평등, 공적지출의 평등, 비용의 평등, 사용의 평등, 결과의 평등으로 구분하였으므로 이 개념을 불평등으로 대입하면 첫째, 사람들은 같은 수준의 현금이나 현물이 없으면 불평등하며, 둘째, 모든 사람들에게 같은 똑같은 공공지출이 제공되지 않으면 불평등하고 셋째, 모든 사람들에게 같은 양의 서비스가 제공되지 않으면 불평등하며 넷째, 모든 사람들이 똑같은 서비스를 같은 비용으로 사용하지 않으면 불평등하고 마지막으로 모든 사람들은 같은 결과를 갖지 않으면 불평등하게 된다.

불평등을 구성원 사이의 차이로 해석한다면 소득이나 부의 차이는 경제적 불평등이라고 할 수 있다. 또한 동일한 서비스나 혜택을 제공받는가? 그리고 동일한 대접을 받는가? 등에서 발생하는 구성원 사이의 차이는 사회적 불평등이라고 할 수 있다. 따라서 불평등은 사회경제적 불평등을 의미한다고 할 수 있다.[2] Wilkinson과 Pickett(2009)

2) 본 연구는 사회복지경제의 영역을 다룸으로 불평등을 소득이나 부의 차이를 나타내는 경제적 불평등을 중심으로 그리고 불평등 측정단위는 일반적으로 개인이나 가족보다는 전체사회를 기본단위로 이루어짐으로 전체사회구성원의 소득이나 지출의 차이를 불평등으로 다루도록 한다.

에 따르면 짧은 기대수명, 높은 질병률, 자살률, 영유아사망률, 비만, 십대 청소년들의 임신, 우울증, 교도소수감자의 수 등은 사회경제적 불평등과 밀접한 연관이 있는 것으로 나타났다.

불평등을 측정하는데 있어 중요한 점은 첫째, 무엇이 불평등한가를 나타내는 것이다. 즉, 불평등의 내용을 의미한다. 두 번째는 불평등의 단위로서 개인이나 가정을 기본 불평등 단위로 보는지 아니면 전체 사회를 불평등단위로 보는지를 구분하는 것이다. 일반적으로 불평등을 전체 사회를 기본 단위로 하여 측정하는 경우 측정단위는 전체사회 구성원이고 측정은 소득이나 지출을 통하여 측정된다(Barr, 1998). 따라서 전체 구성원들이 동일한 소득을 가지고 있다면 즉, 소득의 차이가 없다면 불평등은 제로(0)가 되고 만약 한사람이 모든 소득을 차지하고 있다면 불평등은 1이 된다. 이러한 차이를 나타내 주는 대표적인 불평등측정지수가 지니계수라고 할 수 있다. 가정의 불평등을 소득이나 지출을 중심으로 측정하는 경우 많이 활용하는 방법이 균등화지수이다. 균등화지수는 성인을 1로 하고 배우자와 자녀들의 소득이나 지출을 그보다 적게 잡아 측정하는 방식이다.

제 3 절 불평등이론

1. 고전불평등이론

1) Marx의 불평등이론

Marx는 자본주의 하에서 불평등을 소유권, 계급 그리고 생산수단과의 관계 등을 이용하여 설명하였고 자본주의 하에서 불평등은 피할 수 없으며 불평등의 극복은 혁명을 통한 계급 없는 사회에 의해서 가능하다고 강조하였다. 그에 따르면 본래 초기 사회는 토지에 대한 공동의 소유에 기초하는 계급이 없는 사회였으며 사유권이 계급의 발전을 초래하였고 계급은 생산수단에 대한 관계에 의해서 정의된다고 한다. 그는 불평등이 일어나도록 하는 기본적인 원천은 생산수단에 대한 개인적 관계에 기인한다는 점을 강조하였다. 생산수단은 생산을 위해 사용되어지는 기계나 기구 등을 의미하며 생산에 대한 관계(사회적 관계)는 경제체제 안에서 개개인들 사이의 소유와 힘의 관계를 의미한다. 따라서 자본주의라는 경제체제 안에서 부르주아는 생산수단의 소유자이고 임금노동자의 고용주인 자본가계급을 의미하며 프롤레타리아는 생산수단을 소유하지 않고 생존을 위해 자신의 노동을 파는 임금노동자계급이 된다. Marx는 계급의 사적소유에 따른 상이한 관계에 의해서 계급사회에서 갈등은 피할 수 없는 것으로 바라보았다. 결국, Marx의 불평등이론에 따르면 불평등은 이러한 소유권을 기본으로 하는 계급구조에 내재해 있다고 볼 수 있다.

자본주의의 발전은 안정된 노동력을 필요로 하지만 기본적으로 모든 노동력을 흡수하지 못하고 산업예비군을 양성하여 언제든지 노동력을 보충받을 수 있는 노동구조를 필요로 한다. 또한 자본주의의 발전은 생산수단의 발전을 동반하며 생산수단의 발전으로 인하여 상품생산의 비용을 줄이기 위해 새로 개발된 기계들은 노동자들의 노동을 덜 중요한 것으로 대체하였으며 결국 인간노동의 가치를 떨어트리는 결과를 초래하여 노동자들의 불평등은 자본주의의 발전과 함께 더욱 심화된다고 Marx는 생각하였다. 자본가계급의 이익을 위한 경쟁은 결국 자본가와 노동자 사이의 불평등을 더욱 심화시키고 노동자들의 소외의 심화 그리고 빈곤의 심화에 따른 사회적 양극화의 원천이 된다고 할 수 있다. Marx는 이러한 불평등의 심화로 인해 자본주의사회는 자본가와 집합적 힘을 갖는 노동자사이의 계급투쟁을 야기하고 결국 프롤레타리아 혁명에 의해 계급구조는 해체되고 프롤레타리아는 불평등으로부터 해방된다는 것을 강조하였다. 이러한 Marx의 이론을 도표로 나타내면 [그림 7-1]과 같다.

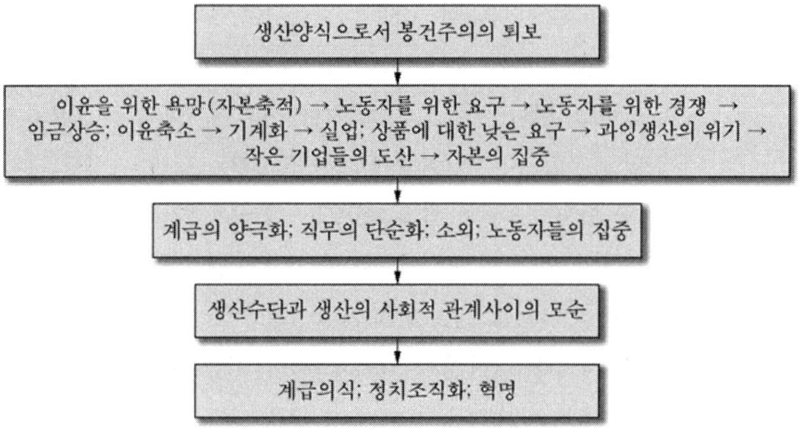

[그림 7-1] Marx의 불평등이론

Marx의 불평등이론은 인간의 불평등을 계급구조와 사회와의 연관하에서 분석하고 있다는 장점을 가지고 있다. 하지만 Marx는 인간이 기본적으로 사심이 없다는 것을 강조함으로써 인간이 기본적으로 오류를 범할 수 있고 죄를 지을 수 있는 본성을 가지고 있다는 점 따라서 인간 스스로 불평등을 조장할 수 있다는 점 그리고 인간이 불평등을 스스로 조정할 수 있는 능력을 가지고 있다는 점을 너무 과소평가한다는 점은 그의 이론의 문제점이라고 할 수 있다.

2) Weber의 불평등이론

Weber는 다원론적인 입장에서 불평등을 설명한다. 즉, Marx가 강조하는 불평등의 계급주의적인 입장에서 나아가 불평등이 경제적 요소 이외에 신앙, 윤리, 가치관 등 관념적인 요소들이 영향을 미친다고 보았다. 특히, 불평등이 자본주의적 생산과정에서 자본가에 의한 잉여노동의 착취에 기인한다는 Marx입장 대신 분배의 불평등을 더욱 강조하였다.

특히, Weber의 불평등이론은 힘(power)과의 관련성에 기초한다. Weber는 힘이 다양한 유형을 갖는다고 강조하였는데 그에 따르면 힘이란 사람의 지위(status), 계급(class) 그리고 정당(party) 안에서 나타난다고 한다. 즉, 그는 힘이란 사회적, 경제적 그리고 정치적으로 규정될 수 있으며 **계급(경제)**, **지위(사회)**, 그리고 **정당(정치)**이 한 지역이나 사회 안에서 힘의 분배를 나타내 준다고 생각하였던 것이다. 즉, 자산의 차이는 계급의 차이를 나타내고, 힘의 차이는 상이한 정당을, 그리고 위신(또는 위세. prestige)의 차이는 상이한 지위집단을 만들어 내는데 이러한 차이에 의해서 어떤 사회든 사회적 위계(서열)가 형성된다고 보았다.

한 사회에서 **사회적 질서**(social order)는 사회적 위세의 분배와 관련이 있으며 위세의 상이한 수준은 그 사회에서의 다양한 지위집단(status group)을 구성하게 된다. 결국 한 사회에서 위세가 어떻게 분배되어 있느냐에 따라 위세가 많은 사람과 위세가 없는 사람으로 구분되게 되고 이러한 사회적 지위의 정도가 사회적 불평등을 나타낸다. 또한 **경제적 질서**(economic order)는 경제적 재화와 서비스의 분배로 구성되며 재화와 서비스가 어떻게 분배되느냐에 따라 경제적 불평등 정도가 결정된다. 그리고 **정치적 질서**(political order)는 결정에 영향을 미치는 힘의 분배를 의미하며 결정에 많은 영향을 행사하면 정치적 힘이 많은 것을 의미하기 때문에 이러한 정치적 힘이 정치적 불평등을 나타내게 된다. [그림 7-2]는 Weber의 불평등에 대한 이론을 그림으로 나타낸 것이다.

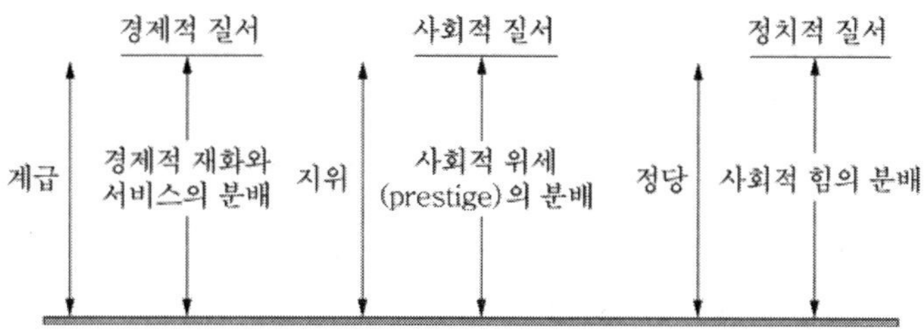

*Hurst(1995). p. 226 [그림 10-2]에서 재인용

[그림 7-2] Weber의 불평등이론

결국, Weber의 불평등이론의 본질은 경제적 불평등, 사회적 불평등 그리고 정치적 불평등이 사회에 존재한다는 것이며 모든 불평등을 설명하는데 있어 가장 기초적인 단어는 힘이라고 할 수 있다. 특히 Weber의 불평등이론은 경제적 질서를 구성하는 계급, 사회적 질서를 구성하는 지위 그리고 정치적 질서를 구성하는 정당에 대한 이해에 기초한다.

■ Marx와 Weber의 불평등이론 비교

Marx는 불평등이론에서 경제적 측면의 불평등만을 강조하였지만 Weber는 경제적 불평등과 함께 사회적 불평등과 정치적 불평등을 동시에 강조하였다. 하지만 이러한 차이점에도 불구하고 Weber와 Marx의 불평등이론은 다음과 같은 점에서 유사점을 지닌다.

첫째, Weber와 Marx는 모두 자본주의 사회가 하나의 계급사회라는 점을 강조하였다. 자본주의는 시장경제체제 하에 자본가와 노동자라는 두 계급으로 나누어지고 자본가는 시장을 확대하려고 하는 반면에 노동자를 비인간화하려고 시도한다.

둘째, Weber가 계급불평등. 지위불평등, 정당불평등으로 불평등을 유형화하였고 즉, 계급과 함께 정당과 지위를 언급하고 있지만 자본주의와 같은 합리적인 시장사회에서 계급이 지배적이라는 점을 인정하였다는 점이다.

결국, Weber와 Marx의 불평등이론의 합의점은 두 이론가 모두 자본주의 사회에서 계급의 중요성을 인정하였다는 점이라고 할 수 있다. 계급은 경제적 불평등을 설명해주는 용어이다. Weber에 따르면 계급은 한 사회의 재화와 서비스를 사용할 기회를 가질 때 사람은 계급의 한 구성원이 된다고 한다. 따라서 그에 따르면 노예는 계급의 구성원이 될 수 없다. Weber는 계급을 세 유형으로 구분하였는데 첫 번째 유형의 계급은 자산계급이고 두 번째 계급은 사회적 계급이며 마지막 계급은 상업적 계급(commercial class)이다. Marx에 있어서 계급은 알려져 있듯이 자본가 계급과 노동자계급으로 이분된다.

3) Pareto의 불평등이론

Pareto의 불평등이론은 **지배엘리트**(governing elite)와 **비지배엘리트**(non-governing elite)에 대한 분석에 기초한다. 그는 엘리트이론의 창시자 중의 한사림으로서 경제적 계급보다는 정치적 계급이라는 개념에 더 많은 주안점을 두었으며 정치구조의 상층집단과 하층집단 사이에서 집단들이 끊임없이 이동한다는 것을 강조하였다. 특히 그는 인간의 본성이 회의적이고 신뢰할 수 없다는 매우 부정적인 관점을 유지하였다.

Pareto는 정부안에서 중요한 역할을 하는 사람들의 집단 즉, 지배하는 계급을 지배엘리트로 그리고 지배엘리트 이외의 사람들을 비지배엘리트로 양분하여 구분하였다. 그리고 지배하는 계급(governing class)은 다른 사람을 지배할 수 있는 능력과 특성을 가지고 있는 자질이 있는 사람들과 지배할 자질은 없지만 지배에는 참여하는 지배하는 비엘리트(지배비엘리트, governing nonelite)로 구분하였다. 따라서 그에 따르면 지배하는 계급에는 지배엘리트와 비지배엘리트가 존재하며 지배받는 계급 역시 지배받는 엘리트와 지배받는 비엘리트로 구분된다. 이를 구분하여 나타내면 〈표 7-1〉과 같다.

〈표 7-1〉 지배하는 계급의 안과 밖에 있는 엘리트와 비엘리트

지배하는 계급	지배하는 엘리트	지배하는 비엘리트
지배받는 계급	지배받는 엘리트	지배받는 비엘리트

Pareto는 한 사회가 안정적이기 위해서는 즉, 균형(equilibrium)에 있기 위해서는 엘리트들의 순환에 의존한다고 하였다. 그에 따르면 지배받는 계급은 지배하는 계급의 힘과 끊임없는 생존능력을 위한 자원으로 작용하며 시간이 지나면서 한 엘리트는 다른 엘리트에 의해 대체되고 그리고 이 과정은 끊임없이 이어진다고 한다. 엘리트순환의 중요성은 지배받는 엘리트가 지배하는 엘리트가 될 수 있는 필요한 자질을 갖게 된다는 점이며 이 자질은 다른 사람을 지배할 수 있는 그들의 능력에 영향을 미치는 감성(sentiments)과 기본적인 개개인들의 성질(또는 성향)을 의미한다. 지배(하는)계급의 쇠퇴는 더 이상 그들이 그들의 권위를 보호할 수 있는 힘이 없을 때 일어나며 새로운 엘리트들이 지배받는 계급으로부터 나타나게 된다. 엘리트의 순환이론을 도표로 나타내면 [그림 7-3]과 같다.

Pareto의 엘리트순환이론은 불평등이 기본적으로 집단 안에 있는 감성(sentiments)의 분배에 의존하며 그는 엘리트라는 용어를 사용하여 그의 이론을 정치적 의미로 해석하는 경향을 나타내었기 때문에 불평등에 있어서도 정치적 힘의 불평등을 강조하였다고 볼 수 있다. Pareto는 또한 중앙화와 탈중앙화의 순환을 강조하였는데 그에 따르면 위에서 지적하였던 감성의 분배가 불평등을 일으킨다고 한 것과 함께 정치적 힘의 **중앙화**(centralization)와 **탈중앙화**(decentralization)가 불평등을 일으키는 원인이 된다고 강조하였다. 그에 따르면 중앙화된 힘은 사람들을 지배하기 위한 도구로서 개성(personality)과 힘(force)에 대한 지나친 의존을 나타내며 이러한 지나친 의존은 혁신,

유연성, 그리고 변화를 거부하고 불안정을 이끌며 궁극적으로 탈중앙화를 유도한다고 한다. 또한 힘의 탈중앙화는 힘의 분산, 사회 안에서의 상이한 요소들의 협력을 이끌어내고 궁극적으로는 통제의 부족을 유도하게 된다. 결국, 극도의 중앙화와 탈중앙화는 불안정성과 힘의 쇠퇴를 이끌게 되어 불평등을 유도하게 된다. 그에 따르면 가장 안정적인 정권은 이 두 극단 사이에 있는 정권이라고 한다.

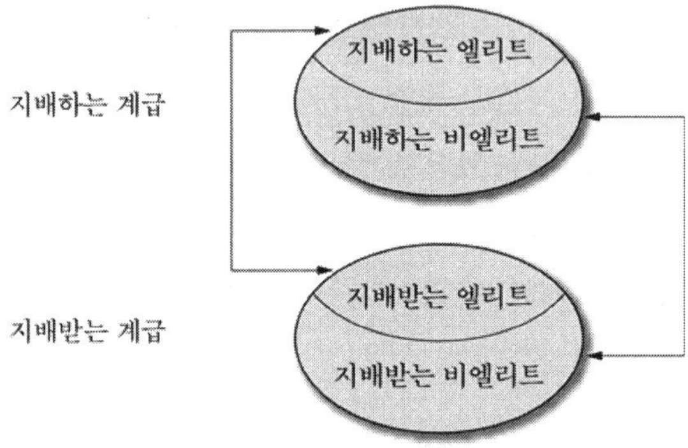

*자료: Hurst(1995). p. 235 [그림 10-4]에서 재인용

[그림 7-3] 엘리트의 순환

■ Pareto와 Marx 그리고 Weber의 비교

Pareto는 보수적 경제학자로서 자유무역과 반 국가개입주의의 열렬한 신봉자였다. 그는 사회를 균형을 향해서 나아가는 체계로서 바라보았으며 행동은 감성에 의해서 일차적으로 동기부여 받는다는 점을 강조하였다. 그에 따르면 감성의 분배는 엘리트의 순환에 영향을 미치고 엘리트의 순환은 사회의 균형에 영향을 미친다고 한다. Marx와 Weber와 같이 Pareto는 경제적 정치적 부분이 사회를 구성하는 구성요인이라는 점을 인정하였지만 그들과는 달리 기본적인 **심리적 특성**(psychological characteristics) 안에서 정치적 불평등과 이동(mobility)의 기원을 찾았다. 또한 그는 Marx 그리고 Weber와 같이 사회적 조건과 역사적 사건들이 사회의 사회구조에 영향을 미친다는

점을 인정하였다. 그는 Marx와 같이 계급투쟁을 역사의 중요한 이동자로서 인식하였지만 Weber와 마찬가지로 계급이 사라질 것이라고는 생각하지 않았다. 그의 불평등이론의 배경은 Marx의 불평등이론과 다음과 같은 점에서 차이를 내포하고 있다.

첫째, 개개인은 논리적 또는 경제적 입장에서 독단적으로 행동하지 않으며 오히려 비논리적 **감성(또는 의견,** sentiments)이 인간 개개인에게 행동에 대한 동기를 부여한다.

둘째, 인간은 기본적으로 이타적이지 않고 이기적이기 때문에 프롤레타리아는 계급의 이익보다는 개인의 이익 때문에 행동한다.

셋째, 사적 재산은 영속적으로 폐지될 수 없고 계급사회는 오직 신화일 뿐이다.

넷째, 계급투쟁은 오직 자본가계급과 노동자계급 사이에서만 발생하지 않으며 오히려 다양한 집단들 사이에서 발생하는데 특히 지배엘리트(governing elite)와 비지배엘리트(non-governing elite) 사이에서 발생한다.

다섯째, 자본가를 모두 한패로 보는 것은 잘못된 것이며 자본가들의 의견은 다양한데 특히 재산으로부터의 이자로 먹고사는 재산소유자와 기업가를 구분하여야 할 필요가 있는데 이는 이들 두 집단이 상이한 관심을 가질 수 있기 때문이다.

4) Durkheim의 불평등이론

Durkheim에 있어서 사회적 불평등은 주된 관심사가 아니었다. 대부분의 그의 논문들은 사회의 질서, 통합 그리고 응집 등에 집중되어 있었기 때문에 그는 기능주의 관점의 기초자라고 할 수 있다. 특히 그는 사회를 균형을 위해 나아가는 하나의 사회체계로 바라보았다. 하지만 Durkheim에 있어서 사회적 불평등은 주된 관심사는 아니었을지라도 그는 1933년 출판된 『노동의 분업(*The division of labor*)』이라는 책에서 사회적 불평등에 대해 나름대로의 관점을 제시하였다. 그는 Marx와 마찬가지로 공장의 발달과 노동의 분업으로 개개 노동자들은 더욱 소외되고 있으며 노동자들은 노동과정에서 그들의 역할에 대한 중요성 없이 판에 박히고 반복적인 과업을 수행하는 기계가 되고 있다고 강조하였다.

하지만 Durkheim은 Marx와 달리 노동의 분업을 극히 비정상적인 노동의 분업을 제외하고는 현대 산업사회에서 통합을 위한 중심적인 토대이며 사회가 발전하는 것과 같이 노동의 분업도 복잡하기 때문에 노동의 분업은 산업사회의 필수품이라고 바라보았다. Marx는 노동의 분업을 자본주의사회가 가지고 있는 기본적인 문제의 원천이라고 보았고 계급투쟁은 노동의 분업과 연관되어 있는 사회적 관계와 소유의 문제 때문에 발생한다고 바라본 반면, Durkheim은 계급투쟁을 노동자와 고용주 사이의 도덕적 **규정**(rules)에 대한 협의나 공유의 부족 때문에 발생하는 아노미상태의 표면적인 한 증상이라고 바라보았다. 따라서 그는 현대사회의 문제는 자본주의사회의 모순 때문이 아니라 기계적 연대로부터 유기체적 연대로의 이행사이에 내재해 있는 긴장에 의해서 나타난다고 강조하였다. 그는 때때로 계급간의 전쟁이 일어나는 이유는 노동의 분업을 지배하는 **규정**이 개인적인 재능이나 이익 그리고 직무기능(work functions) 사이의 일치를 만들어 내지 않기 때문이라고 강조하였다. 즉, 노동의 분업이 도덕적 규정에 대한 협의나 공유에 기초한 응집과 통합 대신에 불만족과 고통을 만들어내는 것은 사회적 구조가 더 이상 자연적인 재능의 분배에 의존하지 않기 때문이며 이것이 **사회적 불평등**을 일으키는 원인이라고 그는 강조하였다. 그는 불평등들이 불공평한 개개인들 사이의 내재적인 차이에 기초하는 것이 아니라 상속 등과 같은 외재적인 차이에 의해서 나타난다고 생각하였다. 따라서 그는 상속 등과 같은 외재적 불평등이 사회적 연대를 위협하기 때문에 반드시 제거되어야 한다고 믿었다. 결국 그는 탄생에 기인하여 개인적인 자원의 차이를 가져다주는 불평등 즉, 탄생과 함께 부자가 되고 빈민이 되는 것은 불공평한 것이라고 강조하였다. Durkheim은 노동의 분업에 따라 노동자들이 갖게 되는 불공평(또는 불평등)은 계급혁명에 의해서가 아니라 문제를 제거하는데 필요한 개혁적인 변화를 통해서 극복될 수 있다고 생각하였다.

고전불평등이론을 종합하여 보면 Pareto와 Weber는 인간을 자기 본위의 이기적인 속성이 있는 것으로 바라보았으며 Marx는 이기심이 없는 것으로 생각하였고 Durkheim은 인간이 규정과 안내를 필요로 한다고 생각하였다. Marx와 Durkheim은 경제적 계급을 강조하였으며 Pareto는 정치적 계급을 강조하였고 Weber는 지위, 경제적 계급 그리고 정당을 강조하였다. Marx는 불평등의 원천이 생산수단에 대한 개인의 관계에 기인한다고 강조하였고 Pareto는 계급들 속에서의 순환과 계급이해를 위한 구조적인 형상과 계급의 기초적인 심리적 특성에 있다고 생각하였으며 Weber는 불평등이 시장 상황, 생활양식(lifestyle), 의사경정의 힘을 포함하는 다양한 원인에 기초한다고 강조하였고 Durkheim은 노동의 분업 안에 있는 비정상이 불평등의 원인이라고 강조하였다. Pareto와 같이 Weber는 불평등이 미래에 사라질 것이라고 생각하지 않았으며 Marx와 Durkheim은 불평등의 미래에 대해 좀더 낙관적으로 사라질 것으로 생각하였다. Marx, Weber 그리고 Pareto는 계급, 계급투쟁, 그리고 계급이 사회 안에서 중요한 요소라는 점을 인정하였으며 Weber와 Marx는 자본주의가 계급구조로 되어 있고 인간성을 빼앗는 효과가 있다는 것을 인정하였다. 다음의 〈표 7-2〉는 고전불평등의 네 이론의 특징을 나타낸 것이다.

〈표 7-2〉 고전 불평등이론의 개요

	주요관심	불평등의 유형	불평등의 원인	불평등을 피할 수 있는가?	불평등의 미래
Marx	자본주의사회에서의 계급화	역사적 계급구조	사유화	없음	혁명; 계급없는 사회
Weber	불평등의 영역 우수성으로의 변화	계급, 지위, 정당	-시장상황 -정치적 힘 -부여된 지위	있음	계급의 성장하는 탁월성과 사회의 이성화
Pareto	엘리트의 순환	정치적 그리고 경제적 엘리트 지배받는 그리고 지배하는 계급	중앙화/탈중앙화의 순환, 감성sentiments)의 분배	있음	엘리트와 순환의 지속
Durkheim	노동분업의 비상식적인 유형	숙련자(masters)와 노동자	변칙적이고 강제된 노동의 분업	피할 수도 있고 없을 수도 있음	산업사회에서의 계급갈등의 퇴조

* Hurst(1995), p. 240 참조

2. 현대 불평등이론

1) 기능주의이론: 계층화이론

사회적 불평등에 대한 기능주의 관점은 계층화이론(stratification theory)에 집약되어 있으며 처음 계층화이론을 발전시킨 학자들은 Davis와 Moore(1945)로 알려져 있다. 기능주의적 관점은 생존하기 위해서 해결하여야 하는 기초적인 문제들을 가진 사회적 체계로서 사회를 바라보며 해결하여야 하는 기초적인 문제들 중의 하나가 사회성원들의 자극(또는 동기부여)이며 자극이 결여된 사회는 생존할 수 없음을 강조한다(Aberle et al. 1950). 그리고 사회가 계속해서 생존하기 위해 중요한 과업들이 분명하게 서술되어져 있어야 하며 과업수행을 위한 수단이 창조되어 있어야 한다는 점이 강조된다. 기능주의 관점에 따르면 사회에 존재하는 자원은 부족하기 때문에 부족한 자원의 상이한 할당을 위해서 사회적 체계는 반드시 필요하다는 점이 강조된다. 특히 상이한 할당의 결과 계층화가 일어나며 계층화는 사회구성원 사이에 받아들여지고 정당화된다고 한다. 계층화이론을 강조하였던 Davis와 Moore(1945)는 그들의 계층화이론에서 다음의 두 가지 점을 강조하였음을 지적하였다.

첫째, 어느 사회에서도 계층화를 필요로 한다는 것을 기능주의용어로 설명하기 위해서
둘째, 왜 지위(positions)가 사회의 보상체계 안에서 상이하게 자리잡게 되는지를 설명하기 위해서

Davis와 Moore(1945)가 제시한 계층화의 원칙은 다음과 같다.

첫째, 작은 규모의 원시공동체를 제외하며 계층화되지 않은 사회는 존재하지 않는다.
둘째, 보다 능력있는 사람이 중요하고 어려운 일을 수행할 수 있도록 보다 큰 보상을 제공해 주어 동기를 부여할 필요가 있다.
셋째, 보상의 크기는 그 직업의 기능적 중요성과 그 일을 담당할 수 있는 인재의 상대적 희소성에 의해서 결정된다.
넷째, 모든 자리가 동등한 중요성을 가지는 것이 아니고 보다 책임있는 자리에 모두가 같은 정도의 자격을 갖는 것이 아니기 때문에 불평등은 불가피하다.

Davis와 Moore(1945)는 구조가 노동의 분업에 따라 상이한 지위와 역할에 속으로 분류되는 것과 같이 모든 사회는 사회구조 안에 그들의 구성원들을 자리 잡게 하기 위한 수단을 가지고 있다고 강조하였다. 계층화이론에서 핵심적인 사항은 사회에 있는 개개인들이 특정

한 지위를 차지하도록 하기 위해서 자극해야 한다는 것이고 그리고 일단 그들이 지위를 차지하면 적절한 역할을 수행하도록 자극 받는다는 점이다. 그리고 자극에 따른 과업에 있어 어떤 과업은 다른 과업보다 수행하기가 더 어렵고 시간이 많이 소요되며 성가시고 사회를 위해 더욱 중요하기 때문에 개개인들이 그 과업을 수행할 수 있도록 하기 위해 그에 따른 보상이 필요하게 된다. 따라서 사회적 보상과 보상에 따른 분배는 사회질서의 한 부분이며 이것이 사회적 계층화가 되도록 하는데 결정적인 원인이 된다. 이상적인 산업사회에 대한 Durkheim의 관점과 마찬가지로 Davis와 Moore는 개개인들에 대한 보상의 분배가 개개인들의 기술과 능력의 **내재적인 불평등**을 반영하기 때문에 사회가 안정적으로 굴러갈 것으로 확신하였다.

Davis와 Moore는 보상의 양을 결정하는 세 기준을 제시하였는데 그 기준은 다음과 같다. 첫째는 과업의 기능적 중요성이고 둘째는 필요한 훈련의 양이나 과업을 수행할 수 있는 인력의 희소성이며 셋째 기준은 경제적 힘 또는 자원에 대한 통제이다. 이러한 세 기준이 보상체계(즉, 계층화체계) 안에서 주어진 지위의 자리를 결정하게 된다. 그들은 경제적 힘 즉, 화폐를 많이 소유하는 것이 개인이 더 높은 지위를 차지하는데 있어 이점으로 작용할 것이라는 점을 강조하였기 때문에 힘과 위신(prestige)은 소유권에 기초할 수 있고 상품소유의 한 형태에는 다른 사람의 노동에 대한 권리도 포함된다는 것을 인정하였다. 결국 계층화이론에 따르면 가장 중요한 직위는 가장 자질이 있는 사람들에 의해서 채워지는 사회적 보상장치가 작동하기 때문에 모든 사회는 계층화되며 사회적 불평등은 자연적이고 필연적 결과가 된다.

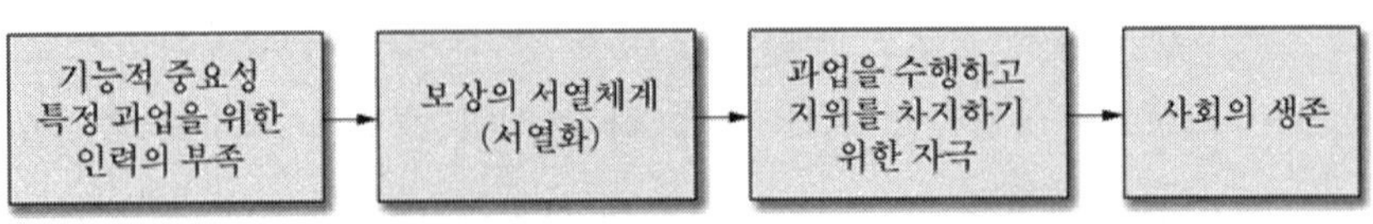

[그림 7-4] Davis와 Moore의 계층화이론

하지만 Davis와 Moore의 계층화이론은 다음과 같은 문제점들을 내포하고 있다.

첫째, 과업의 기능적 중요성에 대한 문제점이 지적된다. 계층화이론은 과업들이 각기 상이하고 어떤 과업은 중요하고 어떤 과업은 중요하지 않음을 기정사실화 하지만 과업이 중요하고 중요하지 않다는 것을 어떻게 결정할 수 있는지에 대한 문제에 적절한 대답을 하지 못한다는 한계점을 내포하고 있다. 즉, 어떤 과업은 사회의 영속성에 중요한 기여를 하기 때문에 중요할 수 있으며 또한 상이한 사회적 가치가 적용되면 상이한 과업에 대한 중요성 정도가 결정될 수도 있다는 점이 무시된다.

둘째, 계층화이론은 실제적 사회를 반영하지 못하고 있다는 문제점이 지적된다. 즉, 계층화이론은 실제사회의 운영을 무시하고 매우 추상적인 사회체계를 다룬다는 점이다. 계층화이론에 따르면 가장 중요한 직위는 가장 자격있는 사람에 의해서 채워진다고 강조하지만 현실적으로 낮은 지위에 있는 사람은 자격의 유무와 상관없이 기회가 제한되어져 있고 사회가 완전히 자유경쟁적이지 않으며 현실적으로 우리는 사회 안에서 우리가 가지고 있는 재능을 완전히 사용하지 못한다는 점이 지적된다(Tumin, 1953).

셋째, 계층화이론은 계층화의 기능장애를 무시한다는 점이다. 계층화의 기능장애는 ① 성층화가 재능의 발견을 억제한다는 점 ② 생산적인 자원이 확대될 수 있다는 것을 제한한다는 점 ③ 상층부에 있는 사람들의 힘을 합리화하고 정당화하여 준다는 점 ④ 하층부에 있는 사람들의 자아상을 약화시키고 그들의 심리적 발전을 방해한다는 점 ⑤ 사회의 모든 사람들에게 완전하게 받아들여지지 않는다면 적의와 분열을 만들어 낸다는 점 ⑥ 사회구성원들이 모두 참가자라는 생각을 할 수 없게 만든다는 점

⑦ 사회에 대해서 덜 한 충성심을 갖게 한다는 점 ⑧ 사회로의 참여에 더 적은 동기유발을 갖게 한다는 점 등을 의미한다(Tumin, 1953).

넷째, 계층화이론을 강조하는 학자들은 계층화가 필수 불가결하다고 강조한다는 점이다. 계층화이론을 강조하는 학자들은 계층화가 어느 사회에서든 보편적으로 발견된다고 강조한다. 특히 이들 학자들은 불평등이 사회에 미치는 부정적인 결과를 과소평가하고 사회적 불평등의 긍정적인 면만을 부각시킨다.

2) 사회재생산이론

사회적 불평등을 설명하는 사회재생산이론(social reproduction theory)은 기본적으로 갈등주의관점에 기초하며 Marx의 불평등이론에 밀접해 있지만 Marx이론보다는 불평등에 대해 더 많은 주의를 기울였다고 볼 수 있다. 사회재생산이론은 사회의 계급구조가 유지되는 과정을 강조하며 구체적으로 어떻게 계급구조가 세대간에 재생산되는가에 관심을 갖는다. MacLeod(1987)에 의하면 사회재생산이론은 어떻게 사회제도가 자본주의사회에 실존하는 생산관계를 유지하기 위해 필요한 사회적 관계와 태도를 영속시키는가를 설명하는 이론이라고 한다. 따라서 재생산이론은 자본주의사회에서 불평등이 영속적으로 재생산된다는 점이 강조된다.

특히 Bowles와 Gintis(1976)는 재생산을 만들어내는 기관으로 **교육기관**을 지목하였다. 그들은 자본주의사회에서 계급관계를 재생산하는데 어떻게 교육기관이 도움을 주는가에 관심을 가졌으며 교육이 자본주의질서를 유지하고 확대하는 것을 돕는 수단임을 강조하였다. 그들은 학교가 불평등을 수정하기보다 불평등을 재생산하고 정당화시켜준다고 주장하였으며 성공이 개인적 재능이나 노력에 전적으로 의존해 있다는 기본적인 틀을 제공함으로써 학교는 가장 공적이 많은 학생에게 보상을 제공한다는 점을 강조하였다. 즉, 학교는 특정 행동이나 태도에는 보상을 하고 그렇지 않은 행동은 처벌을 한다는 것이다. 또한 그들은 학교가 자본주의경제를 위해 적합한 노동자들을 생산해내는 것뿐만 아니라 자본주의이윤을 보장할 수 있는 영속적인 제도와 사회적 재생산의 장기적 목적을 위해 노력한다는 점을 강조하였다. 그들에 따르면 교육체계는 이러한 목적을 성취하기 위해서 다음의 네 방식으로 노력한다는 점을 강조하였다.

첫째, 교육체계는 직무를 수행할 수 있는 적절한 기술을 제공한다.
둘째, 교육체계의 구조와 커리큘럼을 통해서 교육체계는 사회에 현존하는 경제적 그리고 직업적 불평등을 정당화하는 것을 돕는다.
셋째, 교육체계는 개개인들이 수행해야하는 경제적 역할에 적합한 자기개념과 태도의 내면화와 발전을 고취시킨다. 상을 받을 만한 일을 수행한 사람은 보상을 받으며 그렇지 못한 사람은 부정적인 인식을 받게 된다.
넷째, 교육체계는 사회의 계급과 지위의 성층화를 고착시키도록 돕는다.

교육기관의 재생산적 기능을 강조하였던 Bowles와 Gintis의 이론에 대해 MacLeod(1987)는 그들의 이론이 너무 단순하며 기계적이라고 비판하였으며 Giroux(1983)는 Bowles와 Gintis의 이론이 학교나 경제의 구조적 틀 안에서의 인간의 역동적인 요소를 무시하고 있다고 비판하였다. 즉, 인간은 교육구조 하에서 수동적으로 재생산된다는 점보다 인간은 학교와 선생님의 권위를 받아들이기도 하지만 저항하기도 한다는 점이 무시된다는 점이다.

Bourdieu(1977a; 1977b)는 재생산이론에 문화적인 측면이 보다 강화된 이론을 강조하였다. 그에 따르면, 교육이 지배계급의 문화를 재창조하고 정당화한다. 그의 재생산이론에 따르면 **문화**(culture)가 계급구조와 매일 매일의 삶이나 행동 사이를 중개하는 요소라는 점이 강조된다. 즉, 그에 따르면 학교는 지배문화의 이익을 대변하기 때문에 학교는 하층계급보다는 지배계급의 문화적 자본(cultural capital)에 가치를 둔다고 한다. 즉, 문화적 자본이란 한 계급의 세대에서 다음 계급세대로 이전되는 신뢰, 실천, 사고방식, 지식, 기술 등의 총체를 의미하며 학교는 특권계급의 특성인 문화적 자본을 조장한다고 그는 주장하였다. Bourdieu는 또한 **습관**(habitus)이란 용어를 사용하였는데 그는 습관을 한 개인의 구조적 상황의 한 산물이라고 강조하였다. 그는 사회구조가 습관에 영향을 미치고 습관은 태도나 실천행위에 영향을 미치며 태도 또는 실천행위는 다시 사회구조에 영향을 미쳐 같은 사회구조를 만들어 낸다는 점을 강조하였다. 이를 도표로 나타내면 [그림 7-5]와 같다.

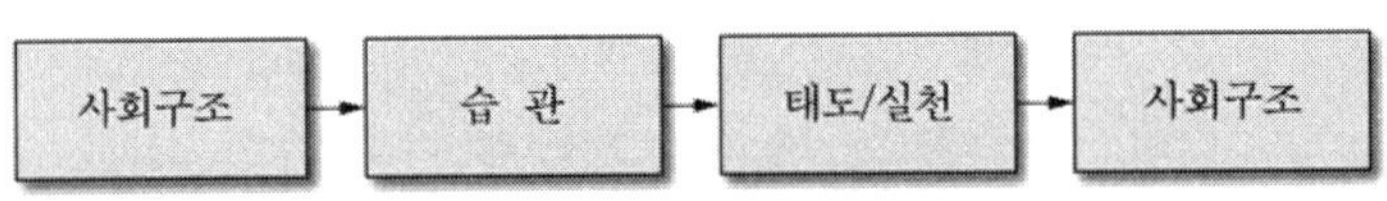

[그림 7-5] Bourdieu의 재생산이론

사회구조가 같은 사회구조를 만들어 낸다는 위의 그림은 다음과 같은 예로 설명이 가능하다. 하찮은 직무만이 주어지는 부모에게 있어 성공은 극히 제한적이며 교육도 어떤 차이를 가져다주지 않았다는 한 청소년의 경험은 그를 하찮은 직무를 받아들이도록 하는 행동으로 인도하고 이는 어떤 변화도 일어나지 않도록 하여 처음과 같은 사회구조를 만들어 내도록 하여 사회적 불평등은 변화 없이 기존의 사회계급구조 하에서 계속적으로 재생산되게 된다.

불평등을 설명하는 사회재생산이론은 교육이 사회, 경제적 불평등을 정당화하고 지배계급의 지위를 재생산하는 기능을 담당함을 강조함으로 학교교육과 경제구조 사이의 관계에 대한 이해의 폭을 넓히는데 기여하였지만 다른 한편으로는 교육이 불평등을 결정한다고 강조함으로 지나치게 불평등의 재생산에 영향을 미치는 다른 구조적 요인들이나 개인적 특성을 고려하지 않는 점 등이 한계로 지적되었다.

3) Lenski의 종합이론

Lenski(1966)의 불평등이론은 기능주의이론과 갈등주의이론를 모두 수용한 종합이론이라고 할 수 있다. Lenski는 어떻게 부족한 자원이 불평등하게 분배되는지에 관심을 가졌다(즉, 불평등의 과정). 그의 종합이론은 다음의 전제에 기초한다.

첫째, 인간은 본질적으로 사회적이다. 따라서 사회의 한 구성원으로서 다른 사람과 함께 산다. 협조적 행동이 생존을 위하여 중요하다.

둘째, 이타적 행동은 사소한 문제가 개입될 때 대체적으로 나타난다. 따라서 중요한 결정을 내려야 하고 이익갈등이 존재하는 경우 개개인들은 항상 다른 사람보다는 자신에게 유리한 결정을 한다.

셋째, 대부분 사람들이 갖기를 원하는 것은 공급이 부족하며 돈이나 지위에 싫증내는 사람이 없기 때문에 돈이나 지위는 항상 수요가 많다.

넷째, 모든 인간사회에는 보상을 위한 투쟁이 존재한다.

다섯째, 보상을 위한 투쟁에서 성공하기 위해 필요한 도구는 본질적으로 불평등하게 인간에게 부여되어 있다.

여섯째, 인간은 분배체계에 안정을 주는 습관과 문화에 의해서 강력하게 영향을 받는다.

위의 전제에 덧붙여서 Lenski는 인간의 행동이 기본적으로 목적을 추구하며, 인간의 **기본적인 목적**은 생존, 건강, 자기존경, 안락, 구제 그리고 애정은 기본적인 목적이고 돈, 교육, 직무는 기본적 목적을 성취하는데 도움을 주는 **도구적 목적**이라고 강조하였다. 그리고 그는 인간이 탄생과 함께 갖게 되는 자원(시작자원, starting resources)이 도구적 목적을 성취하는데 도움을 준다고 하였다. 기본적 목적, 도구적 목적, 그리고 시작 자원의 관계를 도표로 나타내면 [그림 7-6]과 같다.

[그림 7-6] 기본적 목적, 도구적 목적, 그리고 시작자원의 관계

Lenski의 불평등에 대한 그의 전제는 두 개의 분배원칙으로 구성되는데 첫 번째 분배법칙은 욕구법칙이고 두 번째 분배원칙은 힘의 법칙이다. 그에 따르면 인간은 이기적으로 동기부여되고 생존의 기본적 목적을 만족시키기 위해서 다른 사람을 필요로 하지만 인간은 생존을 보장하기 위해 필요한 범위 내에서 자신의 노동생산물을 공유할 수 있고 자신들에게 혜택이 되는 또는 필요한 행동을 하는 사람들의 생산물을 공유할 수 있다고 한다. 즉, 그는 생존의 기본적 목적을 충족시키기 위한 욕구가 생산물을 만들어 내고 생산물은 필요한 범위 내에서 공유될 수 있다는 욕구법칙을 제시하였다.

또한 생존을 위해 필요한 최소한의 것을 분배한 후에 남아 있는 재화와 서비스는 어떻게 분배될 것인가에 대해서 그는 힘이 모든 초과분의 분배를 결정할 것이라고 강조하여 분배의 두 번째 법칙으로 힘의 법칙을 강조하였다. 그는 분배의 본질은 사회에서의 기술수준과 정치적 조건에 따라 다양할 수 있으며 기술이 발달한 사회인 경우 힘이 분배과정에서 더욱 중요한 결정요인이 된다고 강조하였으며, 대중의견이나 선전 그리고 법에 의해서 정의된 권리로서의 그리고 강제로서의 힘이 불평등체계를 보호하고 만들어낼 수 있다고 강조하였다. 즉, 그는 부족한 자원이 불평등하게 분배되는 것은 힘에 의해서 가능하다는 점을 지적하였다. 그는 힘이란 다른 사람에 의해서 거부당하더라도 개인이나 집단의 의지를 수행하려고 하는 가능성이라고 정의하였으며 특권은 일차적으로 힘의 결과이고 명성은 힘과 특권의 한 기능이라고 강조하였다.

결국, Lenski의 불평등이론에 따르면, 인간은 기본적 욕구를 충족시키기 위해 생산을 하고 생산물을 공유하지만 기본적 욕구를 충족시키고 남은 잉여생산물에 대한 분배는 힘에 의해서 이루어짐으로 힘이 인간의 불평등을 조장하게 되고 잉여생산물이 많으면 불평등은 더욱 심화된다고 할 수 있다.

4) 노동시장이론

최근 불평등을 노동시장과 관련하여 소득과 수입으로 설명하려는 이론들이 등장하였는데 이러한 이론들을 노동시장이론이라고 부른다. 노동시장이론은 노동시장과 소득 또는 수입을 연계하여 불평등을 설명하는 시도로서 크게 고전노동시장이론과 이중노동시장으로 나눌 수 있다.

(1) 고전노동시장이론

고전노동시장이론(classical labor-market theory)은 다음과 같은 기본전제에 기초한다.

첫째, 개개인들이 직위(positions)를 향해 경쟁할 수 있는 상대적으로 자유롭고 열려 있는 시장이 존재한다는 가정

둘째, 시장에 있는 직위는 개개인들의 노력, 능력, 경험, 훈련, 또는 인적자본에 상당부분 의존한다는 전제

셋째, 인적자본(투입)과 임금(보상) 사이의 불균형을 균형 있게 회복하는 것을 보장하기 위해 시장에서 작동하는 자동화된 메커니즘이 있다는 전제

고전노동시장이론은 또한 인간이 사회에 기여하는 만큼 보상을 받는다는 점과 자유경쟁이 존재하는 사회에서 자원을 기여하는 인간은 그들의 기여에 보상하는 만큼의 임금을 받는다는 점을 강조한다. 결국 노력한 것만큼 임금으로 보상을 받는다는 것을 강조하는 고전노동시장이론에 따르면 불평등은 개인적인 기여나 노력이 없기 때문에 존재하게 되며 교육이나 기술, 훈련, 지식 등은 모두 개인의 임금격차를 설명하는 결정적인 생산을 위한 구성요소가 된다(Hurst, 1995). 따라서 고전노동이론에 따르면 빈민들이 상대적으로 낮은 임금을 갖는 것은 그들이 교육에 덜 투자를 하였기 때문이고 직무경력이 덜 하기 때문인 것으로 설명된다. 따라서 고전노동시장이론은 훈련을 많이 하면 더 많은 것을 얻을 수 있고 지불한 것만큼 지불받는다는 점이 강조된다(Atkinson, 1975; Okun, 1975). 결국 불평등의 원인을 설명하는 임금의 격차는 노동자들이 소유하고 있는 기술의 유형과 그들이 그 기술을 사용하는데 얼마나 재능이 있는 가로 결정된다고 볼 수 있다. 따라서 열린 시장에서 사람의 임금을 결정하는 것은 그 사람의 자원(인간자본에 대한 투자)과 시장에서의 수요공급의 조합이라고 할 수 있다(Cain, 1976). 다음의 그림은 고전노동시장이론을 나타낸다. 인력시장에서의 수요와 공급은 임금이 적정선 이하인 경우 공급이 줄어들고 공급이 줄어들면 수요가 증대하고 수요가 증대하면 임금이 증대하여 수요와 공급이 균형을 찾게 되고 반대의 경우도 마찬가지라는 점을 의미한다.

결국 고전노동시장이론에 따르면 불평등을 극복하기 위해서 개개인들은 더 높은 교육, 더 많은 훈련기회뿐만 아니라 개개인들이 가지고 있는 기술이나 그들이 가지고 있는 기술수준에 따른 그들의 임금수준

에 대한 적절한 평가를 강조할 수밖에 없게 된다.

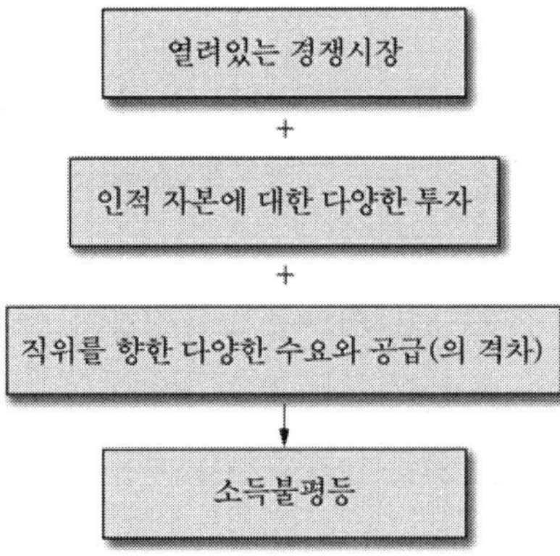

[그림 7-7] 고전노동시장이론

(2) 이중노동시장이론

이중노동시장이론(dual labor market theory)은 경제적 불평등을 이해하는데 있어 가장 중요한 요소로 인적자본에 대한 투자와 자유시장에 따른 소득불평등을 강조하는 것은 적절하지 못하다는 점을 강조한다. 이중노동시장이론가들은 고전노동시장이론가들이 강조하는 것과 같이 시장은 단순하게 작동하지 않는다는 점을 강조하며 불평등은 오히려 자본주의경제의 분열과 일(workings) 사이에 깊게 놓여져 있다고 지적한다. Cain(1976)은 시장이 해결하지 못하는 어려움을 첫째, 빈곤의 영속 둘째, 계속되는 소득의 불평등 셋째, 불평등을 제거하기 위해 고안된 교육과 훈련프로그램의 비효과성 넷째, 자격있는 사람보다는 문화적으로 수용할 수 있는 사람을 획득하기 위해 고용주가 교육을 활용한다는 점 다섯째, 노동시장에서의 소수자에 대한 차별 여섯째, 허약해진 경쟁시장에 대한 노동조합의 힘, 고용주독점, 그리고 정부개입 일곱째, 시장 밖으로부터가 아니라 시장자체로부터 결과하는 작업에 대한 나쁜 태도 여덟째, 경쟁적이고 균형적인 경제가 고전노동시장이론가들이 강조하는 것과 같이 안정적으로 작동하지 않음으로 나타나는 노동자들의 극도의 소외 등이라고 지적하였다.

이중노동시장이론가들은 계속적인 빈곤과 소득불평등을 설명하기 위해서 다음의 네 가지 점을 강조한다.

첫째, 민간경제는 **핵심 또는 독점 부분**(core or monopoly sector)과 **주변적 또는 경쟁부분**(peripheral or competitive sector)으로 이분화된다.
둘째, 노동시장도 **일차적 노동시장**(primary labor market)과 **이차적 노동시장**(secondary labor market)으로 이원화된다.
셋째, 이동, 소득, 그리고 노동자들을 위한 기타 다른 성과들은 노동시장에 부속되어 있다.
넷째, 인종, 성, 그리고 노동시장에서의 직위사이에 체계적 관계가 존재한다.

이중노동시장이론은 특히 노동시장을 일차적 노동시장과 이차적 노동시장으로 양분하여 불평등을 설명한다는 특징을 내포한다. 일차적 노동시장에서의 직장은 안정적이며 높은 임금과 좋은 노동조건을 갖추고 있고 노동조합이 설립되어 있으며 좋은 경력체계(career system)를 나타낸다는 특징을 내포하며 이차적 노동시장에서의 직장은 반대로 경력을 쌓을 수 있는 직무구조를 가지고 있지 않고 열악한 노동조건, 낮은 임금, 고용의 불안정성을 특징으로 나타내어 대부분의 빈민들은 이차적 노동시장에 편입되어 있음이 강조된다. 안정성, 경력체계, 높은 임금을 가진 일차적 노동시장은 민간경제에서 독점부분에 해당되며 이차적 노동시장은 경쟁부분에 해당된다. 독점부분에서 기업은 대체적으로 거대하며 자본집약적이고 1인 노동자가 높은 생산성을 나타내고 국내외에 시장을 확보하고 있으며 일반적으로 전자, 자동차, 철강, 항공 관련기업들이 포함된다. 반면에 경쟁시장에 있는 기업은 훨씬 규모가 적으며 노동집약적이고 노동자 1인이 낮은 생산성을 나타내고 시장이 협소하다는 특징을 가지며 레스토랑, 슈퍼마켓, 주유소 등이 포함된다. 이차적 노동시장에 있는 노동자들의 일차적 노동시장으로 이동은 극히 제한적이며 일차적 노동시장과 이차적 노동시장으로 구분되어 있는 이중노동시장이 소득불평등과 빈곤을 영속시키는 결정적인 요소가 된다. 따라서 노동시장이론이 인적자본 또는 인간에게 강조점을 두었다고 한다면 이중노동시장은 불평등을 낳는 경제부분과 노동시장을 보다 강조한다는 특징이 있다. 다음의 [그림 7-8]은 소득불평등에 대한 이중노동시장의 영향을 나타낸 것이다.

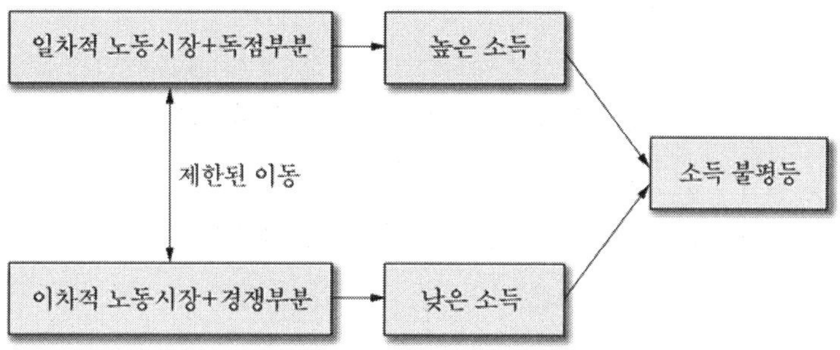

[그림 7-8] 소득에 대한 이중민간경제의 효과

이중노동시장이론을 빈곤에 적용한다면 사람들이 빈곤한 이유는 그들이 고용되어 있지 않다거나 경제에 참여하지 않고 있기 때문이라기보다는 경제에 참여하고 있는 그들의 방식 때문이라는 점(어떤 경제부분에 참여하고 있는가 하는 점)이 강조된다(Piori, 1977). 이중노동시장은 불평등을 설명하는데 있어 시장과 경제의 역할을 강조하였다는 특징을 가지고 있지만 노동시장에 대한 구분이 인위적이고 민간경제를 독점부분과 경쟁부분으로 단순히 이원화시키는 것도 현실적으로 무리가 따른다는 단점을 내포한다.

불평등을 설명해주는 고전불평등이론과 현대불평등이론들은 모두 불평등이 자본주의 사회에서의 희소한 자원의 분배에 기인함을 강조하며 자원으로 정치적 힘, 경제적 힘 또는 양자 모두를 지적한다. 기능주의론자들이나 노동시장이론가들은 사회를 대체적으로 자유롭고 경쟁적이며 조직화된 압박이나 갈등이 적다고 바라보며 사회재생산이론가들이나 이중노동시장이론은 사회를 집단과의 갈등이 존재하고 억압적인 구조로 바라본다는 점이 다르다고 할 수 있다.

제 4 절 불평등 결정요인과 완화요인

1. 불평등 결정요인

빈곤결정요인과 마찬가지로 불평등을 결정하는 결정요인들은 매우 다양하다고 할 수 있다. 앞의 불평등이론들에 기반해서 불평등결정요인으로 지적되고 있는 요인들을 살펴보면 가장 먼저 지적되는 불평등 결정요인은 노동시장이다. 즉, 불평등은 노동시장의 다양한 종류의 직업유형의 수요와 공급의 차이 때문에 발생하게 된다. 따라서 수요는 적은데 공급이 높은 직업은 임금이 적으며 수요가 높지만 공급이 적은 직업은 임금이 높음으로 불평등이 발생하게 된다(Hazlitt, 1988). 즉, 수요와 공급의 차이가 임금의 차이를 가져다주고 임금의 차이는 한 사회 안에서의 소득불평등을 의미한다.

두 번째로 지적할 수 있는 불평등결정요인은 타고난 능력이다. 지능이 높은 사람과 지능이 낮은 사람 동기부여가 강한사람이나 동기부여가 약한 사람, 카리스마가 있는 사람이나 카리스마가 없는 사람 등 많은 사람은 태어날 때부터 매우 다양한 능력을 가지고 태어나며 이러한 타고난 능력의 차이가 사람과 사람 사이의 불평등을 초래하게 된다. 물론 지능이 높다고 해서 지능이 좋은 사람들의 소득이 반드시 높은 것은 아니지만 Lynn과 Vanhanen(2002)의 연구에 따르면 지능과 소득의 상관계수가 0.82로 상호간에 연관이 있음을 나타내주고 있다.

세 번째 불평등 결정요인은 신기술이다. 급속하게 발전하고 있는 컴퓨터기술과 같은 신기술은 인간의 힘을 전산화기술로 대체시키고 있다. 따라서 신기술을 다룰 수 있는 고급기술의 숙련노동자와 신기술을 다루지 못하는 비숙련노동자 사이에 임금의 격차가 발생하게 되고 이는 결국 소득불평등을 일으키는 요소가 된다. 네 번째, 불평등 결정요인은 교육이다. 교육을 많이 받은 사람과 교육을 제대로 받지 못한 사람 즉, 고등학교를 졸업한 사람과 대학원을 졸업한 사람 사이의 소득의 격차는 현실적으로 매우 높으며 이러한 소득의 격차는 경제적 불평등을 일으키게 된다. 다섯 번째, 불평등 결정요인은 신자유주의이다. 미국으로 대표되는 신자유주의의 경제적 특징은 바로 사회적 배제라고 할 수 있다. 높은 수준의 소득불평등, 높은 수준의 절대적 그리고 상대적 빈곤, 동등하지 않은 그리고 질 낮은 교육, 질 낮은 의료서비스나 사회서비스, 높은 수준의 범죄율 등은 모두 신자유주의국가의 사회적 배제가 낳은 현상으로 사회경제적 불평등을 초래하는 결정적인 요인이 되고 있다(Schmitt and Zipper, 2006).

여섯 번째, 불평등 결정요인은 세계화이다. 세계화로 대표되는 무역자유주의는 전 세계적 차원에서부터 일국가의 경제에 이르기까지 불평등을 초래하고 있다(Economic Focus, 2008). 가난한 국가와 무역하는 부자국가의 노동자들은 가난한 국가의 값싼 노동자들이 만든 상품으로 인하여 그들의 상품 경쟁력이 하락함으로 실업에 처하거나 또는 임금이 줄어들 수 있다. 또한 특정 상품을 싸게 수입하는 국가는 특정 상품을 만드는 그 국가의 농민이나 노동자들이 가격경쟁력 저하로 더 이상 그 상품을 만들지 못하게 됨으로 소득감소나 실업을 경험하게 될 수 있다. 세계화는 특정 국가나 특정 집단에게는 이익을 가져다줄 수 있지만 그 이면에 특정국가나 특정집단들의 불평등을 초래하는 요인으로 작동할 수 있다.

일곱 번째 불평등결정요인은 성, 인종, 문화, 종교이다. 같은 교육을 받은 남성과 여성의 임금의 격차는 현실적으로 존재하고 있으며 인종차별 역시 불평등을 일으키는 주요 요인으로 지적되고 있다. 예를 들어 미국의 정규직 직원의 평균임금이 여성의 경우 남성의 임금에 77% 수준에 머물고 있는 것으로 나타났으며 비정규직 역시 남성보다 여성이 많은 것으로 나타나 성별 불평등은 사회 경제적 불평등의 중요 요인으로 역할하고 있음을 알 수 있다(우리나라 자료 찾을 것). 또한 문화나 종교적 상이성 역시 불평등을 일으키는 주요요인으로 지적되고 있다. 어떤 한 사회의 문화가 가장 보편적인 문화일 수 없으며 종교 역시 문화적 상이성과 함께 특정 사회를 이해하는 하나의 요소로 보아야 한다. 특정 문화나 종교가 어떤 종교나 문화보다 우월하거나 지배할 수 없다.

여덟 번째 불평등 결정요인은 선호(preference)의 상이성이다. 예를 들어 같은 능력을 가진 사람이 돈을 더 벌기 위하여 더욱 많이 일하는 경우와 적당히 일하고 많은 여가를 취하는 경우 간의 차이는 단지 선호 또는 생각의 차이일 수 있다. 또한 위험이나 모험을 싫어하여 사업을 벌이기보다는 안정적인 직장에서 안정적인 수입을 원하는 사람과 위험을 감수하여 사업을 일으켜 엄청난 수입을 올리는 사람 간의 경제적 불평등은 존재할 수 있다. 결국 더 많이 벌고 더 적게 벌어 생기게 되는 경제적 불평등은 개인 간의 선호의 차이에서 발생할 수 있다.

아홉 번째 불평등 결정요인은 부의 집중이다. 부의 집중은 이미 부를 축적하고 있는 사람이 더 많이 부를 축적하는 경우를 나타낸다. 예를 들어 특정 주식이 10% 상승하였다고 가정하면 그 주식에 1억을 투자한 사람과 백만 원을 투자한 사람 간의 투자이익의 차이는 십만 원과 천만 원으로 일억을 투자한 사람이 훨씬 많은 투자이익을 올리게 되어 부의 집중이 나타나게 된다. 즉, 부의 집중요인에 따르면 부자는 계속 부자가 되고 가난한 사람은 계속 가난한 사람이 될 수밖에 없는데 이는 부자의 경우는 기본적인 지출 이외의 재산을 모두 투자하여 더 많은 이익을 창출할 수 있지만 가난한 사람은 기본적인 지출을 제외하면 이익을 창출할 수 있을 정도의 재산을 가지고 있지 못하기 때문이다. 따라서 부의 집중은 한 사회에서 만연하는 불평등의 지속성을 나타낸다고 할 수 있다. 부의 집중은 또한 세대 간 불평을 일으키는 주요한 요인이라고 할 수 있다. 예를 들어 부자들은 그 자녀들에게 보다 질 좋은 교육을 받도록 지원하여 자녀들이 사회에서 경제적으로 더 많은 임금을 받는 직종이나 직업을 가질 수 있으며 또한 재벌들은 자녀들에게 자신의 기업을 상속하도록 하여 부가 세대 간

〈표 7-3〉 불평등 결정요인

노동시장	노동시장에서의 다양한 직업종류의 수요와 공급의 불일치
타고난 능력	지능이 높은 사람과 지능이 낮은 사람 등
신기술	인간의 힘을 대체하는 새로운 기술을 가지는 숙련노동자와 비숙련노동자 사이의 격차
교육	고등교육을 받은 사람과 그렇지 못한 사람
신자유주의	사회적 배제 현상: 높은 수준의 소득불평등, 높은 수준의 절대적 상대적 빈곤, 동등하지 않은 그리고 질 낮은 교육, 질 낮은 의료서비스나 사회서비스, 높은 수준의 범죄율 등
세계화	국가 간의 무역 자유주의로 인한 상품경쟁력 강화가 부유한 국가와 가난한 국가 모두에 불평등을 심화시킴. 특히, 세계화는 경제적 비교우위에 있는 국가보다 경제적 비교우위에 있지 못한 국가 간의 불평등을 심화시키고 가난하고 경제적 비교 우위에 있지 못한 농업 및 산업부분을 피폐화시킴
성, 인종, 문화 그리고 종교	남성과 여성의 차이, 인종이나 문화, 나이 그리고 종교적 차이가 사회 경제적 불평등을 일으킴
개인 간 선호의 상이성	경제적 부나 위험에 대한 개인 간의 선호나 생각의 차이가 경제적 불평등을 일으킴
부의 집중	이미 부를 축적하고 있는 사람이 더 많이 부를 축적하는 경우 그리고 부가 세습되는 경우 등으로 불평등이 고착화됨
인플레이션	화폐공급과잉으로 봉급생활자들이나 이자로 생활하는 사람의 소득축소가 불평등을 일으킴

지속적으로 전이된다.

마지막으로 지적될 수 있는 불평등 결정요인은 인플레이션을 들 수 있다. 오스트리안 경제학파는 국가의 화폐정책에 기인하는 인플레이션이 불평등에 요인이 된다고 강조하였다(Balac, 2009). 즉, 화폐공급과잉으로 나타나는 인플레이션이 봉급생활자나 이자로 생활하는 사람들에게는 소득축소를 나타냄으로 불평등을 초래한다는 것이다. 위의 〈표 7-3〉은 불평등 결정요인으로 지적된 것들을 정리한 것이다.

2. 불평등 완화요인

불평등을 완화시키는 방법으로 주로 고려되는 것은 정부개입과 정부개입 이외의 방법이 존재한다. 불평등을 완화시키기 위해서 정부가 추진할 수 있는 정부정책으로는 다음의 것들이 가능하다.

첫째, 공교육의 강화
둘째, 누진세의 강화
셋째, 최저임금의 상향
넷째, 특정상품에 대한 가격보조나 국유화
다섯째, 사회복지서비스의 강화

특정 소득이하 집단의 구성원들의 교육적 차이에 의해서 나타나는 불평등을 축소하기 위한 정부의 교육 강화정책은 그들의 기술력향상을 가져와 소득향상에 이바지할 수 있으며 가난한 사람들에 대한 세금축소와 부자들에 대한 세금강화는 역시 불평등을 완화시킬 수 있다. 노동시장에 진압한 노동자들의 기본적인 삶을 유지할 수 있도록 현실적 수준에 맞도록 최저임금을 조정하는 것 역시 불평등완화에 도움이 될 것이며 무역자유주의에 의해 일어날 수 있는 불평등을 완화하기 위하여 특정영역의 상품에 대해 국가가 가격보조정책(예를 들어 쌀)을 취할 수 있고 더 나아가 모든 국민들에게 반드시 필요한 특정 재화나 서비스에 대해 국유화를 강화하여 값싸고 자유롭게 사용할 수 있도록 하고 안정적 공급을 통해 불평등을 완화시킬 수 있으며(예를 들어 주택이나 의료서비스) 실업자나 맞벌이 가정이나 한부모 가정 등 위기 가정을 위한 국가의 각종 사회복지서비스정책의 강화 역시 사회 경제적 불평등을 완화시키는 역할을 수행할 수 있다.

정부개입을 통한 불평등완화 방법 이외에 불평등완화 방법으로는 소비성향의 변화와 노동조합의 강화를 들 수 있다. 소득이나 부가 많으면 많을수록 더 많은 지출을 하게 되고 더 많은 지출은 불평등을 일으키는 요소이므로 소득증가에 따른 지출증가 성향을 막기 위하여 부의 집중현상을 축소시키는 것도 한 방법이다. 부의 집중 현상을 완화시키게 되면 그 만큼 불평등은 줄어들게 된다. 하지만 부의집중을 막기 위한 정부의 개입은 논란을 불러일으킬 수 있음으로 개인적 소비를 지역사회나 가난한 사람들을 위하여 사용할 수 있도록 소비성향을 전환시키는 방법도 불평등을 완화시킬 수 있다.

노동조합의 힘을 강화하는 것 역시 불평등을 완화시키는 방법이다. 노동조합의 협상력강화를 통한 임금과 같은 노동조건의 개선은 노동자들의 경제적 불평등을 완화시킬 수 있다. 만약 노동조합의 힘이 약화되고 개인의 임금이 개인의 성과와 관련되는 성과급임금으로 전환된다면 성과를 개선하지 못하거나 만족할 만한 성과를 산출하지 못하는 노동자들의 불평등은 심화될 수 있다.[3)]

---

3) 2007년 6월 10일 New York Times에 따르면 미국의 경우 1976년부터 1993년까지 성과급임금이 남성노동자들의 임금불평등을 25% 증가시켰다고 한다(http//www.nytimes.com/2007/06/10/business/yourmoney/10view.html).

제 5 절 불평등과 사회적 만족

불평등이 낮은 사회의 사람들이 느끼는 행복이나 만족이 불평등이 높은 사회의 사람들이 느끼는 행복이나 만족보다 높게 나타나는 것은 불평등과 사회구성원들이 느끼는 행복이나 만족이 밀접한 상호연관이 있음을 나타내준다.

사회복지를 사회구성원들의 총 만족으로 그리고 개인적 복지를 개인의 만족으로 해석하는 신고전파 복지경제학적 입장에 따르면 소득이나 부의 불평등은 사회적 만족의 총합을 줄어들게 한다. 즉, 부자에게 집중되어 나타나는 소득이나 부의 불평등이 부자들의 추가적 만족을 줄어들게 함으로 사회적 만족의 총합이 줄어든다는 것이다. 예를 들어 백만장자에게 20평 아파트 한 채가 가져다주는 만족은 노숙인에게 20평 아파트 한 채가 가져다주는 만족에 비해 덜할 것이다. 또한 가난한 사람들이 갖는 추가적 소득과 부자들이 갖는 추가적 소득에 대한 만족은 다를 것이다. 특히 부자들에게 부의 추가적 만족은 가난한 사람들이 갖는 부의 추가적 만족에 비해 낮을 것임으로 경제적 불평등이 심화되면 부가 부자들에게 집중될 것이고 따라서 부에 대한 부자들의 추가적 만족은 줄어들게 된다. 이러한 복지경제학적 관점에 따르면 평등한 사회가 불평등한 사회보다 더 높은 총체적 만족을 나타나게 된다.

하지만 개인의 총 만족의 합을 사회만족의 합으로 바라보는 신고전파복지경제학적 입장은 사회의 구성원 개개인들이 느끼게 되는 불평등 정도를 무시한다는 측면에서 비판받는다. 즉, 사회를 구성하는 다수의 불평등이 심화되고 특정 집단을 구성하는 소수의 불평등만이 완화된다고 한다면 전체 사회의 불평등은 완화된다고 볼 수 없고 사회의 만족은 증진된다고 할 수 없다. 즉, 사회복지의 증진은 전체 사회구성원들의 불평등 특히 사회 경제적 약자의 불평등의 개선을 통해서 증진되어야 함이 중요하다고 볼 수 있다.

제6절 소 결

구성원들의 차이라는 상대적 비교개념을 가진 불평등은 단순한 차이를 나타내는 것이 아니라 불평등 상태에 대한 가치판단의 평가가 필요한 개념이다. 일반적으로 불평등은 전체 사회를 기본단위로 하여 측정할 수도 있으며 가구를 중심으로 측정할 수도 있다. 불평등을 설명해주는 이론은 크게 고전불평등이론과 현대불평등이론으로 구분될 수 있으며 이론적으로는 기능주의적 관점의 이론과 갈등주의적 관점으로 구분된다. 먼저 고전불평등이론은 Marx의 이론, Weber의 이론, Pareto의 이론 그리고 Durkheim의 이론으로 구분되며 Marx의 이론은 갈등주의적 관점으로 그리고 Pareto의 이론과 Durkheim의 이론은 기능주의적 관점으로 구분되며 Weber의 이론은 갈등주의적 관점과 기능주의적 관점을 동시에 내포하고 있는 이론으로 구분할 수 있다.

현대불평등이론으로는 부족한 자원이 상이하게 할당되어 사회계층화가 형성되고 계층화는 당연한 사회구조임을 강조하는 계층화이론, 교육구조에 의해서 불평등이 재생산됨을 강조하는 사회재생산이론, 힘에 의해서 사회생산물의 분배에 있어 불평등이 초래됨을 강조하는 Lenski이론 그리고 노동시장 자체의 구조적 문제점으로 불평등이 초래됨을 강조하는 노동시장이론 등이 있다. 계층화이론은 대표적으로 기능주의적 관점으로 불평등을 해석하며 노동시장이론과 사회재생산이론은 갈등주의적 관점으로 불평등을 이해하고 Lenski이론은 기능주의적 관점과 갈등주의적 관점을 모두 포함하는 이론이라고 할 수 있다.

빈곤과 같이 사회 경제적 불평등은 하나의 요인이 영향을 준다기보다 여러 요인들이 복합적으로 작용한 결과라고 할 수 있다. 즉, 이중노동시장이론이 불평등을 설명하지만 구조적으로 모든 노동자들이 낮은 소득을 구성하는 이차적 노동시장으로부터 벗어날 수 없다고 단정할 수 없는 것에서 이해될 수 있다. 이는 불평등을 결정주의적 관점으로 바라보는 것에 한계가 있음을 설명해 준다. 지위나 상속, 교육, 문화나 습관 등의 개인적 속성이 불평등을 초래하는 요인이 될 수 있으며, 노동시장, 인플레이션, 신자유주의나 세계화, 인종이나 성 그리고 종교적 차이와 같은 사회구조적 속성 역시 불평등을 초래하는 요인이 됨으로 불평등은 개인의 노력뿐만 아니라 사회적 노력에 의해서 개선될 수 있다. 특히, 사회적 소외집단이나 배제집단 그리고 사회에서 힘을 가지지 못한 집단들에 대한 불평등의 해소는 개인적 속성에 대한 변화보다 사회구조적 변화 즉, 불평등을 완화하기 위한 사회정책의 제공을 통해서 해결될 수 있음으로 사회구조적 불평등을 해소하기 위한 사회복지재화와 서비스의 제공은 무엇보다도 중요한 불평등해소를 위한 정책적 과제라고 할 수 있다.

제 8 장 분배적 정의[1)]

제 1 절 개 관

자본주의 사회에서 이루어지는 자원의 할당 또는 자원의 분배는 사회복지경제가 다루는 가장 핵심적인 영역이다. 사회에서 자원은 누구를 통해서 어떠한 방식으로 얼마나 분배되어야 하는가에 대해 자본주의경제학자들이나 복지경제학자들 나아가 사회복지학자들 사이에는 상이한 의견이 존재한다. 즉, 국가의 분배에 대한 노력 자체를 극도로 경계하는 Hayke의 입장에서부터 국가의 자원분배에 대한 보다 적극적인 정책적 개입을 강조하는 평등주의 입장 그리고 자본주의 자체를 착취구조로 마르크스이론까지 그 영역은 매우 넓고 다양하다. 사회복지경제는 자원의 적절한 분배를 통해 국민들의 사회복지증진과 개선을 위해 다양한 정책적 노력을 기울이는 것을 목적을 함으로 분배는 사회복지경제 분석에 중요한 분석영역이다. 특히 사회복지경제가 분배

1) 본 장은 지은구(2003), 『사회복지경제학연구』(청목출판사)의 제10장, 제2절 사회정의론을 참고하여 수정 보완하였음.

적 정의를 실현하기 위한 구체적 도구로서 사회복지재화와 서비스의 제공을 강조함으로 사회복지제공을 통해 분배적 정의가 어느 정도 실현되는지를 밝히는 것은 사회복지경제학의 핵심적인 연구주제가 될 수 있다.

사회복지재화와 서비스 제공의 궁극적 목적은 사회정의의 실현이라고 할 수 있으며 사회정의는 분배적 정의를 통해서 실현될 수 있음으로 분배적 정의는 사회정의실현을 위한 도구라고 할 수 있다. 하지만 어떻게 분배를 통해 사회정의를 실현할 수 있는가에 대해서는 이론적 스펙트럼과 같이 다양한 견해와 방법이 존재한다. 시장을 통한 분배는 사회적 차별과 배제를 양산하며 이는 복지국가발전을 위한 토대가 되었음으로 시장을 통한 분배적 정의의 실현은 구호에 불과하다.

본 장에서는 분배에 대해 본격적으로 다룬다. 분배적 정의에 대한 개념을 정리하고 분배적 정의에 대해 상이한 입장을 수장하는 분배이론들을 비교 분석한다. 특히, 신고전파분배이론들을 비판적으로 분석한 후 사회복지와 분배의 관계를 조명하며 사회정의를 실현하기 위해 필요한 분배원칙에 대해 살펴본다.

제 2 절 분배적 정의와 사회복지

1. 분배적 정의

분배적 정의를 경제적 측면을 강조하여 정의하면 분배적 정의는 생산에 있어서의 협력, 소비재의 교환 그리고 집합재의 제공과 같은 한 사회의 경제적 관계 내에서의 정의를 나타내며(Phelps, 1989) 보다 구체적으로는 사회구성원 사이의 경제적 재화의 분배에 있어서의 정의를 의미한다(Bojer, 2003). Rawls(1999)는 특히 분배가 개인적 미덕이라기보다는 사회제도의 미덕이라는 점을 강조하여 분배의 주체로서 사회 나아가 국가의 개입을 정당화하였다. 따라서 분배적 정의의 경제적 측면에 덧붙여 사회적 측면을 강조하면 분배적 정의는 사회에서의 자원의 공평한 할당과 연관이 있다.

Konow(2003)는 분배적 정의가 부담이나 혜택의 공평하고 형평한 분배를 의미한다고 하였다. 분배적 정의는 사회 안에서 짐이나 괴로움, 또는 부담과 혜택이나 보상의 분배에 있어서 공평이라는 개념과 밀접한 연관이 있다(Miller, 1999; Capeheart and Milovanovic, 2007). 즉, 어려움이든 혜택이든 공평하게 나눈다는 의미를 가지고 있다. 어려움을 같이 하고 혜택 역시 같이 나눈다는 분배적 정의의 실현은 곧 사회정의를 실현하는 사회복지경제학의 입장에서 사회복지사집단이 반드시 견지하여야 하는 직업적 윤리와 일맥상통한다는 점에서 매우 중요한 사회복지의 가치이자 복지국가의 가치라고 할 수 있다. 특히, 사회복지경제학적 입장에서 보면 빈곤과 불평등 또는 실업이나 질병 등과 같은 국민들의 욕구결핍을 해결하기 위한 정책적 목표이자 실천 가능한 하나의 수단으로서 분배적 정의는 중요한 자원할당의 원칙이다.

2. 사회복지와 분배적 정의

만족주의 복지경제학자나 또는 경제학자들은 어떻게 경쟁하는 개개인들이나 집단들이 희소한 자원이나 서비스를 할당하는가에 대한 해답으로서 시장이라는 조정양식을 강조하였는데 이는 생산과 소비 그리고 분배의 전 과정을 시장이라는 조정메커니즘이 작동함으로써 적절한 자원의 할당이 이루어진다고 생각하였기 때문이다. 하지만 20세기 이후

시장의 실패와 사회복지재화와 서비스를 포함하는 교육 그리고 의료 등의 가치재와 공공재에 대한 일반 시민들의 욕구의 증대 그리고 복지서비스의 양적, 질적 확대 등은 시장이라는 자원할당조정양식이 더 이상 유의미하지 않다는 것을 가르쳐 주었다. 사회 또는 집단이 어떻게 경쟁하는 욕구와 권리들 속에서 복지자원과 서비스를 적절하게 할당할 수 있는가에 대한 문제를 해결하기 위해 사회복지경제학에서는 자원할당을 위한 조정양식의 기본 가치로서 분배적 정의를 강조한다.

시장의 실패가 분배적 정의에 기초한 사회정의를 통해서 보상될 수 있을까? 불평등이 결국 시장의 기능강화에 따라 필수적으로 따라오는 결과라고 한다면 결국 이 불평등을 해결하기 위해서 필요한 것은 무엇인가? 분배의 원칙에 대한 분석은 이에 대한 대답을 우리에게 가져다준다. 어떻게 분배할 것인가? 시장의 기능에 따른 수요와 공급의 자연법칙에 분배를 맡길 것인가 아니면 국가의 규제와 강제 즉, 국가의 시장에 대한 개입과 이에 따른 제도적 정당성의 강화에 따라 분배를 행할 것인가는 사회복지의 대상과 주체가 누구여야 하는지 그리고 시장의 기능에 있어 생산과 소비 그리고 분배의 대상과 주체 즉, 시장의 사회적 관계에 대한 강화와 강조 그리고 왜 분배문제가 해결되어야 하는지가 가장 중요한 문제인지에 대한 분석의 필요성을 우리에게 가져다 준다.

사회복지가 시장이 하지 못하는 분배적 정의 즉, 사회정의를 실현하기 위한 수단이자 도구로서 이해된다면, 사회정의를 구현하기 위한 구체적인 방법으로서 자원의 분배문제 즉, 어떠한 기준으로 자원을 분배할 것 인가하는 문제가 등장한다. 이는 사회적 생산물로서의 복지상품의 분배 또는 복지서비스의 분배가 어떠한 사회복지의 가치에 따라 이루어져야 하는지에 대한 문제이기도 하다. Pareto 최적에 기초한 분배, 자유시장에 기초한 분배원리는 사회복지 분배원리의 개입을 촉진시켰으며 이러한 복지적 개입은 사회복지의 가치 중에서 사회정의 특히, 분배적 정의에 기초한다. 즉, 자본주의라는 경제체제 하에서 분배가 어떻게 이루어져야 하는가에 대한 대답으로 사회복지경제학은 시장중심의 분배원리에서 벗어나 새로운 기준의 분배적 정의의 바탕 하에 자원의 할당이 이루어져야 함을 강조한다.

삶의 질이나 만족 또는 복지를 측정하기 위한 사회지수(social indicator)를 개발하는 것 이상으로 중요한 한 것이 분배적 정의의 실현일 것이다. 분배적 정의에 기초해서 사회적 생산을 재분배함으로써 생산으로부터 사회적으로 배제되어 있는 또는 불평등한 분배구조에 의해 왜곡되어 있는 노동자나 사회적 소외계층인 장애인, 노인, 아동, 여성 등의 삶의 질을 확대 내지는 보장해 줌으로써 자본주의가 가지고 있는 분배적 모순을 해결할 수 있게 된다. 특히 평등주의에 기초한 분배적 정의는 사람들 간의 부나 지위 등과 같은 차이성에 기초를 두어 사람들 간의 능력이나 자원의 차이는 있지만 결과는 평등하게 분배되는 결과적 평등을 강조하며 개인들의 욕구나 사회의 욕구가 완전하게 해결할 수 있는 정도의 자원의 분배 즉, 적절한 분배의 가치인 적절성을 강조한다.

제 3 절 분배적 정의이론

분배적 정의이론은 어떻게 사회가 부족한 자원이나 서비스 또는 생산물을 상이한 욕구를 가진 개개인들에게 할당하는가를 설명해 준다 (Roemer, 1996). 분배적 정의이론은 크게 이원화할 수 있는데 그 첫 번째는 사회의 자원이 유한함으로 제한적인 자원을 분배하는데 있어 일정한 유형(pattern)이 있음을 강조하는 것이고 두 번째는 역으로 분배는 일정한 유형에 의해 이루어지는 것이 아니라고 강조하는 것이다. 분배에 유형이 있음을 강조하는 이론들로는 Miller의 공적이론, 만족주의이론 등이 대표적이며 분배에 유형이 있을 수 없음을 강조하는 이론으로는 Nozick의 권리이론, 여권주의분배이론, 마르크스주의분배이론 등이 대표적이다.

또한 분배적 정의이론을 자유주의, 평등주의 그리고 시장주의로 크게 삼분화하면 시장주의이론에는 Hayek의 분배이론, 만족주의이론, 공적이론, Rawls의 정의이론 등이 자유주의이론에는 권리이론이 포함되며 평등주의이론으로는 인류평등주의 분배이론, 여권주의 분배이론 그리고 마르크스주의 분배이론 등이 대표적이다. 시장을 강조하는 시장분배이론은 시장이 갈망하는 분배적 유형을 성취하기 위한 수단이라고 강조하며 자유주의분배이론은 시장이 분배의 유형(pattern)이라고 보기보다는 개인의 자유를 강조한다. 즉, 자유주의분배이론은 국가의 최소한의 분배에 있어서의 개입과 최대한의 개인의 권리와 자유를 강조한다는 특징이 있으며 사적재산의 권리가 종교와 언론의 자유에 대한 정치적 권리만큼 기초적인 것으로 간주한다. 특히, 자유주의자들은 부의 창출을 방해하고 효율성을 침해한다는 측면에서 소득과 부의 분배에 있어서의 국가의 개입을 적극적으로 반대한다. 한편 평등주의 분배이론은 완전한 또는 차별성에 근거한 자원의 평등한 분배를 강조하고 나아가 욕구에 따른 분배를 주장하기도 한다. 각각의 분배이론들을 살펴보기로 한다.

1. Hayek의 분배이론: 시장강화이론

대표적으로 자유시장의 기능을 중요시하는 주류경제학자인 Hayek는 분배적 정의에 대해 부정적인 시각을 가지고 있다. 그는 그의 책 '*The Mirage of Social Justice*'에서 적어도 자유사회에서 분배적 정의는 의미가 없음을 주장하였다. 그는 "제한된 정부 하에서 평등의 권리가 가능하다면, 개인적 자유의 기본적 조건과 물질적 지위의 평등을 위한 요구는 전제주의적 권력을 가진 정부에 의해서만 가능할 것"이라고 강조하였다(Hayek, 1976). 그의 분배적 정의이론은 기본적으로 시장과의 긴밀한 관계에 의해서 분석된다. 그의 분배적 정의에 대한 기본 시각은 다음과 같이 정리될 수 있다.

첫째, 부의 분배가 정의롭게 이루어졌는지 또는 정의롭지 않게 이루어졌는지를 판단할 수 있는 공통적으로 받아들일 수 있는 기준이 없다. 즉, 정의를 측정할 수 있는 판단기준이 될 수 있는 도구가 부재하다는 점을 의미한다. 결국 Hayek는 자원이 동등하게 분배되었는지 아니면 동등하게 분배되지 않았는지를 알 수 있는 객관적인 방법이 없음을 강조한다.

둘째, 정의에 대해 많은 정의(definitions)들이 있는데 정의를 강조하는 집단이나 사람들은 다른 정의에 대한 개념을 다 버리고 오직 그중 한가지의 정의, 즉 사회적 평등에 대한 정의 개념만을 강조한다고 주장한다. 그의 주장은 곧 정의에 대한 보편적인 개념이 존재하지 않음을 지적한 것으로서 국가가 분배의 정의를 통해 평등한 사회를 건설하겠다는 것도 결국 도덕적 정당성이 없다고 주장한다.

셋째, 개인들이나 집단들이 그들이 원했던 또는 기대했던 만큼의 몫이 분배되지 않았다고 생각하는 경우 그들 개인들이나 집단들은 그 분배에 대해 반감을 가질 수 있다고 주장한다. 이러한 경우 그는 분배적 정의를 통한 평등한 분배에 대한 권위와 정당성에 심각한 위기가 초래된다고 주장한다.

이러한 분배적 정의에 대한 신념을 바탕으로 그는 "정부는 사회적 평등을 실현하기 위해서 부의 재분배를 추구해야 한다"라는 이론적 틀에서 벗어나 교환의 과정이 공평한 것을 추구할 수 있는 법적 틀을 발전시키는 것이 중요하다고 강조하였다. 그는 교환이 공평하도록 하기 위해서 부의 할당이나 분배는 시장의 기능에 맡겨져야 한다고 주장하였다. 그에 따르면 분배적 정의의 중심 가치인 평등이란 정치적 행동을 하기 위한 법률적으로 정당한 목적도 아니고 가능하지도 않다고 한다. 그는 평등이 결국 모두에게 해를 끼치며 경제적 비효율성을 증폭시키기 때문에 이를 극복하기 위해 자유시장이 강조되어야 한다고 주장하였으며 더 나아가 그는 분배적 정의는 결국 한사람의 주머니에서 다른 사람의 주머니로의 부의 분배에 지나지 않는다고 강조하였다.

그는 평등주의 분배론자들이 강조하는 자원의 평등한 분배를 포함하는 평등을 성취하기 위한 목적이라는 것은 시장에 비경제적 분배기준을 부과하려고 시도하는 것이라고 생각하였으며 나아가 Hayek는 평등주의 분배론자들이 시장의 행동이 자유를 제약하고 부정의(injustice)를 야기할 것이며, 시장이 가난한 사람들의 자유를 제약하고 부자들의 자유를 방임한다고 생각하였다. 이러한 평등주의 분배론자들의 시장에 대한 믿음에 반해 Hayek는 경제적 거래는 이러한 의도를 가지고 있지 않다고 주장하며 개개인들은 다원화된 시장에서 사고파는 것을 자유롭게 하는 결정을 내린다고 보았다. 그는 다원성이 자유시장이 강제적이지 않음을 보장하기 때문에 가난한 사람들의 자유가 그들의 자원부족에 의해서 줄어들지 않을 것이라고 주장하였다. Hayek는 사람들이 자신이 원하는 대로 교환하고 거래하는데 있어서 자유롭다는 의미에서 자유시장을 강조하였으며 그리고 시장에서 누군가는 이익을 보고 누군가는 손해를 보지만 그것을 시장 자체가 의도하지는 않는다고 주장하였다. 결국 Hayek는 인간의 시장에로의 참여와 그에 따른 개개인들의 참여의사와 결정이 그들의 운을 결정한다고 보았던 것이다. 이를 그는 날씨와 연관해서 설명하는데 언제 어디로 떠날 것인가는 개개인들이 결정하지만 그 날 그곳에 비가 올지 안 올

지까지 그들이 결정할 수는 없다고 보았던 것이다(Hayek, 1960).

결국, Hayek의 분배적 정의이론은 시장강화이론이며 사회의 도덕적 원리나 가치를 부정하는 몰가치 또는 가치배제 정의이론이라고 얘기할 수 있다. Hayek의 시장강화 가치배제 정의이론은 다음과 같은 문제점들을 내포하고 있다.

첫째, 시장이 분배의 기능을 하는 유일한 틀 또는 조정양식이라는 그의 시각이다. 즉, 그는 시장을 공평한 부의 분배를 이룰 수 있는 유일한 틀로 인식하였다. 그가 강조한 시장의 기능이란 좁은 의미에서 교환의 장으로서의 시장의 기능만이 강조되고 있다. 여기서 생산과 소비, 분배의 장으로서 그리고 시장에서의 사회적 관계에 대한 본질의 분석은 등한시된다. 또한 시장을 통해서 성공한 사람들은 그들의 이익을 증가 내지 유지하기 위해서 그들의 이익을 사용할 수도 있음이 무시된다. 즉, 카르텔을 형성한다든지, 가격결정에 참여한다든지, 독과점을 행한다든지 하는 점진적인 지배의 길로 나아가게 되며 이러한 문제점들은 현실적으로 우리가 시장에서 너무 많이 체험하고 있다. 시장을 통해서 성장한 거대기업은 우리들의 일상생활에까지 파고들어 우리가 무엇을 입을 것인가 또는 무엇을 먹을 것인가 하는 사소한 문제에도 개입하게 되는 것이다. 독점, 인수, 합병 등을 통한 시장 지배의 강화는 곧 시장가격의 통제에 대한 자의적인 독점으로 나아가게 되는 것이다. 실제적으로 시장은 스스로 의도성을 나타내지 않지만 시장에 간여해 있는 시장을 운영하는 주체에 의해서 시장의 의도는 전파된다. 따라서 시장에 대한 규제나 제재가 없거나 약하다면 한 사람이나 또는 매우 적은 사람들의 절대적 자유가 대다수 사람들의 자유를 파괴하는 경우가 초래되게 된다(Drake, 2001).

둘째, 분배적 정의가 제대로 이루어졌음을 판단할 수 있는 객관적인 측정도구가 없다는 Hayek의 주장의 편견을 들 수 있다. 측정도구의 문제는 수량화의 문제이다. 즉, 얼마나 평등한 분배가 이루어졌는지를 수량으로 즉, 숫자로 나타내라는 것인데 이 문제는 경제학자들이 가지고 있는 미시적 접근방법에 기초한다. 모든 사회현상이 모두 수학적으로 풀리는 것만은 아니다. 인간의 가치 나아가 사회적 가치의 척도인 평등과 이에 기반한 분배적 정의가 만약 수학적으로 설명되거나 아니면 수량화해서 나타날 수 있다는 가정 하에 지금도 많은 통계학자들과 경제학자들이 연구를 거듭하고 있지만 아직까지 적절한 대답은 이루어지지 않고 있다. 사회적 가치, 인간의 가치, 그리고 만족, 나아가 사회복지에 대한 개인적 만족도를 측량해서 수량화하려고 했던 수많은 복지경제학자들은 인간의 만족을 수량화시키는데 있어 객관적 도구의 발견에는 아직 이르지 못하고 있는 것이 현실인 것이다. 결국 이 문제는 분배적 정의를 개인의 만족의 가치에 한정시켜 너무 좁게 해석함으로 나타나는 문제라고 할 수 있다.

셋째, Hayek는 평등주의 분배론자들이 정의를 개념화하는데 있어 사회적 평등의 개념만을 강조한다고 주장한다. 하지만 분배적 정의를 실현하는데 있어 평등에 기초한 분배가 중요시되는 것은 당연하다고 할 수 있으며 또한 평등에는 Le Grand(1982)가 유형화한 것처럼 비용의 평등, 성과의 평등, 사용의 평등 등 다양한 유형의 평등이 존재한다는 점을 Hayek는 인식하지 못하였다고 할 수 있다. 사회복지가 사회정의를 실현하기 위한 구체적인 규제 내지는 제도, 또는 서비스라는 의미에서 사회정의를 구체적으로 실현하기 위한 방법으로서 사회복지의 가치에 기초하는 정의가 중요시되며 그 중에서도 분배적 정의가 강조된다는 것은 당연하다고 할 수 있다. 자원의 분배에 있어 불평등한 분배나 할당이 곧 자본주의 시장이 가지고 있는 문제점들과 합치됨으로 나타나 결국 빈곤의 전이와 세습 그리고 확대, 약물중독 등의 개인문제의 확산에 기본적 원인을 제공하고 있다는 것은 이미 오래 전부터 공유하고 있는 사회문제이다. 이러한 증폭되는 사회문제의 해결을 위해 시장의 기능을 수정, 보완하고 사회복지의 가치를 강조하여 국가의 규제나 규정이 사회복지서비스의 중심축을 차지한다면 결국 자원배분의 평등을 기본으로 하는 분배적 정의는 사회복지 분배원리의 중심 가치로서 기능할 수밖에 없게 된다.

넷째, 마지막으로 분배적 정의는 Hayek가 강조한 것과 같이 개인적 기대나 개인적 만족만을 충족시키는 것이 아니라는 점이다. 보다 거시적으로 분배적 정의는 사회적 만족의 증진을 통한 사회복지의 증진이며 이러한 사회복지의 증진은 개인적 만족이나 기대의 사회적 또는 집합적 만족에 대한 종속으로 귀결될 수 있다. 즉, 사회복지적 가치의 우선순위를 어디다가 두는가에 대한 문제일 수도 있다. 자유방임적 자유에 기반하는 소비자 주권은 복지권에 그 중심 가치를 이양시켜야 한다. 또한 교환으로서의 시장의 기능이 강조되는 것으로부터 생산, 소비, 분배의 관계와 그 주체와 대상에 대한 사회적 관계의 정확한 분석으로의 이양은 결국 집합적 만족과 이익을 중요시하는 사회복지가치에 의해서 그 분명한 선이 그어질 것이다. 즉, 누구(즉, 부자 또는 자본가 아니면 영세 상인이나 장애인 또는 노인의 주머니인지에 대한 주체의 문제)의 주머니에서부터 누구의 주머니로 어떠한 방법을 통해서 분배가 이루어지는가에 대한 심각한 고려가 Hayek에게는 중요한 문제가 아니었던 것이다.

결론적으로 Hayek는 분배적 정의를 환상에 지나지 않는 것으로 바라보았으며 그의 정의이론은 보수적인 시각을 가지고 시장과 정의를 묶어서 설명했기 때문에 시장정의이론이라고 불릴 수 있으며 그의 시장정의이론은 자유방임시장이론을 가장 잘 계승하고 있다고 보여진다. 이는 그가 시장체제에 정의의 개념을 끌어들이는 것을 부정하는 것에서도 잘 나타난다. 그는 시장을 자율적 질서를 가지며 개인적 자유와 부의 증대, 그리고 인간욕망의 더 큰 만족의 성취를 최대화할 수 있는 것으로 규정하였다. 그는 정의를 오직 인간의 의지에 의해서 창조되는 경우에만 응용되어질 수 있다고 생각하였다. 왜냐하면 그에게 있어 정의는 시장과 같이 자발적인 질서의 특별한 것들과 연결되었을 때 의미가 없으며 전적으로 비어 있는 개념이기 때문이다. 그는 시장에는, 공평하다고 불릴 수 있는 분배의 형태를 생산할 수 있는 유용한 개인적 행동의 어떠한 원리도 존재하지 않는다고 주장하였다. 그에 따르면 시장교환에 개입되어 있는 개인들은 일반적인 결과라는 것은 수많은 사람들의 행동에 의존하기 때문에 일반적인 결과를 무시하고 결정을 한다고 한다. 만약 시장이 인간이 설계하지 않은 자발적인 질서로 이해된다면 시장 메커니즘의 결과를 바꾸기 위해 설계된 사회적 할당이라는 생각은 굉장히 위험하며 잘못 인도된 것일 수밖에 없게 된다 (Lund, 2002). 그러니까 그에 의하면 시장은 단순히 교환의 장 이상도 이하도 아니라는 것을 의미한다. 결국, 위와 같은 이유로 그는 시장체제에서 분배적 정의는 아무런 의미가 없다고 강조함으로써 분배적 정의를 거부하였다.

2. 공적이론

"사람들은 그들의 노동에 따른 노동의 과실을 즐겨야 한다." (David Hume)

분배에 있어 공적을 강조하는 공적이론가들은 정당하고 공평한 분배란 각각의 개인들이 보상받을 만한 가치가 있는 것을 보상받아야 함을 강조한다(Bojer, 2003). 즉, 사람들이 수행한 행동에 따라 경제적 혜택을 받아야 하는지가 결정된다는 분배이론이 공적(deserts)을 강조하는 분배이론이다. 공적에 기초한 분배는 아래와 같이 크게 세 원칙으로 이루어진다.

첫째, 기여: 사람들은 사회적 생산에 대해 그들이 수행한 기여의 가치에 따라 보상받아야 한다(Miller, 1976, 1999; Reley, 1989).

둘째, 노력: 사람들은 그들의 작업이나 행동에 소비한 그들의 노력에 따라 보상받아야 한다(Sadurski, 1985a, 1985b; Milne, 1986).

셋째, 배상: 사람들은 그들이 수행한 작업에 지출된 비용에 따라 보상받아야 한다(Dick, 1975; Lamont, 1997)

위의 논의에 따르면 분배는 공적에 따라 이루어지는데 그 원칙은 첫째, 기여한 것만큼, 둘째, 노력한 것만큼 그리고 마지막으로 지출한 것만큼 이루어진다는 것을 의미한다. 아리스토텔레스는 보상을 분배하는 것은 미덕에 기초해서 이루어진다는 것을 강조하였지만 John Locke는 사람들은 그들의 노고로 생산해낸 생산물을 가질 가치가 있는데 이는 그들의 노력을 위한 보상이라는 측면에서 적합하기 때문이라고 강조하였다(Stanford Encyclopedia of Philosophy, 1996). 따라서 Locke의 분배에 대한 기본 전제는 사람들의 노동에 대한 과실은 그들에게 보장되어야 함을 강조하는 것이라고 할 수 있다. Locke 이후 공적에 따른 분배를 강조하는 학자들에게 분배체계는 그것이 사회 안에서 개개인들이 수행한 생산적 노동, 노력 또는 기여에 의해 획득된 또는 보상받는 상이한 수준에 따른 소득을 분배하는 한에서 정당한 것으로 이해된다(Lamont, 1994; Feinberg, 1970).

공적주의자들은 권리(entitlement)와 공적을 구분한다. 즉, 지불받을 가치가 없는 사람이 권리에 의해서 지불을 받는다는 것과 지불받을 가치가 있는 사람이 권리가 보장되지 않는다고 해도 자신의 노력, 기여 또는 배상에 따라 지불을 받는다는 것은 다르다는 측면을 의미한다. 공적주의자들에게 있어 사회적 생산에 대해 그들이 수행한 기여의 가치에 따라 보상받아야 한다는 생산성분배원칙은 결국 일한 사람만이 보상받아야 한다는 점을 강조하는 원칙이라고 할 수 있다.

공적주의의 기여, 노력 그리고 비용(배상)의 분배원칙은 다음과 같은 한계점들을 내포하고 있다.

첫째, 생산에 기여한 만큼 보상받는다는 생산성분배원칙은 현대 사회에서 사람들이 자신의 노동에 대한 통제력을 거의 가지고 있지 못한 상태에서는 적합한 분배원칙이라고 할 수 없다는 점이 문제점으로 지적되고 있다. 즉, 복잡하고 발전된 경제적 상황 하에서 한 사람의 생산성이라는 것은 그 사람이 통제할 수 없는 매우 다양한 요소(노동의 분업과 협력, 예를 들어 수없이 많은 다른 사람들의 노력들)에 의해서 영향을 받는 것이므로 개개인의 생산성에 기초한 분배는 사실상 현실적이지 못한 분배원칙이 된다. 따라서 누가 무엇을 생산하는지 그리고 생산한 가치가 무엇인지를 정확히 알 수 있어야 공적에 대한 보상이 가능해진다.

둘째, 기여, 노력, 비용을 강조하는 공적주의분배원칙은 생산에 대한 기여가 없고, 노력할 수도 없는 그리고 비용을 지불할 수 없는 사람들에게는 보상이 이루어질 수 없음으로 아동이나 장애인 또는 여러 이유로 생산에 참여할 수 없는 사회적 소외계층을 배제하는 분배원칙이 된다. 결국, 기여할 수 있는 노동능력을 가진 사람들만이 보상받는 다는 것은 소위생산에 참여할 수 있는 일부계층에게만 분배가 허용되는 것을 의미한다고 할 수 있다.

셋째, 분배의 기준이 되는 기여, 노력, 배상을 측정할 수 있는 객관적인 기준이 존재하지 않는다면 위의 원칙에 따른 분배는 사실상 현실적으로 어렵다. 즉, 무엇이 기여, 노력 그리고 배상에 포함되는가를 확인하는 것도 어렵지만 더 나아가 위의 원칙을 구성하는 요소들에 대한 측정을 한다는 것은 더욱 어려운 문제라고 할 수 있다.

넷째, 현실적으로 기여한 것보다 적은 보상 또는 기여한 것보다 훨씬 더 많은 것을 보상받는 경우 그리고 노동과실에 대한 보상을 원하지 않으면서 열심히 일하는 사람들(예를 들어 자원봉사자들)의 경우 공적의 원리는 비현실적인 분배원칙이 된다. 또한 부의 세습은 공적의 원칙에 부합하지 않는다. 그리고 빈곤이나 한부모 등과 같은 가정환경은 열악한 교육환경을 조성하여 개인의 능력발전(또는 인적자본 형성)에 부정적인 영향을 미칠 수 있지만 공적에 의한 분배는 이러한 환경적 요인이 고려되지 않는다. 타고난 재능 그리고 행운이나 갑작스런 사고 등과 같은 불확실성도 기여, 노력, 배상에 대한 분배원칙에 영향을 미치는 요인이라고 할 수 있다. 예를 들어 과수원을 운영하는 사람에게 풍부한 일조량과 적당한 비는 노력한 것 이상의 수확을 가져다 줄 수 있지만 가뭄이나 태풍 등과 같은 재해는 개인의 노력과 상관없이 경작물에 막대한 피해를 줄 수 있다.

3. 만족주의 분배이론

만족주의[2] 분배이론은 고전파 복지경제학에 기초를 두고 있다. 특히, 만족주의분배이론은 다음과 같은 Bentham의 유명한 문구에 기초를 둔다.

"도덕과 법의 기초는 가장 큰 수가 가장 큰 행복이라는 점이다."(Jeremy Bentham)

위의 문구는 가장 많은 것이 가장 큰 행복이라는 것을 의미함으로 만족주의에 따르면 개인에게 가장 많은 만족을 가져다주기 위해 많이 갖는 것이 가장 큰 행복이자 복지라고 할 수 있다. 결국, 많이 가져서

2) 복지경제학자인 Hicks(1981)는 만족주의를 복지주의라고 이름을 붙였으며 일반적으로 복지주의는 만족주의와 같은 개념으로 이해된다.

만족이 증가하면 개인의 복지는 증가한다는 것이 만족주의이론의 핵심이라고 할 수 있다(Bojer, 2003). 따라서, 만족주의분배이론의 핵심적 기본 원칙은 복지라고 할 수 있는데 여기서 복지란 사람들 개개인들이 갖는 복지의 수준을 의미하는 것으로 개인의 복지수준이 증가하면 전체 사회의 복지도 증진된다는 만족주의적 복지에 대한 전통에 기초한다(지은구, 2003). Mill을 비롯한 Bergson이나 Samuelson 등 대부분의 만족주의자들은 복지를 행복이나 만족(happiness, utility, 또는 satisfaction) 등과 동일한 개념으로 보며 개인이 선호하는 것을 선택하면 만족이 증진되고 결국 행복해지며 개인의 복지가 증진된다고 본다. 따라서 만족주의분배이론은 모든 분배는 개인의 복지를 최대화시키기 위해 수행되어져야 함을 강조한다. 따라서 경제적 재화나 서비스의 분배는 개인들이 관심이 있는 복지에 얼마나 영향을 주었는지를 가지고 평가를 하게 된다.

일반적으로 만족주의자들은 복지라는 용어대신 만족(utility)이라는 용어를 선호하여 사용하였으며 만족은 앞에서 지적한 바와 같이 기쁨, 행복, 선호-만족 등과 같은 용어로 대체될 수 있다. 따라서 개인이 선호하는 것을 채우는 것을 강조하는 만족주의자들에 있어 경제적 혜택을 분배하는 원칙은 최대로 선호하는 것을 만족시키도록 분배하는 것이라고 할 수 있다. 특히 만족주의자들은 복지를 최대화시킨다는 것이 무엇을 의미하는지 매우 추상적이므로 복지를 측정 가능하도록 수량화할 수 있는 방식의 복지함수(welfare function)나 선호의 강도에 가산점을 주는 방식의 복지함수를 찾아내기 위해 노력하고 있다. 즉, 최대로 선호하는 것을 만족시키도록 분배하는 원칙을 위한 복지함수를 만족주의자들은 매우 단순하게 제시하였는데 그것은 첫째, 모든 만족한 선호의 산술적 합을 최대화시키는 것이고 둘째로 선호한 것에 대한 만족의 강도에 가중치를 주는 것이다(Stanford Encyclopedia of Philosophy, 1996).

만족주의 분배 이론에서 지적될 수 있는 가장 중심적인 오류는 첫째, 개인들 간의 차별성이 전혀 고려되지 않는다는 점이다. 인간은 개별화되어 있으며 모든 인간들은 매우 상이한 본성을 가지고 있음은 사회복지의 기본 전제이다. 하지만 만족주의는 자기 자신이 선호하는 것에 대한 만족을 최대화시키는 것을 복지의 향상이라고 강조하여 모든 인간을 오직 자기 자신의 만족만을 추구하는 매우 이기적인 인간으로 단순화시켰다. 어떤 인간은 자기 자신의 만족만을 위해 살지만 또 다른 한편으로 많은 인간들은 다른 사람들의 만족을 위하여 자신을 희생하는 삶을 살기도 한다.

만족주의이론의 또 다른 중심적인 오류는 모든 인간이 자신이 선호하는 것을 선택하여 만족을 추구할 수 있다고 전제한다는 점이다. 사회에는 자기 자신의 행동에 결정을 내리고 그 결정에 책임을 질 수 있는 능력을 가지고 있는 사람이 존재하는 반면 또 다른 한편으로는 자신이 무엇을 선호하는지 그리고 선호하는 것을 선택하는 것이 자신에게 어떠한 만족을 가져다줄 것인지를 판단할 수 없는 수많은 사회소외집단들이 공존한다. 아동이나 장애인 그리고 독거노인이나 이주노동자나 동성애자 등과 같은 수많은 사회적 배제집단들은 적절한 시기에 자신들이 가장 선호하는 것을 선택하여 만족을 추구할 수 없는 조건이 수없이 놓여 있음으로, 그들에게는 만족을 가장 최대화시킬 수 있는 선택을 통해 복지를 향상시킨다는 것은 비현실적 발상이 된다.

특히, 만족주의 분배 이론에서 강조하는 선호(preference)라는 개념 역시 윤리적 문제를 극복하지 못한다는 비판으로부터 자유롭지 못하다. 만족주의 선호에 대한 비판은 크게 두 방향에서 제기되는데 그 첫 번째 문제는 만족주의에서 주장하는 선호가 자기가 선호하면 다른 사람도 선호한다고 전제한다는 점이다. 질투심이 있는 사람이 무엇인가를 더 선호하여 무엇인가를 더 갖게 되고, 이타주의적 사고를 가진 사람은 무엇인가를 더 선호하지만 자기가 선호하는 것을 양보하여 질투심이 있는 사람에게 주었다고 했을 때 이러한 분배는 정의로운 것인가? 두 번째는 선호하는 것이 서로 상이한 경우에 나타난다. 예를 들어 싼 것을 선호하고 싼 것에 만족하는 사람과 비싼 것을 선호하고 비싼 것에 만족하는 사람의 선호가 같다고 전제했을 때 싼 것을 선호하는 사람에게는 싼 것을 주고 비싼 것을 선호하는 사람에게 비싼 것을 주면 두 사람의 복지는 평등하게 되는가? 이것이 분배적 정의하고 할 수 있는가? 결국, 만족주의이론이 강조하는 선호는 개인 간의 선호를 강조하면서 개인 간의 차이를 전혀 반영하지 않는 개인을 성이나 계급이나 지위에 관계없는 자기 자신의 이익을 최대화시키는 것을 선호하는 보편적인 인간으로 설정하였다는 점에서 선호의 윤리적 문제를 원론적으로 극복할 수 없도록 규정하였다고 할 수 있다.

사회 성원들의 만족을 극대화시키기 위하여 재화, 상품, 서비스를 분배하는 것을 복적으로 하는 만족주의 분배이론의 분제점을 정리하면 아래와 같다.

첫째, 무엇이 만족인가? 만족에 대한 정의에 있어서 객관적으로 인정하고 동의할 수 있는 만족에 대한 정의를 내리는데 한계를 갖는다(Barr, 1987).

둘째, 누구의 만족이 계산되어져야 하는지, 즉 만족의 주체에 대한 분석이 전혀 고려되지 않고 있다.

셋째, 개인들 간의 복지의 최대화정도를 측정하기 위해서는 만족(복지)은 측정되어야 하지만 만족의 상호간 비교가 어떠한 내용이나 의미를 가지고 있는지에 대한 분석이 미흡하다. 비슷한 조건에 있는 동등한 두 사람간의 만족인가 아니면 시장에서의 동등한 자격과 기준을 가지고 있는 개인들 간의 만족의 비교인가? 즉, 만족의 비교가 사회적으로 어떠한 의미를 가지며 분배에 어떤 의미를 가져다주는지에 대한 분석이 고려되어 있지 않다. 예를 들어, 청바지에 대한 개인 간 만족의 정도는 그 개인이 사회적으로 처해 있는 상황, 조건이나 관계에 따라 상이할 수밖에 없는데 만족주의는 이를 고려하지 않는다. Elster와 Roemer(1991)은 만족의 사람 간 비교가 다음과 같은 이유로 불가능함을 강조하였다. 첫째, 만족의 사람 간 비교는 개개인들의 만족정도를 측정할 수 있는 만족지수 속으로 다양한 재화나 서비스가 모두 정리되어 있어야 하고 합쳐져 있어야 하는데 이것은 현실적으로 불가능하다. 둘째, 모든 재화와 서비스를 합하고 가중치를 주는 만족지수를 만든다고 해도, 그런 측정도구로 측정을 하는 것은 개념적으로 적당하지 않다(즉, 만족이란 개개인들에게 주어진 조건이나 상황에 따라 모두 상이하게 나타남으로 객관적인 측정 자체가 불가능하다는 측면을 의미).

결국, 만족주의자들은 모든 인간을 보편적 인간으로 규정하고 개별적 차이를 인정하지 않으며 모든 인간이 선호하는 것을 선택할 수 있다는 측면을 강조하여 개인적 만족이 곧 복지이고 개인적 복지의 합은 파레토원칙 하에서 사회의 복지증진에 기여한다는 것을 강조하고 이러한 개인적 만족이나 복지는 측정 가능함을 사회복지함수를 통하여 주장하였지만 인간에 대한 몰이해와 선호, 만족을 복지와 연계하는 복지에 대한 편협한 사고 등을 극복하지 못하는 한계를 나타냈다.

■ 사회복지함수(social welfare function)

만족주의학자들은 개인들의 복지의 총합이 곧 사회의 총 복지, 즉, 사회복지가 됨을 강조한다. 만족주의학자들의 사회복지함수로 가장 기본적인 것은 Bergson과 Samuelson의 사회복지함수이다. 대표적인 사회복지함수는 아래와 같다.

$$W = W(U_1, U_2, \cdots U_n)$$

$* W$ = 사회복지함수

U_1 = 첫 번째 사람의 만족(사회구성원은 총 n명으로 구성되어 있음)

만족주의자들의 사회복지함수에 있어 첫 번째, 기본 전제는 복지가 개인의 만족을 의미함으로 사람, 그 자신에 의해 주관적으로 경험되어진 감정적 상태를 나타낸다는 점이다. 사회복지함수의 두 번째, 기본 전제는 Pareto원칙(또는 파레토효율성)이다. 파레토개선은 한 사람의 복지증진이 다른 사람의 복지감소를 가져오지 않은 상태를 나타내는데 사회복지함수가 기술적 측면에서 이 파레토개선을 추구한다는 점이다. 즉, 개인적 복지의 전이(transfer)나 재분배가 전체 사회의 복지에 영향을 미치지 않으며 또한 한 사람의 복지증진이 다른 사람의 복지의 감소를 가져다주지 않으면서 전체 사회의 복지가 증진된다고 만족주의자들은 생각하기 때문이다.

사회복지함수의 무용론은 다음과 같은 두 측면에서 나타난다.

첫째, 개인의 만족을 나타내는 주관적 의미의 개인적 복지란 측정될 수 없으며 사람들 간의 비교도 불가능하다.

둘째, 사회복지함수의 무용론은 Arrow의 불가능성이론에 기초한다. Arrow에 따르면 독재적 방법을 제외하고는 개개인들의 복지 총합이 사회적 복지를 만족시킬 수 없으며 개인이 원하는 복지와 사회가 원하는 복지가 상이할 수 있다고 한다. 즉, Arrow의 불가능성이론은 강압적인 방법을 제외하고는 개인의 선호와 사회의 선호는 다를 수 있음으로 개인적 선호를 바탕으로 개인적 복지를 집단 나아가 사회의 복지와 동일시할 수 없다는 것을 강조 한다[3](지은구, 2003; Spicker, 2000).

Bojer(2003)는 사회복지함수라는 용어 대신 사회평가함수(social evaluation functions)라는 용어를 사용하였는데 그에 따르면 만족주의자들이 강조하는 복지의 용어는 개인의 만족을 나타내는 주관적 의미이므로 이러한 복지의 용어를 사회복지에 적용하는 것은 문제가 있다고 한다.

4. Nozick의 권리이론(또는 소유의 정의이론)

시장이 갈망하는 분배적 유형을 성취하기 위한 수단이라고 간주하는 시장주의에 기초하는 분배이론들과는 달리 자유주의분배이론은 국가의 최소한의 분배에 있어서의 개입과 최대한의 자유를 강조한다는 특징이 있다. 특히, 시장이 분배의 한 유형이 아니라 습득(acquisition) 또는 교환이 분배에 있어 중요하다는 점을 강조한다. 자유주의이론에 따르면 시장이 분배의 유형은 아니지만 시장에서 허용된 교환이 정당한 교환의 조건을 충족시키는 한에서 시장은 정당하다고 한다. 특히, 자유주의자들에 의하면 정당한 결과는 개개인들의 개별적인 정당한 행동에 의해서 나타나는 것이며, 특수한 분배적 유형은 정의를 위해 필요하지 않다고 한다. 자유주의분배이론의 가장 대표적인 학자는 Nozick이며 그의 이론은 **권리이론**(Entitlement theory)으로 불린다.

Robert Nozick은 고전파 경제학이론의 대표적인 계승자로서 불평등과 이의 해결을 위한 분배문제에 있어서 사적재산소유의 도덕적 입장(즉, 개인의 부의 축적을 자연권으로서 생각하는)을 옹호하였다. 그는 재산권, 즉 개인적 부의 축적은 자본주의에서 도덕적으로 정당하며 나아가 개인적 부의 축적에 따른 사유권을 정당하게 지킴으로써 분배문제는 해결되고 사회정의는 이룩된다고 보았다. 즉, 자연권으로서 사

3) Arrow의 불가능성이론에 대한 검증은 지은구(2003). 『사회복지경제학연구』(청목출판사). 제2부, 제5장을 참조할 것.

유권만 정당하게 지키고 따르면 도덕적으로 공평한 사회는 이룩된다고 보았던 것이다. Nozick은 아래와 같이 권리이론의 세 부분을 강조하였다(Nozick, 1974).

"만약 세상이 전적으로 정당하다면, 소유에 있어 정의의 주제는 아래와 같은 귀납적 정의(definition)를 포함할 것이다."

첫째, 습득을 위한 정의의 원칙에 따라, 소유를 획득한 사람은 그 소유에 권리를 부여받는다.
둘째, 전이를 위한 정의의 원칙에 따라, 소유에 대한 권리를 부여받은 누군가로부터, 소유를 획득한 사람은 그 소유에 권리를 부여받는다.
셋째, 아무도 첫 번째와 두 번째를 제외하고 소유의 권리를 부여받지 못한다.

위의 귀납적 원칙에 따라 그의 분배적 정의이론은 소유의 정의론(justice in holdings)이라고 불리기도 하며, 습득과 전이의 원칙이 권리이론의 핵심적 분배원칙이 된다. 즉, 정당한 습득과 전이가 분배의 가장 중요한 원칙이라는 점이다. 따라서 습득과 전이가 분배의 정당한 절차라는 측면에서 Nozick의 권리이론은 만약 절차가 정당하다면(정당한 습득과 전이) 결과도 정당함으로 정의의 순수한 절차이론이라고 할 수 있다. 특히, Nozick은 어떤 물건에 대한 권리가 있는 사람에게 소속되어 있는 물건이 세상에 나오는 것임으로 세금은 정당하지 않은 것으로 간주하였다(Bojer, 2003). 즉, 사람들이 그들의 능력에 따라서 그들 자신들의 것을 소유하고 있음으로, 그 능력에 의해서 생산되는 모든 것들은 그들이 소유하고 있는 것이며 또한 자유시장에서 그들의 능력이 실현된 생산물을 파는 것은 가능한 것임으로 판매에 대한 세금은 다른 사람들에게 소유권을 만들어 주는 것임으로

부도덕하다는 것이다. 결국, 그는 세금이 사람들이 소유할 수 있는 권리를 침해한다고 보았다(Nozick, 1974).

습득과 전이를 통한 소유를 기초로 사적소유권을 강조하는 Nozick의 권리이론은 기본적으로 다음과 같은 세 전제에 기인한다.

첫째, 자유시장이 철저하게 유지 보존되어야 한다는 점
둘째, 정부는 고전경제학자들이 주장했던 것과 같이 최소한으로 시장에 개입할 수 있다는 점
셋째, 정부에서 부과하는 세금은 부도덕하고 심지어 사람들이 정당하게 시장에 참여함으로서 획득한 부를 불법적으로 강탈하는 부도덕한 제도라는 점

결론적으로 Nozick의 권리이론에 대한 관점은 다음과 같은 특징을 갖는다고 볼 수 있다.

첫째, 개개인들은 그들 자신들의 재산을 인정받는다.
둘째, 개개인들은 다른 사람들에게 재산을 자발적으로 이전할 수 있게 인정받는다.
셋째, 국가의 개입은 엄격히 제한받아야 한다(Drake, 2001).
넷째, 절차가 정당하면 결과도 정당한 것이고, 습득과 전이를 통하여 부는 자연스럽게(또는 정당하게) 축적됨으로 분배를 위한 특수한 유형(pattern)을 요구하는 것은 자연스러운 절차(개인의 부의 축적을 자연권으로 바라보는)를 따르지 않는 정당하지 않은 것이다.

Nozick의 권리이론의 문제점들은 다음과 같다.

첫째, 합법적으로 획득한 부를 통해서도 빈곤으로부터의 탈피가 이루어지지 않는 사회구조적인 문제에 대한 분석이 결여되어 있다.

둘째, 합법적인 부와 불법적인 부의 축적에 대해 구별할 수 있는 명확한 기준이 없다.

셋째, 자유경쟁시장이 비합법적인 부의 축적을 유지 또는 강화, 확대하고 있다는 분석에 대한 정확한 분석이 미흡하다.

넷째, 정의의 실체 또는 분배를 통한 정의 구현의 실체가 도덕적 권리로서의 자연권인 사유권의 보장을 통해서 어떻게 구체적으로 이룩될 수 있는 것인지에 대한 내용이 결여되어 있다.

다섯째, 국가의 조세정책이 부의 불평등한 분배에 개입하여 수직적 또는 수평적 재분배를 통해 노동력의 시장으로의 유입을 보장 내지는 확대시킴으로써 시장의 기능을 오히려 강화한다는 측면 등의 조세정책과 시장에 대한 다면적 차원 등을 통한 분석이 결여되어 있다.

여섯째, 습득을 하지 못하는 나아가 생산을 하지 못하는 집단구성원들 예를 들어 노인이나 아동 또는 장애인들은 아무것도 소유할 수 있는 권리가 주어지지 않음으로 분배가 이루어질 수 없다는 점에서 국가의 사회복지제도나 프로그램을 통한 소득이나 부의 전이를 부정한다는 점이다.

5. 평등주의이론

1) 인류평등주의이론(또는 평등주의이론, Egalitarianism)

분배적 정의를 규정하는 원칙으로 가장 명확하고 간단한 원칙은 모든 사람들이 똑같은 수준의 재화와 서비스를 가져야 한다는 것이다. 즉, 모든 인간들은 동일하게 존중받아야 함으로 재화와 서비스의 평등이 인간의 존엄성에 영향을 주는 가장 최선의 방법이라는 것을 의미한다. 따라서 평등주의분배이론의 원칙은 모든 재화와 서비스가 모든 사람들에게 동일한 수준으로 분배되어야 한다는 것이라고 할 수 있다. 따라서 평등주의분배이론에 있어 평등은 정의의 가장 기본적인 속성이라고 할 수 있다(Stanford Encyclopedia of Philosophy, 1996).

평등주의에서 평등은 경제적 평등은 의미하는 것으로 간주되며 경제적 평등은 기회의 평등, 자원의 평등, 복지의 평등, 능력의 평등, 소득의 평등 그리고 재화의 평등 등 매우 다양하게 분류되지만 경제적 평등에 있어 가장 잘 알려진 구분은 기회의 평등과 결과의 평등이다. 평등주의자들에게 있어 결과의 평등이 기회의 평등보다 더욱 중요한 원칙으로 이해되는데 이는 기회가 아무리 평등하게 제공된다고 하더라도 타고난 재능이나 부 또는 교육의 정도, 그리고 개인의 신체적 특성 등이 불평등한 결과를 초래하기 때문이다. 따라서 결과의 평등을 요구하는 것은 기회가 동등하지 못하기 때문이고 이 때문에 결과가 정당하지 않음으로 결과는 부자로부터 가난한 사람들에게 전이되어 수정되어야 한다.

결과의 평등에서 종종 결과는 현금소득을 나타낸다. 따라서 경제적 평등주의는 소득이 평등하게 되는 소득의 평등을 의미하는 것으로 이해되기도 한다(Bojer, 2003). 하지만 Bojer(2003)에 따르면 소득의 평등은 시간당 임금의 평등이나 소비의 평등을 의미하는 것이 아니라는 점이 강조된다. 즉, 시간당 임금이 평등하다고 하더라도 비정규직 노동자들이나 시간제 노동자들은 정규직 노동자들보다 적은 임금을 받을 것이기 때문이다. 또한 개인적 소득의 평등이 소비의 평등을 의미하지 않는데 이는 세대주의 소득이 같을지라도 한 명의 세대보다 가족구성원이 많은 세대의 소비는 당연히 차이가 있을 것이며 아이가 많은 가구와 아이가 없는 가구의 소비수준은 소득이 같을지라도 당연히 다를 것임으로 규모의 경제라는 측면에서 보면 소비의 평등이 소득의 평등을 의미할 수 없다.

2) 경제적 평등에 대한 탈만족주의적 견해

경제적 평등을 지향하기 위해서는 무엇이 평등하여야 하는가에 대한 대답으로 Sen과 Nussbaum은 능력의 평등 그리고 Dworkin은 자원의 평등을 강조하였는데 이 논의들은 모두 개인적 복지의 증진이 곧 전체 사회의 복지증진을 가져다주고 평등은 달성된다고 하는 즉, 무엇이 평등이고 누구의 평등인가보다는 개인적 선호의 충족과 개인적 복지의 합만을 강조하는 알맹이 없는 경제적 평등 대한 만족주의적 전통의 거부를 나타낸다는 특징이 있다.

(1) Sen의 능력의 평등

Sen(1993)은 기능하는 것(functioning)과 능력을 구분하였는데, 특히 능력(capability)의 평등을 강조하였다. Sen에 따르면 능력이란 살아나가기 위해 다양한 기능을 성취하기 위한 사람들의 실제적인 재능과 관련이 있다고 한다. 특히, 그는 능력을 사회나 정책을 평가하기 위한 기준으로 제시하였다. 능력을 이해하기 위해선 기능을 이해하는 것이 중요한데 다양한 기능이 있어야 능력을 발휘하여 사람들이 생을 살아나갈 수 있기 때문이다. 그에 따르면 기능과 능력은 밀접한 연관이 있는데 기능이란 적절한 영양을 가지고 있으며 지역사회에 참여할 수 있는 상태를 나타낸다. Sen에 따르면 기능과 능력은 소득이나 부나 자원과 같은 경제적 재화나 개인적 복지가 아니며, 능력을 강조하는 것은 우리가 자원이나 부를 가지려고 하는 것과 연관이 있기 때문이라고 강조하였다. 따라서 능력의 평등은 자원의 평등과는 다를 수 있는데 이는 같은 자원을 가지고도 개개인들은 매우 상이한 능력을 발휘할 수 있기 때문이다. 따라서 자원의 평등보다 Sen은 능력이 평등하여야 정당한 분배가 일어날 수 있음을 강조하였다. 예를 들어 당뇨병이 있는 사람은 정상적인 기능을 하기 위해 매일 약을 필요로 하며 신체장애인은 움직이기 위해 특별한 장비를 필요로 하는 것과 같이 동일한 기능을 수행할 수 있는 능력을 발휘할 수 없는 사람들에게 자원의 평등한 분배는 의미가 없을 수 있다.

결국, Sen의 능력의 평등은 개개인들이 건강하고 안정적인 삶을 유지하기 위해 할 수 있는 기능과 할 수 없는 기능을 구별하여 할 수 없는 기능을 수행할 수 있도록 하는 것 즉, 능력의 평등이 가능하도록 해주는 것이 중요한 원칙이 된다. Sen(1993)은 기능에 어떤 기능들이 있는가를 나타내는 기능의 목록들을 제시하지는 않았는데 이는 기능이 대중들과의 개방적인 논의를 통해서 결정되어야만 하기 때문이라고 주장하였다.

(2) Nussbaum의 능력의 평등

Nussbaum(2000)은 Sen과 달리 구체적으로 10개의 능력과 기능 항목을 제시하였다. 그녀는 특히 능력을 세 개로 구분하였는데 첫 번째는 **기본능력**으로 아이들이 개발하는 보고, 읽고, 듣는 것과 같은 능력을 기본적 능력으로 정의하였으며 두 번째는 **내적능력**으로 성인들에 의해 개발되는 성적 즐거움을 추구하는 능력이나 언론의 자유를 위한 능력 등을 의미하며 세 번째는 **결합능력**으로 기능의 실현을 위한 외적 조건과 결합된 내적 능력이 결합능력이라고 규정하였다. 예를 들어 내적 능력인 언론자유를 위한 외적 조건은 언론자유를 인정하는 사회가 될 수 있다. 특히 그녀는 결합능력은 사회가 어떻게 조직화되어 있는가와 개개인들에게 부여된 것들에 의존되어 있음을 강조하였다.

(3) Dworkin의 자원평등주의

Ronald Dworkin(1981)은 자원의 평등을 강조하였다. 즉, Dworkin은 Rawls가 강조하는 일차적 재화(primary goods)나 Sen이 강조하는 능력의 평등보다 자원의 평등이 더욱 중요하다고 주장하였다. 그는 질투심 없는 분배로서 자원의 평등을 정의하였는데 질투심 없는 분배는 아무도 다른 사람의 자원을 시기하지 않는 자원의 분배를 의미한다(Bojer, 2003).

자원평등주의에 따르면 결과는 사람들의 그들의 자원에 대한 자유로운 사용에 의해서 결정되지 유형화되어 나타나는 것이 아니다. 또한 사람이 통제할 수 없는 사회적 상황은 소득능력이나 삶에 부정적으로 영향을 끼치면 안 된다. 따라서 장애를 가지고 태어난 또는 나쁜 건강이나 낮은 재능을 가지고 태어난 사람들은 그들 자신들이 이런 상황을 가지고 온 것이 아니기 때문에 그들의 인생에 있어 불이익을 당할 수 없음이 강조된다(Stanford Encyclopedia of Philosophy, 1996; Dworkin, 1981a, 1981b). 자원평등주의자들은 이를 **부여민감성**(endowment sensitivity)이라고 부른다. 부여민감성이란, 사람들마다 부여되는 것이 다르지만 부여된 것이 다르다는 것이 사람들에 대한 정당한 자원의 분배에 영향을 주어서는 안 된다는 점을 강조하는 용어로 이해될 수 있다.

Dworkin(1981a, 1981b)은 사람들이 동등한 자원을 가지고 시작을 하지만 종국에는 그들의 자유로운 선택의 결과로서 동등하지 않은 경제적 혜택으로 끝날 수 있음을 강조하였는데 이러한 결과는 사람들이 그들의 자원을 그들에게 가장 적합하다고 생각하는 곳에 자유롭게 사용을 할 수 있지만 자원의 사용결과는 상이하게 나타날 수 있기 때문이다. 결국, 동등한 자원의 사용에 따른 결과는 사람들의 **야망에 대한 민감성**(ambition sensitivity)으로 인하여 사람마다 다르게 나타날 수 있음을 강조하였으며 이러한 측면에서 자원평등주의는 Rawls와 같은 유형화된 형식으로 자원이 분배되어야 하고 이에 따라 결과도 유형화되어 나타난다는 점을 거부하였다고 볼 수 있다. 즉, 자기 자신에게 가장 적합한 자원의 사용을 허용한다는 것이 야망민감성이라고 할 수 있으며 야망민감성으로 인하여 상이한 결과가 나타나게 된다. Dworkin의 분배이론을 도표로 나타내면 [그림 8-1]과 같다.

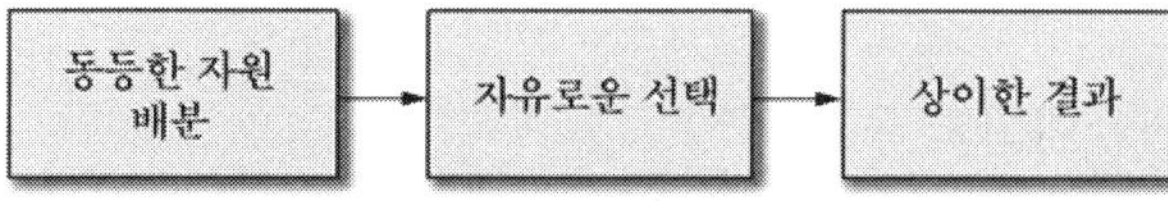

[그림 8-1] Dworkin의 분배이론

결국, 자원평등주의는 자연적으로 부여받은 부여민감성으로 경제적 불평등이 오는 것이 아니라 선택의 자유를 의미하는 야망민감성으로 인하여 불평등이 온다는 것을 강조하였으며 부여민감성으로 인한 불평등은 정의롭지 않지만 야망민감성으로 나타나는 불평등은 정당한 것으로 간주하였다. Dworkin(1981a, 1981b)은 야망민감성 및 부여민감성으로 나타나는 불평등을 해결하기 위해서 부여민감성에 의해서 나타나는 불평등에 대해서는 소득이나 노동의 과실을 재분배하여 보상함으로 해결할 수 있을 것으로 보았다. 또한 Dworkin은 타고난 재능은 선택할 수 없지만 대부분의 사람들이 위험을 싫어하고 또 위험을 피하는 것을 선호하는데 위험에 따른 불확실성을 극복하고 최저소득을 보장받기 위해서 보험을 활용할 것을 대안으로 주장하였다(Bojer, 2003).

Dworkin의 중심으로 하는 자원평등주의의 특징은 아동이나 노인 그리고 장애인 등과 같이 생산적 노동에 참여할 수 없는 집단의 경제적 불평등을 해소하기 위한 분배의 정당성을 인정하였다는 점이다. 한편, 자원평등주의는 결과의 불평등이 야망의 상이성에 오는 것인지 아니면 부여의 차이에서 오는 것인지를 구별하는 것이 어려움으로 비현실적이라는 비판을 받았으며, 또한 지금과 같은 복잡한 자본주의 경제하에서 자원의 평등이 어떻게 구체적으로 실현가능한 것인지에 대한 실천적인 대안을 제시 못하여 Rawls의 분배이론을 뛰어넘지는 못하였다는 점이 문제점으로 지적되었다.

6. 마르크스주의이론

분배에 대한 마르크스주의이론은 다음과 같은 유명한 표어를 통해서 이해될 수 있다.

"각각의 능력으로부터 각각의 욕구로"(Kal Marx)

Marx에게 있어 각각의 욕구에 다른 분배가 곧 분배의 정의라고 할 수 있지만, 그는 욕구에 따른 분배는 자본주의사회에서는 불가능하며 공산주의사회에서 가능하다고 보았다. 특히, Marx는 그의 책 『자본』을 포함한 다른 저작에서 자본주의사회 자체가 정의롭지 못하다고 보았다. 즉, 자본주의는 노동계급의 착취를 기본으로 하기 때문에 자본주의적 생산양식이 사회적 부정의(injustice)를 일으킨다고 믿었던 것이다. Marx는 모든 노동자들은 그들의 임금이 그들이 생산하는 가치의 일부만을 나타냄으로 착취당하고, 반면에 자본가와 땅주인은 노동자들이 창출한 가치를 이익과 지대로 지불받는다고 보았던 것이다. 따라서 이익과 지대는 노동자들에게 지불되지 않은 미지불노동을 나타낸다.

Marx의 자본의 노동자계급에 대한 착취를 강조하는 착취이론은 모든 사람이 그 자신이 생산한 것을 가질 수 있는 권리가 있음을 나타내는 분배적 원칙이라고 할 수 있다. 따라서 착취가 사라지면 분배의 정의가 나타나게 된다. Marx는 이와 같은 착취에 근거한 분배적 정의를 강조하면서 "고타강령비판"에서는 이에 덧붙여 분배적 정의에 있어 생산수단의 분배를 강조하였다(Bojer, 2003).

Marx의 분배적 정의에 대한 개념은 또한 정치적 의미와 경제적 의미로도 해석되어진다. 분배적 정의를 정치적 의미로 해석한 Wood(1972)에 따르면 Marx는 정의를 법과 인간의 권리와 연관된 법률적인 개념으로 사용한다고 한다. 즉, Marx에게 있어서 정의와 권리는 법과 사회제도, 그리고 인간의 행동이 법률적인 측면에서 판단될 수 있도록 하는 가장 이성적인 기준이다. 따라서 정의와 권리는 사회에 존재하는 것들을 측정하기 위한 기본적인 사회적 원리로서 인식되어진다. 그에 의하면 사회적 존재로서 인간은 정치적일 수밖에 없는데 왜냐하면 인간의 사회적 삶은 법을 알리고 권리를 보장하고 법률적인 방안들을 논쟁화하는 힘과 연관이 있다고 믿었기 때문이다. 하지만 그는 법제도가 단지 사회적 삶을 지원하는 역할을 담당한다고 간주했다. 이런 의미에서 그는 정의를 이성적 사회적 규범의 범위 안에만 머물러 있지 않으며 인간의 사회적 삶을 규정하는 정의는 사회적 생산양식의 틀에서 보다 분명하게 개념화될 수 있다고 본다. 그는 모든 법제도 같은 법률적인 형태들이나 정의의 원칙들은 특수한 생산양식에 적용될 때만 의미가 있다고 믿었다(Wood, 1972).

이런 의미에서 Marx는 정의를 생산양식 안에서의 기능과 연관하여 경제적 의미로 바라본다. 그에 의하면 생산의 주체들 사이에서 나타나는 거래의 정의는 거래가 생산과의 연관으로부터 오는 자연적 중요성을 일으킨다는 사실에 의존한다. 즉, 그의 이러한 정의의 내용은 생산양식과의 관련 하에서 정의의 내용을 규정짓는 것을 의미한다. 예를 들어 자본주의 생산양식에 기초한 노예제는 정의롭지 못하다고 그는 믿는다. 이상과 같이 Marx의 정의론은 정치적 의미와 경제적 의미로 나누어 볼 수 있지만 그는 경제적 의미로서의 정의의 개념을 정치적 의미의 정의의 개념의 상위개념으로 바라보았으며 더욱 강조하였다. Marx의 정의이론은 다음과 같이 정리할 수 있다.

첫째, 정의의 개념은 주어진 생산양식 안에서의 기능과 연관이 있다. 따라서 그에 의하며 정의로운 것과 정의롭지 못한 것은 하나의 전체로서의 생산양식의 구체적인 포괄성에 의존해서 결정된다고 한다. 이에 대해 Engels는 사회정의와 사회부정의는 생산과 교환의 물질적인 측면을 다루는 정치경제의 과학에 의해서 결정된다고 강조하였다(Wood, 1972).

둘째, 정의는 단순히 인간의 행동이나 제도 또는 다른 사회적 사실들을 추상적 의미로 측정하는 하나의 기준이 아니다. 오히려 정의는 각각의 생산양식을 측정하기 위한 하나의 기준이다. 즉, 어떤 형태의 사회에도 적용할 수 있는 자연적 정의에 대한 일반적이고 보편적인 규칙이나 개념은 존재하지 않으며 정의의 개념은 생산양식에 의해 규정된다는 것이다. 전근대적 생산양식에서 노예를 유지하는 것은 정당한 것이었고 편리했다. 하지만 자본주의 생산양식에서는 노예제는 정의롭지 않으며 오히려 대출금에 이자를 매기는 것이 정의롭게 여겨진다.

셋째, 행동이나 제도가 정의로운지 또는 정의롭지 않은지는 법률적인 형태의 실례들이나 보편적 원리에 일치하는지 등에 의존하는 것이 아니라 역사적으로 구성된 생산양식의 구체적인 요구나 필요물들에 의해서 결정된다는 것이다. 즉, 어떤 행동이나 제도가 정의로운지에 대한 이성적인 평가는 결국 특정 생산양식 안에서 행동이나 제도들의 구체적인 기능에 기초한다는 것이다.

넷째, Marx에 의하면 행동이나 제도의 정의는 그것들의 결과나 중요성들에 의존하지 않는다고 본다. 예를 들어 생산양식이 한 계급이 다른 계급에 대한 또는 한 사람이 다른 사람에 대한 착취에 근거해 있다고 한다면, 그러한 생산양식 하에 존재하는 제도나 행동들은 억압받는 사람들이 지불한 비용으로 억압자들을 위한 욕구를 만족시키기 위해 기능할 것이다. 그는 자본주의착취가 정의롭지 않다고 한다면 그것은 자본주의가 가지고 있는 분배양식에 기인한다고 본다. 즉, 노동자의 정당한 노동에 대해 지불되어지지 않은 임금이 정의롭지 않다고 한다면 이는 분배를 규정하고 있는 도덕적 규칙이나 법적인 규칙들에 따라 노동자들이 받아야 하는 생산에 대한 정당한 몫이 자본가에게 돌아가기 때문이라고 보는 것이다. 즉, 그는 자본주의가 착취시스템이기 때문에 정의롭지 않은 것으로 비난받아야 한다고 믿었다.

마지막으로 Marx의 분배이론은 분배에 사회적 계약이나 특수한 유형(pattern)이 있음을 강조하는 분배이론들과는 달리 분배에 사회적 계약이나 특수한 유형이 있음을 거부한다. 그에 따르면 잘살고 못사는 것은 계급투쟁이나 장기적인 이익을 보존하기 위한 전술적인 후퇴에서의 실패에 기인하지 사회적 계약과는 전적으로 무관하다는 것이다. 또한 Marx는 모든 사람은 자신의 노동에 따른 과실을 즐기고 그들이 생산한 것을 가질 권리가 있음을 강조하여 분배를 위한 특수한 유형은 존재하지 않음을 강조하였다,

결론적으로 Marx의 분배적 정의이론은 정의를 경제적 의미에서 생산관계와의 관련에서 해석하는 경향을 갖는다. 따라서 그의 정의이론은 실제적으로 그의 분배에 관한 사고에 기초한다. Marx에 따르면 분배는 항상 생산수단의 본질에 구체화되어 있는 생산을 위해 필요한 물건의 분배의 결과라고 믿었다. 따라서 Marx에게 있어서 생산과 떨어져서 분배는 설명되어질 수 없다. Marx에 따르면 생산은 사용에 따라 크게 세 부류로 나누어진다. 첫 번째 분류는 생산과 대체를 위해 요구되어지는 경제적으로 필요한 부분, 두 번째는 건강이나 교육 같은 집합적 욕구를 만족시키기 위한 집합적 소비나 행정적 비용을 포함하는 비개인적 소비, 그리고 마지막으로 개인적 소비가 그것이다(Marx, 1981). 이러한 생산을 위한 부분에서 분배는 결국 집합적 그리고 개

인적 소비를 위해서 행해진다. 여기서 Marx는 개인적 소비를 위한 분배보다 집합적 소비를 위한 분배를 더욱 강조한다는 특징이 있다. 따라서 그는 개인적 소비를 줄이고 집합적 소비를 늘리는 방향을 분배의 기준으로 삼았다.

7. Rawls의 분배적 정의이론

1) Rawls 분배이론의 원리

Rawls의 분배적 정의이론(또는 사회정의론)은 자본주의시장경제체제의 울타리 안에서 **사회계약**이라는 큰 틀을 사용하여 사회정의실현을 위한 분배원칙을 제시하였다는 점에서 다른 분배이론들과는 차별성을 가지고 있다. 즉, Rawls는 개인적 만족의 증진이 곧 사회적 만족의 극대화를 이룩한다는 고전경제학자들과 만족주의자들의 주장에 그 이론적 기초를 같이 하였지만 그들과는 다르게 시장이 개인적 만족을 증진시킬 수 있는 유일한 분배체계라는 시각을 벗어나 사회계약(또는 협약)이나 제도를 통해서 개인적 만족이 증진될 수 있음을 강조하였다. 특히, Ralws는 분배원칙에 대한 전제조건으로 이성적 능력을 가진 사람들이 사회계약에 만장일치로 동의한다는 점을 강조하였다.

Rawls를 비롯하여 Hobbs나 Rousseau와 같은 사회계약을 강조하는 계약주의자들은 국가가 강제력을 수행하기 위하여 국가구성원들인 개인들과 계약을 함으로 계약을 통해 국가의 강제성이 정당성을 부여받는다는 점을 강조한다, 즉, 계약주의자들은 개개시민들에 대한 국가의 의무와 권리를 구체화하기 위하여 시민들과 국가는 사회계약을 수행하며 국가와 시민들 사이의 사회계약이 정의로운 사회를 규정하고 또한 정의로운 분배를 규정한다고 보았던 것이다(Bojer, 2003).

Rawls는 모든 사람의 자유(liberty)를 최대화시키기 위한 사회정의의 분배원칙으로 다음의 두 원칙을 강조하였다(Rawls, 1971; 1985; 1999; Drake, 2001).

첫 번째 원칙(자유원칙): 인간 개개인들은 모든 사람을 위한 동일한 체제와 모순되지 않는 동등하고 기본적인 권리와 자유의 완전하고 적절한 체제를 위한 동등한 요구를 가지고 있고 이 체제 안에서 동등한 정치적 자유는 그들의 공정한 가치를 보장받는다. 이를 **자유원칙**이라고 부르는데 모든 개개인들은 동등한 권리를 갖으며 협상자들은 중요한 재화들을 분배하고 그리고 개개인들은 자신들이 불이익을 받거나 착취되는 어떠한 분배의 원리도 거절할 수 있다는 것을 의미한다.

두 번째 원칙(기회의 평등원칙과 상이성 원칙): 사회적 그리고 경제적 불평등은 첫째, 기회의 공평한 평등이라는 조건 하에서 모든 사람들에게 열려 있는 지위나 자리에 의해 조정되며 둘째, 사회에서 가장 적게 이익을 받은 사람들에게 가장 큰 혜택을 줌으로써 조정된다. 이를 **공평한 기회의 평등원칙**과 **상이성 원칙**[4]이라고 부르는데 사회적 그리고 경제적 불평등이 존재하며 그 결과 불평등이 불이익을 받은 모든 사람들에게 가장 큰 혜택 또는 이익이 될 수 있고 그리고 기회의 공평한 평등조건 하에 모든 사람들에게 열려 있는 지위나 직종(positions and offices)에 귀속되어 있다는 것을 의미한다.

위의 원칙들을 Ralws의 분배를 위한 원칙으로 인식할 수 있는데 그에 의하면 위의 분배원칙들은 우선순위가 있다고 한다(Rawls, 1993; Lund, 2002; Shionoya, 2005). 즉, 첫 번째 원칙이 두 번째 원칙에 우선하며 기회의 평등원칙과 자유의 원칙이 상이성 원칙에 우선하고, 두 번째 원칙에서 공평한 기회의 원칙이 상이성의 원칙에 우선한다는 점이다. 위의 원칙들 중에서 Rawls의 분배적 정의이론은 세

4) 상이성 원칙은 또한 최소최대원칙(maximin principle)이라고도 불린다.

번째 원칙인 상이성 원칙에 기초를 둔다. 특히, 상이성 원칙은 더 많은 부를 생산하는 가장 일반적인 방식은 더 많은 소득을 올릴 수 있는 더욱 생산적인 체계를 갖는 것이라는 Rawls의 부에 대한 사고를 대변한다. 즉, 경제의 총체적 부가 증가한다면 상이성 원칙에 따라 가장 이익을 적게 받은 사람들의 부도 증가한다는 것을 의미한다 (Stanford Encyclopedia of Philosophy, 1996). 아래의 그림은 상이성 원칙에 따른 분배의 세 유형을 나타낸 것이다.

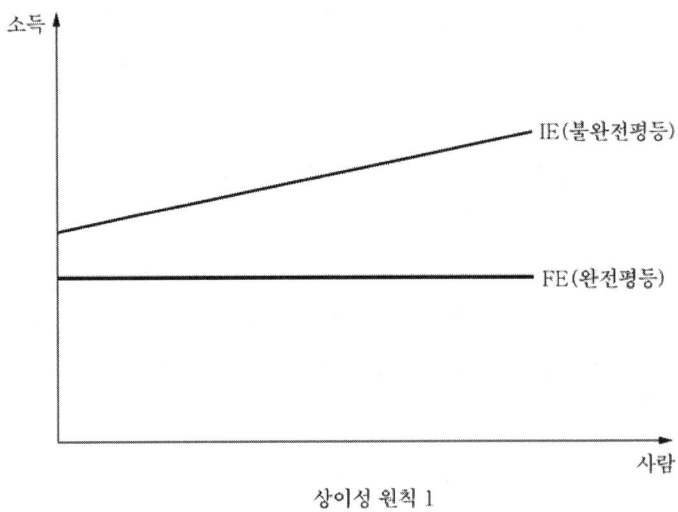

[그림 8-2] 상이성 원칙에 따른 행동 1

위의 [그림 8-2]는 모든 사람이 똑같은 소득을 가졌을 때보다(FE) 사람마나 소득의 차이는 있지만 전체적으로 완전평등보다는 소득이 향상된(IE) 그림을 나타낸다. 즉, 선 FE보다 선 IE가 위쪽에 위치하여 사람들의 소득이 불평등하게 분배되었지만 모든 사람들의 소득이 증가하였음을 나타낸다.

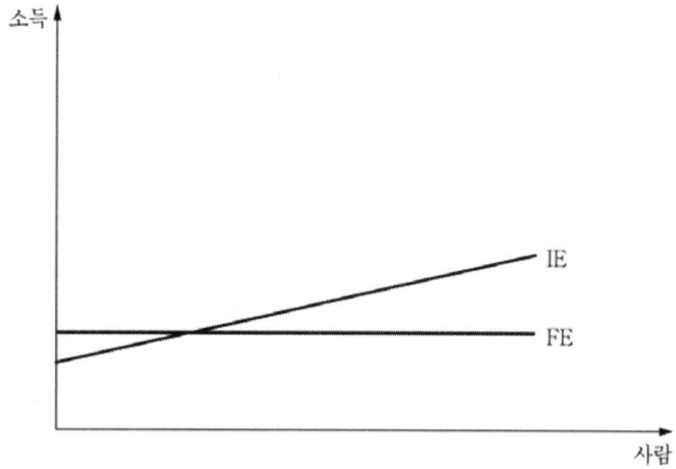

[그림 8-3] 상이성 원칙에 따른 행동 2

위의 [그림 8-3]은 [그림 8-2]와 비슷하지만 가난한 사람들에게는 더 나쁜 분배를 나타낸다. 하지만, 가난한 사람들의 소득은 더 감소하였지만 가난한 사람의 소득 감소가 IE에 있는 많은 사람들의 소득을 증가시켰다. 즉, 분배적 측면에서 일부 사람들의 소득을 조금 낮추지만 많은 사람들에게 분배적 효과가 더 크게 나타나는 결과를 나타낸다.

[그림 8-4]에서 L은 철수의 소득이 최대화되는 지점을 나타내고 E는 완전한 평등한 분배가 이루어진 점을 나타낸다. 만약 철수의 소득이 L에서 R로 줄어든다면(세금을 납부하여 줄어드는 경우 또는 소득을 영희에게 전이하는 경우 둘 다 가능) 철수의 절대적 소득은 줄어들지만 상대적으로 영희의 소득은 R에서 최대가 된다. 즉, 완전한 평등을 나타내는 E점보다 R점에서 영희의 소득은 증가하였음을 알 수 있다. 또한 R점에서 영희와 철수는 E점보다 더 나은 혜택을 갖게 된다.

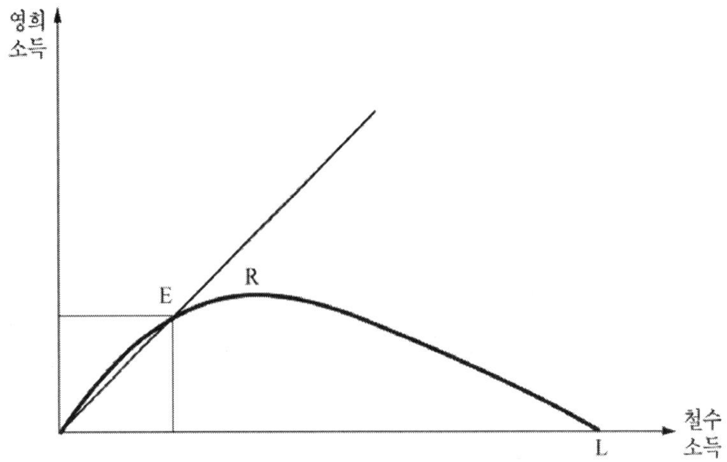

상이성 원칙 3

[그림 8-4] 상이성 원칙에 따른 행동 3

결국, 상이성 원칙은 평등주의자들이 강조하는 것과 달리 완전한 평등분배를 나타내지는 않지만, 불평등을 인정하는 상이성 원칙에 따라 부자에게서 가난한 사람에게 소득을 전이하는 것을 통해서 그리고 전체 소득을 증가시키는 성장을 통해서 분배적 형평을 강조하게 됨을 알 수 있다.

Lund(2002)는 따르면 Ralws의 분배원칙들이 갖는 의미는 첫째, 모든 개인들은 동등한 권리를 갖으며 둘째, 사회적 경제적 불평등이 있고 그 결과 가장 불이익을 당한 사람들에게는 가장 큰 혜택이 있으며 그리고 모든 사람은 기회의 공평한 평등조건 하에 있다는 것이다. 위의 원칙을 구현하기 위한 구체적인 방법으로서 Rawls는 **협조**를 강조하였다. Rawls는 사회협조를 구성하는 3가지 요소를 다음과 같이 정의하였다(Ralws, 1985).

첫째, 협조(co-operation)는 정부당국이나 어떤 권위가 있는 곳으로부터 제기된 명령에 의해서 조정된 행동 같은 사회적으로 조정된 행동으로부터 온다. 즉, 협조는 공적으로 인식된 규칙들이나 협조하는 사람들이 그들의 행동을 적절하게 규제하는 것으로서 받아들이거나 간주되는 절차에 의해서 오는 것이다.

둘째, 협조란 의미에는 공평한 용어라는 의미가 포함된다. 즉, 협조라는 용어는 각각의 참여자가 이성적으로 받아들일 수 있다는 의미가 포함되며 협조라는 용어에는 상호호혜 또는 상호성이라는 개념이 들어있다. 다시 말해, 협조에 관여해 있는 모든 사람들 그리고 필요한 규칙과 절차로서 역할을 담당하는 모든 사람들은 적절한 비교의 기준에 의해 평가될 수 있는 것 같이 어떤 적절한 방식으로 혜택을 준다.

셋째, 사회협조에 대한 사고는 참가자 개개인들의 이성적 이익과 선에 대한 사고를 필요로 한다. 이 선이나 이익에 대한 사고는 협조에 참여했던 사람들이 성취하려고 노력하는 것을 분명히 해준다.

2) Rawls 분배이론의 특징

Norzick의 분배이론이 사적 재산권의 자연권으로서의 도덕적 측면을 강조했다면 Ralws의 분배이론은 정의에 대한 도덕적 측면을 강조한다. Ralws의 정의론은 제도(institutions)의 일차적 목적이 사회정의의 실현이라는 원리에서 출발한다. 그는 부의 불평등한 분배는 정의롭지 못한 것이며 이러한 부의 불평등한 분배는 사회정의에 의한 **분배원칙**에 의해 극복되어진다고 주장하였다. 그의 분배이론의 핵심은 제도가 개인적 만족을 보장함으로써 사회적 만족 나아가 사회복지가 증진된다는 것이다. Rawls의 분배이론은 기본적으로 자유롭고 평등한 인간들 사이의 공평한 사회협조의 체제로서의 사회에 대한 개념에서부터 출발한다. 즉, 그의 분배이론은 기본적으로 인간이 자유롭고 평등한 조건을 기본으로 하는 정치적 개념으로부터 출발하며 이 분배이론을 현대 입헌 민주주의(constitutional democracy)의 기본구조라고 주장하였다. Rawls의 분배이론은 기본적으로 사회와 인간에 대한 다음과 같은 그의 시각에 많은 부분 의지한다고 볼 수 있다.

(1) 인간에 대한 시각

Rawls는 인간이 이성적으로 행동한다는 점을 기초로 하여 인간을 전 생애를 통해서 사회의 완전한 협조를 위한 구성원으로서의 시민으로 규정하였다. 따라서 그의 인간론에서 인간의 지위와 위치는 완전히 무시되고 인간은 단순한 협조를 위해 존재하게 된다. 모든 인간이 자본주의 사회구조에서 같은 지위와 위치에 속해 있지 않으며 그들이 속한 지위나 위치에 따라 그들이 가지고 있는 사회에 대한 인식도 달라질 수 있다는 점은 무시된다. 즉, 그는 인간을 단순히 사회협조의 성원으로서의 시민으로 바라보는 자유방임적 사고를 견지한다. 따라서 그의 정의론은 결국 모든 인간이 사회적 협약 또는 사회적 협조(social cooperation)하에서 평등하고 자유롭다는 자유방임적 개인관에 기초한다고 보여진다. 즉, 모든 시민을 자유롭고 평등한 사람들로서 본다(Rawls, 1971; 1985). 그는 도덕적 힘, 이성의 힘 그리고 이러한 힘들과 연결된 판단과 사고의 측면에서 인간을 자유롭다고 바라보았으며, 완전히 협조하는 사회 구성원으로 되기 위해 필요한 수준을 위해 이러한 힘을 갖는다는 측면에서 평등하다고 보았다.

(2) 사회에 대한 시각

사회에 대한 시각에 있어 그는 협조의 공평한 체계로서 사회를 바라보며 시민으로서의 인간은 규범적이고 완전히 사회에 협조하는 구성원이 되기 위해 노력하기 위한 모든 능력을 가지고 있다고 주장한다. 그는 만족주의에 대한 하나의 대안으로서 입헌 민주주의를 제시하는데 그에 의하면 기존의 민주주의적 사회가 자유와 평등의 가치가 일치하지 않는 갈등구조 하에서 만연하면서 분배적 정의가 이루어질 수 없는 조건을 가지고 있다고 보았다. 따라서 그에 의하면 입헌 민주주의란 사회적 협조를 통한 일치(agreement, 특히 정치적 동의)를 통해서 자유와 평등이 보장되는 제도적 형태를 의미한다. 그는 일치가 사회적 협약을 통해서 가능하다고 보았던 것이다.

결국, 사회와 인간에 대한 그의 생각을 이해하는 것은 곧 그의 정의론을 이해할 수 있는 가장 확실한 방법이다. 그의 공평으로서의 정의이론에 의하면 사회를 협조의 공평한 체계로서 인식한다는 것과 인간을 시민사회를 구성하는 성원으로서 전 생애를 통해서 사회에 완전하게 협조하는 구성원으로 본다는데 그 특징이 있다. 여기서 전 생애라는 의미는 인간은 탄생과 함께 죽을 때까지 사회에 결합(join)하게 된다는 것을 의미한다. 그는 인간을 사회를 구성하는 시민으로서 자유롭고 동등하다고 보았다. 그는 도덕적 힘, 이성의 힘 그리고 이러한 힘들과 연결된 판단과 사고의 측면에서 인간을 자유롭다고 바라보았으며, 완전히 협조하는 사회 구성원으로 되기 위한 필요한 수준을 위해 이러한 힘을 갖는다는 측면에서 평등하다고 보았다. 그리고 인간들은 사회협조의 공평한 체제로의 완전한 참여를 할 수 있기 때문에 인간은 두 개의 도덕적 힘을 내포하고 있는 것으로 보았는데 **정의감을 위한 능력**(a capacity for a sense of justice)과 **선을 인지할 수 있는 능력**(a capacity for a conception of the good)이 그것들이다. 이 두 도덕적 힘은 다음과 같이 설명되어질 수 있다.

첫째, 정의감을 위한 능력은 사회적 협조라는 공평한 용어로서 규정지어질 수 있는 정의의 공적인 개념을 이해하고 적용하고 행동할 수 있는 능력을 의미한다.

둘째, 선을 인지할 수 있는 능력은 사람의 합리적인 이익 또는 선의 개념을 추구하고 수정하고 형성할 수 있는 능력을 의미한다.

그렇다면 사회협조에 있어서 공평하다는 말은 어떻게 결정할 수 있는가? 그에 의하면 사회협조에서 공평하다는 말은 구성원들의 동의라는 의미로, 즉, 사회에서 태어난 시민으로서의 자유롭고 동등한 사람들에 의한 동의라는 의미로서 인식되어진다. 그는 결국 이러한 동의가 사회협약에 의해서 가능하다고 보았으며, 사회협약을 통해서 공평한 정의가 이루어진다고 보았던 것이다. 그는 세 가지의 측면에서 시민(또는 인간)을 자유롭다고 보았는데 이 세 측면은 다음과 같다(Rawls, 1985).

첫째, 인간들은 선의 개념을 갖기 위해서 도덕적 힘을 가짐으로써 자신들을 그리고 서로 서로를 인지할 수 있다는 측면에서 자유롭다.

둘째, 인간은 유효한 요구들을 자기 스스로가 만들어 내는 동력원천으로서 그들 자신들을 간주한다는 측면에서 자유롭다.

셋째, 인간은 그들의 목적을 위해 책임감을 가질 수 있다는 측면에서 그리고 이것이 어떻게 그들의 다양한 요구들이 평가받는지에 영향을 미친다는 측면에서 자유롭다.

Ralws는 협상의 주체인 협상자들(negotiators)을 무시의 장막 안에 위치시키게 되면 그들은 그들 자신들에 관한 지식 밖에 모르기 때문에 그들은 그들의 이익을 추구는 하지만 그들의 이익과 다른 사람들의 이익을 비교할 수 없기 때문에 사회를 위해 즉, 총 만족의 증진을 위해 나아가 사회정의를 실현하기 위해 협상에 매진할 수 있다고 주장한다. Ralws가 강조한 무시의 장막은 다음과 같은 예를 들어 설명할 수 있는데 만약 비행기가 납치되고 비행기 안에 누가 탑승하고 있는지를 모르는 상황에서는 우리는 한 사람의 생명이라도 더 건지기 위해 노력하며 설사 탑승객들의 일부를 잃더라도 납치자들의 요구가 완전히 수락되지는 않는다는 전제를 설정할 수 있지만 만약 탑승자들 중에 우리의 가족이나 친구, 친척이 탑승해 있다는 사실을 알고 있다면 그들을 구하기 위해 우리는 어떤 것이라도 할 것이기 때문에 협상자들이 무시의 장막에서 아무것도 모르는 상황에서 협상하는 것이 사회의 만족과 정의를 위해 필요하다고 그는 믿는다. 그는 무시의 장막 안에서 이익을 추구하는 이러한 협상을 정의의 원칙인 도덕적 정당성으로 간주하며 이러한 협상이야말로 이성적이고 공평하다고 믿었다. 따라서 그의 정의는 공평으로의 정의(justice as a fairness)라고도 불린다.

(3) Rawls 분배이론의 특징

Rawls 분배이론의 특징을 정리하면 아래와 같다.

첫째, 인간을 자유롭고 동등하며 의무를 이행하는 이성적 인간으로 바라봄으로 그의 인간에 대한 기본 시각은 자유주의적 개인주의에 입각해 있다고 볼 수 있다. 그의 인간에 대한 기본 시각은 모든 인간이 자유의지에 의해 결정하고 행동할 수 있는 보편적 인간임으로 여성, 아동이나 장애인 등과 같은 소외집단이나 소수집단에 대한 사회 불평등구조를 인정하지 않는다고 볼 수 있다.

둘째, 정의의 정치적 개념을 강조하였다.

셋째, 입헌 민주주의를 강조하였다.

넷째, 분배적 정의가 동의에 기초한 사회계약을 통해서 이루어진다고 보았다.

다섯째, 민주적 사고의 전통이라는 측면에서 인간을 자유롭고 동등하다고 보았다.

여섯째, 사회가 협조의 공평한 체계라고 강조하였다.

3) 인간과 사회 그리고 공평에 대한 Ralws이론의 한계

Ralws의 분배이론에서 나타나는 인간과 사회 그리고 공평에 대한 그의 시각에는 다음과 같은 문제점들이 내포되어 있다고 지적될 수 있다.

첫째, 인간과 사회에 대한 그의 시각에 있어서 사회적 갈등을 배제하고 동의와 협조를 기초로 안정과 균형을 강조하는 구조기능주의적 관점에 치우쳐져 있다.

둘째, 자본주의 사회의 축적과 그에 따른 부의 편중과 불평등에 대한 분석을 배제하고 있다. 즉, 그의 상이성 원칙은 사회에 만연해 있는 불평등을 인정하고 있다는 점이다(Crocker, 1977). 사회에는 혜택을 가장 적게 받은 집단이 존재하며 상이성 원칙에 따라 소득을 재분배하여 소득불평등을 재조정할 수 있다는 그의 분배원칙은 사회구조적 불평등의 원인이나 구조를 개선하기 위한 구체적인 행동계획을 제시하지 못하고 사회경제적 불평등을 인정한다는 측면에서 비판받는다.

셋째, 자본주의발전과 함께 심화되고 있는 인간소외는 인간의 사회경제적 불평등을 설명해 주는 주요한 이론이라고 할 수 있다. 하지만 Rawls는 그의 분배이론에서 인간의 소외를 부정하고 있다. 노동과정으로부터의 소외, 노동대상으로부터의 소외, 생산물로부터의 소외, 사회로부터의 소외, 가정으로부터, 지역으로부터의 소외, 그리고 자기 자신으로부터의 소외가 모두 무시된다.

넷째, 사회적 협조의 당사자가 누구인가에 대한 구체적인 대상에 대한 설명이 부족하다. 사회적 협조의 당사자들인 노동자와 자본가 사이의 공평한 이익을 위한 분배적 정의가 과연 가능한가?

다섯째, 모든 인간이 탄생과 더불어 자유롭고 평등한 것은 아니다. 모든 인간이 탄생과 함께 똑같은 출발점에서 공평하고 자유롭게 출발하는 것은 현실적으로 불가능하다. 인간의 차별성과 개별성 등이 무시된다.

마지막으로 자유롭고 평등한 인간을 억제하고 통제하는 체계(system)들이 사회에 만연되어 있음을 간과하고 있으며 이를 어떻게 극복할 수 있는지에 대한 분석이 무시되었다.

Ralws는 또한 모든 인간은 이성적이라는 인간의 본성에 대한 경제적 사고와 동일선상에서 인간을 바라본다. 즉, 그의 분배적 정의이론은 모든 인간이 이성적인 협상의 주체로서 협상을 할 수 있다고 바라본다. 이는 경제학자들이 강조하는 소비자 주권 즉, 모든 인간은 자기가 결정할 수 있는 선택의 결정권자이고 자기가 선택한 것에 대해 책임을 진다는 것과 같은 측면에서 인간의 이성을 바라보는 것과 동일하다고 볼 수 있다. 모든 개개인들이 자기가 모든 협상을 할 수 있고 협상에 대한 결정을 책임을 질 수 있는가? 현실적으로 생산수단을 소유한 자본가나 권력을 가지고 있는 지배계급 등 소수 집단을 제외하면 협상에서 자기결정에 확신을 가질 수 있는 그런 사람이 얼마나 존재하는가? 사회복지서비스 수혜자들의 대부분들이 과연 합리적이고 이성적으로 그들 자신들을 위한 자기결정과 선택을 할 수 있고 그리고 이에 대해 책임을 질 수 있겠는가? 아마 이것이 가능하다면 사회복지서비스의 수혜자들이나 대상자들은 더 이상 복지생산물이나 서비스를 받을 필요가 없을 지도 모른다. 왜냐하면 그들 스스로가 그들의 문제점을 파악하고 문제해결을 위한 결정과 협약 등을 주체적으로 행할 수 있기 때문이다.

4) Ralws의 분배이론 비판

Rawls의 분배이론은 자본주의시장경제체제라는 큰 틀 하에서 분배적 정의(분배원칙)를 통해서 사회정의가 실현될 수 있다는 이론적 근거를 제시하였다는 점에서 의미가 크다고 할 수 있지만 Wolff(1977), Kujathas와 Pettit(1990), 그리고 Young(1990) 등은 Ralws의 공평으로서의 사회정의론에 대해 다음과 같은 문제점을 지적하였다.

첫째, 권리와 행동에 대한 정의만이 강조되며, 욕구의 해결이라는 측면에서의 정의의 요소가 제한적이다. 즉, 정의의 개념에 대한 정의(definition)에 있어서 일반적 정의보다는 제한적 정의개념을 사용하고 있다.

둘째, 사회선택이론과 만족주의이론의 인간본성에 대한 이론은 인간이 이성적이라는 것이고 그들이 의미하는 이성이라는 것은 자기가 결정하고 선택할 수 있으며 선택과 결정에 대한 책임을 자신이 갖는다는 것을 의미하는데 Ralws의 분배이론도 결국은 인간이 이성적으로 결정하고 선택할 수 있다는 개인적 선택의 인간본성을 강조한다. 이것은 곧 개인적 만족의 최대화가 사회적 만족을 이끈다는 측면에서 Pareto원칙에 어긋나지 않는 논리적 한계를 갖는다. Pareto원칙은 만족주의와 고전경제학 그리고 나아가 현대 경제학의 분배원리에 대한 대표적인 경제논리이다. 이는 Ralws의 분배이론도 결국은 개개인들의 신념이나 태도가 결국 자본주의시장경제 메커니즘에 한정된다는 것을 의미한다.

셋째, 자유 시장 경제체제에 따른 불평등을 무비판적으로 인정함으로써 시장에 참여하는 생산자와 소비자 사이의 사회적 관계에 대한 본질에 대한 언급은 이루어지지 않는다.

넷째, 모든 사람의 이익을 만족시킬 수 있다는 그의 분배에 대한 상이성 원칙은 어떻게 모든 사람의 만족이 이루어질 수 있는지에 대한 구체적인 내용이 없기 때문에 너무 추상적이며 구호적이다.

다섯째, 기회의 평등에 관한 범위와 본질에 대한 문제가 제기된다. Ralws는 기회의 평등을 통한 정의를 개인적 선택과 만족의 최소 가치로 본다. 이는 공평으로서의 정의라는 그의 정의이론의 핵심가치이다. 평등주의론자들이 강조하는 기회의 평등(또는 동등한 기회)에 대해서 Ralws는 공평한 기회의 평등을 같은 맥락에서 강조한다. 일반적으로 경제학자들이 강조하는 기회의 평등은 기회나 경력 등은 모든 사람들에게 열려 있다는 의미의 기회의 평등이다. 즉, 모든 사람에게 참여할 수 있는 동등한 기회가 주어진다는 즉, 직위와 직종이 열려 있다는 의미이다. 이는 Baker(1987)가 지적한 바와 같이 좁은 의미에서의 기회의 평등개념에 국한된다.[5] Ralws의 기회의 평등도 바로 이 좁은 의미의 기회의 평등의 범위를 벗어나지 못하고 있다. 이는 그의 정의의 두 번째 원칙인 상이성의 원칙에서 강조하는 모든 사람에게 열려 있다는 공평한 기회의 평등의 내용에서 확인된다. 개개인들의 차별성을 인정하고 그들 모두에게 그들의 욕구에 맞는 동등한 기회를 강조하는 보다 넓은 의미에서의 기회의 평등 개념이 Ralws에게서는 보이지 않는다.

여섯째, Ralws의 정의론은 다만 어떻게 공평한 것과 아닌 것을 알 수 있는지에 관심을 갖으며 누가, 즉 어떤 사회집단이나 사람들이 공평을 요구하는지 그리고 왜 요구하는지에 대한 분석은 제외되어 있다는 점이다.

5) Rawls의 분배적 정의이론에 대한 Miller의 비판

Miller(1976)는 분배적 정의의 일반적 이론은 성취하기가 불가능하다고 주장하며 Ralws의 분배이론도 결국 분배의 일반이론은 아니라고 주장한다. 그에 의하면 분배의 일반이론은 분배에 대한 다음의 세 가지 요소들을 포함하고 있어야 하는데 Ralws는 이 세 요소들(특히, 욕구에 따른 분배)을 그의 이론에 포함시키지 않았다고 믿었다.

첫째, 권리(rights), 예를 들어, 법 앞에서의 평등과 같은 정치적 자

5) Baker(1987)은 기회의 평등을 아래와 같이 세 가지의미에서 해석한다.
첫째, 좁은 의미에서의 기회의 평등: 기회, 경력 등은 모든 사람에게 열려 있다.
둘째, 넓은 의미에서의 기회의 평등: 개개인들은 상이한 역사를 가지고 있다. 따라서 사람들이 그들의 경력을 배가시키고 발전시킬 수 있는 동등한 기회를 보장해야만 한다.
셋째, 발전과 경쟁을 위한 공평한 기회뿐만 아니라 기회의 평등은 이전에 불평등하게 취급받았던 것에 대한 보상을 할 수 있는 긍정적인 행동을 포함해야 한다.

유에 대한 권리
둘째, 공적(deserts), 보상이나 벌을 받을 만한 가치가 있는 행동
셋째, 욕구(needs), 개개인들의 삶의 계획을 충족시키기 위한 필수품들

Miller에 의하면 Ralws의 분배이론은 분배에 대한 요소들 중에 권리와 공적의 요소만 포함되어 있다고 비판한다. Miller는 공적(deserts)은 더 많이 일한 사람은 더 많은 임금을 받아야 한다는 의미에서, 그리고 욕구는 일할 수 없는 사람들도 복지혜택을 받을 수 있는 의미를 포함하고 있다고 한다. 그에 따르면 권리와 공적은 쉽게 조정될 수 있고 권리와 욕구는 양립할 수 있지만 공적과 욕구는 때때로 일치하지 않는다고 한다. 예를 들어 인간은 그가 일해서 번 소득을 모두 가질 수 있는 권리가 있고(권리와 공적의 일치) 그리고 인간은 만약 그가 병들었다면 의료혜택을 받을 수 있지만(권리와 욕구의 일치), 건강하고 부를 많이 가지고 있는 부자와 가난하고 병들은 사람의 경우 부자는 세금을 냄으로써 빈자들이 의료혜택을 받는 비용을 부담할 수 있지만 또 다른 한편으로는 부자가 자신들의 공적을 보호한다면 빈민에 대한 의료혜택비용은 지불되지 않고 빈민들의 의료에 대한 욕구는 해결되지 않을 것(공적과 욕구의 불일치)이기 때문이다(Barr, 1987).

Miller의 비판은 분배적 정의의 실제적인 내용은 사회의 가치가 무엇인가에 의해 결정된다는 것을 의미한다. 다시 말해 순수 시장경제를 강조하는 사회의 분배적 정의는 권리와 공적의 두 요소만이 강조될 것이며 사회적 또는 집합적 만족을 추구하는 사회는 분배적 정의의 세 번째 요소인 욕구에 따른 분배가 강조될 것이다. 지향하는 사회가 어떤 사회인가에 따라 분배적 정의의 본질과 내용이 상이할 것이라는 Miller의 견해에 따르면 Ralws의 분배이론이나 만족주의 분배이론 그

리고 Nozik의 분배이론 역시 시장경제를 기반으로 하는 개인주의적 가치와 Pareto효율 등의 가치를 중요시하고 있음을 알 수 있다. 결국 개인적 선택과 만족에 기초하는 Ralws의 분배이론은 일반적 정의론이 가져야 하는 요소들을 모두 포함하지 않으며 사회적 관계와 분배적 정의의 주체와 대상에 대한 정확한 내용의 부족 등으로 한계를 내포하고 있다.

8. 여권주의 분배이론

여권주의분배이론의 역사적 뿌리는 고전파경제학자인 Mill의 자유주의적 분배이론이라고 할 수 있다. John Stuart Mill은 '*The Subjection of Women*'(1869)라는 저서에서 자유주의적 관점의 여권주의적 분배이론을 제시하였다. Mill은 그가 살던 시대의 자유주의원칙은 여성을 위한 동등한 정치적 지위를 요구한다고 주장한다. 그의 자유주의적 원칙에는 법률적 가장으로의 남성에 대한 거부, 재산소유에 있어 동등한 권리, 시장과 교육에서의 동등한 기회 그리고 귀족출신사회의 거부 등이 포함된다. Mill을 추종하는 자유주의적 관점의 여권주의자들은 대부분 사회에서 남성이 가진 것과 같은 동등한 권리가 여성에게도 주어져야 한다고 하는 여성의 지위에 대한 적절한 인식이 필요함을 주장한다. 따라서 Mill을 포함하는 자유주의적 여권주의자들에 따르면 정부가 정치나 시장, 교육이나 직업에서 여성이 남성과 동일한 조건에서 경쟁할 수 있도록 보호하지 않았다고 비판한다. 따라서 자유주의적 여권주의분배이론은 분배에 있어서 전통적인 자유주의적 입장의 근본적인 변화를 강조하기보다는 남성에게 보장되어 있는 권리나 기회를 여성에게도 동등하게 제공하여야 한다는 것을 강조한다. 즉, 사회구조적인 남성의 여성에 대한 억압체계를 인식하고 분석하여 대안을 제시하는 근본적인 변화를 주장한다기보다는 원론적인 입장에서 남성과 여성의 동등한 권리를 주장한다고 볼 수 있으며 불평등의 원인이 여성에게 동등한 권리를 제공해주는데 실패한 정부나 사회에 있음으로 여성이 권리를 보호하도록 정부가 규제하는 것이라고 할 수 있다.

Susan Moller Okin(1989)는 그녀의 저서 *'Justice, Gemder and the Family'*에서 자유주적 여권주의분배이론과는 상이한 분배이론을 제시하였다. 그녀는 자유주의적 분배적 정의는 정부 이외의 사적 영역에서 일어나는 여성에 대한 억압을 해결할 수 없다고 주장하면서 핵가족이 여성의 정치적, 물질적 불평등을 조장하는 제도라고 비판한다. Okin을 비롯한 진보주의적 관점에 따르면 여성은 시장에서 경쟁하는데 있어 남성과 동등하게 분담되지 않은 양육에 대한 책임 때문에 기본적으로 불이익을 가지고 있다고 주장한다. 따라서 그들에 따르면 시장이라는 경제체제가 기본적으로 여성이 기본적으로 남성보다 적은 임금과 부를 가지도록 하는 체계가 된다.

Phillips(1992)의 분배이론 역시, 여권주의적 관점에서 분배적 정의의 범위를 넓혔다는 의미가 있다. Phillips(1992)는 양성(heterogeneity), 다양성(diversity)과 상이성(difference)을 강조하였다. 그녀는 Pateman (1989; 1988)이 강조하는 시민권(citizenship)은 남성의 이미지로 구성되어 있다고 보며 결국 분배도 그런 측면에서 사고 팔 수 있는 공평한 계약(예를 들어 Ralws의 분배적 정의론)과 교환측면에서 개념화되어 있기 때문에 이것을 여성에 적용한다면 결국 매춘이라는 것을 정당화시켜 준다고 믿는다. Phillips 분배이론의 핵심은 예를 들어 여성과 남성 사이의, 장애인과 비장애인의, 백인과 흑인의, 노인과 젊은이의, 부자와 빈민의, 그리고 나아가 이러한 차이를 무시하고 시민이나 개인들이라고 규정하려는 모든 보편주의에 반대하여 복합적 차이성을 설명하려는 시도로서 인식되며 그동안 분배적 정의이론에서 등한시되어 왔던 공평한 분배에 대한 주체의 본질의 문제에 접근했다는 의의가 있다고 보여진다. 이렇게 다양한 차이성을 가진 인간들 사이에서 보편적 정의와 평등을 생각하는 것이 가능한가? 가능하다면 어떻게 분배적 정의와 평등이 성취될 수 있을까? Phillips는 매일 매일의 실제적 삶에는 분배적 정의가 평등에 기반해야 한다고 생각하는 사람과 분배적 정의는 다양성에 기반해야 한다고 생각하는 사람들 사이에 갈등과 딜레마가 있다고 한다. Phillips는 평등과 분배적 정의에 대한 개념을 다양성과 상이성으로 확대함으로써 위의 문제들에 대한 대답을 찾으려고 노력하였다. 즉, 그녀는 평등의 개념은 일반성(generalisation), 추상성, 그리고 동질성뿐만 아니라 개인성, 특수성과 양성을 포함해야 한다고 주장하였다. 또한, 분배적 정의는 인간이 만드는 사회적 허상(artifact)이기 때문에 어떤 보편적 개념도 살고 있는 현실을 대변할 수 없으며 만약 분배적 정의의 개념을 보편화시키려는 시도가 있다면 그것은 힘을 가지고 있는 권력집단들에 의해서 제공되는 가공된 개념일 수밖에 없다고 강조하였다.

제 4 절 분배적 정의의 원칙

분배적 정의이론은 앞에서도 지적한바와 같이 생산에 대한 소비에 있어서의 분배나 또는 경제적 생산물에 대한 분배를 의미하기도 하지만 위험이나 어려움을 같이 나눈다는 고통의 분배를 나타내기도 한다. 이런 측면에서 보면 사회복지는 사회적 배제와 차별을 조정하는 양식임과 동시에 경제적 생산물에 대한 분배를 넘어 위기나 고통의 분배를 조정하는 사회적 분배를 위한 조정기구이고 분배적 정의를 실현시키는 실천수단이다. 현대 복지국가는 일반적으로 다양한 사회복지정책을 통해서 분배적 정의를 실현할 수 있다. 특히, 경제적 생산물에 대한 분배는 국가의 조세를 기반으로 하는 사회복지정책을 통해서 구현되고 있다. 세금과 준조세적 성격을 띠는 각종 사회보험을 위한 사회

기여금(special contribution) 등을 총괄하는 사회복지정책은 분배적 왜곡을 형평한 분배로 전환시키는데 그 일차적 기능을 담당한다. 대표적인 조세기반의 정책인 부의소득세(Negative income tax)의 일환인 근로장려금(Earned income tax credit)[6]제도 또는 기초소득보장제도(basic income)[7], 부유세 그리고 공적부조제도 등과 같은 각종 국민의 세금을 기반으로 하는 정책은 모든 사람에게 기본적인 삶을 유지 보전할 수 있는 일정 소득을 보장한다든지 또는 소득이 많은 사람에게는 그에 상응하는 세금을 부과하고 평균소득 수준이하인 저소득층에게는 소득을 보전해 주는 등 다양한 소득재분배 성격을 내포함으로써 결과의 평등을 강조하는 분배적 정의를 실현하게 된다.

특히, 어려움이나 고통을 분담하여 분배적 정의를 실현시키고자 하는 사회복지정책은 사회 전 영역에서 이루어지고 있다. 국민의 건강을 책임지는 건강보험이나 실업 이후의 경제적 안정을 보장하는 실업보험 그리고 가족통합을 위한 가족복지서비스, 아동 및 보육서비스, 장애인연금과 장애인활동지원 및 노인요양을 포함하는 장애인과 노인들을 위한 사회돌봄서비스, 주거안정과 주거불평등을 개선하는 공공 및 영구임대주택 등 다양한 주거정책, 그리고 인적 자원 확충을 위한 교육 서비스 등의 전 영역에서 국가공급의 확대는 보다 안정된 사회를 구현하기 위한 분배적 정의를 실현하는데 기본적인 역할을 담당할 수 있다.

---

6) 근로장려금은 낮은 소득으로 일하는 가정에게 제공되는 세금체계를 통한 복지혜택이라고 할 수 있다. 미국의 경우 근로소득보전세제(EITC, 우리나라는 근로장려금)는 부의소득세가 일하지 않는 모든 가정을 포함하여 엄청난 국가부담을 초래하였고 또한 근로의욕을 상실하게끔 만든다는 문제점을 극복하기 위한 대안으로 등장하였다. 따라서 근로소득보전세제는 부의소득세의 변종이라고 할 수 있다.

7) 기초소득(Basic income)은 국민이 지출한 세금을 기초로 해서 모든 국민들에게 고용에 상관없이 일정한 액수의 소득을 제공하는 제도로서 사회적 분담금(social dividend)으로도 불린다.

분배적 정의는 모든 인간은 개별화된 속성을 가지고 있으며 주어진 직위나 지위가 다르고 주어진 자원과 능력 또한 상이하다는 점이 고려되어야 한다. 또한 분배적 정의는 좁은 의미의 기회의 평등개념에서 벗어나 이전에 불평등하게 취급받은 것에 대한 보상과 개개인의 차이와 경험에 근거하는 개인적 차별성이 인정되어 차이에 따른 기회가 보장되는 기회의 평등을 통해서 실현될 수 있다.

평등주의에 기초한 분배적 정의는 사람들 간의 부나 지위 등과 같은 차이성에 기초를 두어 사람들 간의 능력이나 자원의 차이는 있지만 결과는 평등하게 분배되는 결과적 평등을 강조하며 개인들의 욕구나 사회의 욕구가 완전하게 해결될 수 있는 정도의 자원의 분배 즉, 적절한 분배의 가치인 적절성을 강조함으로 분배적 정의의 기본 가치는 효율성보다는 바로 평등성과 적절성에서 찾을 수 있다. 하지만 이러한 평등성과 적절성에 기초하는 분배적 정의를 실현하는 것보다도 더욱 중요한 것은 분배적 정의를 억압하고 사회 경제적 불평등을 심화 확대하는 사회 구조적 요인을 찾아내어 억압과 불평등구조를 개선 내지는 추방하기 위해 노력하여야 한다는 점이라고 할 수 있다.

평등성과 적절성을 기반으로 하는 국가 중심의 사회정의를 실현하기 위한 사회복지의 분배원칙으로는 다음과 같은 점이 제시될 수 있다(지은구, 2005).

첫째, 동등한 대접의 원칙: 모든 인간은 동등한 가치를 가진 인격으로서 동등하게 대접받아야 한다. 인종, 성, 장애, 나이 등에 의해서 차별적인 대접을 받는 것은 사회적 차별과 양극화를 심화시키며 사회정의에 어긋난다.

둘째, 기본적 욕구해결의 원칙: 모든 인간의 기본적 욕구는 반드시 해결되어야 한다. 분배적 정의는 일차적으로 모든 사회구성원들의 기본적 욕구(건강, 주택, 음식 등)를 해결해 주는 것에서부터 시작한다고 할 수 있다. 인간의 욕구가 완전하게 해결되지 못하는 분배는 상대적 불평등을 심화 확대하는 주된 요인이다. 국민들의 욕구를 해결하기 위한 원칙은 모든 국민들에게 차별 없이 동등하게 필요한 자원을 제공한다는 평등의 원칙과 모든 욕구가 완전하게 해결될 수 있도록 자원을 제공한다는 적절성의 원칙이다.

셋째, 제한된 기회 철폐의 원칙: 더 많은 사회구성원들에게 더 많은 기회가 주어져야 한다. 분배적 정의는 더 많은 사람들에게 더 많은 기회가 제공됨으로써 실현될 수 있다. 제한된 기회는 제한된 자율성을 의미하며 자기 자신을 존경할 수 없도록 만드는데 이는 제한된 기회를 통해서는 자기존경이나 자율성이 실현될 가능성이 매우 제한적이기 때문이다. 모든 사회구성원들이 자기 자신을 존경하며 자율성을 갖는 것은 더 많은 기회가 제공됨으로 인해 가능하며 이러한 더 많은 기회는 결국 불평등이라는 장벽을 허무는데 기여할 것이다.

넷째, 분배적 차별성의 원칙: 분배에 있어 개인 간의 차별성은 반드시 고려되어야 하는 기준이다. 모든 차별이 불평등을 초래하지는 않으며 이러한 점에서 그동안 사회적으로 차별을 받은 계층에 대한 역차별(긍정적 차별)은 개인 간의 차별성을 기본으로 하는 분배적 정의를 실현하기 위한 기본토대이다.

제 5 절 자원의 분배와 분배의 기준

1. 자본주의와 자원의 분배

일반적으로 자본주의경제학은 재화와 서비스를 어떻게 생산할 것인가 그리고 생산된 재화를 어떻게 할당할 것인가에 대한 물음에 시장이 생산을 결정할 것이고 시장이 또한 할당(또는 분배)을 결정할 것이라는 점을 강조한다. 특히 재화의 할당을 위한 경제적 기준으로 효율성과 형평성 그리고 이 양자 간의 거래(trade-off)를 통한 할당을 주로 강조한다. 따라서 경제적 할당의 기준은 시장이라는 기본적인 생산과 분배의 조정양식을 중심으로 하며 시장에서 이루어지는 자원의 배분은 효율성이 강조되어야 하고 형평하게 분배되어야 한다는 점이 강조되고 있다고 할 수 있기 때문에 경제적 배분의 원칙 또는 기준은 바로 효율성과 형평성이라고 할 수 있다.

하지만 효율성과 형평성은 서로 상이한 가치라고 할 수 있음으로 공존의 가치로 활용되는 데는 한계가 있다고 할 수 있다. 이는 자본주의하에서 모든 활동은 효율적이어야 함이 보다 강조되기 때문이라고 할 수 있다. 시장을 통한 분배는 형평보다는 효율성이 강조되며 형평성은 주로 국가적 개입(사회복지정책이나 제도 등을 통해)을 통한 분배에 의해서 수행된다고 할 수 있음으로 시장에 대한 국가개입의 정도가 바로 효율성과 형평성간의 거래에 있어서 중요한 기준이 될 수 있다. Culyer(1980)에 따르면 효율성에 대한 가치판단은 주로 개인적 선호(preference)에 의해서 이루어지며 형평성에 대한 가치판단은 개인적 선호에 의해서 이루어지는 것이 아님으로 개인적 선호에 의한 거래가 중심인 시장을 통한 분배는 판매자의 선호와 구매자의 선호가 일치하여야 일어나게 되고 선호에 대한 판단은 개인적으로 이루어짐으로 이에 대한 책임 역시 모두 개인에게 있다고 할 수 있다. 즉, 개인적 선호에 따른 개인적 선택은 그 결과에 있어서 개인적 책임을 강조하게 된다. 효율성과 달리 형평성의 가치판단은 사회적 선호 또는 집합적 선호에 의해서 이루어진다고 할 수 있으며 집합적 선호는 집합적 가치를 자진 공공재나 가치재의 제공을 통해서 해결될 수 있다.

2. 개인적 선택과 사회적 선택

자본주의의 시장을 통한 생산과 분배구조가 빈곤과 사회불평등 그리고 사회적 배제 등과 같은 사회문제를 확대 재생산함을 강조하는 사회복지경제학에서 경제적 재화의 분배는 시장을 통해서 이루어진다기보다는 분배적 정의를 기초로 하는 새로운 조정양식을 통해 이루어진다는 점이 보다 강조되며 시장의 실패를 극복할 수 있는 새로운 조정양식은 국가의 경제적 영역에 대한 통제강화와 사회문제의 적극적 대응을 강조하는 복지국가의 사회복지제도나 시스템임을 강조한다.

특히 사회복지경제학은 어떻게 분배할 것인가에 보다 많은 강조를 하며 특히 경제학에서 이루어지는 할당에 있어서의 할당 당사자들에 대한 무차별성을 극복하고 누가 얼마만큼 할당받아야 하는가에 대한 대상자의 구분을 명확히 한다는 점이 구별된다. 따라서 사회복지경제학에서 재화의 할당에 대한 기준은 효율성과 형평성을 포함하여 참여주체의 분별과 함께 사회복지의 가치가 보다 강조되는 기준들이 사용되며 사회복지의 가치는 바로 사회소외계층들을 포괄하는 집합적, 보편적 가치인 사회적 가치(social value)의 적용이라고 할 수 있다.

시장의 실패를 극복할 수 있는 사회적 가치는 바로 사회정의를 보다 강조하는 것이고 이는 내용의 면에서 분배적 정의를 강조하는 것이라고 할 수 있다. 사회복지경제에서 제시하는 분배적 정의는 의사결정 또는 정책이나 프로그램의 결정을 위한 선택(choice)의 기준이 개인적 가치에 의해서가 아니라 사회적 가치나 집합적 가치에 근거해서 이루어져야 한다는 것을 강조하는 것이다. 즉, 개인적 선택이 할당이나 분배의 기준이 아니라 사회적 그리고 집합적 선택이 할당이나 분배의 기준이라는 점을 의미한다. Gilbert, Specht, 그리고 Terrell(1993)은 사회적 가치에 근거해서 선택을 하는 경우 결정을 위한 선택은 혜택의 할당 또는 분배라는 측면에서 어떤 혜택이 제공되는가, 누구에게 제공되는가, 어떻게 제공되는가, 어떻게 재정이 확보되는가? 등의 네 가지 측면을 결정하는 결정원리들 사이에서의 선택(choice)으로 해석되어질 수 있음을 강조하였다. 왜 사회적 선택이 사회적 가치에 기초해야 하는가에 대해 Myrdal(1968)은 진정으로 이성적이기 위해서 사회프로그램이 사실뿐만 아니라 가치의 전제(premises)에 기초한 하나의 결론이라는 명백한 원리를 받아들여야 한다고 강조한다. 즉, 경제학에서 강조하는 인간이 자기스스로가 무엇을 선택할 줄 안다는 측면에서의 이성적이라는 의미는 무엇에 기초해서 판단을 할지를 알아야 한다는 것과 선택이 자신에게 어떠한 가치(이익, 잉여가치)를 가져다 줄 것인가라는 경제적 가치의 개념뿐만 아니라 이 선택이 누구의 입장을 대변하고 누구를 위한 선택인지 그리고 선택이 과연 좋은 선택인지 아닌지를 결정할 수 있는 사회적 가치기준에 의한 판단 등이 합해질 때 비로소 이성적인 선택이 가능한 것이라는 점이 강조된다.

따라서 분배적 정의는 선택이 사회적 선호에 의해 사회적으로 이루어지는 선택을 의미하며 선택을 함에 있어 누가 사회적 선택에 따른 분배의 대상이고 그 선택이 그들에게 좋은 선택인지 등에 대한 사회적 고려를 포함한다. 분배적 정의는 자본주의 시장이라는 조정양식이 인간의 삶의 사회적, 정치적, 경제적 전 과정을 지배하는 양식으로서

부적합하며 많은 문제점을 가지고 있다는 전제 하에서 출발한다. 삶의 질 개선과 사회복지의 번영을 위해서 새로운 생산과 소비 그리고 분배를 규정하는 조정양식이 특히 공공재인 사회복지재화와 서비스의 측면에서 이루어져야 하며 이는 사회정의 또는 분배적 정의 원칙의 실현이라는 틀에서 분석될 수 있다(지은구, 2003). 사회정의는 분배적 정의를 통해 실현될 수 있으며 사회정의는 개인적 선호와는 관련이 없고 사회적 선호나 선택과 관련이 있다.

분배적 정의가 어떻게 실현되는가? 또는 분배가 어떻게 이루어져야 하는가에 대한 대답으로 사회복지경제학은 본장의 분배적 정의론에서 살펴본 바와 같이 사회정의의 바탕 하에 이루어져야 함을 강조하지만 경제학자들은 시장에 의해 이루어져야 함을 강조하기도 하고(Hayek, 1960), 또는 공적에 의해 분배가 이루어져야 함을 강조하기도 하며(Miller, 1976), 공평으로서의 정의를 강조하는 Ralws(1971, 1985)는 분배가 사회에서 가장 적게 이익을 받은 사람들에게 가장 큰 복지(또는 만족)를 제공함으로 이루어진다고 강조하기도 하며 또한 분배가 욕구에 의해서 이루어지는 것임을 강조하기도 한다(Culyer, 1980).

제6절 소 결

국민들의 번영이나 안정적인 삶의 질을 보장하기 위해 재화와 서비스의 분배 또는 할당을 조정하는 조정양식으로 사회복지를 정의한다면 사회복지경제의 분석은 재화와 서비스가 어떻게 할당되는가를 분석하는 것에 초점이 맞추어진다. 시장을 통한 재화와 서비스의 할당은 앞장에서 살펴본 바와 같이 지속적인 빈곤과 불평등을 확대 재생산하며 국민들이 가진 반드시 만나야 하는 욕구를 해결하는데 있어 극히 제한적으로 작동함으로 시장이라는 자원 할당기구에 대한 수정은 복지국가의 사회정의를 실현하기 위한 가장 구체적인 실천방안이다. 분배가 사회정의를 실현할 수 있도록 즉, 정의롭게 이루어질 수 있도록 하기 위해서는 자원할당과 분배에 대한 국가적 차원에서의 적극적 개입 즉, 시장에 대한 개입은 분배구조 수정을 위해 자본주의 사회에서 필수적이다.

자본주의사회의 분배구조를 이해하기 위해서는 자본주의사회의 분배구조를 지배하는 분배이론을 검토하는 것이 선행과제이다. 분배이론은 자원을 어떻게 할당할 것인가를 규정하는 이론적 틀이다. 특히 분배적 정의이론은 자본주의 경제체제 하에서 시장을 통한 분배가 자원의 균형있는 할당을 저해함으로 이에 대한 대안으로 새로운 분배체계가 필요함을 지지한다. 분배이론은 대부분 시장을 자원할당을 인정하는 Hayek의 분배이론이나 만족주의분배이론, 시장에서의 공적에 따라 자원이 분배되어야 함을 강조하는 공적이론, 개인의 자유를 강조하여 자원의 소유를 권리로 주장하는 권리이론, 국가나 사회와의 계약을 통한 분배를 강조하는 Rawls이론, 그리고 욕구에 따른 분배를 강조하는 Marx주의이론과 기회와 결과의 완전한 평등을 강조하는 평등주의이론 그리고 마지막으로 차이성을 강조하며 성적 차별에 대한 남성위주의 억압구조 변화를 통한 분배를 강조하는 여권주의분배이론 등으로 구분될 수 있다.

본 장에서 소개한 대부분의 분배이론은 Marx주의이론과 평등주의이론을 제외하고 특히 시장을 전통적 분배구조로 인정하고 시장의 생산적 측면을 강조하는 시장중심의 분배이론이라고 할 수 있다. 이러한 시장중심의 분배이론은 경제적 생산물(소득이나 부)의 불균등한 결과를 강조함으로 분배를 통해 사회정의를 실현하는 분배적 정의이론과는 거리가 있다. 분배는 국민들의 기본적 욕구가 해결될 수 있을 정도로 이루어져야 하며 국민들을 어떠한 이유에서든 차별하지 않는 방식으로 동등하게 분배되어야 하고 국민 개개인들이 개별적으로 처한 상황을 고려하여야 하고 차별을 가져다주는 모든 제한된 기회를 철폐하는 방식으로 이루어져야 한다.

제 9 장 사회복지경제 분석모델

제 1 절 개 관

사회복지경제를 분석하기 위해서는 가장 기본적으로 분석을 위한 기준과 분석틀(모델)이 필요하다. 본 장에서는 사회복지경제를 분석하기 위해 필요한 분석기준으로 효율성, 형평성, 적절성, 형평성 그리고 평등성을 제시하며 위의 분석기준들의 실현정도를 분석할 수 있는 분석모델을 소개한다.

제 2 절 사회복지경제 분석기준

Gilbert, Specht, Terrell(1993), 그리고 Burch(1999) 등은 어떻게 분배적 정의(distributive justice)가 성취될 수 있는가에 대한 대답을 찾기 위해 세 가지의 핵심적인 가치기준으로 평등성(equality),

형평성(equity), 그리고 적절성(adequacy)을 강조하였다. 그들의 입장에서 보았을 때 평등성, 형평성 그리고 적절성의 세 가치가 분배적 정의의 내용으로서 적절하게 적용될 때 비로소 분배적 정의를 통한 사회적 복지의 증진이 이루어질 수 있을 것이라고 생각할 수 있다. Le Grand, Propper 그리고 Robinson(1992)은 형평성, 효율성, 그리고 시장의 실패를 기준으로 자원의 사회적 할당을 분석하였으며 Hurst(1995)는 사회적 불평등을 극복하기 위한 할당체계인 사회복지 프로그램을 분석하는데 있어 평등성을 보다 강조하였고 형평성, 적절성 그리고 효과성을 평가를 위한 사회적 가치기준으로 활용하였다. 또한 Martin과 Kettner(2010)는 효율성, 효과성 그리고 품질을 사회복지프로그램분석을 위한 가치기준으로 활용하였다. Rosener(2003)는 사회복지제도를 할당효과(allocative effects)와 분배효과(distributive effect)라는 기준을 사용하여 분석하였는데 그에 따르면 할당효과는 사회정책프로그램을 통해서 상대적 가격의 변화가 얼마나 일어나는가를 의미한다고 한다. Walker(2005)는 특히 효과성과 효율성기준을 사용하여 분배구조인 사회보장제도의 경제적 효과를 분석하였다.

자본주의 하에서 자원배분구조에 대한 분석기준은 일반적으로 효율성을 강조한다는 것이 현실적 문제이기 때문에 효율성이 사회복지경제학적 측면에서 자원배분구조를 분석하는데 역시 사용될 수 있지만, 경제적 가치인 효율성은 시장중심적 가치이기 때문에 가치 중심적인 측면에서 연대성과 집합주의를 실현시키고 분배적 정의를 실현시키기 위한 사회복지재화나 서비스의 분배 또는 할당을 분석하는 데는 한계가 있음으로 사회적 가치로서 평등성과 같은 가치기준을 추가할 수 있다. 또한 전통적으로 공평한 대접 즉, 비슷한 위치에 있는 사람에게 같은 대접을 하여야 한다는 것을 의미하는 형평성 역시 중요한 사회복지경제의 분석을 위한 기준이다. 형평성(equity)과 평등성(equality)은 무엇을 보다 강조하는가에 따라 개념이 구분된다고 할 수 있다. 형평은 동등한 사례에 대해서는 동등한 대접이 이루어져야 하고 비슷하지 않은 사례에 대해서는 대접이 동등하지 않게 이루어질 수 있음이 강조되며 기회의 평등이 강조된다. 반면 평등은 사례 각각의 사정에 관계없이 평등한 혜택이 이루어짐이 보다 강조되며 결과의 평등이 중요시된다. 적절성은 제공되는 서비스나 재화가 국민들의 요구를 해결할 수 있을 정도인가를 결정하는 기준임으로 사회적 욕구해결을 강조하는 사회복지의 분석을 위한 기준으로 중요한 기준이 된다. 효과성은 사회복지재화와 서비스를 제공하기 위한 정책이나 제도 등을 포함하는 사회복지프로그램이 성취하려는 목표가 얼마나 성취되었는가를 결정하는 기준으로 역시 사회복지재화와 서비스의 할당이 국민들에게 얼마나 많은 변화를 가져다주었는지를 결정하는 중요 기준이라고 할 수 있다. 각각의 기준에 대한 구체적인 설명은 다음 절에서 상세히 하기로 한다.

본 연구에서는 효율성과 평등성, 효과성과 적절성 그리고 형평성이 사회분배구조에 대한 분석 특히 사회복지제도에 대한 경제적 분석을 시도하는 중요한 기준임을 강조한다. 위의 분석기준은 [그림 9-1]과 같이 정리될 수 있다.

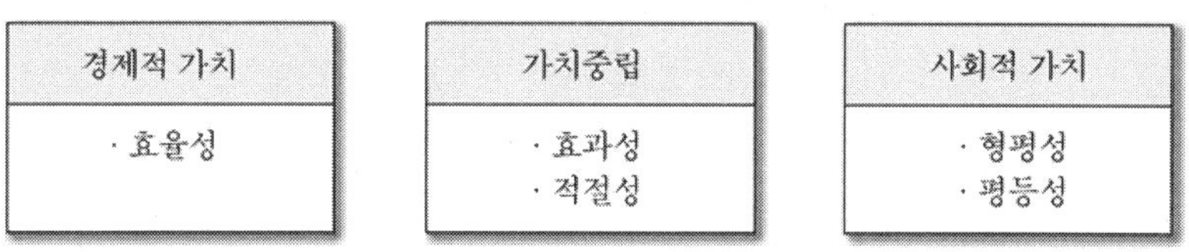

[그림 9-1] 가치분류에 따른 사회복지경제 분석기준

제 3 절 사회복지경제 분석모델

Glennerster and Hills(1998)는 사회복지지출과 연관하여 사회복지제도를 분석하면서 산출과 결과를 중심으로 분석을 하였다. 그들에 따르면 산출에는 효율성과 형평성기준이 포함되며 결과(outcome)에는 효과성기준이 포함된다고 할 수 있다. 아래의 [그림 9-2]는 Glennerster과 Hills이 제시한 분석의 흐름을 그림으로 나타내 준다.

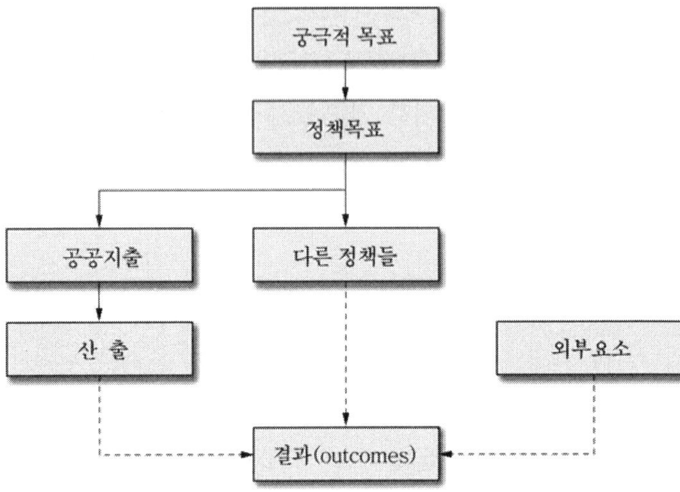

자료: Glennerster와 Hills(1998). p. 5 [그림 1-1]에서 재인용

[그림 9-2] Glennerster와 Hills의 사회복지제도 분석의 틀

Glennerster와 Hills이 제시한 사회정책 또는 사회복지제도분석을 위한 틀의 특징은 정책 목적과 정책목표를 고려하여 사회적 지출에 따른 산출과 결과를 분석한다는 것이다. 특히 산출은 효율성과 형평성으로 그리고 결과는 효과성을 분석기준으로 설정하였다. 체계주의적 관점에서 보면 투입이 지출임으로 투입과 산출 그리고 결과를 중심으로 사회정책을 분석하고 있음을 알 수 있으며 정책에 영향을 미치는 외부요소나 다른 정책에 따른 효과들도 고려한다는 점도 특징이라고 할 수 있다. 즉, 하나의 정책에 의해서만 결과가 나타나는 것이 아니라 다른 정책이나 외부요소도 결과에 영향을 줄 수 있음을 고려한다는 것을 의미한다. 결국 Glennerster와 Hills이 활용한 분석기준(또는 측정기준)은 효율성, 형평성 그리고 효과성이 중심이다.

본 연구에서는 Glennerster와 Hills이 제시한 사회복지제도분석을 위한 틀을 수정하여 본 연구에서 제시된 효율성, 형평성, 평등성, 적절성 그리고 효과성 기준을 중심으로 사회복지경제를 분석할 수 있는 새로운 틀을 제시하기로 한다. 먼저 사회복지는 사회문제의 해결을 위해 사회문제에 영향을 받은 사람들이나 받을 가능성이 있는 국민들의 욕구를 해결하기 위하여 국가가 제공하는 공공서비스적 성격을 띠고 있음으로 사회복지재화와 서비스의 분배 또는 할당을 분석하는 사회복지경제분석을 위해서는 사회문제에 대한 대응으로서 제시된 정책이나 제도 그리고 사회복지프로그램이 설정한 목적과 목표를 확인하는 것이 중요하다. 제도나 정책의 목적과 목표가 확인되면 목표성취여부는 서비스제공(산출)에 따른 결과를 측정하는 **효과성**을 통해 측정될 수 있다. 사회복지재화나 서비스제공을 위해 들어간 투입 즉, 국민들이 욕구하는 것을 적절히 해결할 수준으로 서비스가 제공되는가를 보는 **적절성**은 산출의 양 즉, 제공된 서비스의 양으로 측정가능하며 **형평성**은 모든 사람들이 서비스를 제공받는 과정에서 동동하게 대접받으며 동등한 재화와 서비스를 제공받는지를 측정하는 처리와 산출을 통해 측정된다. 그리고 **효율성**은 서비스제공을 위해 들어간 투입비용대비 제공된 재화나 서비스의 산출비용을 통해 측정되며 분배적 정의가 강조되는 **평등성** 즉, 모든 사람들에게 동일한 서비스나 재화가 제공되는가에 대한 측정은 서비스를 제공받을 사람(투입)들이 같은 서비스를 제공받았는지(산출)를 통해서 측정된다. 그리고 마지막으로 사회복지경제분석에 외부요인이 영향을 주었는지를 고려하게 된다.

사회복지재화와 서비스의 제공에 영향을 미칠 수 있는 외부적 요인은 사회복지제공과 관련이 있는 경제 및 노동정책이나 보건정책 그리고 정치환경이나 인구통계적 변화 등을 의미하는 것이다. 한 사회의 경제정책이나 노동정책 그리고 보건정책은 사회복지재화와 서비스의 제공과 밀접한 연관이 있으며 노인인구의 증가나 자살률이나 이혼율의 증가 등과 같은 인구통계적 변화 역시 사회복지재화와 서비스의 제공에 직접적인 연관이 있으며 정치지형의 변화 역시 사회복지제공에 직, 간접적으로 영향을 미치는 외부요인이다.

위와 같은 내용이 포함된 사회복지경제 분석을 위한 분석 틀을 도표로 제시하면 [그림 9-3]과 같다.

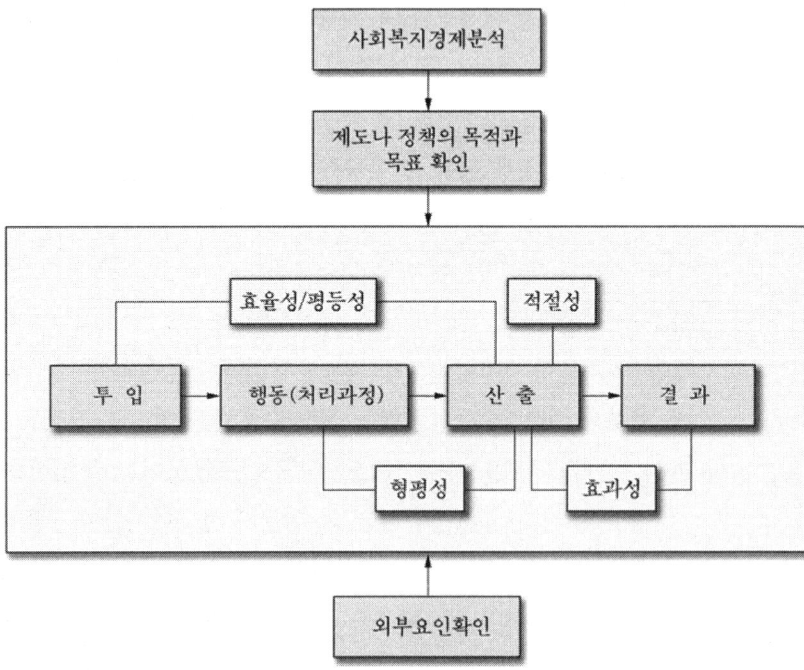

[그림 9-3] 사회복지경제분석의 틀

다음의 〈표 9-1〉은 효율성, 적절성, 효과성, 형평성 그리고 평등성 기준의 내용을 설명한다.

〈표 9-1〉 분석기준의 내용

효율성	적절성	효과성	형평성	평등성
서비스제공을 위해 들어간 인력이나 재정 등의 투입비용과 생산된 서비스의 양에 들어간 비용	제공된 서비스의 양(산출 양)이 국민들의 욕구를 충족시킬 수 있을 정도인지에 대한 여부	제공된 서비스가 국민들에게 어느 정도 변화를 가져다주었는지 또는 정책이나 제도가 설정한 목표가 어느 정도 성취되었는지의 여부	서비스를 제공받으면서 국민들이 동등하게 대접받았는지와 동일한 서비스를 제공받았는지의 여부	서비스를 제공받는데 있어 욕구에 있는 모든 사람이 포함되었는지(투입)의 여부와 서비스를 제공받기 위해 들어간 모든 국민들(투입)이 동일한 서비스의 양(산출의 양)을 제공받았는지의 여부

제4절 소 결

사회복지재화와 서비스의 할당을 통해 국민들의 기본적 삶을 보장하기 위한 사회복지의 제반 정책들을 분석하기 위한 분석기준으로 형평성과 평등성 그리고 적절성을 분석하는 것은 중요하다. 또한 사회복지정책의 목적 성취여부를 확인할 수 있는 효과성 역시 매우 중요한 분석기준이라고 할 수 있다. 자원의 희소성은 희소한 자원의 적절한 사용을 의미하고 이는 자원의 효율적 사용을 의미하는 것임으로 효율성도 사회복지재화와 서비스할당의 영향력을 분석하는 기준이 될 수 있지만 효율성기준은 사회복지재화와 서비스가 가지는 재화적 속성 즉, 공공재와 가치재적 성격으로 인해 매우 제한적으로만 적용할 수 있는 기준이 된다.

사회복지경제를 분석하는 분석모델은 그 중요성에도 불구하고 연구가 이루어지고 있지 않는 영역이다. 사회복지재화와 서비스의 제공이 효과적으로, 형평하고 평등하게 적절한 수준에서 그리고 효율적으로 이루어졌는지를 분석하기 위해서는 분석모델이 반드시 필요하다. 본 장에서는 사회복지경제를 분석하는 분석모델로 Glennerster과 Hills이 제시한 분석모델을 수정한 모델을 제시하였다. 사회복지경제 분석모델은 위에서 제시한 5개 영역의 분석기준들을 측정할 수 있어야 한다. 특히, 자원의 투입에서 결과까지의 전 과정에 걸쳐 사회복지정책의 목적이 실현되고 있는지를 종합적으로 분석하여야 하며 사회복지재화와 서비스의 제공에 영향을 미칠 수 있는 외부적 효과 역시 고려되어 분석되어야 한다. 사회복지재화와 서비스의 제공에 영향을 미칠 수 있는 외부적 요인에는 사회복지와 관련이 있는 경제 및 노동정책이나 보건정책 그리고 정치환경 변화요인이나 인구통계적 변화 등이 포함된다.

제10장 사회복지경제 분석기준

제1절 개 관

경제학에서 정책적 효과를 분석하는데 있어 효율과 형평 사이의 거래를 강조하지만 사회복지경제학에서는 효율, 형평, 적절, 효과 그리고 평등 사이의 거래가 강조되어야 한다. 특히 인간봉사영역이라는 사회복지의 속성으로 인해 사회복지재화와 서비스의 제공에 따른 국민들의 생활상의 변화를 분석하기 위해서는 효율성분석은 극히 제한적이므로 이를 극복하고 사회복지 정책적 목적 성취여부를 분석하기 위한 방안으로 형평성, 적절성, 효과성 그리고 평등성의 구체적으로 어떤 내용을 분석하여야 하는지를 밝히는 것은 매우 중요한 작업이다. 본 장에서는 사회복지경제 분석을 위한 기준으로 앞장에서 제시된 효율성, 효과성, 적절성, 형평성 그리고 평등성에 대한 구체적인 내용을 다룬다. 각각의 기준들의 개념을 정리하고 특히 분석기준들은 어떠한 하위개념들로 구성되어 있으며 어떠한 방법으로 분석이 가능한지에 대해 본격적으로 다룬다.

제 2 절 사회복지경제와 효율성

1. 효율성개념

효율성은 자본주의사회에서 자원의 할당이나 분배에 대한 기준으로 가장 중요시되는 경제적 원칙이다. 자본주의는 기본적으로 자원이 부족하다는 전제하에서 모든 경제활동에 대한 분석을 시도 한다. 기본적으로 자원이 부족하기 때문에 한정된 자원으로 더 많은 상품 또는 이익을 만들어 내는 것이야말로 자본주의경제학자들에게 가장 시급하게 해결하여야 하는 중요한 현안이었다고 할 수 있다. 똑같은 자원으로 A라는 사람은 100만의 이익을 창출하고 또 다른 B라는 사람은 1,000만원의 이익을 창출한다고 했을 때 들이간 비용은 같지민 결과물로서의 혜택은 상이하게 되어 조금 더 만족스러운 자원의 할당이 이루어지는 B라는 사람의 경제활동은 A라는 사람의 활동에 비해 효율적인 활동이 된다. 결국, 효율성은 자원이 부족하다는 경제적 전제하에서 자원을 배분하는데 사용되는 가장 자본주의적인 가치 기준이라고 할 수 있으며 부족한 자원 또는 비용으로 더 많은 혜택 또는 할당을 이루었는지를 평가하는 기준이라고 할 수 있다.

효율성은 일반적으로 경제적 효율성을 의미하며 재화와 서비스의 생산을 최대화하기 위한 자원의 활용을 의미하는 개념이다(Sullivan and Sheffrin, 2003). 따라서 위에서 지적한 바와 같이 주어진 할당이 최대의 생산을 가져오게 되면 효율적이 된다. 효율성은 경제학에서 일반적으로 생산효율성과 할당효율성으로 구분된다(Barr, 2001).[1] **생**

1) 효율성은 생산효율성, 할당효율성(분배효율성) 이외에도 파레토효율성과 캘

산효율성(productive efficiency)은 주어진 투입으로 최대의 산출(생산)을 만들어내는 것을 의미하는 개념이며 **할당효율성**(allocative efficiency)[2)]은 주어진 자원을 효율적으로 사용한다는 안정효율성(static efficiency)의 개념과 산출성장을 증진시키기 위해 자원을 사용하는 역동효율성(dynamic efficiency)의 개념이 동시에 포함된다. 따라서 **할당효율성은 자원의 적재적소의 활용**을 의미한다. Le Grand(1979)에 따르면 할당효율성은 생산효율성보다 넓은 의미를 가지고 있으며 소비자들이 원하는 것을 가졌는가를 설명하는 기준이라고 한다. Markovits(1998, 2008)에 따르면 할당효율성은 자원이 효율적으로 할당되어 있는가를 나타내며 잃은 사람보다 얻은 사람이 더 많은 혜택을 얻은 경우에 할당효율성은 향상된다고 한다. 따라서 할당효율성이 향상되기 위해서는 특정영역에 할당된 자원이 다른 영역에 할당된 똑같은 양의 자원보다 더 좋은 결과를 가져와야 한다. 생산효율성과 달리 할당효율성은 자원의 할당이 전제조건이며 할당된 자원이 효율적이어야 함을 나타낸다는 측면에서 생산효율성과는 다름을 알 수 있다. **자원이 필요한 분야에 효율적으로 할당되어 있는가를 기본으로 하여 할당효율성**을 측정하는 것은 단순히 투입대비 산출만을 단순 비교하는 생산효율성보다 자원의 할당의 분배적 측면에서 본다면 더욱 중요하다고 할 수 있다. 따라서 시장의 실패가 비효율성에 기인한다고 한다면 바로 시장이 생산효율성을 포함하여 할당효율성을 성취할 능력이 없음을 나타낸다고 할 수 있다(Le Grand, 1979).

도-힉스(Kaldor-Hicks) 효율성 그리고 기술적 효율성 등의 개념이 있지만 일반적으로 파레토효율성은 파레토최적으로 불리며 다른 사람이 나빠지는 것 없이 한사람이 좋아지는 상태를 의미하고 Kaldor-Hicks 효율성은 파레토최적에 대항하여 등장한 개념임으로 여기서는 Kaldor-Hicks 효율성설명은 제외하였다. 기술적 효율성(technical efficiency)은 적은 투입으로 같은 산출을 만들어내는 것이나 같은 투입으로 더 많은 산출을 만들어내는 것을 의미함으로 주어진 산출을 생산하기 위해 최소한의 투입을 사용하는 생산효율성과 연관이 있다고 할 수 있는데 이는 기술적 효율성이 담보되어야 생산효율성이 가능하기 때문이다.

2) 할당효율성은 분배효율성이라고도 불린다.

일반적으로 생산효율성은 단기적이면서 수량화되기 쉬운 국가의 정책적 효과를 평가하기 쉽지만 사회복지제공과 같이 장기적이면서 복지 외부효과와 낙수효과가 큰 정책적 효과를 분석하고 평가하는 기준으로는 적당하지 않음으로 사회복지공급의 효율성은 할당효율성 즉, 적당한 지출이 사회복지의 필요한 영역으로 제대로 투입되고 있는가? 또는 적당한 지출이 사회복지의 제 영역에 적재적소에 잘 할당되어 있는가를 강조하는 할당효율성이 보다 중요한 효율성에 대한 분석기준이라고 할 수 있다.

거시경제학의 입장에서 할당효율성은 복지국가의 지출에 있어 자원의 할당에 관심을 갖는다. 따라서 복지지출과 다른 분야에 대한 지출 사이에서 자원을 분배하는 것에 관심이 있다. 예를 들어 한 국가의 재정에서 사회복지가 차지하는 지출이 OECD국가들의 평균 사회복지지출비보다 적은 경우 그 국가의 국가재정은 할당효율성에 문제가 있다고 할 수 있다. 또한 건강보험에 자원을 사용하지 않는 것도 문제이지만 전체 국가의 부를 건강보험에만 사용하는 것도 비효율적인 국가지출이며 할당효율성을 저해하는 요소라고 할 수 있다. 결국, 자원이 적재적소에 할당되어 있지 않은 경우는 할당효율성의 조건이 성립되지 않는다고 할 수 있음으로, 자원의 할당이 효율적인가를 측정하기 위해서는 먼저 저원의 할당이 적재적소에 할당되었는지 그리고 할당된 자원의 효율적 측면을 강조하게 된다.

사회복지제도나 사회복지프로그램에 대해 효율성을 강조하여 측정하게 된다면 사회복지재화와 서비스의 특성상 투입대비 산출의 양을 강조하는 생산효율성측정은 의미가 없을 수 있지만 할당효율성은 사회복지의 필요한 영역에 자원이 할당되었고 할당은 효율적이었는지를 중심으로 영역별 할당에 대한 또는 사회복지서비스프로그램별 할당을 중심으로 효율성을 측정할 수 있다는 점에서 유용한 활용이 가능하다.

Walker(2005)는 이미 소개한 바와 같이 효율성을 경제적 효율성, 행정효율성, 그리고 표적효율성으로 구분하였는데, 경제적 효율성이란 최소비용으로 최대효과를 얻는 것을 나타내며 일반적으로 비용효율성을 의미하는 용어이고 표적효율성은 내적표적효율성과 외적표적효율성으로 구분되며 내적표적효율성은 서비스를 받아야 하는 표적(대상자)이 서비스를 받았는지를 확인하는 것이고 외적표적효율성은 욕구가 있는 사람에게 혜택이 적절하게 전달되었는가를 확인하는 것을 나타냄으로 분배효율성의 개념에 포함된다고 볼 수 있다. 행정효율성은 기술효율성과 가격효율성으로 구성되는데 기술효율성(technical efficiency)은 투입의 최적의 조합으로 성취하려는 목적을 달성하는 것을 의미하며 가격효율성(price efficiency)은 가장 최소의 비용으로 목적을 성취하는 것으로 Walker는 정의하였음으로 행정효율성은 생산효율성의 개념에 포함되는 것으로 이해할 수 있다.

2. 파레토(Pareto)효율성 또는 파레토최적[3)]

파레토효율성은 다른 사람이 나빠지는 것 없이 어떤 사람도 좋아질 수 없는 상태 또는 한 사람이 더 좋아지기 위해서는 다른 사람이 더 나빠지는 결과를 초래할 수밖에 없는 상태를 나타냄으로 경제학에서는 가장 이상적으로 효율적인 상태를 나타낸다고 할 수 있다(지은구, 2003). 파레토효율성의 전제조건은 첫째, 인간 개개인이 각각의 복지를 결정하는 최고의 판단자이며 둘째, 사회의 복지는 오로지 개인의 복지에 의존하고 셋째, 개개인의 복지에 영향을 미치는 경제적 요인은 선택과 희소성이며 마지막으로 만약 한 개인의 복지증진이 다른 사람의 복지의 감소를 동반하지 않고 이루어진다면 전체 사회의 복지는 증진한다는 것이다(지은구, 2003; Roos, 1973).

3) 본 연구에서는 파레토최적 대신에 파레토효율성이라는 용어를 사용하였는데 이는 효율성을 다루는 부분에서 파레토최적을 설명함으로 용어를 통일하기 위함이라는 점을 밝힌다.

재화와 서비스의 할당이라는 측면에서 다른 사람이 나빠지는 것 없이 적어도 한 사람이 좋아지는 할당은 **파레토개선**이라 불리며 더 이상 파레토개선이 이루어질 수 없는 할당이 곧 파레토최적상태 또는 파레토효율성이 된다. 여기서 좋아하는 것이란 선호하는 것을 얻는 것을 의미함으로 효율성이란 좋아하는 것 나아가 더 좋은 제도나 프로그램의 선택 등을 나타낸다. 따라서 파레토효율적이지 않은 결과는 피해야 함으로 파레토효율성은 경제제도나 정책을 평가하는 중요한 기준이 된다고 할 수 있다.

하지만 파레토효율성이 제한된 자원을 가진 최선의 선택이라는 측면에서 중요한 평가기준이 될 수 있지만 자원의 형평한 분배나 분배적 효율성의 개념과는 거리가 있다. 즉, 파레토효율성은 자원의 사회적으로 만족할 만한 분배 즉, 형평성을 강조하는 분배적 효율성이나 분배적 정의와는 거리가 있는 개념으로 평등성이나 전반적인 사회의 번영을 반영하지는 않는다(지은구, 2003; Sen, 1993). 다른 사람들이 좋아하지 않고 선택하지 않았어도 한 사람이라도 더 좋은 상태가 이루어진다면 파레토개선을 통한 파레토효율성은 이루어지는 것임으로 전체 사회복지의 증진보다는 한 개인의 복지증진이 더 중요한 기준이 된다고 할 수 있다. 즉, 한 사람에게 더 많은 할당이 이루어져도 그 할당을 주도하는 제도나 프로그램이 다른 모든 사람들의 할당을 개선하지 않고 별 영향을 주지 않아도 파레토효율성 측면에서는 효율적인 할당이 됨으로 분배적 형평성을 반영하지는 못하는 기준이라고 할 수 있다. 결국, 파레토효율성은 공평한 할당 또는 분배적 형평성을 강조하는 사회복지제도나 프로그램을 분석하는 측정기준은 될 수 없음을 알 수 있다.

3. 사회복지제공의 분배효율성

효율성은 매우 다양한 의미를 포함하는 다중적인 영역을 나타낸다고 할 수 있는데 이는 생산효율성보다 할당효율성[4] (또는 분배효율성)이라는 개념이 사회복지영역에서는 매우 중요하기 때문이다.

사회복지의 공급이 경제적으로 얼마나 효율적인가를 수량화하여 보여주는 가장 대표적인 방법은 경제학에서 주로 활용하는 비용-혜택분석방법이 있다. 국가가 사회복지를 위해 얼마를 투입하였고 국민들은 투입비용 대비하여 얼마의 혜택을 받았는가를 확인하는 것이 비용혜택분석의 대표적인 경우이다. 비용혜택분석은 투입비용대비 산출비용을 강조함으로 국가의 사회복지재화와 서비스제공의 목적 성취여부 즉, 사회복지재화와 서비스제공에 따른 국민들의 삶의 질 유지와 보전 등과 같은 복지제공의 궁극적 목적이 어느 정도 달성되었는가에 대한 분석은 등한시함으로 효율성을 수량화된 한정된 영역으로만 제한하게 된다. 즉, 경제적 효율성을 강조하는 경우 사회복지공급의 측정은 매우 제한적으로 이루어진다.

사회복지의 공급이 국민들에게 어느 정도의 혜택을 가져다주는가는 단기간에 수량화되어 측정하기 어려움으로 사회복지공급을 통하여 단기간에 정책적 효과를 평가하고 판단하는 것은 정책결정가들이 피해야 하는 가장 결정적인 오류이다. 사회복지공급의 효율성은 경제학의 용어를 빌리면 긍정적 외부효과(복지외부효과)와 낙수효과(트리클다운효과)에 의해서 점차적으로 증진되는 경향이 강함으로 단기간에 평가하기가 어렵다. 특히 사회복지공급은 원인과 결과에 대한 인과관계가 분

4) 사회복지영역에서는 할당이라는 용어보다는 분배라는 용어를 사용함으로 이하에서는 할당효율성을 분배효율성으로 총칭하여 부르기로 한다.

명함으로 장기적 측면에서 본다면 국민들의 미래에 대한 위험이나 불확실성 그리고 시장의 실패 등에 의해서 나타나는 사회적 위협과 문제를 제거하는 가장 효율적인 방법이라고 할 수 있다. 사회복지제공을 통해서 나타나는 사회복지의 효율성은 투입대비 산출을 강조하는 생산효율성이라기보다는 분배효율성이라는 측면, 즉, 분배적 형평을 통한 국민들의 삶의 질의 개선이나 향상을 추구한다는 측면이 보다 강조되어야 한다. 즉, 효율성이 사회복지경제의 본식기준이라고 전제했을 때 비용대비 산출을 강조하는 효율성(생산효율성) 기준보다는 필요한 곳에 할당이 효율적으로 이루어졌는가를 강조하는 분배효율성 기준이 더욱 적합하다는 것을 의미한다.

분배효율성이라는 개념을 처음 제시하였던 Abba Lerner(1946)에 따르면 분배효율성은 재화와 서비스가 그들을 가장 필요로 하는 사람들에게 제공될 때 발생하게 된다. 분배효율성은 추가만족감소의 법칙(the law of diminishing marginal utility)에 근거한다. 추가만족감소의 법칙은 필요한 물건의 만족도는 필요한 물건을 계속 구매하면서 감소하게 됨을 나타내는 법칙으로 갈증을 해소하기 위해 이온음료수를 마시는 경우 처음 마시는 이온음료수의 만족도는 높지만 계속 이온음료수를 마시게 된다면 이온음료수에 대한 만족도는 점차 감소하게 됨과 같은 이치이다. Lerner는 추가만족감소의 법칙을 소득분배에 적용하였는데 그에 따르면 부자들보다 가난한 사람은 주어진 소득으로 더 많은 만족을 갖게 됨으로 사회의 총체적 복지는 부자로부터 가난한 사람들에게 부가 전이됨으로 극대화될 수 있음을 강조하였다. 이는 다시 말해 우리에게 주어진 양의 부가 있다고 전제하고 이 부를 사회의 한 집단에 분배한다고 했을 때 집단구성원사이에 부가 동등하게 분배되면 총 복지는 극대화될 수 있음을 나타낸다고 할 수 있다. 결국, 분배효율성이란 소득분배에 대한 만족이 적은 사람들로부터 소둑분배의 만족도가 높은 사람에게 부가 전이되었을 때 가장 높다고 할 수 있음으로 분배적 형평과 밀접한 연관이 있음을 알 수 있다.

사회복지의 분배효율성을 강화하기 위해서는 사회복지서비스제공의 적절성이 이루어져야 가능하다. 즉, 욕구에 있는 사람들에게 욕구가 해결될 정도로 또는 문제를 가지고 있는 사람들에게 그들이 가지고 있는 문제가 해결될 수 있을 정도의 적절한 서비스가 제공되어야 분배효율성이 강화된다. 만약 필요하지 않은 사람에게 필요 이상의 서비스가 제공된다든지 아니면 필요한 사람들에게 할당된 서비스의 양이 그들의 욕구나 문제를 해결할 수 없을 정도의 수준이라고 한다면 사회복지의 분배효율성은 매우 낮은 수준이라고 할 수 있다.

분배효율성은 특히 생산효율성에 비해 적재적소의 분배를 강조하는 개념임으로 분배적 정의 또는 분배적 형평을 강조하는 복지국가의 목적에도 부합하는 기준으로 이해할 수 있다. 사회복지제공의 분배효율성은 특히, 분배적 형평을 통하여 사회문제를 예방 및 치료하고, 시장의 실패를 보호 및 조정하며, 위험에 처해 있는 국민들에 대한 투자를 통해 인적자본을 강화하며, 사회적 연대감을 향상시키는 사회적 자본을 강화하는 것을 통해서 나타나게 된다. 사회복지제공을 통해 분배효율성이 강화되는 내용과 과정을 도표로 나타내면 [그림 10-1]과 같다.

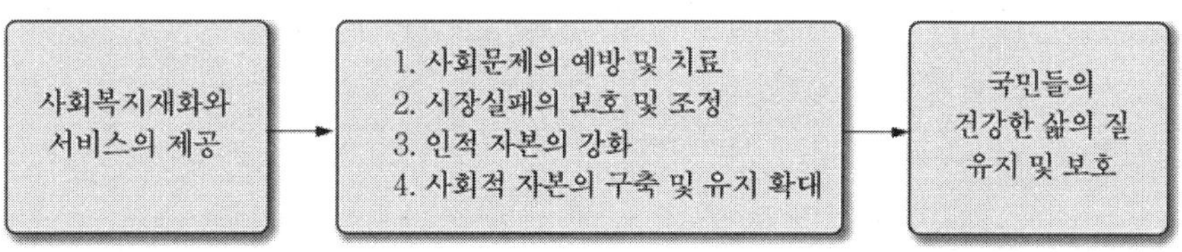

[그림 10-1] 사회복지제공의 분배효율성강화의 과정과 내용

1) 사회문제의 감소 및 완화

복지국가의 가장 큰 딜레마는 빈곤과 불평등을 포함하는 전통적인 사회문제를 포함하여 새로운 사회문제가 매우 복잡하고 다양하게 발전하고 있다는 점이다. 역사적으로 보면 민간비영리조직을 포함하는 자발적 영역의 힘으로는 사회구조적 문제에 기인하는 사회문제를 완벽하게 해결할 수 없고 사회문제의 급속한 발전 역시 지체시킬 수 있는 여력이 불충분함으로 사회문제에 대한 직접적 해결 당사자로서 국가적 개입을 강화하면서 사회복지영역은 질적 양적으로 급속한 팽창을 계속하고 있다. 시장실패의 일차적 요인에 의해서 나타나는 빈곤과 경제적 불평등의 심화, 인구노령화에 따른 노후건강보호 및 소득보장, 후기산업사회의 특징인 임시직 노동자들의 증가와 일하는 빈곤층의 증대, 가족구조의 변화에 따른 한부모가정 및 조부모가정의 급속한 증대 그리고 다문화가정의 확대에 따른 아동 및 부녀자 그리고 노인학대, 지나친 경쟁과 놀이문화의 급속한 변화에 따른 집단따돌림과 게임중독, 마약중독, 알코올중독 그리고 실업문제, 산업재해문제 등 전통적으로 사회복지영역이 다루는 완벽하게 해결하기 어려운 사회문제를 비롯하여 새로운 사회문제가 지속적으로 발전하고 있다. 전통적으로 사회복지재화와 서비스의 제공은 이러한 사회문제를 감소시키고 예방하는 가장 효율적이며 효과적인 방안이라고 할 수 있으며 사회문제의 감소와 예방은 곧 국민들의 건강한 삶의 질이 유지되고 보호하게 하는 사회복지재화와 서비스를 제공하는 복지국가의 실천적이고 일차적인 목적이라고 할 수 있다.

예를 들어 노인성질환으로 거동 불편한 노인들에 대한 국가적 보호가 이루어지지 않는다면 노인보호를 위해 가족의 경제적 부담은 가중될 것이며 가족들 간의의 심적 갈등과 스트레스는 가족해체의 결정적 요인으로 작동할 수 있다. 따라서 국가가 적극적으로 사회문제에 대처하지 못한다면 사회문제는 심화되어 개인이나 가족의 경제적 부담은 가중되고 심각하게는 가정폭력 및 가족해체의 결정적인 요인으로까지 작동하게 된다. 즉, 하나의 사회문제가 예방되고 치료되지 않는다면 그 사회문제는 더욱 심각한 사회문제를 유발하여 이를 해결하기 위해 더 많은 인적 물적 자원의 투입을 필요로 함으로 사회문제가 더 확대되고 발전하기 전에 치료하고 예방하는 것이 국가 경제적 차원에서 효율적이라고 할 수 있다.

2) 시장실패의 조정 및 보호

복지국가가 사회복지재화와 서비스를 제공하는 목적은 국민들의 건강한 삶의 유지 및 보호라고 할 수 있지만 이러한 궁극적 목적을 성취하는 과정에 사회복지의 경제적 효율성이 입증될 수 있는데 그것은 바로 사회복지재화와 서비스의 제공이 시장실패를 보호하는 역할을 한다는 점이다. 사회복지의 경제적 효율성은 바로 사회복지가 시장실패를 치료하는 역할을 담당하는 것에 의해서 입증될 수 있으며 사회복지의 역할은 시장실패의 유지 및 보호만으로도 경제적 효율성은 충분하다고 할 수 있다. 예를 들어 국민 생활의 안정성이 보장되지 않는다면 국민들의 생활상의 위험은 증대하게 되어 민간보험시장은 위험에 노출되어 붕괴될 수 있지만 다양한 사회복지프로그램의 제공으로 국민들의 생활상의 위험은 그만큼 줄어들게 되어 시장의 실패를 조정하게 되며 또한 사회보험은 역선택의 위험으로부터 민간보험시장을 보호해줌으로 민간보험시장의 붕괴를 조정하는 역할을 하게 된다. 결국 다른 어떤 효율성을 평가하는 기준보다 시장의 실패를 일정부분 보호하고 조정해주는 역할을 담당한다는 측면에서 사회복지의 경제적 효율성은 화폐적 가치로 평가할 수 없을 만큼 크다고 할 수 있다.

3) 인적자본의 강화

경제적으로 본다면 인간은 분명한 자원이다. 하나의 자원을 보다 효과적이고 효율적으로 활용하여 원하는 결과를 만들도록 하는 것이야말로 가장 효율적인 자원의 사용방법이라고 할 수 있음으로 인간자원의 활용도를 최대화하기 위해서는 그들의 생산성을 유지하고 보호하도록 하는 것이 당연하다. 인간자원을 효율적으로 활용하기 위해서는 반드시 그들에게 필요한 기본적 욕구가 해결되어야 한다. 따라서 음식, 건강, 교육, 주택 등 기본적 욕구가 해결된다면 인간의 노동생산성은 강화되어 국가의 경제적 생산성은 증대된다. 결국, 경제적 생산성을 증대하기 위한 전제조건이 바로 인간자원의 노동생산성을 유지 보전하도록 하는 인적자본에 대한 투자라고 할 수 있다.

사회복지재화와 서비스는 국민들의 노동력재생산을 위한 기본적 토대로서 작동한다. 즉, 국민들에게 필요한 노동력을 재생산할 수 있도록 안전한 주택과 기본적 음식을 제공하며 건강을 보호하고 필요한 교육을 제공한다. 즉, 사회복지재화와 서비스가 생산적인 국민으로 유지 보전될 수 있도록 함으로 직접적 화폐가치를 창출하지는 않지만 화폐가치를 창출하는 국민들의 생산성을 유지 보완하는 역할을 담당한다. 특히, 아동과 가족에게 제공되는 다양한 사회복지서비스는 미래 인적자본에 대한 투자를 의미하기도 한다. 예를 들어 가족통합과 가족문제해결을 강조하는 사회복지서비스의 제공은 가족구성원들의 건강한 삶을 유지 보전함으로 가족구성원들의 노동생산성을 강화시키는 역할을 하며 아동이나 청소년들에 대한 학교 및 사회적응력향상, 학교폭력이나 각종 게임중독치료 및 예방프로그램들은 아동과 청소년들의 건전한 자아의식과 학교 및 사회적응력을 향상시켜 그들의 미래 노동생산성의 강화를 의미할 수 있다. 결국, 인적자본에 대한 투자는 미래 경제적 효율성을 강화하는 가장 기본적인 토대이며 인적자본에 대한 투자에 있어서 핵심적인 내용은 바로 국민들의 기본적 욕구를 해결할 수 있도록 하는 것과 국민들의 생산성을 강화할 수 있도록 하는 각종 지식 및 기술교육을 포함하여 미래 노동생산성강화를 위한 아동 및 청소년 그리고 가족해체를 치료하고 예방하는 사회복지재화와 서비스를 제공하는 것이다.

4) 사회적 자본의 구축 및 유지 확대

사회적 자본의 구축 및 유지 확대는 시장화에 따른 지나친 개인주의와 물질만능주의 그리고 경쟁 등에 기인하는 사회적 배제를 치료하고 사회적 연대성을 확보하는 매우 강력한 토대이다. 사회복지는 기본적으로 사회적 연대와 집합주의의 가치를 지향하며 이러한 사회복지의 가치구현은 사회적 자본의 형성을 통해서 보다 손쉽게 구축될 수 있다. 물질적 자본이 물질적 대상과 연관이 있고 인간자본이 개개인들의 속성과 연관이 있다면 사회적 자본은 사회구성원 개개인들에게서 일어나는 신뢰, 상호호혜의 규범, 그리고 사회적 연계 등의 개개인들의 상호연계와 연관이 있으며 사회적 자본이란 신뢰, 제도, 사회적 규범, 사회적 연계망 그리고 한 사회 안에서 사회구성원들의 상호행동을 형성하는 그리고 번영을 위한 개인적, 집합적 생산의 자산인 조직들의 집합체로 정의되어질 수 있다(지은구, 2005). 사회적 응집력이 한 사회의 경제적 번영을 위해매우 중요한 요소임과 마찬가지로 사회적 응집력을 구성하는 사회적 자본은 경제적 번영을 위한 또는 경제적 효율성향상을 위한 중요한 지렛대의 역할을 한다고 할 수 있다.

Putman(2000)에 의하면 사회적 자본이 사회에 가져다주는 혜택은 첫째, 아동이나 청소년들의 발전이 사회적 자본에 의해서 개발된다는 점. 즉, 가족, 학교, 동료집단, 그리고 지역 안에서의 신뢰, 연계망, 상호호혜의 규범 등은 아동의 선택과 기회에 영향을 미치고 그리고 그들의 행동과 개발에 영향을 준다. 둘째, 더 깨끗한 공공장소, 더 친절한 사람들, 보다 안전한 거리를 만드는데 사회적 자본이 영향을 미침으로 범죄율의 감소와 빈곤의 감소 등에 영향을 미친다는 점. 셋째, 신뢰와 사회적 연계가 번창한 곳에서는 개인, 기업, 나아가 국가가 번창하기 때문에 사회적 자본이 사회경제적 불이익을 완화시키는 역할을 담당한다는 점. 넷째, 사회적 자본이 사람들이 더 좋은 건강을 유지하도록 도움을 주기 때문에 사회적 지출을 줄이는 역할을 한다는 점 등이다. Cohen과 Prusak(2001)은 사회적 자본이 경제적 성장과 발전에 영향을 미치는 결정적인 이유를 첫째, 사회적 자본이 거래비용을 절감시킴으로써 경제성장과 발전 그리고 경제적 성과에 영향을 미칠 수 있기 때문이며 둘째, 상호간의 신뢰, 공유된 목적 등은 더 진척된 연구개발을 할 수 있는 토대가 되고 셋째, 낮은 이직률, 고용이나 훈련에 들어가는 비용의 절감, 그리고 개인적 조직이 추구하는 가치의 공유를 통해 기업발전과 고용안정에 도움을 주며 마지막으로 조직적 안정과 공유된 이해 때문에 더 큰 응집력이 생겨 경제적 발전에 긍정적인 영향을 미친다는 점을 강조하였다.

결국, 지나친 개인주의, 경쟁 그리고 불신과 반목의 연속, 갈등 등은 범죄, 패배주의, 우울증이나 자살의 증가 등에 대한 사회석 지출을 증대시키며 결국 경제 사회적 불안을 가져다주지만 사회적 자본이 확충된다면 이러한 사회적 지출을 사라지게 되어 더욱 안정적인 경제발전을 추구할 수 있게 된다. Fukuyama(1999)가 사회적 자본을 확충시키는 방법으로 국가는 간접적으로 사회적 안전망과 같은 사회복지재화와 서비스 등의 필요한 공공재를 효과적으로 제공함으로써 사회적 자본의 창출에 기여할 수 있다고 강조함과 같이 사회적 자본은 결국 사회복지재화와 서비스의 강화를 통하여 강화될 수 있으며 사회적 자본의 구축 및 유지확대는 경제성장과 발전을 위한 토대가 됨으로 사회적 자본의 유지 및 확대 생산은 사회복지가 가져다주는 경제적 효율성을 위한 직접적 산물이라고 할 수 있다.

4. 효율성의 역설

자본주의 경제의 기본적 출발점은 자원이 유한하다는 점임으로 신케인즈 학파를 비롯하여 복지경제학에서는 제한된 자원을 가지고 복지국가의 정책적 효과를 강화하기 위해서 복지국가의 제공 역시 효율적이어야 함을 인정한다. 이는 시장과 마찬가지로 복지국가 역시 효율적이어야 함을 의미하는 것이다. 따라서 복지국가를 반대하는 대부분의 보수주의학자들은 복지국가가 비효율적임을 강조함으로써 복지국가가 시장경제체제의 비효율성을 극복하는 대안이 아님을 주장한다.

특히, 복지국가를 반대하는 대부분의 경제학자들이 강조하는 것은 복지국가가 제공하는 재화와 서비스가 경제적 효율성을 침해한다는 것이다. 이러한 사고의 저변에는 시장이 가장 효율적인 분배체계라는 생각이 중심에 있다. 특히, 사회복지의 경제적 비효율성은 복지국가가 제공하는 다양한 사회복지 재화와 서비스가 **일**이나 **저축** 그리고 **투자**에 대한 동기를 저하시킬 것이라는 가정에 의해서 지지받는다. 만약 복지국가가 일이나 저축 그리고 투자를 저하시킨다는 것이 객관적으로 입증되었다고 한다면 복지국가와 자본주의 시장경제는 한 몸에서 각자 상이한 몸으로 공간이동을 하여야 할 것이며 소위 복지국가라고 할 수 있는 대부분의 선진자본주의국가들은 복지국가의 모든 시스템을 과감히 버렸어야 한다. 하지만 현실적인 측면에서 시장경제에 대한 국가적 개입은 나날이 강화되고 있으며 선진복지국가의 시장경제체제는 국가의 적절한 개입과 함께 나날이 확대되고 있다.

대부분의 보수주의 경제학자들이 강조하는 경제적 효율성에 대한 사회복지의 부정적 효과는 크게 다음과 같은 세 가지의 효과로 정리될 수 있다(Goodin, 1988). 첫째, 국민들이 사회복지의 재정을 지원하기 위하여 소득에서 많은 세금을 납부하여야 하는 경우 일에 대한 동기가 저하된다. 둘째, 빈민들이 사회복지제도나 프로그램을 통해 일하는 것보다 더 많은 혜택을 받는 경우 일에 대한 동기가 떨어진다. 셋째, 국가로부터 노령연금을 지원받게 되면 국민들은 노후생활보장을 위한 저금이나 투자에 대한 동기는 저하되며 또한 노령연금을 위한 기금이 시장부흥이나 경제성장을 위해 활용되지 않음으로 전체적으로 자본형성을 저하시킨다. 하지만 위의 사회복지의 경제적 비효율성에 대한 논리는 경험적으로 입증된 바 없으며 여전히 이론적으로만 강조되고 있다.

사회복지의 혜택이 많은 경우 빈민들의 일에 대한 동기부여가 낮아진다는 것은 보수주의 경제학자들이 강조하는 대표적인 논리로서 일반적으로 이를 복지병이라고 불리기도 한다. 복지병을 강조하는 대표적인 학자인 Charles Murray(1984)는 첫째, 일반적으로 사람들의 일에 대한 동기부여는 당근과 채찍에 의존하며 둘째, 사람들은 기본적으로 열심히 일하지 않고 비도덕적이며 셋째, 사람들은 그들의 행동에 반드시 책임을 져야 함을 강조하였다. 따라서 그의 논리에 따르면 빈민들이 가난한 것은 전적으로 그들 개인적 책임이며 빈민들은 일하기 싫어함으로 일하지 않으면 아무런 사회복지 혜택도 주지 않는 것이 합당한 것이라고 여겨질 수 있다. 만약 모든 사람들이 일하기를 싫어하고 국가로부터 제공받는 사회복지 혜택으로만 생활하기를 좋아하는 복지병에 걸려 있다고 한다면 이 지구상에 모든 복지국가는 이미 재정적으로 파산하여 복지국가는 존재하지 않으며 새로운 경제체제나 새로운 유형의 국가로 이행하였을 것이다. 또한 빈민들이 일하기를 싫어하고 일에 대한 동기가 낮아 사회복지 혜택으로만 생활하는 복지병에 걸려 있다고 한다면 1980년대 이후부터 선진자본주의 대부분의 국가에서 그리고 최근에는 우리나라를 포함하여 심각한 사회문제로 지적되고 있는 일하는 빈곤층(working poor)은 존재하지 말아야 한다.

산업자본주의가 발전하면서 일반적으로 빈곤의 원인은 개인적인 이유보다는 사회구조적인 이유가 더욱 심각한 요인으로 지적되고 있으며 모든 복지국가는 다양한 사회복지프로그램을 통해서 사회구조적인 다양한 요인으로부터 발생하는 빈곤을 줄이기 위하여 매년 더 많은 재정을 투입하고 있는 것이 현실이다. 아직까지 가장 발달된 선진복지국가를 포함하여 어떤 국가도 완전히 빈곤으로부터 자유로운 국가는 존재하지 않는다.

만약 사회복지 혜택으로 일하지 않는 사람이 증가한다고 한다면 노동시장에 대한 노동공급량이 줄어들어야 하지만 노동시장은 항상 공급이 수요를 초과한다. 복지병에도 불구하고 노동공급량이 줄어들지 않는 이유는 복지 혜택을 받는 사람이 대부분 노인, 장애인, 또는 지식이나 기술이 부족한 미숙련노동자들로 노동시장으로부터 소외되어 있는 사람들임으로 노동시장의 공급에 직접적인 영향을 미치는 사람들이라고 보기 어렵기 때문이다. 또한 일을 할 수 있는 능력이 없거나 일을 할 수 있는 조건에 있지 않는 사람들에 대한 복지혜택을 제외하고 일을 할 수 있는 사람들에게 제공되는 복지혜택의 수준은 기본적으로 생활에 필요한 최소 수준이고 항상 평균임금보다 낮음으로 복지혜택이 일에 대한 동기를 저하시켜 노동시장의 노동공급량을 줄이는 효과를 가져 온다는 논리는 과장된 논리라고 할 수 있다. Danziger, Haveman 그리고 Plotnick(1981)의 조사에 따르면 사회복지혜택이 노동시장에서 노동공급량에 미치는 영향은 전체 노동공급량에 비교하여 3.5% 정도로 매우 적은 것으로 나타났다.

일에 대한 동기가 세금납부액의 정도에 의해서 결정된다고 한다면 대부분의 자본주의 국가는 국민들의 일에 대한 동기를 증대시키기 위하여 전반적으로 낮은 세금을 유지할 것이다. 하지만 소득세의 비중을 보면 선진자본주의 국가들은 대부분 높은 소득세율을 유지함에도 경제적으로 부유함으로 일에 대한 동기는 세금의 비중에 있다기보다는 다른 요인에 있다고 할 수 있다. Atkinson과 Stiglitz(1980)의 연구에 따르면 대부분의 노동자들은 소득세가 직접적으로 일에 대한 동기를 저하시키지 않는 것으로 나타났으며 오히려 일에 대한 동기부여 여부는 직무의 성격이나 요구 그리고 건강상태의 여부가 보다 직접적인 영향을 미치는 것으로 나타났다(Bronfenbrenner, 1971; Barlow, Brazer and Morgan, 1966).

국민들이 국가로부터 일정정도의 노령연금을 지원받게 되면 사적연금에 들어가는 부담액은 그만큼 줄어들 것이며 또한 노후보장을 위한 연금저축도 감소할 수 있지만 국민들의 소비는 그만큼 늘어나게 됨으로 공급에 직접적 영향을 미쳐 시장경제를 활성화시키는 긍정적인 역할을 담당할 수 있다. 소비가 위축되면 수요와 공급이 차질을 빗게 되어 결과적으로 경제불황에 직접적인 영향을 줄 수 있다. 경제 불황에 국가가 재정정책을 통해 화폐의 양을 증가시키고 다양한 사회복지정책을 통해 국민들의 소비력을 향상시키게 되면 그 만큼 소비는 증가하게 되어 경제는 활성화될 수 있다. 물론 사회복지혜택으로의 노령연금에 대한 경제적 부담해소가 가계소비를 부추긴다는 경험적 근거가 부족한 것이 사실이다. 또한 노령연금이 저금과 투자를 감소시킨다는 경험적 근거는 연구자에 따라 매우 다르게 나타나고 있다. 따라서 보다 정확한 연구결과를 얻기 위해서는 장기간의 시간을 추적하여 노령연금과 저금과 투자와의 관계를 밝히는 것이 필요하다.

한 가지 확실한 사실은 저축과 투자를 강화하는 방법은 사회복지혜택의 축소로 이루어지는 것이 아니며 사회복지혜택의 강화로 국민들의 노후와 건강한 삶이 보장된다면 소득은 당연히 저축이나 또는 더 많은 소비를 증대시킬 것이라는 점이다. 가계저축의 증대는 기업들에게는 가용할 수 있는 더 많은 자본형성을 의미하며 가계소비의 증대는 더 많은 상품생산과 기업에게 더 많은 이윤을 의미하고 더 많은 이윤은 더 많은 일자리와 투자를 부추길 수 있다.

경제적 효율성과 사회적 형평성 간의 거래를 강조하였던 Okun(1975)에 따르면 사회복지비의 증대는 보수주의 경제학자들에게 경제적 비효율성을 의미할 수 있지만 사회복지비 증대에 따른 혜택의 증대는 곧 사회적 평등을 인도함으로 사회복지의 강화나 확대는 효율성으로만 평가될 수 없다. Danziger, Haveman 그리고 Plotnick(1981)의 조사에 따르면 미국의 경우 사회복지확대의 결과로 민간저축의 0%와 20% 사이의 감소 그리고 노동력공급의 4.8%의 감소를 가져왔지만 소득불평등 지니계수 19%의 감소와 빈곤의 75%의 감소를 또한 가져왔음으로 사회복지가 상당한 사회적 평등을 가져왔다고 할 수 있다.

5. 비용효율성

일반적으로 효율성(efficiency)은 비용에 대한 혜택을 비교하는 용어로 사용되기 때문에 어떤 제도가 효율적이나 아니냐는 이 제도가 실행되기 위해서 들어가는 비용으로 얼마만큼의 혜택을 가져다주었는지를 의미하며 혜택보다 비용이 더 많이 들어가면 비효율적이 되고 비용보다 혜택이 더 많으면 효율적인 것으로 인정되며 이것이 **비용효율성**(cost efficiency)이라고 이해되고 있다. 결국, 효율성은 비용을 강조하는 개념으로 이해될 수 있으며 같은 비용으로 더 많은 혜택을 가져다주는 제도는 훨씬 효율적이라는 등식이 성립된다. 기본적으로 효율성이라는 개념은 경제학의 기본전제인 자원의 희소성에 기초하는데 우리가 무한한 자원을 가지고 있으면 들어가는 자원이 얼마인가에 상관하지 않고 제도나 정책을 운영할 수 있지만 기본적으로 경제학은 모든 자원은 유한하며 제한적이라는 것을 강조하기 때문에 주어진 자원으로 더 많은 혜택을 가져다주는 것이 경제적이고 이를 경제적 개념으로 효율성이라고 부르게 되었으며 경제학자들은 효율성을 매우 중요한 경제적 가치라고 여기기 때문에 효율성을 기준으로 대부분의 민간부분을 포함하여 국가 정책이나 제도를 평가하려는 기본 속성을 지니고 있다. 이는 자본주의 하에서 경제학자들에게 공통적으로 나타나는 하나의 특징인 모든 재화나 서비스 등 시장에서 판매되지 않는 것들에게도 가격을 매기려는 경향의 연장선상이라고 할 수 있다.

■ **비용과 효율성과의 관계: 최소비용과 최대혜택**

아래의 [그림 10-2] (a)와 (b)는 비용과 효율성과의 관계를 그림으로 나타내고 있다.

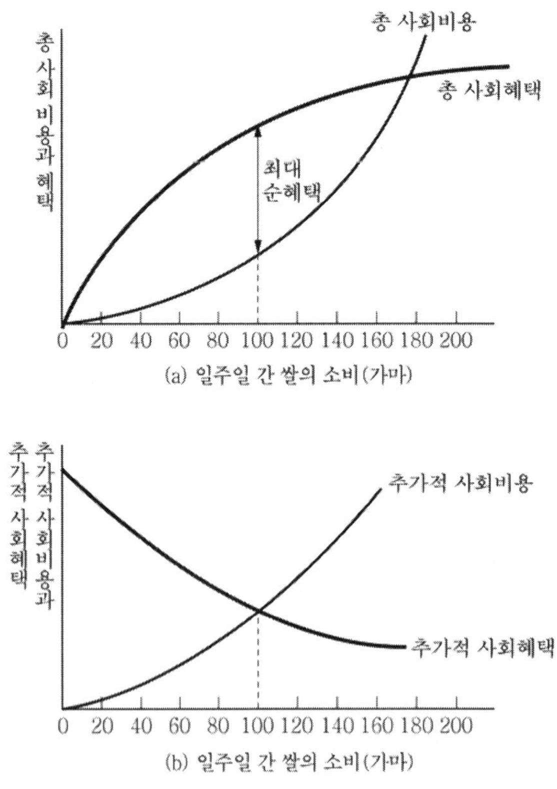

[그림 10-2] 쌀의 소비에 따른 비용과 혜택

위의 그림 (a)에서 총 사회혜택을 나타내는 곡선은 쌀의 소비가 증가하면 할수록 증가함을 알 수 있지만 총 사회혜택은 일정 기간 이후에는 증가의 폭이 둔화됨을 나타내는데 이는 쌀이 부족한 경우 쌀에 대한 소비가 증대하지만 추가주의법칙에 따라 일정 정도 쌀의 소비가 만족을 가져다주게 되면 쌀에 대한 소비는 이전보다 낮아지기 때문이다.[5)] 이는 그림 (b)에서 추가적 사회혜택 곡선이 처음에는 매우 높다가 일정기간이 지난 후에는 낮아지는 것과 같은 의미를 갖는다고 할 수 있다.

생산비용이 증가하게 되면 생산되는 자원의 양이 증가하게 됨으로 비용측면에서 본다면 총 비용은 산출량과 함께 증가한다. 따라서 그림 (a)에서 총 사회비용곡선은 쌀의 양(산출량)이 증가하면 할수록 더욱 증가함을 알 수 있다. 그리고 그림 (b)에서 보는 바와 같이 추가적인 사회비용은 산출이 많으면 많을수록 비용이 증가함으로 추가적 사회비용곡선과 같이 나타난다. 결국, 그림 (a)에서 총 사회비용곡선은 쌀의 산출량 증가와 함께 증가하며 그림 (b)의 추가적 사회비용곡선도 산출량이 증가하면 함께 증가함을 나타낸다.

위의 두 그림을 통해서 알 수 있는 것은 사회혜택과 사회비용은 쌀의 소비와 생산에 따라 다르게 나타난다는 것이다. 순 사회적 혜택(net social benefit)이 최대화된다는 것은 총 사회비용 대비 총 사회혜택이 최대화되는 것을 나타낸다. 그림 (a)에서 양방향화살표는 순 사회혜택이 가장 많이 격차가 벌어진 것(최대 순 혜택)을 나타내는데 이는 총 사회비용이 가장 극대화된 총 사회혜택을 만들어낸 것을 의미한다(즉, 비용효율성의 최대화를 나타냄).

그림 (b)에서 P점은 추가적 사회혜택과 추가적 사회비용이 일치하는 점이다. 즉, 생산의 증가와 함께 추가비용이 증가하고, 혜택이 증가

5) 목이 마르면 물을 많이 마시게 되지만 어느 정도 갈증이 해소되면 물을 적게 마시게 되는 것과 같음.

할수록 추가적 혜택은 감소함으로 P점에서 비용이 최대 혜택을 나타나게 된다. 만약 P점을 자나가든지 또는 못 미치게 되면 추가비용과 추가혜택 사이의 간극은 멀어지게 된다. 따라서 P점이 가장 효율적인 지점이다. P점은 추가적 사회혜택과 추가적 사회비용이 일치하는 점임으로 다음과 같이 표현된다.

■ P : 추가적 사회혜택 = 추가적 사회비용

만약 추가적 혜택이 추가적 비용보다 크다면 사회는 혜택(이익)을 위해 더욱 많은 생산을 하게 되고 그렇게 되면 쌀의 생산이 증가할수록 비용보다 혜택이 증가하게 된다(하지만 이렇게 되면 추가주의법칙에 따라 생산은 많이 하는데 추가적 혜택은 계속 줄어들게 됨으로 바람직하지 않음). 반대로 추가적 비용이 추가적 혜택보다 크다면 사회는 소비를 줄이게 되고 그렇게 되면 쌀의 생산이 증가할수록(쌀을 소비하지 않음으로) 혜택보다 비용이 더 크게 된다(이렇게 되면 생산을 많이 하는데 소비는 하지 않고 추가적 비용은 지속적으로 증가함으로 바람직하지 않음). 오직, 추가적 비용과 추가적 혜택이 일치하는 지점에서만이 산출의 양을 변화시키는 것에 의해서 순 사회혜택을 증가시키는 것이 불가능하다. 따라서 산출의 효율적 수준(효율성)은 추가적 비용과 추가적 혜택이 일치할 때 발생한다.

결국, 위의 그림에서 알 수 있는 것은 효율성이라는 것이 모든 상품이 효율적인 양의 수준에서 생산될 때 성취되어야 하고 그리고 상품이 효율적인 양의 수준에서 생산된다는 것은 순사회적 혜택이 최대화되는 것을 나타낸다. 따라서 경제학에서 주장하는 자원의 효율적인 할당이라는 것은 순사회적 혜택이 더 이상 증가하지 않는 즉, 순사회적 혜택이 최대화되는 할당을 의미한다. 순사회적 혜택의 최대화 또는 자원의 효율적인 할당이라는 것은 형평주의자들이나 평등주의자들이 강조하는 자원의 평등한 또는 형평한 할당과는 대립적인 의미를 가지고 있다고 할 수 있다. 즉, 자원의 효율적인 할당이라는 것은 사회구성원 개개인들에게 할당이 분배되어 보다 형평한 사회가 구현된다는 것을 의미하는 것이 아니라 아홉 사람에게는 자원이 할당되지 않고 한 사람이 모든 자원을 할당받는다고 해도 전체 사회의 부(wealth)는 증가함으로 순사회적 혜택이 최대화되는 자원의 효율적인 혜택은 가능하게 된다.

대부분의 경제학자들은 자원의 효율적인 할당을 동경하고 시장이 가장 효율적인 자원의 할당구조임을 강조한다. 하지만 경제학자들이 동경하는 시장을 통한 산출의 효율적인 자원의 할당 즉, 순사회적 혜택이 최대화되는 자원할당은 현실적으로 존재하지 않는다고 할 수 있으며 이는 시장실패이론이나 사회경제적 양극화이론을 통해서 이미 입증되었다고 할 수 있다.

제 3 절 사회복지경제와 형평성

1. 효율성과 형평성

경제학자들은 자본주의사회에서 자원할당에 대한 기준으로 효율성과 함께 형평성을 중요한 평가기준으로 활용하고 있다. 물론 효율성이 가장 중요한 자원할당의 평가기준이지만 지나치게 효율성만을 강조하다 보면 경제활동 또는 자원할당에 참여한 사람들의 자원이 일방적으로 한 사람에게 집중되는 경우가 발생하게 되어 심각한 사회문제를 가져다주게 되어 자원할당구조에 대한 심각한 저항에 직면하게 될 수 있기 때문에 이러한 문제점을 극복하기 위한 할당의 기준으로 형평성을 강조한다고 볼 수 있다. 예를 들어 효율성에 나타나는 문제점은 다음과 같은 가정으로 설명될 수 있다. 어떤 한 사회에 철수와 영희만이 생활하고 있다. 두 사람은 쌀을 경작하며 살고 있는데 일 년에 경작할 수 있는 가장 많은 쌀은 10가마이다. 따라서 일 년에 쌀을 10가마를 생산하면 가장 효율적인 생산이 된다. 어떤 해에 영희와 철수가 같은 시간 같은 노력으로 5가마씩 쌀을 생산하였으면 총 10가마의 쌀이 생산되는 것이기 때문에 가장 효율적인 생산이 됨과 동시에 각자 5가마씩 생산하였으므로 둘 다 공평한 또는 형평한 자원의 할당이 이루어졌다고 할 수 있지만 만약 철수가 8가마를 그리고 영희가 2가마를 생산하였다면 총 10가마를 생산하였으므로 총량으로 보면 역시 효율적인 생산이지만 철수에 비해 영희는 같은 시간과 노력에 비해 너무나 적은 쌀을 갖게 되어 공평한 쌀의 할당이라고 하기에 문제가 발생하게 된다. 즉, 가장 효율적인 생산이 총 10가마이기 때문에 누가 생산하였든 간에 총 10가마를 생산하였으면 자원은 효율적인 생산으로 간주될 수 있지만 너무 효율성만을 강조하게 되면 자원의 할당이 일방에게 집중되는 성향이 생기게 되어 바람직한 분배 또는 할당구조라고 할 수 없게 되기 때문에 이러한 효율성기준에서 나타나는 문제점을 극복하기 위한 기준으로 형평성이 등장하였다고 할 수 있다. 위의 예를 그림으로 그리면 아래와 같다.

아래의 [그림 10-3]에서 UU´는 가장 효율적이면서 가장 형평한 자원의 할당 즉, 완전형평성(full equity)과 완전효율성을 나타내게 된다.

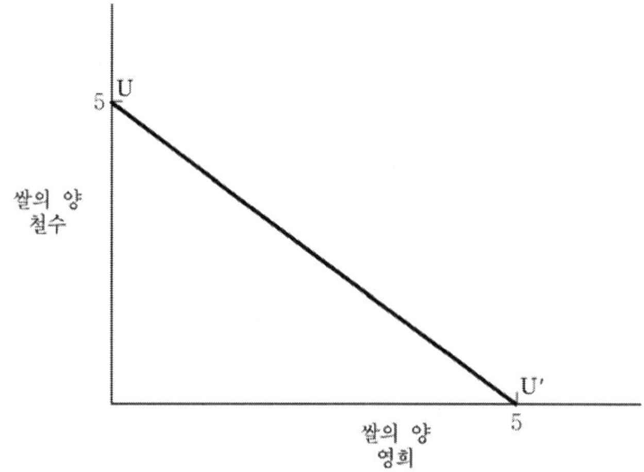

[그림 10-3] 완전형평성과 완전효율성

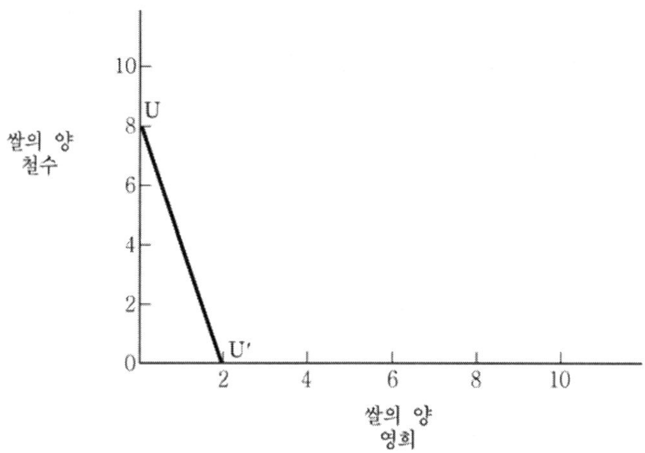

[그림 10-4] 높은 효율성과 낮은 형평성

위의 [그림 10-4]에서 철수와 영희의 쌀의 총량은 10가마로서 효율성은 만족시킬 수 있지만 철수는 8가마를 그리고 영희는 2가마만을 생산하였으므로 형평성은 매우 낮다고 할 수 있다. 따라서 UU′는 낮은 형평성을 나타낸다.

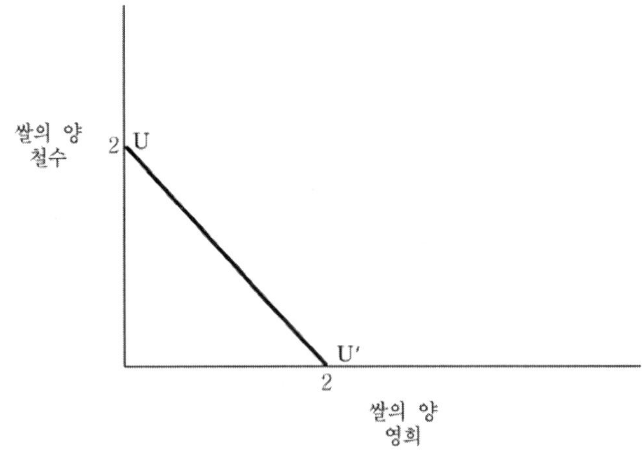

[그림 10-5] 완전형평성과 낮은 효율성

위의 [그림 10-5]에서 둘 다 2가마씩을 생산하였으므로 형평성은 높지만 총량이 4가마에 그쳐 UU′선은 완전 형평성을 나타내지만 효율적이라고는 할 수 없다. 형평성과 효율성의 관계를 위의 철수와 영희의 예를 들어서 정리하면 다음과 같은 그래프가 가능하다.

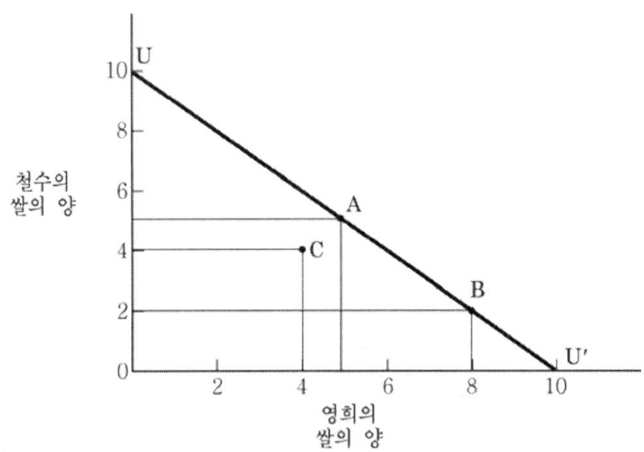

[그림 10-6] 효율성과 형평성과의 관계

위 [그림 10-6]의 그래프를 보면 UU′선에 있는 A와 B를 포함한 어떤 점들도 총량 10가마를 만들어 내므로 효율성을 만족시키는 선이 되며 A점은 효율성도 만족시키면서 철수와 영희가 5가마씩 생산해 내므로 형평성도 높은 점이고 C점은 형평성은 만족되지만 총량이 8가마 밖에 되지 않으므로 효율성은 떨어지는 점이된다.

2. 형평성 개념

형평(equity) 또는 형평성은 공평이라고도 해석되며 공평한 대접(fair treatment)이라는 전통적인 의미를 나타낸다. 공평한 대접이라는 의미는 위에서 언급한 바와 같이 동등한 사례에 대해서는 동등하게 대접을 받아야 하고 동등하지 않은 사례는 동등하지 않은 대접(상이한 대접)을 받는 것이 정당함을 나타내기 때문에 형평은 공평한 대접이라는 의미에서 비례적인 평등의 개념과 비슷하다고 할 수 있다. 이는 비례적인 평등이 **비슷한 사람**에게 비슷한 대접을 하는 것을 의미하기 때문이다. 동등한 사람에게 동등한 대접 또는 혜택을 제공하여야 한다는 형평의 개념은 또 다른 한편으로 불공평(inequity)을 만들어낸다. 이는 비례적 평등개념인 형평이 상을 받을 만한 일을 한 사람에게 상을 준다는 다시 말해 선행이나 공적에 따라서 대접하고 비슷하지 않은 사람에게 같은 대접을 하지 않아도 괜찮다는 것을 의미하기 때문이다. 따라서 현실적으로 형평에 근거한 불평등이 존재한다.

예를 들어 소득 수준이 같은 수준에 있는 절대적 빈민들은 그들의 나이나 성별, 인종, 가족관계, 특별한 경우는 출생지(예를 들어 시민권의 소지여부를 따지는 미국)에 따라 다르게 대접을 받게 된다. 이는 형평에 근거한 불평등의 단적인 예라고 할 수 있다. 실업급여도 그들의 이전 소득에 따라 급여의 수준이 결정되는 측면이 있기 때문에 비슷한 처지에 놓여 있는 실업자라고 해도 그 혜택의 양은 개인적 조건이나 상황에 따라 차이가 날 수 있다. 또한 지리적 차이에 따른 불공평도 존재하게 된다. 특히 지방재정분권에 따라 모든 복지지출을 지방정부가 결정한다고 했을 때 같은 조건에 있는 노숙자라고 해도 지방정부의 노숙자 문제해결의 의지에 따라 그리고 지방정부의 재정자립의 여부에 따라 혜택의 수준이 차이가 나서 지역별로 노숙자들에 대한 혜택이 상아하게 제공된다. 결국 형평은 개별적 조건이나 차이를 인정하지 않으며 모든 사람이 동등한 조건이나 상황에 있지 않는 이상 끊임없이 불공평을 만들어 낸다.

Barr(1998)는 형평을 **수직적 형평과 수평적 형평**으로 구분하였다. 수직적 형평은 부자에게서 빈자에게로 소비나 소득을 재분배함으로써 이루어지며 수평적 형평은 특정 재화나 서비스에 대해 최소기준을 설정하여 기준 이하에 있는 사람들에게 재화와 서비스를 제공하는 방법, 자원에 대한 동등한 접근성을 보장하는 것을 통해 형평성을 강화하는 방법 그리고 기회의 평등을 보장하여 형평성을 강화하는 방법 등이 있다.

최소기준설정은 시장실패요인인 정보불일치 또는 정보비대칭을 극복하는 방식으로 첫째, 이성적으로 선택하고 결정할 수 없는 사람들에게 음식이나 건강 등 기본적 욕구를 해결할 수 있도록 필요한 재화와 서비스를 제공하는 것을 의미하고 둘째, 동등한 힘(또는 자원)을 가지고 있지 못한 사람들의 결정권을 향상시키기 위해 필요하며 셋째, (부정적)외부효과를 개선하기 위해 필요하다. 즉, 하수시설이 불량인 주택은 거주자의 건강에 해를 가져다 줄 수 있음으로 최소수준의 위생상태가 유지되도록 하는 위생기준이 필요하게 된다.

동등한 접근은 자원에 대해 동등한 접근을 보장하는 것은 시장의 정보비대칭이나 자원이나 힘의 불균형 또는 불평등한 할당을 시정하기 위한 방안으로 낮은 소득을 가진 사람들에게 보조금을 제공한다든지 무상보육이나 무상급식 등 공공서비스를 제공하는 차별을 방지하는 금지법안을 제정하는 등 규정을 강화하는 방안 등이 모두 동등한 접근을 보장하기 위한 방안으로 고려될 수 있다. 기회의 평등은 동등한 접근과 밀접한 연관이 있다.

비슷한 조건이나 상황에 있는 사람들에게 공평한 혜택이 돌아가도록 한다는 점에서 형평은 복지국가의 기본적 사회적 가치라고 할 수 있으며 사회복지제도나 서비스를 분석하는데 있어 매우 중요한 사회복지의 기준이 된다. 하지만 형평성은 공평한 대접을 의미함으로 성 차이, 나이차이 능력의 차이 등 개별적 차이에 있는 국민들을 위한 할당을 고려하지 않는 기준이다. 즉, 비슷한 조건에 있는 국민 개개인들에게 비슷한 또는 동일한 서비스를 제공하는 것보다 상이성과 개별적 차이에 근거하여 차별적인 서비스를 제공하는 것이 사회적 차별을 극복하고 분배적 정의에 더욱 적합한 기준이 될 수 있기 때문이다.

제 5 절 사회복지경제와 적절성

1. 적절성개념

적절성(adequacy)은 혜택의 할당이 동등하게 이루어지는지 또는 기여에 따라 다르게 이루어지는지에 관심을 갖지 않는다. 적절성은 물질적 그리고 정신적 번영(well-being)의 적절한 기준을 제공하는 바람직한 수준(desirability)과 관련이 있다. 복지혜택이 즉, 빈민에 대한 현금급여가 빈민이 생계를 유지하는데 적절한 수준이 되는가? 그리고 정신적 번영을 누릴 수 있는 수준이 되는가?라는 질문에 대한 대답이 곧 적절성이다. 결국, 적절성은 복지혜택이 client의 욕구에 따라서 이루어지는가에 대한 그리고 기본적인 경제적, 정신적 번영에 대한 욕구를 해결할 수 있는 비용이 적절하게 제공되고 있는가를 결정짓는 분배적 정의의 가치이자 기준인 것이다. 따라서 적절한 분배라는 것은 할당받은 몫을 가지고 적절한 또는 최소한의 삶의 질을 영위할 수 있는가에 관심을 갖는다. 적절성은 시간과 상황에 따라 다르게 적용된다. 물질적, 정신적 번영의 적절성은 과거와 현재 그리고 처한 상황에 따라 다를 수밖에 없다. 특히 물질적 적절성은 기본적 욕구의 비용 측정에 기초한다.

2. 상대적 적절성과 절대적 적절성

무엇이 적절한 수준인가? 라는 질문에 대한 답을 찾기란 쉽지 않다. 사회복지상품이나 서비스는 꾸준히 서비스의 적절성을 위한 논쟁의 중심에 있었으며 수많은 시장주의론자들로부터 적절성이 시장의 규칙을 어긋나지 않는 수준이 적절성이라는 공격을 받아왔다. 따라서 적절성을 강조하기 위해 빈곤선의 측정, 최소영양수준측정 등이 거의 모든 복지국가에서 매년 이루어지고 있다. 적절성을 결정하기 위한 방식은 크게 **절대적 적절성**(absolute adequacy)과 **상대적 적절성**(relative adequacy)으로 구분해서 볼 수 있다(Burch, 1999).

절대적 적절성은 학위, 빈곤선과 같은 객관적인 기준에 기초하여 재화와 서비스를 제공하는 것을 의미한다. 즉, 국가가 국민들의 기본적 삶을 보장하기 위해 소득보장서비스를 제공한다고 했을 때 일정한 기준을 정해 놓고 그 기준이하에 있는 국민들에게 현금서비스를 제공하게 되는데 이라한 경우는 곧 절대적 적절성을 유지하기 위한 사회복지서비스의 제공이라고 할 수 있다. 상대적 적절성은 자기 존경, 만족, 지위, 지위, 사회적 통합 등 사회적 심리적 요인들을 고려해서 재화와 서비스를 제공하는 방식이다. 즉, 비슷한 제도나 프로그램에 있는 다른 사람이 제공받는 서비스와 혜택수준을 비교하는 것을 통해 적절성을 충족시킨다든지 또는 사회적 연대감을 형성하기 위해 비슷한 조건에 있는 사람들의 서비스수준을 비슷한 수준으로 제공하는 것은 상대적 적절성을 고려하는 것이라고 할 수 있다.

절대적 적절성이 유일한 할당이나 분배를 위한 기준으로 작동한다면 빈민은 영원히 빈곤으로부터 탈피할 수 없게 된다. 이는 Kahn(1979)이 지적한 것과 같이 빈민을 위해 설계된 서비스는 절대적 적절성의 기준에 맞게 형편없는 수준의 혜택만이 존재할 것이기 때문이다. 따라서 사회적 가치를 실현하기 위해 제공되는 사회복지재화와 서비스의 적절성은 서비스를 제공받는 대상자들의 개인적 특성들이 고려되는 상대적 적절성 기준이 적용되는 것이 보다 합당하다고 볼 수 있다.

절대적 적절성과 상대적 적절성 기준에 대한 예를 살펴보면 먼저 절대적 적절성으로 국민연금의 소득대체율을 들 수 있다. 은퇴 후 국민연금을 통해서 지급되는 연금액으로 기본적 삶이 유지될 수 있는가 나아가 연금액이 연금수령자의 개인적 상황 하에서 충분한 소득보장이 이루어질 수 있는 수준인가를 살펴보는 것은 절대적 적절성을 살펴보는 것이라고 할 수 있다. 즉, 국민연금의 소득대체율이 연금가입자 평균월액의 40%라고 했을 때 40%의 연금액으로 연금가입자의 경제적 안정이 유지될 수 있는가를 살펴보는 것이다. 반면 상대적 적절성은 국민연금의 소득대체율과 공무원연금의 소득대체율을 비교하는 것을 통해서 적절성의 정도를 이해할 수 있다. 예를 들어, 공무원연금의 소득대체율이 67%이고 국민연금의 소득대체율이 40%라고 한다면 두 제도에 의해서 제공되는 연금액의 상대적 적절성은 국민연금이 상대적으로 떨어짐으로 사회적 통합 및 국민연금가입자의 만족과 욕구해결정도 등을 고려하여 공무원연금의 소득대체율을 낮추든지 아니면 국민연금의 소득대체율을 공무원연금 소득대체율과 비슷한 수준으로 상향하도록 제도를 수정할 수 있다.

제6절 사회복지경제와 평등성

1. 평등성개념

경제학에서는 효율과 함께 형평을 중요한 가치로 인정하여 효율과 형평간의 거래를 중요한 사회경제정책의 기조로 인정하고 있지만 사회복지학에서는 형평보다는 평등을 사회복지가 추구하는 중요한 가치로 제시하고 있다. 경제학에서 형평은 자원할당에 있어 개인 간의 형평한 분배를 강조하는 의미이지만 사회복지학에서 중요시하는 가치인 평등은 단순한 자원의 할당이라는 경제적 측면보다 사회정의나 분배적 정의와 같은 너 넓은 이념직, 철학직 의미를 내포한다. 사실 평등을 개념화하는 것은 현실적으로 어려움을 가지고 있음으로 Barr(1998)는 평등을 무엇에 대한 평등인가를 중심으로 분류하는 것이 바람직하다고 주장하였다.

평등의 개념은 Aristotle(1988)가 분류한 바에 따르면 **수적인 평등**(numerical equality)**과 비례적인 평등**(proportional equality)으로 나누어질 수 있다. 수적인 평등(즉, egalitalian을 의미)은 동등한 분배와 같이 모든 사람에게 동등한 대접(treatment)을 하는 것을 의미하기 때문에 절대적 의미에서 평등을 나타낸다고 할 수 있다. 반면, 비례적 평등(즉 meritarian을 의미)은 비슷한 사람에게 같은 대접을 하는 것을 의미한다. 즉, 비례적 평등개념은 상을 받을 만한 일을 한 사람에게 상을 준다는, 다시 말해 선행이나 공적에 따라서 대접한다는 의미의 평등을 나타내기 때문에 비슷하지 않은 사람에게 같은 대접을 하지 않아도 괜찮다는 것을 의미한다. 따라서 평등의 개념에는 평등을 절대적 의미로 완전한 동등한 대접이라는 의미로 사용할 수고 이러한 평등개념이 강조되면 결과나 성과의 평등이 보다 강조된다. 반면, 비슷한 처지에 있는 사람에게 비슷한 대접을 한다는 공평한 대접을 강조하는 비례적 형평의 개념이 강조되면 평등은 성과나 결과의 평등보다는 접근의 평등 또는 기회의 평등 개념이 보다 강조된다. 경제학에서 주로 강조되는 형평의 개념은 수적인 평등이라기보다는 비례적인 평등을 더욱 강하게 내포한다고 할 수 있으며 사회복지학이나 사회복지경제학에서는 평등의 개념에 비례적인 평등에 수적인 평등이 포함되는 것으로 이해될 수 있다. Turner(1986)는 평등을 다음과 같이 네 개의 의미로 분류하였다(Hurst, 1995).

첫째, 평등은 사람은 모두 같으며 모두 다 동등한 가치를 가졌다는 의미에서 모든 인간은 기초적으로 모두 같은 대접을 받을 권리가 있다는 것을 강조한다. 이러한 의미에서 첫 번째 평등은 **권리의 평등**이라고 이름붙일 수 있다.

둘째, 평등은 **기회의 평등**으로서 자원에 대한 접근은 모든 사람들에게 공통적으로 열려 있다는 것을 강조한다.

셋째, 평등은 **조건의 평등**(equality of condition)으로서 모든 사람은 같은 자리 또는 위치에서 출발하여야 하는 것이 아니라 출발할 수 있는 조건이 같아야 함이 강조된다.

넷째, 평등은 **결과**(outcomes)**의 평등**으로서 시작이나 처음의 위치와 상관없이 모든 사람들은 최종 결과에 평등한 대접을 받아야 함이 강조된다.

평등에 대한 Turner의 구분에서 첫 번째 평등의 개념은 인간의 기본적 권리로서 평등을 모든 사람이 동등한 대접을 받은 권리가 있음을 강조하는 것으로서 복지권이나 인간의 권리를 강조하는 평등개념이라고 할 수 있고 두 번째 평등의 개념인 기회의 평등은 기회에 대한 동등한 대접이라는 의미에서 형평과 비슷한 개념이라고 할 수 있다. 그리고 세 번째 평등개념인 조건의 평등과 결과의 평등에 대한 개념이 사회복지의 가치에 부합하는 평등의 개념이라고 볼 수 있다. 개개인의 상태나 조건을 고려하지 않고 자원을 획득할 수 있는 기회만을 평등하게 제공하는 것보다 출발할 수 있는 조건이 평등하여야 함이 강조되는 조건의 평등개념은 상이한 입장이나 조건 또는 상태에 있는 사람들의 조건이나 상태를 동일하게 받아들이고 입장을 동일하게 만들어 주어야 한다는 입장이 강조되어 사회적 연대성이나 집합주의적 개념이 매우 강하게 반영되는 평등개념이다. 특히 결과의 평등개념은 조건이나 기회의 평등에 상관없이 모든 사람들에게 성과나 결과를 평등하게 배분한다는 입장을 강조하기 때문에 평등의 개념 중에서 가장 급진적인 평등개념으로서 시장의 가치와 경쟁을 보다 강조하는 자본주의 경제학체계 하에서는 논쟁적인 평등개념이라고 할 수 있다. 결국, 평등의 개념에서 형평의 개념을 뛰어넘는 즉, 자원의 할당이나 분배에서 보다 욕구 지향적이고 개별적 특성이나 상황에 대한 고려를 강조하는 평등개념이 강조되어야 한다.

Le Grand(1982)는 평등을 다음과 같이 다섯 개의 요소로 구분하였다. 그가 강조하는 평등의 다섯 요소들은 다음과 같다.

첫째, **최종소득의 평등**: 최종소득의 소득이란 개개인들은 만약 그들이 비슷한 수준의 화폐소득과 현물소득을 갖는다면 최종소득은 평등하다는 것을 의미한다. 하지만 이 경우 현물을 측정하는 것이 매우 복잡하다는 한계를 갖는다.

둘째, **공적지출(public expenditure)의 평등**: 공적지출의 평등은 의료보험과 같이 국가가 제공하는 지출이 모든 사람에게 똑같은 제공되는 것이다.

셋째, **사용의 평등**: 사용의 평등은 모든 사람들이 똑같은 양을 할당받는 것을 의미한다. 예를 들어 모든 사람들에게 같은 양의 의료보험이 할당되는 것을 의미한다.

넷째, **비용의 평등**: 비용의 평등은 모든 사람이 동등한 비용을 지불하는 것을 의미한다. 예를 들어 의료보험을 사용하는데 있어서 같은 질병에 대해서 모든 사람들이 같은비용을 지불하는 것을 의미한다.

다섯째, **결과(outcome)의 평등**: 결과의 평등은 가능하면 모든 사람이 동등한 결과를 누려야 한다는 것을 의미한다. 예를 들어 전 국민에게 의료보험이 제공된다면 모든 국민들이 동등한 건강을 유지하여야 한다는 것을 의미한다.

Turner의 평등개념이 가치 지향적인데 반해 Le Grand의 평등개념은 평등을 보다 측정 가능한 개념으로 전환하는데 많은 도움을 준다. 즉, 최종소득의 평등, 사용의 평등이나 비용의 평등, 공적지출의 평등 그리고 결과의 평등 등은 자료에 대한 분류와 보존만 이루어지면 모두 측정이 가능한 평등기준이라고 할 수 있다.

Burch(1997; 1999)는 평등개념을 측정 가능한 개념으로 전환하는데 있어 개념적 틀을 제시하였는데 그는 평등을 첫째, 동등한 가치에 대한 **동등한 대가로서의 평등**(예를 들어 동일노동에 대한 동일임금), 둘째, **기회의 평등**, 셋째, **수평적 평등과 수직적 평등** 그리고 마지막으로 일시적 또는 **순환적 평등** 등으로 구분하였다. Burch의 평등개념에 있어 특징은 순환적 평등을 제시하였다는 점이고 다른 평등의 개념들은 모두 다른 학자들의 개념과 비슷하다고 볼 수 있다. Burch가 강조하는 순환적 평등은 세대와 세대 간의 평등을 의미하는 개념으로서 평등의 순환성을 의미한다. 예를 들어 젊을 때 연금을 지급하고 늙으면 연금으로 삶의 질을 보장받는 국민연금이 대표적인 평등의 순환성을 강조하는 사회복지제도이다. 그리고 Burch가 제시한 수직적 평등은 모든 사람을 비교하는 개념이다. 즉, 어떤 사람이 어떤 사람보다 지위가 더 높고 또는 삶이 더 행복한지에 상관없이 같은 평등을 누린다는 것을 의미하며 수평적 평등은 동일한 집단 내에서 비교되는 사람들이 같은 상황이나 같은 욕구를 갖는다는 것이다. 둘의 차이점은 위에서 지적했던 수적인 평등과 비례적인 평등의 차이와 비슷하다. 즉, 수평적 평등은 비례적인 평등 그리고 나아가 형평의 개념과 그 의미가 같다고 볼 수 있다. 수직적 평등이 강조되면 소득이 높은 사람들로부터 소득이 낮은 사람들에게로 소득의 전이가 이루어질 수 있기 때문에 사회복지제도의 소득재분배 효과가 커지게 된다. 그리고 수평적 평등이 강조되면 비슷한 상황이나 조건에 있는 사람들이 비슷한 기여를 하게 되고 혜택도 비슷하게 받게 된다. 우리나라의 국민연금제도는 수평적 평등과 수직적 평등을 동시에 만족시켜 주는 체계라고 이해할 수 있다.

효율성과 형평성에서 사용했던 철수와 영희의 예를 들어 수직적 평등을 나타내면 아래의 그림과 같이 나타날 수 있다. P점은 철수가 7가마 영희가 3가마를 생산한 것이다. P점에서 철수와 영희는 총 10가마를 생산하였기 때문에 효율성은 있지만 형평성은 떨어져 성과에 대한 차별이 존재하여 상대적 불평등이 나타나게 되는 점을 의미한다. 효율성과 형평성을 설명하는데 있어 영희와 철수에 대해서 가장 보편적인 기준을 사용하여 동일한 환경과 조건에 있는 인간으로 간주하였지만 만약 영희는 자녀가 세 명이 있어 일 년에 쌀이 꼭 5가마가 필요하고 철수는 아직 미혼으로서 그동안 많은 재산을 축적하였으며 1년에 쌀이 3가마면 충분히 생활할 수 있다고 가정하면 철수가 가진 쌀을 영희에게 수직적 분배를 통해서 제공하여 평등의 가치를 실현시킬 수 있다. 즉, 점 U는 철수가 가진 쌀 두 가마를 영희에게 할당하여 두 사람은 둘 다 만족할 수 있는 쌀 5가마씩을 가질 수 있어 수직적 평등으로 결과의 평등가치가 실현되게 된다.

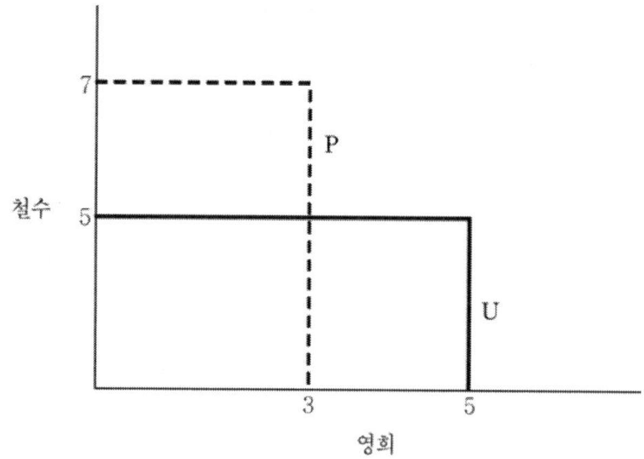

[그림 10-7] (조건을 고려한) 수직적 평등의 예

2. 평등개념의 확대: 단일성평등, 복잡성평등 그리고 상이성평등

평등의 가치구현을 통한 분배적 정의의 실현을 강조하는 경우 평등은 단일성평등과 복잡성평등, 그리고 상이성평등으로도 구별될 수 있다. Walzer(1983; Miller and Walzer, 1995)는 평등을 단일성평등과 복잡성평등으로 개념을 이원화하였다. **단일성평등**(simple equality)은 사회에 대하여 하나의 분배적 정의체계를 부과하는 경우 발생한다. 사회의 재화를 하나의 분배적 정의의 체계로 분배하는 것이 단일성평등 개념이라고 할 수 있다. 즉, 소득, 건강, 부, 보장, 교육 등과 같은 사회적 재화를 단일한 하나의 기준을 설정하고 그 체계에 맞게 분배한다는 것을 의미한다. 반면에 **복잡성평등**(complex equality)이란 사회에는 무수히 많은 다양한 재화가 있고 이 다양한 재화를 분배하기 위해서는 그 재화의 특성에 맞는 특수한 분배적 정의의 체계가 있어야 함이 강조되는 개념이다. 즉, 건강(모든 사람의 건강 상태는 다름으로)에 대한 분배적 정의체계가 교육이나 소득과 같은 재화의 분배적 체계와 같지 않음을 나타낸다고 할 수 있다. 예를 들어 국민들의 건강을 책임지는 의료서비스는 국민들의 건강상태가 다름으로 국민들의 다양한 건강상태에 맞게 서비스가 제공되어야 하며 제공되는 서비스는 비슷한 상태에 있는 사람들에게 동일한 수준의 같은 서비스가 제공되도록 하여야 함이 강조된다.

상이성평등(differential equality)은 상이성과 평등 사이의 개념적 차이를 없애기 위한 시도로서 등장하였다(Fitzpatrick, 2001). 여성이라고 해서 모든 여성이 평등한 것은 아니며 같은 여성이라고 해도 동성애자와 비-동성애자 사이에는 평등에 있어 상이성(또는 차별)이 존재하며 이주여성과 비-이주여성 사이에도 역시 상이성이 존재하는 것이 현실이다. 상이성평등은 이러한 상이성 사이에서의 평등을 견지하는 것을 의미한다. 얘를 들어 여성의 성 평등(gender equality)을 강조한다고 했을 때 여성 사이에서도 장애여성과 비-장애여성, 백인여성과 아시안여성 그리고 흑인여성, 이주여성과 비-이주여성, 미혼여성과 기혼여성 등 사이에는 상이성이 존재함으로 평등을 추구함에 있어서 이러한 상이성이 반드시 고려되어야 함이 강조되는 것이 상이성평등이라고 할 수 있다. 따라서 상이성평등은 일반적인 평등의 원칙보다 더욱 깊은 의미를 내포한다.

위와 같은 상이성평등이나 복잡성평등개념은 개별화된 개인의 다양성을 인정하는 사회복지의 가치에 더욱 부합되는 평등개념이라고 볼 수 있다. 즉, 사회복지의 기본 가치가 사회복지사실천윤리강령에 제시되어 있는 바와 같이 인본주의와 평등주의사상에 기초하여 모든 인간의 존엄성과 가치를 존중하는 것이라고 한다면 강령에서 의미하는 평등주의는 바로 다양성과 문화에 대한 이해를 기본 가치로 한다고 볼 수 있음으로 상이성과 복잡성평등은 사회복지가치를 실현하는 중요한 개념이 된다. 학자들의 견해를 종합하여 사회복지재화와 서비스 제공을 통한 평등성 실현 여부를 측정하기위한 평등성의 구성개념을 도출하면 다음과 같다.

첫째, 모든 사람들을 동등하게 대접한다는 수적인 평등
둘째, 비슷한 조건에 있는 사람에게 비슷한 대접을 하는 것을 강조하는 비례적 평등
셋째, 개개인의 상태나 조건을 고려하지 않고 자원을 획득할 수 있는 기회만을 평등하게 제공하는 것보다는 출발할 수 있는 조건이 평등하여야 함이 강조되는 조건평등
넷째, 모든 사람들이 최종소득이나 결과에 평등한 대접을 받아야 함이 강조되는 결과의 평등
다섯째, 세대와 세대 사이의 평등을 강조하는 순환성평등
여섯째, 상이성 사이에서의 평등을 견지하는 상이성평등
일곱 번째, 다양한 재화와 서비스를 분배하기 위해서는 그 재화의 특성에 맞는 특수한 분배적 정의의 체계가 있어야 함이 강조되는 복잡성평등

결론적으로, 평등의 가치는 혜택(benefit)이나 할당(allocation)의 결과에 영향을 미치며 평등의 가치는 자원과 기회를 욕구하는 또는 원하는 모든 사람에게 평등하게 할당해야 하며, 개인적 조건 즉, 상이성을 고려하여 할당 또는 분배한다는 가치기준을 포함함으로 경제학에서 주로 강조되는 자원에 대한 공평한 할당이나 분배를 강조하는 형평의 개념보다 훨씬 복잡하고 폭이 넓은 개념임을 알 수 있지만 무엇에 대한 평등인가를 고려한다면 평등은 곧 형평의 개념을 포함하는 개념이라고 볼 수 있지만 형평의 개념보다 사회복지적인 철학과 이념 또는 사회복지가 추구하는 가치가 더욱 반영되어 있는 개념이라고 할 수 있다.

제 6 절 사회복지경제와 효과성

1. 효과성 개념

효과성(effectiveness)은 사회복지제도가 성취하려고 하는 목적이나 목표와 밀접한 연관을 가지고 있다. 정책결정가나 계획가 그리고 사회복지사들은 특정 사회복지정책이나 제도의 평가에 있어 효과성을 판단기준으로 많이 사용하고 있다. **효과성은 사회복지제도나 정책이 성취하려는 목적이나 목표가 어느 정도 이루어졌는가를 살피는 것**이다. 즉, 효과성기준은 사회복지제도의 효과를 양적 기준으로 측정한다는 측면에서 효율성과 같은 의미를 가지고 있지만 단순히 사회복지제도를 위해 사용한 투입과 제도가 결과한 산출을 비용으로 환산해서 복지제도를 평가하는 효율성과는 달리 사회복지제도가 성취하려고 하는 목표들이 얼마만큼 서비스전달을 통해서 이루어졌는지에 대한 사회복지제도가 성취하려는 목적이나 목표의 효과를 측정한다는 측면에서 다르다고 볼 수 있다. 예를 들어 국민기초소득보장제도의 목적이 생활이 어려운 자에게 필요한 급여를 제공하여 이들의 최저생활을 보장하고 자활을 조성하는 것에 있다고 한다면 이 제도를 통해서 빈민들의 실질적인 최저생활이 보장되고 있는지 또는 자활능력을 가지고 있는 수급자들이 자활을 통해 빈곤으로부터 벗어날 수 있는지 등은 기본적인 국민기초소득보장제도의 효과성을 측정할 수 있는 측정영역이라고 할 수 있다.

2. 비용효과성[6)]

사회복지경제를 분석하는데 있어 효과성은 중요한 분석기준이 되지만 경제학적 측면에서 본다면 **비용효과성**(cost-effectiveness) 역시 중요한 분석기준이 된다. 사회복지는 대부분 인간을 대상으로 서비스가 제공됨으로 변화의 대상과 변화의 정도 그리고 변화의 수준을 효율성이라는 기준을 적용하여 측정하는데 있어 어려움을 가지고 있음으로 투입을 비용으로 전화시켜 투입대비 목적이나 목표성취의 정도를 비교하는 비용효과성은 사회복지의 경제적 측면에서의 효과성을 입증하는데 활용가능성이 높다고 할 수 있다.

1) 비용효과성의 기준

비용효과성은 사회복지재화와 서비스의 제공을 통해 성취하려는 정책적 목적이나 목표가 어느 정도 이루어졌는지를 살피는 것이다. 즉, 비용효과성은 사회복지제공의 효과를 양적 기준으로 측정한다는 측면에서 비용효율성과 비슷한 의미를 가지고 있지만 단순히 사회복지제공을 위해 사용한 투입과 결과한 산출을 비용으로 환산해서 사회복지서비스의 영향력을 측정하는 비용효율성과는 달리 사회복지제공을 통해 성취하려고 하는 정책적 목적이나 목표들이 얼마만큼 성취되었는지에 대한 영향력의 정도를 측정한다는 측면에서 다르다고 볼 수 있다. 예를 들어 저소득층의 자활프로그램을 통해서 얼마나 많은 교육생들이 재취업을 하였는가? 또는 금연프로그램을 통해서 얼마나 많은 교육생들이 흡연으로부터 벗어날 수 있었는가 등의 제공되는 서비스의 목적성취의 정도를 기준으로 측정하는 것을 말한다. 결국, 비용효과성은 일반적으로 사회복지재화와 서비스의 제공이 얼마의 효과를 기대하는지를 수치를 이용하여 나타내는 데 많이 사용되고 제공 후에 서비스

6) 이하 내용은 지은구 『사회복지평가론』 제4장을 참고하였음

를 통해 얼마나 많은 변화가 있었는지를 수치로 나타내준다는 특징을 가지고 있다.

2) 비용효과성의 원리

사회복지재화와 서비스의 제공이 사회문제의 해결에 얼마나 효과적이었는지를 비교하는 기준으로 사용하는 비용효과성은 사회복지제공이 기대하였던 성과를 성취하였는지를 가지고 사회복지제공의 영향력 정도를 분석하데 활용된다. 사회복지제공의 영향력을 측정하는데 있어 비용효율성기준의 가장 결정적 문제점은 사회복지제공에 따른 모든 혜택을 화폐가치로 전환시킬 수가 없다는 것이었으며 이에 대한 대안으로 혜택을 화폐가치로 측정하지 않는 방법이 필요하게 되어 비용효과성기준이 등장하였다고 할 수 있다. 따라서 **비용효과성은 비용은 화폐가치로 전환될 수 있으나 혜택은 화폐가치로 전환되기 어려운 사회복지제공에 대한 상대적 효율성을 측정하기 위해서 사용되는 기준**이라고 볼 수 있다. 여기서 상대적이란 의미는 비용효과성분석의 전제가 두 개 이상의 비슷한 서비스단위를 갖고 있는 정책이나 프로그램의 효과를 비용을 가지고 서비스제공의 효과를 비교하는 분석기준이라는 것을 나타낸다. 즉, 비용효과성은 비교를 위한 절대적 값을 갖는 것이 아니고 상대적 값을 가짐으로 비슷한 영역과 비슷한 조건에서 제공되는 사회복지재화와 서비스 제공의 상대적 우위를 측정하는 기준이라는 것을 의미한다. 예를 들어 이주결혼여성가정의 높은 이혼율에 대한 대응으로 이주여성가정통합을 목적으로 제공되는 이주결혼여성가정통합서비스의 비용효과성을 측정한다는 것은 한군데 조직에서 제공된 이주결혼여성가족통합서비스에 들어간 비용 대비 목표달성정도를 밝히기는 하지만 그 조직의 비용대비 목표달성정도가 어느 정도 효과적인지는 다른 조직에서 제공된 비슷한 서비스와의 비용효과성 정도를 비교함으로써 알 수 있다. 비용효과성은 다음과 같이 측정될 수 있다.

비용 비율(cost ratio)에 대한 효과성 = 목표달성의 정도 / 비용

비용효과성은 결국 사회복지제공의 효과성을 사회복지제공을 통해 성취한 목적이나 목표의 정도와 비용에 대한 화폐가치를 비교하는 분석기준으로서 비슷한 목적을 가지고 있는 정책이나 프로그램들의 상대적 효율성을 분석하는 분석기준이다. 따라서 하나의 프로그램이 두 개나 세 개 이상의 비슷한 영역의 프로그램과 비교될 수 있다. 비용효과성에 따라 목적성취의 상이한 정도를 획득하는데 소요된 비용과 비교함으로서 프로그램들의 순위를 결정하는 것이 가능해지고 비교가 가능해진다.

제 7 절 소결: 분석 기준들 사이의 거래

일반적으로 현 복지국가의 분배적 정의를 구현하기 위한 자원할당의 메커니즘은 적절성이나 평등보다는 효율성을 강조하는 시장의 가치와 형평의 가치를 기본으로 하여 두 기준 사이에 교환이 일어난다고 볼 수 있다. 이는 자본주의가 생산과 분배의 조정양식으로 시장을 강조하기 때문에 일어난 당연한 결과라고 보여진다. 자본주의사회에서 효율성과 형평성의 강조는 일한 만큼 대접받을 수 있고 열심히 일한 사람은 보상받을 가치가 있다는 것을 의미하고 열심히 일하면 많이 가질 수 있고 많이 가지면 개인의 복지는 증진된다는 만족주의 전통에 기인한다. 결국 일하지 않은 사람이 누리고 혜택을 받으며 갖는 것 자체가 자본주의 가치에 어긋난다고 볼 수 있다. 일하지 않는 사람 즉, 그 대상이 누구인지 왜 일을 못하는지에 대답은 시장경제에서 중요하지 않다. 복지혜택의 기준은 받을 가치가 있는 사람과 가치가 없는 사람으로 나누어지며 받은 가치가 없는 사람에 대한 복지혜택은 기본적 욕구에 상관없이 제한받아야 한다는 것이 시장의 기본 분배적 원리이나. 또한 일하는 사람에 대한 보상의 측면에서도 기본적으로 일을 해도 돌아오는 보상이 구조적으로 제한되어 있는 사회구조적인 문제는 무시된다.

결국 분배적 정의의 조정양식이 생산과 분배 사이에서 조화롭게 작용할 수 있는지 없는지는 효율성과 형평성을 넘어 사회정의를 위한 기본 가치인 평등과 적절성 그리고 효과성의 조화에 달려있다고 볼 수 있다. 같은 조건에서 열심히 일한 사람과 열심히 일하지 않은 사람의 혜택이 같다고 한다면 아무도 일하려 하지 않을 것이라는 것은 극히 정상적인 사고이지만, 같은 조건이라고 해도 주어진 상황이 상이한 경우 무조건 같은 혜택이 주어진다고 해서 같은 결과를 가져올 것이라고 예측하는 것은 비현실적이다. 또한 사람마다 주어진 조건이 다름에도 불구하고 같은 기회가 주어졌다고 해서 같은 결과를 가지고 와야 하고 이것이 당연시되는 것 역시 분배적 정의를 기초로 하는 사회정의에 문제가 발생할 수 있다. 인간의 개별적 속성이나 인간이 처한 환경의 상이성과 복잡성을 고려하고 이에 대한 이러한 문제를 극복하는 기준이 바로 평등성을 강조하는 것이고, 평등성과 적절성, 효과성 그리고 효율성과 형평성 상호간의 거래를 강조하는 것이 사회복지적 측면에서 강조하는 사회정의 또는 분배적 정의의 실현을 위해서 중요하다고 할 수 있다.

분배는 Phillips(1992)가 주장한 것과 같이 사람들 사이의 차이 즉, 분배 또는 정의의 주체에 대한 분석을 허락해야 하며 Walzer가 언급한 것과 같이 상이한 삶의 범위 또는 구역에서 상이하게 다루어져야 한다. 이것이 평등을 기본으로 하는 분배적 정의론의 중요한 요소들이라고 얘기할 수 있다. 분배적 정의론은 시장이라는 조정양식이 인간의 삶의 사회적, 정치적, 경제적 전 과정을 지배하는 양식으로서 부적합하며 많은 문제점을 가지고 있다는 전제 하에서 출발한다. 새로운 삶의 질과 복지의 번영을 위해서 새로운 생산과 소비 그리고 분배를 규정하는 조정양식이 특히 공공재이자 가치재인 사회복지재화와 서비스의 측면에서 이루어져야 하며 이는 사회정의라는 조정양식 하에서 그리고 평등과 적절성 그리고 형평이 조화를 이루는 분배적 정의라는 구체적 내용을 담보함으로써 이루어질 수 있다고 전제한다.

시장이라는 조정양식은 모든 사회적 재화를 사고파는 단지 이익을 추구하는 그리고 이기적인 상품으로 만들어 버린다. 누가 왜 시장에 무슨 이유로 개입하는지 그리고 시장이라는 장소에서 이들은 어떠한 관계에 놓이게 되는지 등의 시장에 참여하는 주체들의 사회적 관계와 개별성 등을 모두 이익 추구라는 단순한 만족주의와 개인주의에 의존해서 설명함으로써 인간과 인간, 인간과 집단, 그리고 인간과 사회 등의 사회적 관계 등은 전혀 고려하지 않고 단순히 이익을 강조하는 효율성만을 중요한 기준으로 설정하는 것을 통해서 사회적 만족을 증진시키는 사회적 재화 특히 복지재화와 서비스의 생산과 소비 그리고 분배의 구조를 왜곡한다.

결론적으로 재화와 서비스의 할당은 사회적 관계의 본질이 분명히 분석되어 누가 왜 할당 또는 분배의 주체 또는 대상이 되어야 하는지 그리고 시장의 분배구조에 대한 정확한 본질이 무엇인지 등에 대한 명확한 입장이 정리되어야 함이 사회정의를 하나의 가능한 사회적 조정양식으로 하는 분배적 정의론의 기본적 입장이다. 분배적 정의를 강조하는 데에 있어서 또 하나의 입장은 인간에 대한 인식에 있어 시장에 참여하는 합리적 또는 이성적 그리고 자기중심적 인간으로부터 기본적으로 인간은 자기중심적인 이기적인 인간이 아니며 인간은 그들의 욕구와 잠재력의 성취를 위해 서로서로 의존하는 사회적 창조물이며 그리고 인간은 그들의 권리를 요구할 뿐만 아니라 타인에 대한 책임도 인지한다는 점을 강조하는 것이 중요하다.

또한 사회에 형성되어있는 분배적 관계의 본질을 이해하고 인간의 이기주의적 속성이나 합리적 측면보다는 인간의 사회적 책임감과 이타주의적 가치에 기초하여 복지와 경제는 이해되어야 하고 사회복지재화와 서비스가 할당 및 분배되어야 한다. 이는 사회복지재화와 서비스의 분배가 파레토효율에 기초한 효율성이나 자기이익의 최대화라는 굴레에서 벗어나 형평성과 적절성 나아가 평등성의 기준으로 이루어진다는 것을 의미하는 것이기도 하며 이는 복지의 물질적 측면에서 복지의 다양성과 복잡성에 그리고 개인적 상이성에 대한 측면이 고려된다는 것을 의미하는 것이라고 할 수 있다. 아래의 표는 앞에서 제시된 사회복지재화와 서비스의 분배를 분석할 수 있는 즉, 사회복지경제분석을 위한 기준에 대한 기본 내용을 표로 나타낸 것이다.

사회복지재화와 서비스가 제공되고 제공된 재화와 서비스가 국민들에게 어떠한 영향을 미치는지를 분석하는 작업은 중요하지만 이러한 분석 작업을 수행하기에 앞서 반드시 어떤 기준으로 사회복지재화와 서비스가 분배되어야 하는가를 규정하는 분배기준을 먼저 명확히 제시하여야 한다. 이미 지적한 바와 같이, 복지국가의 사회복지제공에 따른 영향력을 분석하는 분석기준으로 효율성과 형평성은 부족하다. 위에서 제시된 효과성, 효율성, 형평성, 적절성, 평등성 등 5개의 분배기준에 해당되는 총 16개의 구체적인 분석기준들은 모두 사회복지재화와 서비스의 제공의 영향정도를 분석하는 구체적인 분석영역이 될 수 있으며 각각의 독자적인 측정영역이 될 수 있다.

〈표 10-1〉 사회복지경제 분석 기준 비교

효율성	1. 생산효율성	-주어진 투입으로 최대한의 산출을 얻는 경우
	2. 분배효율성	-자원의 적재적소의 활용 -자원이 필요한 분야에 효율적으로 할당되었는가?
	3. 비용효율성	같은비용으로 더 많은 혜택을 가져다주는가?
	4. 행정효율성	-투입의 최적의 조합으로 성취하려는 목적을 달성하였는가? - 가장 최소의 비용으로 목적을 성취하였는가?
형평성	4. 수평적 형평성	-특정 재화나 서비스에 대해 최소기준을 설정하여 기준 이하에 있는 사람들에게 재화와 서비스를 제공 -자원에 대한 동등한 접근성을 보장하는 것. 즉, 기회의 평등을 보장
	5. 수직적 형평성	부자에게서 빈자에게로 소비나 소득을 재분배
적절성	6. 절대적 적절성	학위, 빈곤선과 같은 객관적인 기준에 기초하여 자원을 할당
	7. 상대적 적절성	자기 존경, 만족, 지위, 지위, 사회적 통합 등 사회적 심리적 요인들을 고려해서 재화와 서비스를 할당
평등성	8. 수적인 평등	모든 사람에게 동등하게 대접하는 것
	9. 비례적 평등	비슷한 사람에게 같은 대접을 하는 것 (형평과 비슷한 의미)
	10. 조건의 평등	똑 같이 출발하는 것이 중요한 것이 아니라 출발할 수 있는 조건이 평등하여야 함을 강조
	11. 결과의 평등	조건이나 기회의 평등에 상관없이 모든 사람들에게 성과나 결과를 동일하게 배분하는 것
	12. 순환성평등	세대와 세대 간의 평등을 의미하는 개념으로서 평등의 순환성을 의미
	13. 복잡성평등	사회에는 무수히 많은 다양한 재화가 있고 이 다양한 재화를 분배하기 위해서는 그 재화의 특성에 맞게 재화와 서비스가 분배되어야 함을 강조
	14. 상이성평등	개인의 다양성을 인정하여 상이성 사이에서의 평등을 견지하는 것
효과성	15. 효과성	성취하려는 목적이나 목표가 재화와 서비스의 할당을 통해서 어느 정도 성취되었는가?
	16. 비용효과성	투입비용 대비 목적이나 목표성취의 정도

따라서 〈표 10-1〉에서 제시된 16개의 영역에 기초하여 구체적인 측정 항목들을 찾아내어 제시하는 것이야말로 복지국가 사회복지경제

를 분석하는 중요한 기준이 될 수 있음으로 사회복지경제 분석 즉, 사회복지재화와 서비스의 할당에 따른 영향력 정도를 분석하기 위해서는 위의 기준을 적용할 수 있는 보다 구체적인 측정방법에 대한 개발이 무엇보다도 중요하다고 볼 수 있다. 예를 들어 일반 기업에서 효율성을 측정하는 가장 일반적인 측정방법은 비용편익분석(cost-benefit analysis)방법과 최근에 공공서비스 및 사회서비스영역으로 활용을 확대하고 있는 자료포락분석방법(data envelopment analysis)이 있고 효과성을 측정하는 방법으로는 비용효과성분석(cost-effectiveness analysis)과 목표달성척도(goal attainment scale) 등이 측정가능한 방법이다. 또한 수직적 형평성을 측정하는 방법으로는 지니계수, 10분위분배율과 5분위분배율 등이 개발되어 활용되고 있다.

제11장 결 론

사회복지경제학은 사회복지를 증진시키고 개선시키기 위한 재화나 서비스의 생산과 분배 그리고 소비를 분석하고 연구하며, 나아가 사회복지서비스의 교환이나 조정체계를 다루는 학문이다. 따라서 **사회복지경제**는 사회복지를 증진시키고 개선시키기 위한 재화나 서비스의 제공 및 할당을 포함하여 교환이나 조정을 다루는 영역이라고 볼 수 있다. **사회복지경제분석**은 국민들의 사회, 경제적 번영의 상태를 분석하는 것이다. 국민들의 사회적 경제적 번영의 상태를 분석하는 사회복지경제분석은 복지국가가 제공하는 다양한 사회복지재화와 서비스가 국민들의 사회적 그리고 경제적 번영을 증진시키고 또한 사회적 경제적 상태를 보호하고 있는지를 분석하는 것에 초점이 맞추어져 있다. **사회복지경제분석의 목적**은 복지국가가 제공하는 사회복지재화와 서비스(또는 사회복지혜택)가 국민들의 삶의 질을 보호하고 보장하는가의 여부를 분석하는 것에 있다. 즉, 사회복지경제는 현금과 직접적 서비스와 같은 현물로 구성되어 있는 사회복지재화와 서비스의 할당이나 분배를 다루며 사회복지경제분석은 사회복지재화와 서비스의 분배 및 할당이 국민들의 사회, 경제적 번영을 증진 및 유지 보장하고 있는지를 분석하는 영역이라고 할 수 있다.

복지국가는 기본적으로 자본주의라는 경제체제에서 발전된 사회적 할당체제를 분배도구로 활용한다. 복지국가의 등장은 시장개입을 통해 국가가 자원을 할당하도록 강제한다는 점에서 시장이라는 자원할당체제에 대한 대안의 등장이라고 할 수 있다. 사회복지는 시장을 대체하는 혜택-할당메커니즘이자 전이체계(transfer system)이며 시장이 양산한 배제와 차별을 조정하는 조정양식이다. 본 연구는 국민들을 실질적인 삶을 건강하게 유지 보전하기 위하여 제공되는 사회복지재화와 서비스를 다루는 사회복지경제의 분석을 위한 기본 토대를 제공하기 위해 기획되어졌다. 본 연구는 사회복지를 국민의 번영을 위한 재화와 서비스의 전이체계 나아가 사회적 차별과 배제를 조정하는 조정양식이라는 기본 틀에서 사회복지경제가 국민들의 사회적 번영에 어떠한 영향을 주었는지를 분석하기 위한 분석의의 틀과 분석기준을 제시하기 위한 작은 노력의 산물이다.

사회복지재화와 서비스의 할당 또는 제공이 국민들의 사회적 번영에 어떠한 영향을 주었는지를 분석하기 위한 분석의 틀과 분석기준을 제시하기 위해 본 연구에서 제시한 이론적 틀은 복지강화이론 즉, 복지국가발전이론이다. 기존의 신고전파경제학에서 제시되고 있는 복지국가 분석의 이론적 토대인 일반균형이론, 복지경제이론, 주인대리인이론, 공공선택이론 그리고 사회선택이론이 사회복지경제 분석 및 복지국가발전을 위한 이론적 틀로 부족하다는 기본적 인식하에 기존 이론들을 비판적으로 분석하고 복지국가발전을 위한 대안으로 복지강화이론을 제시하였다. **복지국가강화이론**의 핵심은 사회복지가 사회변화의 촉매제이자 대리인이고 사회복지는 변화를 성취하기 위하여 인식을 고취시키고 집합적 행동을 증진시키는 중요한 역할을 수행한다는 사회복지의 진보적 관점에 기초한다. 특히, 복지강화이론은 시장이 양산해내는 경제적 불평등과 빈곤의 심화 그리고 사회적 차별과 배제를 사회복지재화와 서비스의 제공을 통하여 그리고 자원할당의 배열을 재조정함으로 극복할 수 있음을 강조하는 이론이다.

복지국가강화이론의 틀을 바탕으로 본 연구에서는 사회복지경제학을 구성하는 이론적 토대로 욕구이론, 분배이론, 빈곤이론 그리고 불평등이론을 제시한다. 사회복지가 사회문제에 영향을 받은 사람들뿐만 아니라 개개인들이 가지고 있는 기본적 욕구를 해결하는 것을 중요한 목표로 하기 때문에 사람들이 갖게 되는 욕구는 무엇이고 욕구는 무엇으로부터 나타났으며 어떻게 욕구를 해결하여야 하는가를 규명하기 위해서 욕구에 대한 분석이 필요하다. 사회복지사는 사회정의를 실현하기 위해 노력하는 것을 기본 임무로 하고 있음으로 사회복지재화나 서비스는 사회복지사들이 사회정의를 실현하는 구체적인 도구라고 할 수 있다. 따라서 사회복지재화와 서비스의 제공에 있어 사회정의는 중요한 목적이 됨으로 분배적 정의이론(분배이론)을 구체적으로 살펴보는 것 역시 사회복지경제를 이해하기 위해서 매우 중요한 영역이 된다. 빈곤은 자본주의 경제체제 하에서 사회적 할당의 조정양식인 사회복지가 해결하여야 하는 가장 중요한 실천적 목표이다. 자본주의의 발전과 복지국가 발전의 역사는 빈곤에 대한 저항의 역사라고 해도 과언이 아닐 정도로 빈곤은 복지국가가 해결하여야 하는 가장 중요한 영역이다. 자본주의는 구조적으로 사회적 양극화를 심화시키고 잃은 자와 얻은 자 또는 패배자와 승리자라는 이분법적인 구도를 선호하기 때문에 사회적 불평등을 양산해내는 방향으로 움직이며 이러한 사회적 불평등을 해결하기 위하여 다양한 사회복지제도가 제공된다는 점에서 불평등의 원인과 작동원리를 포함하여 불평등이란 무엇인가에 대한 철저한 분석과 이해 역시 중요한 사회복지경제의 영역이다.

욕구이론, 분배이론, 빈곤이론 그리고 불평등이론에 대한 이해를 바탕으로 본 연구에서는 국민들의 삶의 질의 개선 또는 사회복지의 개선이나 향상을 측정하기 위한 즉, 사회복지재화와 서비스의 제공이 국민들에게 가져다주는 사회복지경제의 영향력을 측정하는 중요한 분석의 틀(모델)로 효율성, 형평성, 평등성, 적절성 그리고 효과성 기준을 중심으로 분석할 수 있는 새로운 틀을 제시하였다. 효율성은 사회복지의 할당에 있어 중요한 기준이 될 수 있지만 인간봉사영역의 특성 상 사회복지재화와 서비스의 할당은 효율성 이외에 사회복지의 특성을 반영할 수 있는 새로운 기준의 제시가 필요하다. 일반적으로 경제학에서는 정책효과를 평가하고 분석하는데 있어 효율과 형평의 거래를 강조하지만 사회복지학에서는 효율성, 형평성, 적절성, 효과성 그리고 평등성의 다섯 영역 사이의 거래가 중요하다.

사회복지 전반에 걸쳐 정책분석을 위한 기본적 기준으로 위의 다섯 기준을 적용하기 위해서는 각각의 영역, 즉 각각의 기준이 갖는 특징을 이해하는 것이 중요하다. 이러한 중요성을 감안하여 각각의 분석기준들에 대한 개념을 정리하고 각각의 기준들이 갖는 하위개념을 파악한 후 하위개념들을 구성개념화하여 측정 가능한 측정도구를 활용하여 측정하게 되면 사회복지재화와 서비스가 국민들에게 가져다주는 영향력을 효율성, 효과성 형평성, 평등성 그리고 적절성의 측면에서 분석하는 것이 가능해진다. 따라서 측정도구를 활용하여 앞에서 제시한 다섯 기준을 중심으로 사회복지경제의 영향력을 측정하는 것은 향후 연구를 위한 중요한 과제라고 할 수 있다.

찾아보기

참고문헌

김덕호. 1996. 빈곤과의 전쟁을 통해서 본 1960년대 미국의 복지정책. 서양사론. 55: 171-201.

김은하. 2009. 여성의 빈곤지위변동을 설명하는 페미니즘의 유효성 탐색: 인적자본론과 선호가설의 약점보완을 중심으로. 서울대학교 박사학위논문.

김영민. 2010. 미국의 보조적 빈곤척도 개발 논의. 국제노동프리프. 8(8): 42-48.

김태성 · 손병돈. 2002. 빈곤과 사회복지정책. 청목출판사.

이진숙. 2004. 빈곤문화 실대에 대한 탐색적 연구: 긴급구호시설 종사자들을 개상으로. 한국사회복지학 56(4): 149-172.

지은구. 2012. 비영리조직성과관리. 나눔의 집.

______. 2010a. 사회복지재정연구. 집문당.

______. 2010b. 마르크스의 빈곤론. 빈곤이론과 빈곤정책. 고헌.

______. 1991. 마르크스 빈곤론과 그 논쟁. 사회정책연구. 13: 27-76.

______. 2003. 사회복지경제학연구. 청목출판사.

______. 2006. 지본주의와 사회복지. 청목출판사.

______. 2005. 사회복지프로그램개발과 평가. 학지사.

홍경준. 1994. 분배적 정의와 사회복지. 사회복지연구. 5: 34-65.

홍성임. 2012. 피에르 부르디와 한국사회(이론과 현실의 비교정치학). 살림.

Abramovitz, M. 2004. Define and functions of social welfare policy: Setting the stage for social change. In J. Blau with M. Abramovitz, *The dynamics of social welfare policy.* New York: Oxford University Press.

Aberle, D. F., Cohen, A., Davis, A., Levy, M., and Sutton. F. 1950. "The Functional Prerequisites of a Society." Ethics 60: 100-11.

Albelda, R., Drago, R., and Shulman, S. 1997. *Unlevel playing fields.* New York: McGraw-Hill.

Alcock, Erskine, and May. 2003. Social policy. principles of welfare.

Aristotle. 1988. *Politics.* Cambridge: Cambridge University Press.

Arrow, K. J. 1951. *Social choice and individual values.* New Haven: Yale University Press.

Arrow, K. J. 1963. *Social choice and individual values(2nd ed.).* New Haven: Yale University Press.

Atkinson, A. B. 1975. *The Economics of Inequality.* London: Oxford University Press.

Atkinson, A. and Stiglitz, J. 1980. Lectures on public economics. Maidenhead,

Berks: McGraw-Hill.

Baker, J. 1987. *Arguing for equality.* London: Verso.

________. 1996. *Living as equals.* Oxford: Oxford University Press.

Balac, Z. 2008. Monetary inflation's effect on wealth inequality: an Austrian analysis. *Quarterly Journal of Austrian Economics. 11:* 1-17(2009/1/21).

Baran, P. A. 1968. *The political economy of growth.* New York: Modern Reader Paperbacks.

___________. 1952. National economic planning. In Haley (Ed.). *A survey of contemporary economics. Vol II.* Homewood: Richard D. Irwin.

Barker, R. 2003. *The social work dictionary*(5th ed.). Washington, DC: NASW Press.

Barlow, R., Brazer, H., and Mogan, J. 1966. Economic behavior of the affluent. Washington, DC: Brookingd Institute.

Barr, N. 2001. Welfare state as a piggy bank: Information, risk, uncertainty and the role of the state, Oxford: Oxford University Press.

Barr, N. and Whynes, D.(Ed.). 1993. Current issues in the economics of welfare. New York: St. Martin's Press.

Barr, N. 1992. Economic theory and the welfare state: A survey and interpretation. Journal of Economoc Literaure. 30(June 1992): 741-803.

________. 1987. The economics of the welfare state. London: Oxford.

________. 1998. The economics of the welfare state(3rd ed.). London: Oxford.

Barr, N. 이정우·이동수 공역. 2008. 복지국가와 경제이론. 학지사.

Barry, B. 1965. *Political Argument.* London: Routledge & Kegan Paul.

Becker, G. S. 1964, 1993(3rd ed.). Human capital: A theoretical and emperical analysis. Chcago: University of Chicago Press.

___________. 1985. Public Policies, Pressure Groups, and Dead-weight Costs," *Journal of Public Economics,* 28(3): 329-347.

Bojer, H. 2003. D*irtributional justice.* London: Routledge.

Bourdieu, Pierre. 1977a. "Cultural Reproduction and Social Reproduction." Pp. 487-510 in *Power and Ideology in Education,* edited by J. Karabel and A. H. Halsey, New york: Oxford University Press.

Bourdieu, Pierre. 1977b. Outline of a Theory of Prac-tice. Cambridge: Cambridge University Press.

Bourgois, Phillipe 2001. "Culture of Poverty". *International Encyclopedia of the Social & Behavioral Sciences.* Waveland press.

Bovaird, T. 1994. Managing urban economic development: learning to change or the marketing failure? *Urban Studies.* Vol. 31, No. 4/5: 573-603.

Bovaird, T. 1996. The political economy of performance measurement. In Halachmi, A. & Bouckaert, G. *Organizational performance and measurement in the public sector: Toward service, effort, and accomplishment reporting.* London: Quorum Books.

Bowles, S. and Gintis. H. 1976 *Schooling in Capitalist America.* New York.: Basic Books.

Bradshaw, J. 1972. The concept of need. New Society 19, 640-643.

Briggs, Asa. 1961. The welfare starte in historical perspective. *European Journal of Sociology.* 2: 221-258.

Broadway, R. W. and Bruce, N. 1984. *Welfare economics.* Cambridge, Massachusetts: Blackwell.

Bronfenbrenner, M. 1971. Income distribution theory. New York: Aldine-Atherton.

Buchanan, J. M. 1965. Ethical rules, expected values, and large numbers. *Ethics.* 76, 1-13.

Butos, W. N. 1985. Hayek and general equilibrium analysis. *Southern Economic Journal.* 52(2): 332-343.

Burch, H. A. 1997. *Basic social policy planning: Strategies and practice models.* New York: The Haworth Press.

____________. 1999. *Social welfare policy analysis and choice.* New York: The Haworth Press.

Cain, Glen G. 1976 December. "The Challenge of Segmented Labor Market Theories to Orthodos Theory." *Journal of Economic Literature:* 1215-57.

Capeheart, A. and Milovanovic, D. 2007. Social justice. New Jersey: Rutgers University Press.

Caporaso, J. A. and Levine, D. P. 1992. *Theories of political economy.* Cambridge: Cambridge University Press.

Carens, Joseph, 1981, Equality, *Moral Incentives and the Market.* Chicago: Chicago University Press.

Chatterjee, P. 1996. Approach to the welfare state. Washington, DC: NASW Press.

Cohen, D. and Prusak, L. 2001. *In good company. How social capital makes organizations work.* Boston, MA: Harvard Business School Press.

Cowen T. and Crampton, E.(ed.). 2002. Market failure or success. Northhampton, MA: Edward Elgar

Cordato, R. 1980. The austrian theory of efficiency and the role of government. The Journal of Liberatarian Studies, 4(4): 393-403.

Crocker, L. 1977. Equality, solidarity, and Rawls' maximin. *Philosophy and Public Affairs.* Vol, 6: 262-266.

Culyer, A. J. 1980. *The political economy of social policy.* Martin Robertson: Oxford.

Danziger, S., Haveman, R., and Plotnick, R. 1981. How income tranzfer programs affect work, savings and income distribution. *Journal of Econmic Literature* 19: 975-1028.

Davis, K. and Moore, W. 1945. "Some Principles of Stratification." *American Sociological Review* 10:242-9.

Debraj, R. 1998. Development economics. Princeton, NJ: Princeton University Press.

Dick, James, 1975, "How to Justify a Distribution of Earnings:, *Philosophy and Public Affairs,* 4:248-72.

Downs, Anthony. 1957. An Economic Theory of Democracy. Cambridge: York: Cambridge University Press.

Doyal, L and Gough, I. 1991. *A theory of human need.* Basingstoke: Macmillan.

Drake, R. F. 2001. *The principles of social policy.* New York: Palgrave.

Dworkin, Ronald, 1981, "What is Equality? Part 1: Equality of Resources", *Philosophy and Public Affairs,* 10:185-246

Durkheim, E. 19933. The division of labor in society. New York: Free Press.

Economic Focus. 2008. The Economist. London: The Economist Group.

Eger, R. 2005. Provision and production of public goods. In D. Robbins(ed.). Handbook of public sector economics. New York: Talor & Francis.

Elster, Jon, and Roemer, J.(eds.), 1991, I*nterpersonal Comparisons of Well-Being,* Cambridge: Cambridge University Press.

E. O. Wright. 2005. Basic income as a socialist project. (A paper presented at the annual US-BIG Congress, March 4-6).

Feinberg, Joel, 1970, "Justice and Personal Desert", *Doing and Deserving.* Princeton, NJ, Princeton University Press; 55-94.

Friedlander, W. A. 1955. *Introduction of social welfare.* New York: Prentice Hall.

Hardin, Russell, 1988, *Morality within the Limits of Reason.* Chicago: University of Chicago Press.

Haughton, J. and Khandker, S. R. 2009. Handbook on poverty and inequality. Washington DC: The World Bank.

Feldman, A. M. 1980. *Welfare economics and social choice theory.* Norwell: Kluwer Academic Publishers.

Fitzpatrick, T. 2001. *Welfare theory: An introduction.* New York: Palgrave.

Forder, A. 1974. *Concepts in social administration: A framework for analysis.* London: Routledge & Krgan Paul.

Friedman, M. 1962. *Capitalism and freedom.* Chicago: Chicago University Press.

Fukuyama, F. 1999. *The great disruption: Human nature and the reconstitution of social order.* London: Profile Books.

George, V. 1988. *Wealth, poverty and starvation.* Hemel Hempstead: Wheatsheaf Books.

Gilbert, N., Specht, H., and & Terrel. P. 1993. Dimensions of social welfare policy. Boston : Allyn and Bacon,

Gilbert, N. and Terrell, P. 2005(6th ed.). *Dimensions of social welfare policy.* New York: Pearson.

Gilder, G. 1981. Wealth and plenty. New York: Baisc Books.

Giroux, Henry A. 1983. *Theory & Resistance in Education: A Pedagogy for the Opposition.* South Hadley, MA: Bergin & Garvey.

Glennerster, Howard 2003 Understanding the finance of welfare. The Policy Press.

Glennester, H and Hills, J. 1998(2nd ed.). The state of welfare: The economics of social spending. Oxford: Oxford University Press.

Goode, Judith and Edwin Eames 1996. "An Anothropological Critique of the Culture of Poverty". In G. Gmelch and W. Zenner. *Urban Life.* Waveland Press.

Goodin, R. E. 1988. Reasons for welfare. Princeton, NJ: Princeton University Press.

Gorz, A. 1971. *Tyvenliike ja sosialismi.* Helsinki: Tammi.

Gough, I. 1994. Economic institutions and the satisfsction of human needs. *Journal of Economic Issues.* vol. 28, no. 1(March, 9): 25-66.

Gregory, P. R. and Ruffin, R.J. (1994). *Micro economics,* NY: HarperCollinsCollegePulishers.

Grusky, D. and Kanbur, R.(Ed.). 2006. Poverty and inequality. Stanford, CA: Stanford University Press

Krugman, Paul and Wells, Robin. 2006. Economics. New York: Worth Publishers.

Kukathas, C. and Pettit, P. 1990. *Rawls: A theory of justice and its critics.* Cambridge: Polity Press.

Haughton, J. and Khandker, S. R, 2009. Handbook of poverty and inequality. Washington D. C.: The world Bank.

Hayek, F. A. 1976. The mirage of social justice. *Law, Legistration and Liberty,*

Vol. 2. London: Routledge and Kegan Paul.

_________. 1960. *The constitution of liberty.* London: Routledge and Kegan Paul.

Hazlitt, H. 1988. Economics in one lesson. London: Three River Press.

Herrnstein, Richard and Charles Murray. 1994. The Bell Curve: Intelligence and Class Structure in American Life. New York: The Free Press.

Hewitt, M. 1992. *Welfare, ideology and need: Developing perspectives on the welfare state.* Hemel Hempstead: Harvester Wheatsheaf.

Hicks, J. 1981. Wealth and welfare. Basil Blackwell: Oxford.

Hirschman. A. O. 1970. Exit, voice and royalty. Harvard University Press.

Hurst, C. E. 1995(2nd ed.). Social inequality: Forms, causes, and consequences. Boston: Allyn abd Bacon.

Kirzner, I. 1963. Market theory and the proce system. Princeton, NJ: Van Nostrand Co.

Knight, F. 1924. Some fallacies in the interpretation of social cost. *Quarterly Journal of Economics,* Vol., 38, 582-606.

Konow, J. 2003. Which is the fairest one of all?: A positive analysis of justice theories. *Journal of Economic Literature,* 41(4): 1188-1239.

Kuznets, S. 1966. Modern economic: Rate, structure, and spread. New Heaven and London: Yale University Press

Lamont, Julian, 1997, "Incentive Income, Deserved Income, and Economic Rents", *Journal of Political Philosophy,* 5: 26-46

_________, 1995, "Problems For Effort-Based Distribution Principles", *Journal of Applied Philosophy,* 12: 215-229

Ledyard, J. O. 1991. Market failure. In J. Eatwell, M. Milgate, and Peter, Newman, *The world of economics.* London: The Macmillan Press.

Lefebre, H. 1968. *Marx sociologi.* Stockholm: Raben & Sjgren.

Lenski, Gerhard. 1966. *Power and Privilege.* New York: McGraw-Hill.

Lerner, A. 1946. The economics of control. London: Macmillan company

Le Grand, J., Proper, C., and Robinson, R. 1992. The economic of social problems. London: Macmillan.

Le Grand, J. 1979. The theory of market failure. In *Economic theory and the welfare state.* Vol. I. Barr, N.(Ed). 2001. Northamton, MA: Elgar.

Le Grand, J. 1982. *The stratege of equality.* London: Allen & Unwin.

Leibenstein, H. 1966. *Beyound economic man.* Harvard University Press.

Lewis, Oscar 1996(1996). "The Culture of Poverty". In G. Gmelch and W. Zenner, eds, Urban Life . Waveland Press.

Lewis, Oscar 1998. "The culture of poverty". Society 35 (2): 7. doi:10.1007/BF02832122.

Lund, B. 2002. *Understanding state welfare: social justice or social exclusion?* London: Sage Publications.

Lynn R. and Vanhanen, T. 2002. IQ and the wealth of nations. Westport, CT: Praeger.

MacLeod, Jay. 1987. *Ain't No Makin' It: Leveled Aspirations in a Low-Income Neighborhood.* Boulder, CO: Westview.

Mandel, E. 1968. *Marxist economic theory.* Vol. Ⅰ-Ⅱ. London: Merlin Press.

Marcuse, H. 1969. *An essay on liberation.* Boston: Beacon Press.

Markovits, R. 1998. *Matters of principle.* New York: New York University Press.

Markovits, R. 2008. *Truth or economics.* New Haven: Yale University Press.

Martin, L, L., and Kettner, P, M. 2010. Measuring the Performance of Human Service Programs. Thousand Oaks, California: Sage.

Martin, Jr. G. T. and Zald, M. N. (Eds.). 1981. *Social welfare in society.* New York: Columbia University Press.

Marx, K. and Engels, F. 1970. *The German ideology: Part one with selections from parts two and three.* London: Lawrence & Wishart.

Marx, K. 1976. *Capital, Vol.* 1. London: Penguin.

________. 1978. *Capital, Vol.* 2. London: Penguin.

________. 1981. *Capital, Vol.* 3. London: Penguin.

________. 1963. *The poverty and philosophy.* New York: International Publishers

Maslow, A. 1943. A theory of human motivation. *Psychological Review,* 50, 370-396.

McClelland, D. 1961. The Achieving Society. Free Press, New York.

____________. 1987. Human Motivation. Free Press, New York.

McNutt, P. A. 1996. *The economics of public choice.* Northampton, MA: Edward Elgar Publishing, Inc.

Milgrom, P. and Roberts, J. 1992. *Economics, organization and management.* Prentice Hall.

Mill, J. S. 1869. The subject of women. Lodon: Longmans, Green and Co.

Miller, D. 1999. *Principles of justice.* Cambridge, MA: Harvard University Press.

________. 1995. Introduction. In D. Miller and M Walzer. *Pluralism, justice and equality.* Oxford: Oxford University Press.

Miller, David, 1989, *Market, State and Community.* Oxford: Clarendon Press.

___________, 1976, *Social Justice.* Oxford: Clarendon Press.

Miller, D. and Walzer, M.(ed.). 1995. Pluralism, justice and equality. Oxford: oxford University Press.

Milne, Heather, 1986, "Desert, effort and equality", Journal of Applied Philosophy, 3: 235-243.

Moon, M. 1977. The measurement of economic welfare. New York: Academic Press.

Mullaly. 1997. Structural social work. Oxford University Press: London

Muray, H. 1938. *Explorations in Personality.* New York: Oxford University Press.

Murray, C. A. 1997. IQ will put you in your place. Sunday Times 25 May 1997. http://www.nber.net/papers/murray.html.

______________. 1985. Helping the poor: a few modest proposals. Commentary 19(5): 27-34.

______________. 1984. Losing ground: American ocial policy, 1950-1980. New York: Basic Books.

Myrdal. 1968. *Asian drama: An inquiry into poverty of nations. Vol. III.* New York: Pantheon Books.

Nanak, K. 1999. Inequality, welfare, and poverty: Three interrelated phenomena. In Jacques Silber(Ed.). *Handbook on income inequality measurement.* London: Kluwer.

Nesslein, T. 1988. *Housing: The market versus the welfare state model revisited.* Urban Studies.

__________. 2003. Theory of government failure. *In Encyclopedia of Public Administration and Public Policy.* Jack Rabin(ed). New York: Marcel Dekker, Inc.

Nielsen, Kai 1979, "Radical Egalitarian Justice: Justice as Equality" *Social Theory and Practice,* 5: 209-226

Nozick, Robert, 1974, *Anarchy, State and Utopia.* New York: Basic Books.

Nussbaum, M.C. 2000. Women and human development: the capabilities approach. Cambridge: Cambridge University Press.

Niskanen, W. 1971. *Bureaucracy and representative government.* Chicago, IL: Aldine Atherton.

Norzick, R. 1974. *Anarchy, state, and utopia.* New York: Basic Books.

Okun, A. 1975. *Equity vs. efficiency: The big tradeoff.* Washington, D. C.: Brookings Institution.

Okin, Susan Moller, 1991, *Justice, Gender and the Family* (New York: Basic Books)

Olson, Mancur, Jr. 1965. The Logic of Collective Action. Cambridge: Harvard University Press.

Pateman, C. 1989. *The disorder of women.* Cambridge: Polity Press.

__________. 1988. *The sexual contract.* Cambridge: Polity Press.

Phelps, E. 1989. Distributive justice. In John Eatwell, Murray Milgate & Peter Nesman(Ed.). *Social economics.* London: The Macmillan Press Limited.

Pieretti, G. 1994. From poverty to the poor: Implication for social policy. In P. Giudicini and G. Pieretti (Eds.). *Urban poverty and human dignity.* Milan: FrancoAngeli.

Phillips, A. 1992. Universal Pretensions in political thought. In M. Barrett and A. Phillips (Eds.). *Destabilizing theory.* Cambridge: Polity Press.

__________. 1997. From inequality to difference: a severe case of displacement? *New Left Review,* 224, pp 143-53.

__________.1998. (Ed.). *Feminism and politics.* Oxford: Oxford University Press.

Pigou, A. C. 1920. *The economics of welfare.* London: Macmillan.

Piori, Michael J. 1977. "The Dual Labor Market: Theory and Implications." In D. M. Gordon(ed.). *Problems in Political Economy: An Urban Perspective.* Lexington, MA: D.C. Heath.

Popple, P. R. and Leighninger, L. 2002. *Social work, social welfare and American society* (5th ed.). Boston, MA: Allyn and Bacon.

Putnam, R. D. 2000. Bowling Alone: *The collapse and revival of american community.* New York: Simon and Schuster.

Rawls, J. 1971. A theory of justice. Cambridge: Harvard University Press.

Ralws, J. 1985. Justice as fairness: political not metaphysical. *Philosophy and Public Affairs* 14(3): 223-251.

Rawls, J. 1993. Political liberalism. New York: Columbia University Press.

________. 1999. Collected Papers. Sam Freeman(ed.). Cambridge: Harvard University Press.

________. 2001. Justice as fairness: A restatement. Cambridge: Harvard University Press.

________. 1999. *A theory of justice*(Revised edition). Cambridge, MA: Harvard University Press.

________. 1971. *A theory of justice.* Oxford: Oxford University Press.

Ravallion, M. 1998. Poverty line in theory and practice. Living standards measurement surveys working paper No. 133. Washington D. C.: The world Bank.

Reich, M., David, M., and Edward, R. 1973. A theory of labpr market segmentation. American Economic Review 63(3): 65-71.

Reid, P. N. 1996. Social welfare history. In Richard L. Edwards(Ed.). *Encyclopedia of social work,* 19th ed. Washington D. C.: NASW Press.

Reviere, R., Berkowitz, S., Carter, C. and Fergson, C. 1996. Needs assessment: A creative and practical guide for social scientists. New York: Talor & Francis.

Rejda, G. 1999. Social insurance and economic security. Saddle River, NJ: Prentice Hall.

Riley, Jonathan, 1989, "Justice Under Capitalism", *Markets and Justice,* ed. John W. Chapman (New York: New York University Press), 122-162

Roemer, J. E. 1996. *Theories of distributive justice.* London: Harvard University Press.

____________. 1988. *Free to lose.* London: Radius.

Rojek, C. 1986. The Subject in social work. *British Journal of Social Work,* 16(1): 199-211

Rosner, P. 2003. *The economics of social policy.* Cheltenham, UK: Edward Elgar.

Roos, J. P. 1973. *Welfare theory and social policy: A study in policy science.* Helsinki: Socetas Scientiarum Fennica.

Rothenberg, J. 1961. The measurement of social welfare. Englewood Cliffs, NJ: Prentice Hall.

Rowley, C., & Peacock, A. 1975. Welfare economics: A liberal restatement. New York: John Wiley & Sons.

Rycroft, R. S. 2009. *The economics of inequality, discrimination, poverty and mobility.* New York: M.E. Sharpe.

Sadurski, Wojciech, 1985a, *Giving Desert Its Due* (Dordrecht, Holland: D. Reidel)

__________________, 1985b, *Giving desert its due: social justice and legal theory,* Law and philosophy library; v.2.,Dordrecht; Boston Hingham, MA, U.S.A.:D. Reidel; Sold and distributed in the U.S.A. and Canada by Kluwer Academic Publishers.

Samuelson, P.A. 1954. The pure theory of public expenditure. *Review of Economics and Statistics,* 36., 350-356.

Savas, E. H. 2000. Privatization and public private partnerships. New York: Chatham House Publishers.

Sayer, A. 1995. *Radical political economy.* Oxford: Blackwell.

Schmitt, J. and Zipper, B. 2006. Is the U. S. a good model for reducing social exclusion in Europe? (http//www.cepr.net/documents/social_exclusion_2006_08.pdf).

Post-autistic Economic Review. 40.

Schmitz, D. and Goodin, R. 1998. Social welfre and individual responsibility. Cambridge: Cambridge University Press.

Seldon, A. 1977. *Charge.* London: Temple Smith.

Sen, A. 1993. Markets and freedom: achivements and limitations of the market mechanism in promoting individual freedoms. *Oxford Economic Papers,* 45(4), 519-541.

_______. 1976. Poverty: an ordinal approach to measurement. *Econometrica.* 44. pp. 219-231.

_______. 2006. Conceptualizing and messuring poverty. In D. B. Grusky and R. Kanbur.(ed.). *Poverty and inequality.* Standford, CA: Stanford University Press.

Sen, A. K. 1981. Poverty and famines. Oxford: Clarendon Press.

Shionoya, Y. 2005. *Economy and morality.* Cheltenham, UK: Edgar Elgar.

Shleifer, A. 1998. State versus private ownership. *Journal of Economic perspect.* 12(4): 133-150.

Silber, J.(Ed). 1999. Handbook on income inequality measurement. Norwell, MA: Kluwer.

Stanford Encyclopedia of Philosophy, 1996. Distribute justice. http://171.67.193.20/entries/justice-distributive/

Sullivan, A. and Sheffrin, S. 2003. *Economics: principles in action.* Upper Sad 이;e River: New Jersey. Pearson Prentice Hall.

Small M. L., Harding D., and Lamont M. 2010. "Reconsidering culture and poverty". *Annals of the American Academy of Political and Social Science* 629 (1): 6-27.

Smith, A. 1776. An inquiry into the nature and causes of thee wealth of nations book 2- Of the nature, accumulation, and employment of stock.

Spicker, P. 1993. 'Needs as claims', Social Policy and Administration, 27(1): 7-17

_________. 2000. *The welfare state.* London: Sage.

Thomson, G. 1987. *Needs.* London: Routledge & Kegin Pane.

Townsend, P. 1993. *The international analysis of poverty.* Hemel Hempstead: Wheatsheaf Books

Trugen, P. 2005. Public goods. In D. Robbins(ed.). Handbook of public sector economics. New York: Talor & Francis.

Tumin, Melvin M. 1953. "Some Principles of Stratification: A Critical Analysis." *American Sociological Review* 18:387-94.

Tullock. G. 1976. *The vote motive,* London : Institute of Economic Affairs.

Tullock, G. 1987. "public choice," The New Palgrave Dictionary of Economics. Abstract.

Turner, B. 1986. Equality. New york: Methuen.

Vickers and Yarrow, 1988. *Privatization: an economic analysis.* Cambridge, MA: The MIT Press.

Walker, R. 2005. *Social security and welfare.* New York: Open University Press.

Walzer, M. 1983. Spheres of justice. Oxford: Blackwell.

Wickenden, E. 1965. *Social welfare in a changing world.* Washington D. C.: Department of Health, Education and Welfare.

Wilkinson R. and Pickett, K. 2009. The spirit level: why more equal societies almost always do better. New York: Allen Lane.

Wilson, W. 1996. When work disappears. New York: Vintage.

__________. 1987. The truly disadvantaged. Chicago: University of Chicago Press.

Wolff, R. P. 1977. *Understanding Ralws: A reconstruction and critique of A theory of justice.* Princeton: Princeton University Press.

Wood. A. 1972. The Marxian critique of justice. *Philosophy and Public Affairs 1, No. 3.* Princeton University Press.

World Bank. 2000. World development report 2000/2001: Attacking poverty. Washington D. C.: The world Bank.

Young, H. P. 1994. *Equity.* Princeton, NJ: Princeton University Press.

Young, I. M. 1990. *Justice and the politics of difference.* Princeton: Princeton University Press.

Zwannikken, W. C. 1963. Measuring social needs. In *Problems and methods of social planning: Report of the expert group Dubrovnik.* Yugoslavia 4-9 September 1963: United Nations

〈저자 소개〉

• 지은구
중앙대학교 대학원 사회복지학과 졸업
미국 Columbia University, School of Social Work 졸업(사회복지학 석사)
미국 The City University of New York, Department of Social Welfare졸업
(사회복지학 박사)
현 계명대학교 사회과학대학 사회복지학과 교수

〈주요저서〉

지은구. 2003. 사회복지경제학연구. 청목출판사(문화관광부선정 우수학술도서).
______. 2005. 사회복지프로그램개발과 평가. 학지사.
______. 2005. 사회복지행정론. 청목출판사.
______. 2006. 자본주의와 사회복지. 청목출판사.
______. 2006. 사회복지조직연구. 청목출판사.
______. 2008. 사회복지평가론. 학현사.
______. 2010. 사회복지재정연구. 집문당.
지은구 외. 2009. 지역사회복지론. 학지사.
________. 2009. 사회서비스사례조사연구. 청목출판사.
________. 2009. 사회복지서비스 재정지원방식. 청목출판사.
________. 2010. 사회복지서비스의 특성과 이용자재정지원. 나눔의 집(문화체육부 선정 우수학술도서).
지은구 외(공역). 2009. 바우처와 복지국가. 학지사(학술원 선정 우수학술도서).
________. (공역). 2012. 프로그램평가와 로직모델. 학지사.
지은구. 2012. 비영리조직변화연구. 청목출판사.
______. 2012. 비영리성과관리. 나눔의 집.

〈주요논문〉

Eun-gu Ji. 2006. A study of the structural risk factors of homelessness in 52 metropolitan areas in the U. S. *International Social Work* 49(1): 107-117 등 다수

사회복지경제분석론

2013년 7월 10일 초판인쇄
2013년 7월 15일 초판발행

저 자 지 은 구
발행인 유 성 열
발행처 청목출판사
서울특별시 영등포구 신길로 40길 20
전화 (02) 849-6157(代)・2820 / 833-6090~1
FAX (02) 849-0817
등록 제318-1994-000090호

파본은 바꾸어 드립니다. 값 20,000원

http : //www.chongmok.co.kr

ISBN 978-89-5565-533-9